刘勇 著

变动不居的经典

明代《大学》改本研究

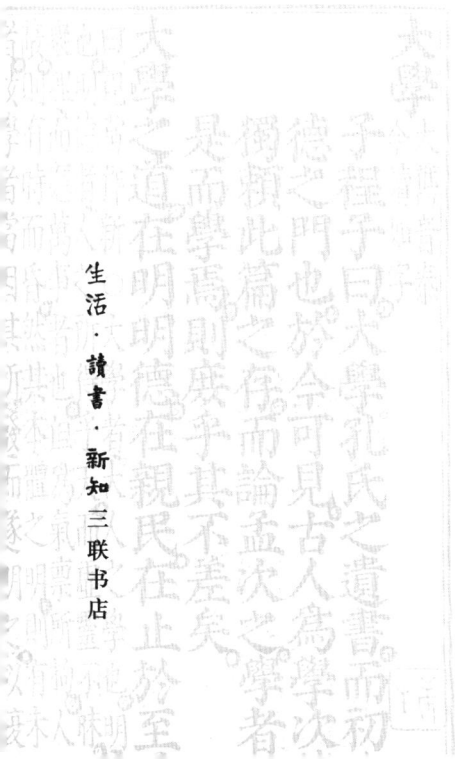

生活·讀書·新知三联书店

图书在版编目（CIP）数据

变动不居的经典：明代《大学》改本研究／刘勇著．—北京：生活 · 读书 · 新知三联书店，2016.10
ISBN 978－7－108－05705－1

Ⅰ．①变… Ⅱ．①刘… Ⅲ．①儒家 ②《大学》－研究 Ⅳ．① B222.15

中国版本图书馆 CIP 数据核字（2016）第 111534 号

广东省高等学校优秀青年教师培养计划
资助（项目编号 Yq2013003）

责任编辑 曾 诚 李艳玲
装帧设计 蔡立国
责任校对 安进平 王军丽
责任印制 崔华君
出版发行 生活 · 讀書 · 新知 三联书店
（北京市东城区美术馆东街 22 号 100010）
网　　址 www.sdxjpc.com
经　　销 新华书店
印　　刷 北京隆昌伟业印刷有限公司
版　　次 2016 年 10 月北京第 1 版
2016 年 10 月北京第 1 次印刷
开　　本 635 毫米 × 965 毫米 1/16 印张 23
字　　数 285 千字 图 35 幅
印　　数 0,001－4,000 册
定　　价 48.00 元
（印装查询：01064002715；邮购查询：01084010542）

目　次

下编 冲击制度与影响社会

表格目录

第一章 | 绪 论

一 转型社会的“共振”

由明太祖朱元璋主导建立起来的“画地为牢”社会秩序，在运行了将近百年后，从15世纪末的明朝中期开始进入剧烈转型时期。在这个转型时代，经济、社会、政治，以及思想、道德等各个领域一变俱变，“共振”式地发生了大体同步的巨大变革。

在社会经济领域，研究者已经深刻揭示出明代中叶发生的结构性改变。特别是在赋役体系里，随着白银的大量流入，产生了由明初的实物财政，转向以一条鞭法为中心的赋役征收货币化、定额化、比例化和单一化的改革趋势，由此开启了“近代意义的赋税制度的出现”。[1]

在社会秩序方面，同样发生了与赋役制度领域相似的变化趋势。以明初设立的里甲体系和户籍制度为主的基层社会秩序，也在此期间产生了变质、瓦解和重构的过程。这个过程与演变中的赋役制度密切互动，进一步加剧了整体性的社会变迁，既改变了基层社会秩

---

〔1〕 梁方仲：《一条鞭法》、《明代一条鞭法年表（后记）》，载刘志伟编：《梁方仲文集》，广州：中山大学出版社，2004，页2—3、63—68。刘志伟、陈春声：《梁方仲先生的中国社会经济史研究》，《中山大学学报（社会科学版）》2008年6期，页65—81。

序，也改变了编户齐民与地方政府、地方政府与中央政府之间的关系，[1] 甚至改变了明王朝从中央到地方的许多政治制度。

在行政制度上，意义重大而且情形相当明显的改变同样无可避免地发生了。其中既包括原有制度的职能转变，比如内阁和内府在王朝核心权力结构中取得关键性地位，朝廷六部的职能产生巨大转变；也包括诸如巡抚、总督，以及分巡、分守、兵备道这些重要军政职衔和衙门的全新设立，[2] 乃至各地大规模的土地开发和相应的新州县设置。

与这些发生在经济、社会和政治制度领域的转变趋势类似，儒学思想领域也大体上同步地发生了意义深远的重要转变。

二　走出理学的“思想里甲制”

如同构建“画地为牢”的社会秩序那样，明太祖朱元璋在教育和铨选领域经过反复试验之后，最终也确立起以科举考试为主导的学校教育体系和人才选拔制度。宋代理学家的著作和思想，在这套体系中占据了绝对主导性的正统地位，科举考试“专取四子书及《易》、《书》、《诗》、《春秋》、《礼记》五经命题试士”。具体而言，“《四书》主朱子《集注》，《易》主程《传》、朱子《本义》，《书》主蔡氏《传》及古注疏，《诗》主朱子《集传》，《春秋》主左氏、公羊、穀梁三《传》及胡安国、张洽《传》，《礼记》主古注疏。永乐间，颁《四书、五经大全》，废注疏不用。其后，《春秋》亦不用张洽《传》，《礼记》止用陈澔《集说》”。[3] 随着宋儒著述在教育和科举

〔1〕 刘志伟：《在国家与社会之间：明清广东地区里甲赋役制度与乡村社会》，北京：中国人民大学出版社，2010，页 7—11。

〔2〕 近期的综合研究，参方志远：《明代国家权力结构及运行机制》，北京：科学出版社，2008，尤其是第十四、十五章，页 285—326。

〔3〕 张廷玉等：《明史》卷 70《选举志二》，北京：中华书局，1974，页 1693—1694。

体系中权威地位的确立，以及永乐年间以宋儒学说为主导的《四书大全》、《五经大全》、《性理大全》颁布天下学宫，明朝前期近百年间，读书人主要以学习和践行宋代理学家的正统学说为主。这种情形，即使是在最负盛誉的理学家身上，也体现得非常明显。

无论是传统观察还是现代学术研究，均已反复指出明初百年间理学家谨守程、朱正统学说的情形。黄宗羲（1610—1695）《明儒学案·姚江学案》“小序”称：“有明学术，从前习熟先儒之成说，未尝反身理会，推见至隐，所谓‘此亦一述朱，彼亦一述朱’耳。”〔1〕《明史·儒林传序》也强调：“明初诸儒，皆朱子门人之支流余裔，师承有自，矩矱秩然。曹端、胡居仁笃践履，谨绳墨，守儒先之正传，无敢改错。”〔2〕这些观察，与明初理学名家薛瑄（1389—1464）所言如出一辙：“自考亭（朱熹）以还，斯道已大明，无烦著作，直须躬行耳。”〔3〕现代学术研究也从各个角度论述了这种以“述朱”为特色的主流思想。〔4〕如同画地为牢的里甲户籍制下的编户齐民，这个时期理学家们的思想观念，也被安置在由政府指定的程、朱理学既定格局中。

---

〔1〕 黄宗羲：《明儒学案（修订本）》卷10，沈芝盈点校，北京：中华书局，2008，页178。

〔2〕 张廷玉等：《明史》卷282，页7222。

〔3〕 张廷玉等：《明史》卷282《薛瑄传》，页7229。

〔4〕 钱穆：《明初朱子学流衍考》，《中国学术思想史论丛》（七），合肥：安徽教育出版社，2005，页1—33。陈荣捷：《早期明代之程朱学派》，《朱学论集》，上海：华东师范大学出版社，2007，页215—228。佐野公治：《明代前期的思想动向》，载曹峰主编：《日本学者论中国哲学史》，上海：华东师范大学出版社，2010，页48—62。侯外庐等编：《宋明理学史》下卷，北京：人民出版社，2005，页7—54。山井涌：《经书和糟粕》，辛冠洁等编译：《日本学者论中国哲学史》，北京：中华书局，1986，页405—426。朱鸿林：《丘濬〈朱子学的〉与宋元明初朱子学的相关问题》，《朱鸿林明史研究系列·儒者思想与出处》，北京：生活·读书·新知三联书店，2015，页177—204。古清美：《明代前半期理学的变化和发展》，《明代理学论文集》，台北：大安出版社，1990，页1—42。

就像编户齐民陆续游离既有里甲户籍体系，逐步摸索生活新方式和探寻社会新秩序那样，从明中叶开始，理学家们也尝试着走出理学的“思想里甲制”，在以程、朱学说为主导的官方正统意识形态之外，逐渐探索和寻找新的思想方向。《明儒学案·白沙学案》“小序”称“有明之学，至白沙始入精微，……至阳明而后大”，《姚江学案》“小序”称“自姚江指点出‘良知人人现在，一反观而自得’，便人人有个作圣之路”。[1]《明史·儒林传序》更为清晰地描述道：“学术之分，则自陈献章、王守仁始。宗献章者曰江门之学，孤行独诣，其传不远。宗守仁者曰姚江之学，别立宗旨，显与朱子背驰，门徒遍天下，流传逾百年，其教大行，其弊滋甚。嘉、隆而后，笃信程、朱，不迁异说者，无复几人矣。”这些带有整体性的观察，都指出明中叶理学思想世界产生了划时代的新动向。[2]

关于明中叶理学思想新动向的义理内涵和时人论说，已经产生了相当丰硕的研究成果。本书无须再次复述这些耳熟能详的讨论，而是希望借此强调：与经济和社会转型同步，理学思想观念开始突破程、朱正统的“思想里甲制”，产生了非常明确的新动向；与此相应的重要变化，是制度化的程、朱正统理学经典《四书》，其文本也出现了变动的趋势，特别是其中最受明代理学家重视的《大学》。

三　变动不居的经典文本

（一）理学观念与新经典体系

跟此前的儒学相比，宋代理学不仅陆续构筑起越来越明确的形

---

〔1〕 黄宗羲：《明儒学案（修订本）》卷 5、10，页 79、178。

〔2〕 这些观察和立论，主要是就狭义的理学而言的，朱鸿林指出与此并行的另一种新趋势是对经世之学的强调，参 Hung-lam Chu（朱鸿林），“Intellectual Trends in the Fifteenth Century”, *Ming Studies* 27（Spring 1989）, pp. 1–33。

而上体系，而且提出了一整套政治、社会、道德和日常生活秩序的构想。理学的理念和关怀，集中体现在同样由理学家创造的新经典系统《四书》中。经学史上划时代的“孟子升格运动”[1]、理学家对于道统论的完善[2]、孔庙祀典和从祀体系中“四配”格局的形成，以及南宋末年理学家二程、朱熹等进入孔庙从祀行列等一系列变动，[3]均与这套全新理学理念的胜出和新经典系统《四书》的形成密切相关。

在理学新经典《四书》中，《大学》居于特殊重要的地位。《大学》原本是《礼记》第四十二篇，由于颇能契合宋代理学开创者的理念和关怀，被从《礼记》的诸多篇章中抽离出来。随着两宋理学的不断演进，它历经理学名家的反复改订，最终在朱熹手中形成《大学章句》文本，完整而清晰地表达了理学对政治和社会的整体关怀。日后伴随理学走向正统化和制度化，《大学》在儒学经典体系和官方正统意识形态中取得了无与伦比的崇高地位。

不过，宋代理学宗师们由于在借用《大学》来勾勒政治和社会蓝图时，发现其原有文本并不能与自己的观念和主张完全吻合，因而在借用过程中对它的文本进行了重新调整，并在新文本基础上进行全新解释。不仅如此，随着程、朱理学学说体系的不断演进和完善，改订《大学》文本的活动也在反复进行。两宋最著名的理学宗师们，诸如程颢、程颐、朱熹，每当他们对理学学说体

---

〔1〕周予同：《群经概论》九《孟子》、《中国经学史讲义》下编第四章，俱载《周予同经学史论》，朱维铮编校，上海：上海人民出版社，2010，页 190、638—640。徐洪兴：《唐宋间的孟子升格运动》，《中国社会科学》1993 年第 5 期，页 101—116。

〔2〕贾德讷（Daniel K. Gardner）：《朱熹与大学：新儒学对儒家经典之反思》，杨惠君译，台北：万卷楼图书股份有限公司，2015，页 56—57。

〔3〕朱鸿林：《儒者从祀孔庙的学术与政治问题》，《朱鸿林明史研究系列·孔庙从祀与乡约》，北京：生活·读书·新知三联书店，2015，页 1—23。黄进兴：《学术与信仰：论孔庙从祀制与儒家道统意识》，《优入圣域：权力、信仰与正当性》，台北：允晨文化出版，1994，页 217—311。佐野公治：《四书学史的研究》，张文朝、庄兵译，台北：万卷楼图书股份有限公司，2014，页 93—114。

系加以调整、充实或完善时，《大学》文本及其解释往往就会随之变动。朱熹尤其花费了巨大精力在《大学》文本改订和重新解释上，经过相当长时期的努力后，他终于倾力打造出全新的《大学》文本和解释，即《大学章句》一书。日后，包括《大学章句》在内的朱熹著《四书章句集注》，在元朝恢复科举考试时被朝廷指定为标准读本，又在明初获得明太祖朱元璋的重新认可；明成祖永乐年间，再次经由《四书大全》颁布天下学官，成为读书人必须修读的官定权威文本。

（二）改头换面的《大学》文本

程颢和程颐均曾反复表彰《大学》。如称“乃孔氏遗书，须从此学则不差”；“入德之门，无如《大学》。今之学者，赖有此一篇书存，其他莫如《论》、《孟》”；“修身当学《大学》之序，《大学》，圣人之完书也。其间先后失次者，已正之矣”。〔1〕与此同时，对于《大学》文本中被认为“先后失次者”，二程毫不犹豫地动手加以改订。现存《程氏经说》中的《明道先生改正大学》和《伊川先生改正大学》，就是他们各自的《大学》改本。〔2〕在此无须缕述二程的文本改动情况，〔3〕只需强调一点：由于各自理学观念的差异，就算是二程兄弟之间，对于《大学》文本的看法也已经不能一致了。由此可见理学观念与《大学》文本之间那种如影随形的联动关系。

朱熹在继承和发展二程理学成就的同时，吸收了二程的《大学》

---

〔1〕 程颢、程颐：《二程集·河南程氏遗书》卷2上、22上、24，王孝鱼点校，北京：中华书局，1981，页18、277、311。

〔2〕 程颢、程颐：《二程集·河南程氏经说》卷5，页1126—1132。

〔3〕 详参贾德讷：《朱熹之前的〈大学〉》，《朱熹与大学：新儒学对儒家经典之反思》，页23—36。

改订见解，[1] 并再次对《大学》文本进行全面修订。在众多儒学经典中，朱子对《大学》尤其重视有加，前后耗费长达近四十年的漫长时间去钻研，并反复推敲《大学章句》的文本，以求其融贯。他甚至亲自向学生表示："某于《大学》用工甚多。温公（司马光）作《通鉴》，言：'臣平生精力，尽在此书。'某于《大学》亦然。《论》、《孟》、《中庸》，却不费力。"[2] 直到临终前三日，他还在改订《诚意章》。[3] 最终，朱子将《大学》原文改订为经一章、传十章，认定"经一章，盖孔子之言，而曾子述之。其传十章，则曾子之意而门人记之也"；移易《本末传》，补写《格致传》，并删改个别字词。在其补写的《格致传》中，朱熹提出"即物穷理"观念，作为其理学理论的"最初用力之地"。[4] 对于这些变动，朱熹在《记大学后》一文中做了集中描述：

> 右《大学》一篇，经二百有五字、传十章，今见于戴氏《礼》书，而简编散脱，传文颇失其次。子程子盖尝正之。熹不自揆，窃因其说，复定此本。盖传之一章释明明德，二章释新民，三章释止于至善（以上并从程本，而增"《诗》云'瞻彼淇澳'"以下），四章释本末，五章释致知（并今定），六章释诚意

---

〔1〕朱熹主要遵循的是程颐的改本，参李纪祥：《两宋以来〈大学〉改本之研究》，台北：台湾学生书局，1988，页 68—69、74。贾德讷：《朱熹与大学：新儒学对儒家经典之反思》，页 34、46、108—109。

〔2〕朱熹著，黎靖德编：《朱子语类》卷 14，《朱子全书》第 14 册，朱杰人等编，上海：上海古籍出版社，合肥：安徽教育出版社，2002，页 430。朱子在建议另一学生"看《大学》"时也表示："我平生精力，尽在此书。先须通此，方可读书。"出处同前。

〔3〕束景南：《朱熹年谱长编》，上海：华东师范大学出版社，2001，页 1410—1415。

〔4〕朱熹：《大学章句》、《大学或问》，《朱子全书》第 6 册，页 20、523—532。对朱子改本的详细描述，见李纪祥：《两宋以来〈大学〉改本之研究》，页 59—71；佐野公治：《四书学史的研究》，页 142—147。朱子钻研《大学》的历程，参贾德讷：《朱熹的〈大学〉研究》，《朱熹与大学：新儒学对儒家经典之反思》，页 37—60。

> （从程本），七章释正心修身，八章释修身齐家，九章释齐家治国，〔十章释治国〕平天下（并从旧本）。序次有伦，义理通贯，似得其真。谨第录如上，其先贤所正衍文误字，皆存其本文而圉其上，旁注所改，又与今所疑者，并见于释音云。新安朱熹谨记。[1]

至此，朱熹借着这部小书，将修己治人的理学理念进行了系统论述，把从个人修身到治国平天下的八个步骤做了简明阐释，使之成为理学理论体系的重要经典依据。其所谓“三纲领、八条目”，最扼要地表达了理学的整体关怀。

更重要的是，经朱子改订的《大学》文本和诠释，最终成为了官方认可的正统学说。《大学章句》在元代被当作科举考试的官方定本，并在明初经由科举制和《四书大全》的重新确认，[2]获得了制度性保障。上至朝廷经筵日讲，下至乡村举业讲习，此书均是必读的经典之作。并使得读书人和皇帝一起共享一套修身齐家、治国平天下的价值系统，[3]对明代政治、社会、文化、教育和科举等各个领域产生了至深且广的影响。

---

〔1〕 朱熹：《晦庵先生朱文公文集》卷 81，《朱子全书》第 24 册，页 3829—3830。按：括号中为原注，“十章释治国”乃笔者所加。文中将第九、十两章内容合并而言，未知何故？贾德讷推测可能是朱熹撰毕《记大学后》才将传文分为十章，但并没有再回到此文中将原先的九章分法改为十章（《朱熹与大学：新儒学对儒家经典之反思》，页 109）。但这个推测仍不够圆满，因为《记大学后》开篇就已明确称“传十章”，而后文却只有九章。

〔2〕 《四书大全》是朱熹《四书章句集注》的放大版本，参侯外庐主编：《宋明理学史》下卷，页 21—30。关于《大全》的成书及其在明代前期的影响，详参朱治：《十四、十五世纪朱子学的流传与演变——以〈四书五经性理大全〉的成书与思想反应为中心》，香港中文大学历史学系博士学位论文，2012 年 8 月通过答辩，尤其见页 161—180。

〔3〕 关于朱熹在文本诠释中赋予《大学》“庶民化”倾向，并且分别用此书劝诫皇帝和士人的实例，详参贾德讷：《朱熹与大学：新儒学对儒家经典之反思》，页 37—40、77—78。

（三）新观念驯服旧文本

在明中叶经济、社会、制度和思想发生剧烈变动之际，受官方权威保护的正统理学学说，以及这些学说赖以寄寓的经典文本，也相应地产生了“共振”式的剧变。其中，承载读书人修己治人理想的《大学》文本变动尤为剧烈。在新观念、新价值、新诉求的驱动下，历经宋代理学宗师反复斟酌损益、明代开国君主钦定的《大学》，其文本被新时代的理学精英们毫不犹豫地加以改订。重新审查经典文本的风气，由此开启。

在这股重订《大学》文本风潮中，由王阳明（1472—1529）公开提出的《大学古本》，即《礼记》原有的《大学》文本，具有里程碑式的意义。在阳明看来，由朱子改订的《大学章句》不符合圣人本意，“旧本析而圣人之意亡”；不仅如此，朱子对《大学》的解释也明显错误，“合之以敬而益缀，补之以传而益离”。因此，阳明提倡恢复古本，并以古本为据，重新做注解、写序言，将《大学古本》单独刊刻出版，“去分章而复旧本，傍为之什，以引其义，庶几复见圣人之心”。[1] 在与对手罗钦顺（1465—1547）的辩论中，阳明甚至借《大学》文本争议，引出其石破天惊的“学贵得之心”的理论：

> 《大学古本》乃孔门相传旧本耳。朱子疑其有所脱误，而改正补缉之。在某则谓其本无脱误，悉从其旧而已矣。失在于过信孔子则有之，非故去朱子之分章而削其传也。夫学贵得之心。求之于心而非也，虽其言之出于孔子，不敢以为是也，而

[1] 王守仁：《大学古本序》（改序、原序），吴光、钱明、董平、姚延福编校：《王阳明全集（新编本）》卷7、39，杭州：浙江古籍出版社，2010，页258—259、1571。

况其未及孔子者乎！求之于心而是也，虽其言之出于庸常，不敢以为非也，而况其出于孔子乎！且旧本之传数千载矣，今读其文辞，既明白而可通；论其工夫，又易简而可入，亦何所按据而断其此段之必在于彼、彼段之必在于此？与此之如何而缺、彼之如何而补，而遂改正补缉之？无乃重于背朱而轻于叛孔已乎？[1]

然而，阳明从《大学古本》中"复见"的"圣人之心"，实际上却是他本人极力主张的"致良知"学说。此举标志着理学精英公开挑战、否定正统的朱子《大学》文本与解释。此外，阳明以古本为据建立"致良知"宗旨的做法，为中晚明理学家展示了建构理学学说的重要模式。这个模式，笔者概括为"讲学需有宗旨，宗旨源于《大学》"。[2]

新时代有新思想，新思想要求新经典。那些耗尽前人心血的圣经贤传、那些受到"祖制"保护的经典文本，不得不屈服于新时代理学精英的思想观念。[3] 哪怕是"出于孔子"之言，"求之于心而非也"，"不敢以为是也"，遑论其他！

四　时代变迁与文本去向

对于《四书大全》，顾炎武（1613—1682）《日知录》提出了影

〔1〕 王守仁：《答罗整庵少宰书》，《王阳明全集（新编本）》卷 2《传习录中》，页 82。

〔2〕 刘勇：《中晚明士人的讲学活动与学派建构——以李材（1529—1607）为中心的研究》，北京：商务印书馆，2015，页 27—91。

〔3〕 朱冶的研究揭示出，从 15 世纪中期以后，理学家群体纷纷对《大全》提出修正，详参《十四、十五世纪朱子学的流传与演变——以〈四书五经性理大全〉的成书与思想反应为中心》，页 195—259。

响深远的批判："自八股行而古学弃，《大全》出而经说亡。"[1]尽管如此，乾隆年间对明代经说格外挑剔的四库馆臣们，仍然相当重视《四书大全》在明代"二百余年尊为取士之制"的关键性地位，并且郑重指出，该书"初与《五经大全》并颁，然当时程式，以《四书》义为重，故《五经》率皆庋阁。所研究者惟《四书》，所辨订者亦惟《四书》，后来《四书》讲章浩如烟海，皆是编为之滥觞。盖由汉至宋之经术，于是始尽变矣"。馆臣强调，《四书大全》不仅是明代科举考试的功令所在，也引领和主导了明代儒学的基本方向，因此他们决定"录存"《四书大全》全文，"以著有明一代士大夫学问根柢具在于斯，亦足以资考镜焉"。[2]

如此看来，顾炎武与四库馆臣的态度有所不同。顾说尽管过于决绝，甚且不无夸大其词之处，但否定明初以来的《四书》解释，及建立在此基础上的八股文的立场非常清楚，而馆臣搁置学术高下之论，承认《四书大全》在制度上的关键地位和在事实上的重要影响，并全文收录之。不过，对于那些"浩如烟海"的"后来《四书》讲章"，四库馆臣的态度就没有这么客气了。他们在《四库提要》"经部·四书类存目"之末，特别详加按语指出：

> 古书存佚，大抵有数可稽。惟坊刻《四书》讲章，则旋生旋灭，有若浮沤，旋灭旋生，又几如扫叶，虽隶首不能算其数。盖讲章之作，沽名者十不及一，射利者十恒逾九。一变其面貌，则必一获其赢余；一改其姓名，则必一趋其新异。故事同幻化，

---

〔1〕 顾炎武著，黄汝成集释：《日知录集释》卷18"书传会选"，栾保群、吕宗力校点，上海：上海古籍出版社，2009，页1044—1045。纪昀等纂，四库全书研究所整理：《钦定四库全书总目》（下文简称《四库提要》）卷21《礼记大全》条引述了顾氏此说，北京：中华书局，1997，页268。

〔2〕 《四库提要》卷36《四书大全》条，页473。

> 百出不穷。取其书而观之，实不过陈因旧本，增损数条，即别标一书目、别题一撰人而已。如斯之类，其存不足取，其亡不足惜，其剽窃重复不足考辨，其庸陋鄙俚亦不足纠弹。今但据所见，姑存其目。所未见者，置之不问可矣。[1]

文中所说旋生旋灭、不计其数的沽名射利的《四书》出版物，正是明代中叶开始出现、持续整个晚明时期的商业出版现象的产物。然而，四库馆臣基于乾嘉时代的学术标准，对这种晚明读书人司空见惯的社会现象，完全秉持一种鄙夷不屑的态度；对这些坊刻出版物的存、亡、剽窃重复、庸陋鄙俚等种种情状，馆臣反复以“不足”二字待之，尤能体现其鄙弃态度。就此而言，四库馆臣与顾炎武在对待明代《四书》出版物的立场上，又明显具有共通之处。

中晚明《四书》商业出版物，由于功利性和时效性目的过于明确、数量极为庞大，加之大多制作粗疏，大概在当时就不易走上藏书家的书架。时过境迁，这些读本更加难以进入清初收藏家的法眼。乾嘉时代主要在江南成长和繁荣起来的文献、目录、版本、校勘等学术门类，在看待中晚明坊刻《四书》出版物上，与四库馆臣有着相当近似的品位。到了清末民初，由于乾嘉学术的持续影响、西方学科体系的逐步引进，以及科举制度的废除，那些已经变得越来越稀见的中晚明坊刻《四书》读本，既没能进入私人藏家的宝库，也没能在现代图书馆的善本部获得立足之地。如此一来，曾经在中晚明时期泛滥成灾，为读书人耳熟能详的《四书》商业出版物，几乎已经销声匿迹。这种情况，从近年来出版的《中国古籍总目》的著录情形可以明显看出。

---

〔1〕《四库提要》卷 37，页 499。

中晚明《四书》商业出版物的保存明显受到上述情形的影响。由于长期不入中国藏书家的法眼，又受到明清学术转变的冲击，最终随着清末废除科举制度而在这片土地上烟消云散。所幸，这类书籍经由明清时期的中日贸易往来，[1]在日本被大量保存下来。翻检日本各大公私收藏机构公布的汉籍目录，能非常明显地观察到这种现象。近年来出版的日本所藏汉籍目录汇编，集中著录了已知的收藏情况，[2]而相关的大型丛书也正在陆续出版过程中，[3]为使用这些历经沧桑之书开展研究提供了便利。

五 学术史与本书结构

尽管中晚明时期层出不穷的《四书》出版物在当前已属凤毛麟角，但它们留下的历史遗痕仍然相当丰富。对于从事这个领域的研究者来说，除了星散于各地的幸存《四书》实物外，数量庞大的中晚明文献中保存的零篇散牍同样重要。就《大学》改本研究而言，万历年间成书的两种专题资料汇编，即顾宪成（1550—1612）辑《大学通考》和刘斯原辑《大学古今本通考》，既是其辑录者参与中晚明《大学》改本竞争的“门票”，也从文献上展现了这场持续百余年的竞争的激烈情形。清初的书目如黄虞稷（1629—1691）《千顷堂

〔1〕 大庭修：《江户时代中国典籍流播日本之研究》，戚印平、王勇、王宝平译，杭州：杭州大学出版社，1998，页19—98、202—413；王勇、大庭修主编：《中日文化交流史大系·典籍卷》，杭州：浙江人民出版社，1996，页97—175；严绍璗：《汉籍在日本的流布研究》，南京：江苏古籍出版社，1992，页48—65。

〔2〕 如严绍璗：《日藏汉籍善本书录》上册“经部八·四书类”，北京：中华书局，2007，页197—244。

〔3〕 如域外汉籍珍本文库编纂出版委员会编：《域外汉籍珍本文库》（重庆：西南师范大学出版社；北京：人民出版社），目前仍在持续出版中。从已经出版的4辑来看，多数为日本所藏汉籍，其中第4辑经部尤以收录中晚明《四书》出版物为主。

书目》和朱彝尊（1629—1709）《经义考》，为这项议题提供了数量更多、范围更广的文献线索。大型类书《古今图书集成》在“理学汇编·经籍典”这个主题下，为《大学》和《四书》研究提供了比较有用的资料汇编。此外，那些长期关注并且亲自参与《大学》文本改订的明清学者，诸如高攀龙（1562—1626）、毛奇龄（1623—1716）、李塨（1659—1733）、翟灏（1736—1788）等，也在他们的相关著述中留下了丰富的资料和线索。

在科举废除和帝制结束后的相当长时期内，《大学》改本问题和明代《四书》研究，几乎完全被经学史、学术史的著作所摈弃。晚清以来的中国经学史通论，对此议题的讨论均属付诸阙如。也许受环太平洋经济起飞的间接影响，这些被视为代表儒学传统的读物，才在 20 世纪 70 年代进入学术研究的视野。主要在晚明刘斯原《大学古今本通考》和朱彝尊《经义考》等重要书目的提示下，李纪祥《两宋以来〈大学〉改本之研究》搜集了数十种从宋代到民国时期的改本，排比其文本异同。虽然改本数量和讨论深度均还有较大拓展空间，但仍可化用朱熹描述《大学》的用语，来形容李书的有用之处：为这个研究领域提供了较上述几种文献更加清晰的“间架结构”。[1] 佐野公治《四书学史的研究》概述与案例并呈，着重以个案方式探讨晚明坊刻《四书》与阳明学、举业和文学评论的关系。此外，这个领域中一些更为具体的议题也得到详细讨论。比如，《大学古本》在中晚明时期的刊刻、流传和阅读情状，其文本合法性的确立过程，以及对阳明学说传播和学派扩大的积极作用

[1] 参李纪祥：《两宋以来〈大学〉改本之研究》，台北：台湾学生书局，1988；黄进兴：《理学、考据学与政治：以〈大学〉改本的发展为例证》，《优入圣域：权力、信仰与正当性》，页 351—392；詹海云：《陈乾初〈大学辨〉研究：兼论其在明末清初学术史上的意义》，台北：明文书局，1986。

等。〔1〕嘉靖末年丰坊（1523 年进士）伪造《石经大学》及其在晚明清初产生的学术思想影响，则为这个领域提供了相当有趣和有用的个案。〔2〕

在已出版的《中晚明士人的讲学活动与学派建构——以李材（1529—1607）为中心的研究》一书中，〔3〕笔者揭示出中晚明时期理学学说和学派建构的重要模式，即“讲学须有宗旨，宗旨源于《大学》”。这个模式主要包括改《大学》、新解释、拈宗旨、兴讲学等几个关键步骤。具体而言：首先对《大学》文本进行重新改订，并依据改订的文本做出新解释，文本和解释往往互为因果；然后，主要从“三纲领、八条目”等概念中提揭出一个高度概括的、学术口号式的“宗旨”，作为一己理学学说的核心观念，再围绕此核心观念构建出新的理学体系；最后，借助流行于士人群体中的讲会组织和讲学活动，传播新兴学说。〔4〕在研究取向上，该书首先以宏观综论的方式，从理学经典《大学》的文本变动和解释竞争切入，探讨中晚明理学学说和学派建构的理论根据，然后以李材开创的“止修”学说及其讲学活动作为案例，探讨理学学说传播和学派传承的社会化途径。

---

〔1〕张艺曦：《明中晚期古本〈大学〉与〈传习录〉的流传及影响》，《汉学研究》第 24 卷 1 期，2006.6，页 235—268；林月惠：《良知学的转折：聂双江与罗念庵思想之研究》，台北：台湾大学出版中心，2005，页 147—174；水野实：《明代〈古本大学〉表彰的基础——正当化的方法与后学的状况》，陈捷译，载《中国哲学史》2010 年第 4 期，页 87—98。

〔2〕参林庆彰：《丰坊与姚士粦》，上海：华东师范大学出版社，2015，页 33—60、213—223；王汎森：《明代后期的造伪与思想争论》，《晚明清初思想十论》，上海：复旦大学出版社，2004，页 30—49；Bruce Rusk, “Not Written in Stone: Ming Readers of the Great Learning and the Impact of Forgery”, *Harvard Journal of Asiatic Studies* 66.1 (June, 2006), pp. 189-231。

〔3〕刘勇：《中晚明士人的讲学活动与学派建构——以李材（1529—1607）为中心的研究》，北京：商务印书馆，2015。

〔4〕关于讲学讲会运动如何推动阳明学的传播，参吕妙芬：《阳明学士人社群——历史、思想与实践》，台北：“中央研究院”近代史研究所，2010，页 60—70。

本书的研究工作，是上述研究议题和思路的水到渠成的延续与拓展。除了继续关注理学家围绕《大学》文本改订展开的学术思想创新活动，本书着重探讨这些由理学精英创造的新文本、新思想、新观念，如何对中晚明时期的既有制度规范和社会现实产生影响。如前所述，《大学》文本在成为理学经典之初就被赋予了变动不居的特性。朱熹、王阳明均透过改订《大学》文本，获得各自学说的经典根据。这种做法为身处社会剧变中的中晚明理学家提供了关键性的方法论启示：从《大学》文本改订入手，进行理学思想的创新活动。本书上编即从宏观综论和个案研究相结合的角度，继续探讨这场在理学精英群体中延续了百余年的《大学》文本改订竞争运动，及其反映的中晚明理学内部的多元情形。下编着重探讨竞争中产生的新文本和新思想，在经筵、出版、教育和科举等各个领域发挥的社会影响，以及时人尝试将之制度化的行动努力。

上　编

文本竞争与思想创新

第二章 《大学》文本变动：新典范开启新竞争

本章首先简述明代中期《大学》改本先驱者的文本改订情形，然后扼要指出王阳明在《大学》改本问题上的典范意义：经由提倡恢复《大学古本》，不仅彻底否定正统的朱熹《大学章句》文本和解释，并且从古本中获得“致良知”学说宗旨的经典依据。接着本章以阳明的论学诤友湛若水和门人方献夫为例，详细述析由阳明公布《大学古本》而开启的改本竞争情形。

一 明代《大学》改本的先驱[1]

正德十三年（1518），王阳明将《礼记》中的《大学》原文，即所谓《大学古本》刊布出来，为之撰序和作注，公开挑战朱子《大学章句》文本和解释。此举尽管并未彻底摧垮朱子《章句》的正统地位，但随着阳明事功成就的建立和学说的广为传播，《大学古本》在理学精英群体中受到广泛认可，因此对朱子本构成了严峻的挑战，并开启了中晚明《大学》文本改订竞争的风气。

---

〔1〕 由于下文的讨论之需，本章第一至三节所述，乃节略、改写自拙作《中晚明士人的讲学活动与学派建构——以李材（1529—1607）为中心的研究》第三章《立说模式：宗旨源于大学》的部分内容，页 43—70。

不过，明代《大学》文本改订和古本的出现，并非王阳明的首创，而是与15世纪后期的社会变迁以及理学精英由此产生的学术思想新动向密不可分。在经历“土木之变”的巨大冲击后，明朝理学精英的学术思想产生了重大改变。他们不再信服政府提倡的宋儒学说的合理性，开始反思、批判，要求变革，寻求补救方案。有抱负的学者渴望拥有自己的学术特色，希望能找到解决当代问题的良方。[1]在此背景下，作为官方正统学说的朱子学及其经典基础受到认真检讨，一批位居要津的理学家围绕《大学》文本和解释展开热烈讨论，由对程、朱文本的补充和修订，逐步延伸到搬出《礼记》中的所谓古本，进而以古本质疑朱子改本，最后完全放弃朱子的文本和解释。

成化年间的高级文臣鄞县人杨守陈（1425—1489），是这股变革思潮当之无愧的先驱。他经过长期酝酿和斟酌，撰成自己的改本《大学私抄》。此书目前未见存世全本，但其自序尚在。从中明确可见，作为权威正统学说的朱子《大学》文本和解释，已经不能被新时代理学精英认可了。其全文值得引述于此：

> 蒙少受《大学》，辄并其《章句》诵而味之，佐以《或问》，参以诸说，已自谓通矣。及诵之久，味之详，乃反有疑焉。其后诵益久，味益详，疑亦从而益繁。积数十载，虽与天下友反复讲之，疑终不释也。今家居无事，日诵味之，而疑如故。乃取所疑经传，易而置之，各录《章句》于其下。而《章句》有与今易置之文义不合者，亦僭用己说，以“蒙谓”别之，而其所以易置之故，则详具于各章之末。既而诵且味之，

[1] 详参 Hung-lam Chu（朱鸿林），“Intellectual Trends in the Fifteenth Century”，*Ming Studies* 27（Spring 1989），pp. 1–33。

怡然理顺，乃净抄成帙，闳之箧中，不敢以示人。一日，客或翻箧见之，阅未半，辄嘻笑，且怒骂曰："吾不意子之叛儒先而紊圣经至此也！夫《大学》者，孔圣之经，曾贤之传，而朱先生之《章句》、《或问》，后学惟诵习之莫敢违也，何物么麽，乃敢僭易而妄解之？其叛儒先而紊圣经，一何甚哉！疾毁亟焚，毋贻是书累也。"愚应之曰："非敢尔也！颇欲佐儒训、明圣经，而患于不能耳。王鲁斋曰：'天下所不易者理也。'二程不以汉儒不疑而不敢更定，朱子不以二程已定而不敢复改，亦各求其义之至善，而全其心之所安，非强为异而苟为同也！今蒙所抄，纵未得乎义之至善，亦足全吾心之所安。若其谬说，只自谬耳，是书岂被其累？譬如蜀之八阵石，一时或乱之，而千载如故也；虞之五瑞玉，一臣或失之，而万国自如也。子安庸怒哉！"客頩頩而去。余甚惭且悔，然业已抄之，不忍毁也，用识之篇末。[1]

尽管杨氏改本"叛儒先而紊圣经"的具体情形不得而知，但毫无疑问其文本和解释都跟朱子分歧较大，[2]故而其自序辗转设为问答

〔1〕 杨守陈：《大学私抄序》，《杨文懿公文集》卷2《镜川稿》，《四库未收书辑刊》第5辑第17册影印明弘治刻本，页421。何乔新《椒邱文集》卷30《嘉议大夫吏部右侍郎兼詹事府丞谥文懿杨公墓志铭》："在丧七年，居庐读《礼》，有所得，作《礼记、周礼、仪礼私抄》。继而旁读群经，悟先儒注释不能无失者，又作《孝经、大学、中庸、论、孟、尚书、周易、春秋、诗私抄》，皆正其错简，更定其章句。其于诸儒之传，惟是之从，附以己见。有不合者，虽濂洛关闽大儒之说，不苟徇也。"影印《文渊阁四库全书》第1249册，页462—465。黄佐《翰林记》卷19《经学疑辩》："成化初，学士杨守陈所著《三礼、周易、尚书、诗、孝经、大学、中庸、论、孟私抄》，凡数百卷。虽经文，亦多以己意更置次第之。自谓正其错简，定其章句，择诸家传注，而傅以私见，虽大儒之说不苟从。岂惟是也，虽昔人所遵以为出于孔子删述者，亦不尽从矣。"载傅璇琮、施纯德编：《翰学三书》，沈阳：辽宁教育出版社，2003，页280。

〔2〕 李纪祥《两宋以来〈大学〉改本之研究》据何乔新所撰杨守陈墓志铭，指出杨氏改本之一节，"谓《大学》'本末'一章，乃'治国平天下'之传"，页181—182。

以解之。十分明显的是，杨氏相当坚持己见，自信之态溢于言表。从“取所疑经传，易而置之，各录《章句》于其下”来看，其改本显然是以自订本为主，以朱子本为辅。当两本有“文义不合”时，杨氏毫不犹豫地“僭用己说”。最堪注意的是，在援据朱子改订二程、二程改订汉儒的历史成例基础上，杨氏特别强调，在《大学》文本问题上的最高准绳，应该是“求其义之至善，而全其心之所安”。这个预设中的两个“其”字各有所指，前者指《大学》，而后者其实是指个人、自我。而且，在“义之至善”与“心之所安”两者中，杨守陈坚定不移地肯定后者：“纵未得乎义之至善，亦足全吾心之所安。”自我才是更加根本的价值。这是从明中叶开始，主张重审《大学》文本的理学家们普遍拥有的重要思想基调。[1]

成化和弘治朝举足轻重的名臣、三原人王恕（1416—1508），稍后也致力于对官定《四书》和《五经》传注进行系统修订，[2]其中同样包括对朱子《大学章句》文本进行大幅度改订。王氏认为《大学》全篇并无阙文，朱子增补《格致传》，根本是多此一举；《格致传》的原文，应该是朱子改本中“释本末”的第四章，而《本末章》本身并不需要传文。这个改动触动了朱子的“经—传”划分标准，而更重要的是彻底否定《大学》有“阙文”的假设，以及朱子在此假设下增补以穷理解释格物的《格致传》。[3]

在此前后，王恕之友常熟人周木（1475 年进士）公开刊刻了最重要的几种《大学》文本。他将“古本大学”和“程、朱二家改正

〔1〕 参项乔：《项乔集·初编》卷 3《与罗念庵论学》、卷 4《杂著内篇》第 123 条，方长山、魏得良点校，上海：上海社会科学院出版社，2006，页 185—188、241；聂豹：《大学古本臆说序》，《聂豹集》卷 3，吴可为编校，南京：凤凰出版社，2007，页 52—53。

〔2〕 《四库提要》卷 34《石渠意见》条，页 443。

〔3〕 王恕：《石渠意见》卷 1《大学》，《四库全书存目丛书》经部第 147 册影印明正德刻本，页 96—97。

本，萃为一编”，予以公布。这是目前所知明儒首次公开提出《古本大学》，并将之与二程和朱子的三种改本并列齐观的举动。书末题为弘治十年（1497）的周木识语云：

> 有客问者曰：“《大学》一书，子朱子之用心密矣，而子又何言与？”木曰：“伯子用心非不密也，而叔子少之；叔子用心亦非不密也，而朱子少之。其志皆将以明道也，故各就其知之所至而订正焉，以伺夫百世之士；不曰吾论已备，以拒来者于无穷也。故因僭妄云尔。”[1]

文中展现的思想基调，与杨守陈如出一辙：既然程颐可以订正程颢的改本，朱子也可以订正程颐的改本，那么后人为何不能订正朱子的改本呢？如同杨守陈主张追求“义之至善”那样，周木明确强调，在追求“明道”的最高原则下，没有人可以自称完备以拒来者！

更值得重视的是，周木明确将《古本大学》发掘出来，与程、朱改本一起刊布的举措，客观上为后人以古本质疑、否定乃至取代朱子改本提供了可能。嘉靖初年的吏部尚书廖纪（1505 年进士），正是在周木提供的文本基础上撰成《大学管窥》。廖书彻底放弃了朱子《大学》文本和解释，完全按照古本的次序采辑众说，加以己意而疏解之。在同时成书且付梓的《中庸管窥》中，廖纪同样参照古本，放弃朱子《章句》和郑玄旧注，对《中庸》进行重新分段和疏解，以“自抒一己之见”。[2]

---

〔1〕 周木所编《古本大学》和程、朱各本，目前未见单行本，本书所据为收录在廖纪《大学管窥》卷首的本子，引文见《四库全书存目丛书》经部第 156 册影印明刻《学庸管窥》本，页 583。

〔2〕 《四库提要》卷 37《中庸管窥》，页 484。

二　新典范：王阳明与《大学古本》

尽管王阳明完全了解上述学术思想新动向，并曾经受到直接影响，[1]但这丝毫无损于他在明代《大学》文本改订运动中所具有的里程碑式的意义。阳明在正德三年（1508）困处贵州龙场驿时，已开始“手录古本”《大学》原文。[2]十三年七月，在江西公开刊刻《大学古本》，为之撰写序言和做注解，据以作为批判朱子学说最重要的经典文本依据。到了十六年，阳明最终从《大学古本》中拈出八条目中的“致知”，作为自己的理学创见“致良知”的经典依据。

王阳明在《大学》改本问题上的典范意义在于，他不仅通过提倡恢复《大学古本》来彻底否定朱子的文本和解释，从而动摇其“即物穷理”说最根本的经典基础，而且更为关键的是，阳明在经过长达十余年的反复斟酌后，最终得以成功从《大学古本》中拈出自己最重要的创造发明“致良知”宗旨，以此作为自己学说的理论核心，从而围绕这个宗旨建立起全新的理论体系。

---

〔1〕 对此的详细讨论，参刘勇：《中晚明士人的讲学活动与学派建构——以李材（1529—1607）为中心的研究》，页 51—63。此外，晚年的项乔从黄佐处借得杨守陈《大学私抄》，不仅从中获得新知新见，而且由此猜测王阳明有关《大学》见解的乡邦来源：“日间柯双华谓，阳明于我朝理学，独称杨镜川守陈公。”见《项乔集·杂著内篇》第 123 条，页 241；并参朱鸿林：《项乔与广东儒者之论学》，《朱鸿林明史研究系列·儒者思想与出处》，页 323—358。

〔2〕 鹤成久章指出，王华、王阳明父子都以《礼记》及第，尤其王华可谓《礼记》学大家，《礼记》是阳明的家学，阳明能以《大学古本》挑战朱熹的《大学章句》，很可能也与其家学素养有关。参氏著：《明代余姚的〈礼记〉学与王守仁——关于阳明学成立的一个背景》，载吴震、吾妻重二编：《思想与文献：日本学者宋明儒学研究》，上海：华东师范大学出版社，2010，页 356—367。

三 新启示：理学学说创新模式

朱子和阳明以《大学》文本作为经典依据，从而创立各自理学学说的做法，为中晚明理学学者提供了重要的方法论启示。朱子通过对《大学》进行文本改订，建立起“即物穷理”学说的经典基础。王阳明借助恢复《大学古本》，试图驳倒朱子学说赖以成立的基础，并且从中获得自己“致良知”学说的经典依据。朱子和阳明的这种做法，具有重要的方法论意义，即从《大学》文本改订入手，进行理学学说创新活动。中晚明理学学者因此得到启迪，围绕《大学》文本改订产生了纷繁复杂的争论，形成众声喧哗的多元竞争局面。

在王阳明反复琢磨《大学古本》的文本意义，从单纯据以反驳朱子文本，到逐渐转向既驳朱子又拎出“致良知”宗旨的漫长过程中，《大学》改本的竞争格局就已经在同时代理学精英中热烈展开了。本章接下来分别以湛若水和方献夫为例，较为详细地呈现这种几乎是即时性发生的《大学》文本竞赛，以此观察在王阳明提出《大学古本》形成新解释前后，理学精英中的内在竞争情形，以及这种良性竞争对理学学说发展的影响，对学侣、师徒等关键性理学关系的超越。

王阳明从关注《大学古本》开始，到据以提出“致良知”宗旨，前后经历了十余年时间。在此期间，《大学》文本改订问题在北京的理学精英中不断发酵，影响了相当多年轻的新科进士。其中包括湛若水（号甘泉，1466—1560）、穆孔晖（1479—1539）、魏校（1483—1543）、张邦奇（1484—1544）、方献夫（1485—1544）这些弘治十八年（1505）进士，以及正德六年（1511）进士王道（1487—1547）、汪必东，正德十二年（1517）进士季本（1485—1563）等人。在正德末年至嘉靖年间，这些人纷纷参与《大学》文本改订竞争，相互间书信往来论辩不断，各自撰写专书和专文，竞相发表意见。[1]

湛甘泉在弘治十八年（1505）举进士时，就与王阳明在北京缔交，共以倡明圣学为事。从此以后，两人在理学方面既是彼此敬重的论学友，也是极具竞争力的论敌，其明争暗竞持续延伸到门人后学中。方献夫的理学故事，被权威文献津津乐道的是正德六年执贽师事于时为下属的王阳明之举。正德十年（1515），王阳明在南京首次提醒湛甘泉应当留意《大学古本》。三年后，阳明公开刊刻《大学古本》并为之撰《旁释》和《原序》，湛甘泉、方献夫迅速做出反应，次年就分别撰成《古本大学测》和《大学原》。三方均在《大学》的"古本"基础上进行各自的解释，各持己说、互不相下。下文将循着三人的交往，重点围绕有关《大学古本》的交锋展开讨论。首先，探讨湛甘泉如何在文本上从完全拒绝《大学古本》，转向被动接受，甚至最终积极参与古本的解释之争。其次，重建方献夫与王阳明之间的论学关系演变，如何从迅速确立师徒关系，到此后逐渐产生《大学》解释差异，以致在义理上出现无可调和的分歧。最后，在此基础上反思后世对王、方师徒关系的书写。

---

〔1〕张邦奇撰有《大学传》，载《张文定公养心亭集》卷 1，《续修四库全书》第 1337 册影印明刻本，页 282—288。王道于嘉靖十七年撰成《大学亿》一书，参水野实：《台湾"国立中央"图书馆藏希觏本〈大学〉注释书による〈古本大学〉の解释について》，载联合报文化基金会国学文献馆编：《第一届中国域外汉籍国际学术会议论文集》，台北：联经出版事业公司，1987，页 545—562。穆孔晖是王阳明主考山东时所录第一名，后虽由古文词转习理学，却属"学阳明而流于禅，未尝经师门之煅炼"（黄宗羲：《明儒学案（修订本）》卷 29，页 635），后于嘉靖十七八年间撰成《大学千虑》一卷，其文本和解释主要遵循朱子，但完全删掉了朱子所补《格致传》，参《四库全书存目丛书》经部第 156 册影印明嘉靖刻本，页 654—655。另外汪必东《南隽集文类》卷 7 有《读大学杂著》九篇，台北：汉学研究中心影印日本内阁文库藏明嘉靖三十年序刊本。季本有《大学私存》，载《四书私存》，朱湘钰点校、钟彩钧校订，台北："中研院"中国文哲研究所，2013，页 1—45；参朱湘钰：《晚明季本〈四书私存〉之特色及其意义》，《清华学报》新 42 卷 3 期，2012.9；朱湘钰：《依违之间——浙中王门季本〈大学〉改本内涵及其意义》，《文与哲》第 18 期，2011.6。

四 学侣成为竞争者：湛若水之例

出自理学名儒陈白沙（1428—1500）门下的湛甘泉，早在弘治十年（1497）就已悟出自己的学说宗旨“随处体认天理”，并受到乃师首肯。[1] 弘治十八年，湛氏与王阳明初识于京师，一见订交，共以倡明圣学为事，两人论学契合无间。[2] 此后阳明贬谪贵阳，至正德六年两人俱官北京，才再次相聚且比邻而居，“职事之暇，始遂讲聚，方期各相砥砺，饮食启处必共之”。[3] 此时甘泉提揭“随处体认天理”之旨，而阳明心领其意，仍无异议。[4] 本年底，甘泉受命往封安南，阳明赠序，犹誉其为“圣人之徒”，且以结识甘泉为幸：“予之资于甘泉多矣。”[5] 别后阳明学问产生极大变化，尤其在《大

---

〔1〕本段有关甘泉生平及湛、王交往的撮述，参罗洪先：《〔湛甘泉先生〕墓表》，载《湛甘泉先生文集》卷 32，《四库全书存目丛书》集部第 57 册影印清康熙二十年黄楷刻本，页 242—245。洪垣：《〔湛甘泉先生〕墓志铭》，载《湛甘泉先生文集》卷 32，页 245—250。相关的现代研究，参志贺一朗：《王阳明と湛甘泉》，东京：新塔社，1976，页 221—275；乔清举：《湛若水哲学思想研究》，台北：文津出版社，1993，页 102—115；黎业明：《湛若水年谱》，上海：上海古籍出版社，2009，各该条下。

〔2〕《王阳明年谱》弘治十八年十月条，《王阳明全集（新编本）》卷 32，页 1232。嘉靖八年甘泉撰《奠王阳明先生文》则云：“嗟惟往昔，岁在丙寅（正德元年，1506）。与兄邂逅，会意交神。同驱大道，期以终身。浑然一体，程称‘识仁’。我则是崇，兄亦谓然。”《湛甘泉先生文集》卷 30，页 219。

〔3〕《王阳明年谱》正德六年十月条，《王阳明全集（新编本）》卷 33，页 1240；湛若水：《奠王阳明先生文》、《阳明先生王公墓志铭》，《湛甘泉先生文集》卷 30、31，页 219、231—234。

〔4〕湛若水《奠王阳明先生文》：“辛〔未〕、壬〔申〕（即正德六年、七年）之春。兄复吏曹，于吾卜邻。自公退食，坐膳相以。存养心神，剖析疑义。我云圣学，体认天理。天理问何，曰廓然尔。兄时心领，不曰非是。”《湛甘泉先生文集》卷 30，页 219。

〔5〕王守仁：《别湛甘泉序（壬申）》，《王阳明全集（新编本）》卷 7，页 245—247。壬申为正德七年，《王阳明年谱》将此文系于六年冬（卷 32，页 1240），当从，因甘泉本年底受命，次年春出发，参黎业明：《湛若水年谱》，页 44。又，从湛、王的次韵诗可见，此时两人论学已开始有分歧，见《王阳明全集（新编本）》卷 20《别方叔贤四首》，页 760；《湛甘泉先生文集》卷 26《阳明赠方吏部归樵四首金山出示次韵》，页 174。

学》宗旨问题上有重要突破。[1] 正德十年在南京龙江关会面时，阳明曾明确提醒甘泉应当采信《大学古本》，然未获后者重视，双方的分歧集中在格物说。[2]

三年后，王阳明公开刊刻《大学古本》、《朱子晚年定论》、《传习录》（即今《传习录》通行本上卷）等书并寄赠甘泉。后者随即开始集中精力研治《学》、《庸》。[3] 获悉甘泉改信古本后，阳明于同年底回信时指出：

> 向在龙江舟次，亦尝进其《大学》旧本及格物诸说，兄时未以为然，而仆亦遂置不复强聒者，知兄之不久自当释然于此也。乃今果获所愿，喜跃何可言！[4]

“向在龙江舟次”指正德十年两人在南京龙江关会面事，而“《大学》旧本”即指《大学古本》而言。信中阳明对甘泉终于信

---

〔1〕最明显者为正德七年十二月王阳明与徐爱同舟归越时，阳明论《大学》宗旨，徐爱骤闻之下“骇愕不定，无入头处”的经历，参陈荣捷：《王阳明传习录详注集评》卷上，台北：台湾学生书局，1983，页 25；及《王阳明年谱》正德七年十二月，《王阳明全集（新编本）》卷 32，页 1241。

〔2〕王守仁：《答甘泉（己卯）》，《王阳明全集（新编本）》卷 4，页 187—188；湛若水：《与阳明鸿胪》，《甘泉先生文录类选》卷 17，《故宫珍本丛刊》第 527 册影印明嘉靖八年吕怀等刻本，页 143。关于阳明与甘泉的格物之辩，详参荒木见悟：《明代思想研究：明代における儒教と佛教の交流》，东京：创文社，1978，页 67—70；陈来：《有无之境：王阳明哲学的精神》，北京：北京大学出版社，2006，页 124—131；夏长朴：《变与不变——王守仁与湛若水的交往与论学》，载《国际阳明学研究》第 3 卷，上海：上海古籍出版社，2013，页 16—24。

〔3〕湛若水：《答太常博士陈惟浚》，《甘泉先生文录类选》卷 17，页 150。此信写作时间，见黎业明《湛若水年谱》页 65。

〔4〕王守仁：《答甘泉（己卯）》，《王阳明全集（新编本）》卷 4，页 187。此信《王阳明全集》自注撰于正德十四年，陈来《有无之境：王阳明哲学的精神》页 128 将此信系于正德十三年戊寅冬，但未予说明，黎业明《湛若水年谱》页 63—64 有详细考辨，当以十三年冬为是。

从古本之事表示欣喜，同时不忘强调自己在《大学古本》问题上的“先知先觉”角色。阳明的这种欣喜之情，反复见于这时期的书信中。[1]当然，甘泉表示“释然”的，仅仅只是在《大学》文本上采用古本，放弃朱子《章句》文本；但在“格物诸说”解释上，甘泉并未接受阳明之说，甚至迅速推出自己“山居整理《古本大学》”的成果，即《大学测》一书，并于十四年（1519）致信阳明高弟陈九川（1494—1562），以新书和新见相告。[2]陈氏迅即转告乃师阳明：

> 甘泉近亦信用《大学古本》，谓格物犹言“造道”。又谓“穷理如穷其巢穴之穷”，以身至之也，故格物亦只是“随处体认天理”，似与先生之说渐同。

阳明对此答云：

> 甘泉用功，所以转得来。当时与说“亲民”字不须改，他

---

〔1〕 王守仁：《答方叔贤（己卯）》、《答甘泉（辛巳）》，《王阳明全集（新编本）》卷4、5，页188—189、194—195。

〔2〕 湛若水：《寄陈惟浚》，《甘泉先生文录类选》卷18，页162。此信有“入冬，得朱守中北都寄来书，知吾惟浚得旨归故，山景川道，惟浚独本抗谏，想坐此也”云云，陈九川等于正德十四年夏四月戊寅被杖，黜为民，见《明武宗实录》卷173，台北：“中研院”历史语言研究所，1984年缩印再版，页3353。又，湛若水《答王公济侍御（开州人，名溱）》有云：“山中所整理，有《大学古本》、《中庸测》、《古小学》、《二礼》诸书。未能一一奉览，聊录序文，往见大略”；《与王征卿同府（开州人，名崇庆）》亦云：“修《古小学》及《古本大学》、《中庸》诸书训测，恨未由得一相见，共订之耳。今抄各书序奉阅，见大略也。”（俱载《泉翁大全集》卷9，钟彩钧主持点校本之电子文件，台湾“中央研究院”历史语言研究所网站：http://hanji.sinica.edu.tw/，2014年2月21日检索）。王溱任御史在正德十六年前后，王崇庆任登州同知在正德十四年至嘉靖元年，分别见《明世宗实录》卷4，台北：“中研院”历史语言研究所，1984年缩印再版，正德十六年七月庚午，页192；《(光绪）增修登州府志》卷25《文秩一》，叶16。

亦不信。今论格物亦近，但不须换“物”字作“理”字，只还他一“物”字便是。[1]

阳明师徒所论，集中在《大学》文本以及与“格物”解释密切相关的学说宗旨上。尤其值得注意的是阳明的措辞，简直活脱脱描绘出一步步地被动接受古本以支持己说的甘泉形象。所谓“当时与说‘亲民’字不须改”，是指正德十年二月阳明在南京龙江关吊问扶母柩南还途中的甘泉时，提醒其应该注意信从《大学古本》，并且以古本“亲民”，纠正朱子《大学章句》改作“新民”之误的事情。至于《大学》解释中最为关键的格物说，甘泉则丝毫没有放弃已见。阳明批评的所谓“换‘物’字作‘理’字”，是指甘泉为了坚持自己的“随处体认天理”的宗旨，在改信《大学古本》后，视格物之“物”为天理之“理”。

从湛甘泉的表现来看，他并未对在《大学古本》问题上屡屡以“先进”自居的王阳明心悦诚服。湛氏《大学测》自序有云：

甘泉子读书西樵山，读古本《大学》，喟然叹曰：《大学》之道，其粲然示人博矣，其浑然示人约矣……或曰：“子之必主乎古本，何也？”曰：“其以修身为格致也，教之力也，身之也，非口耳之也。学者审其词焉，其于道思过半矣！是故其书完，其序明，其文理，其反复也屡，其义尽。大哉博矣！约矣！其道也，其至矣乎？予惧斯文之晦，求之者博而寡要，劳

〔1〕 陈荣捷：《王阳明传习录详注集评》卷下，页 281—282。《甘泉先生文录类选》所收《大学测》的自序，卷首目录名为“古文大学测序”，正文名为“古本大学测序”，但《中庸测》的序言并无“古文”二字，见《甘泉先生文录类选》卷首，页 4；卷 6，页 43—45；《甘泉先生文录类选》卷 18《答杨少默》谓“《古本大学测》曾仔细看否？”页 162。

而无功也，诚不自揣，谨离章集训而测焉，以俟君子。”正德戊寅（十三年）孟秋。[1]

《大学测》原书似已不存，以上是朱彝尊《经义考》中收录的甘泉自序。据朱氏著录为“湛氏若水《古大学测》一卷又《难语》一卷，存”，以及序言末的时间题款来看，他应该是根据《大学测》书前湛氏自序，而非湛氏文集所收过录的。具有时间署款的这篇序言，也见于《古今图书集成》。[2] 需要特别注意的是，湛氏自序题署的“正德戊寅孟秋”即正德十三年七月，竟然与王阳明在江西刊刻《大学古本》同时。对这个高度巧合的时间，需持谨慎存疑态度。[3] 但可以肯定的是，在阳明推荐《大学》古本后的相当长时间内（若从正德十年二月计，也有三年之久），甘泉没有相信古本。

同样需要注意的是，湛氏自序通篇未提古本《大学》的来源，以及自己是如何得知的，仅在开篇含糊指出自己读书西樵山中时获“读古本《大学》”。考其入西樵山读书的时间，在正德十二年八月，[4] 而两年前阳明已当面提醒应该相信古本，甘泉这里竟完全不谈阳明的提示启发之功。湛氏文集中收录的这篇自序，缺少末句的时

---

〔1〕 朱彝尊：《经义考新校》卷159湛氏若水《古大学测》所录“若水自序”，林庆彰、杨晋龙、冯晓庭主编，上海：上海古籍出版社，2010，页2911。

〔2〕 见《古今图书集成·理学汇编·经籍典》卷280，成都：巴蜀书社，1986，第59册，页70576。

〔3〕 难以确定湛氏《大学测》有几版，也不知朱氏据哪版过录。看来不像是据初版，因朱氏著录还有“《难语》一卷”；若非据初版，则湛氏自序的时间或有被改动的可能。朱氏所录文字，与嘉靖本《甘泉先生文录类选》、康熙本《湛甘泉先生文集》颇有异同，尤其是四次出现的“新民 / 亲民”。这些信息对考察湛、王二人在《大学》问题上的竞争，及后人对此的看法都至关重要。惜目前资料不备，姑识此志疑。

〔4〕 参黎业明：《湛若水年谱》，页57；陈来：《善本〈甘泉先生文集〉及其史料价值》，《中国近世思想史研究》，北京：商务印书馆，2003，页567—568；任建敏：《从“理学名山”到“文翰樵山”——16世纪西樵山历史变迁研究》，桂林：广西师范大学出版社，2012，页68—70。

间题款，正文文字也颇有异同。尤其开篇这句，另作“甘泉子读书西樵山，于《十三经》得《大学》古本焉”，清楚指出自己获知古本《大学》的来源，完全是由其本人从《十三经》中发现的。[1] 更值得特别强调的是，甘泉在所有论及《古本大学》的文献中，从来没有提到王阳明对他的提示之功，相反，对阳明只有批评意见。大约二十年后，湛氏在成书于嘉靖十八年的《杨子折衷》中回忆：

> 昔吾五十时，读《庸》、《学》于西樵山。忽一日，疑孔门之学只是一贯，今《大学》何以有三纲领、八条目？疑孔子之学，一传至曾子即失矣。复取《大学古本》白文熟读之，乃知明德、亲民，说此学体用之全，心事合一之理；又云“在止于至善”，又知前二者总会都于止至善上用功。止于至善，只一体认天理便了，千了百了，明德、亲民皆了，原是一贯之指。下文“自古之欲明明德于天下”，直推其功至格物，又自物格顺驯其效至天下平，推上推下，推来推去，都只在格物上用功。格物即止至善之别名，原只是一贯之指。推便如此推，非教人逐节做功，功都在格物上也，上文知止一节，即知行并进，即其功夫也。[2]

此时湛若水已 74 岁，文中“五十时”是举其约数而言。在此仍

---

〔1〕 湛若水：《古本大学测序》，《甘泉先生文录类选》卷 6，页 43—44；《湛甘泉先生文集》卷 17 题为《古大学测序》，页 690。又，若从方献夫致湛甘泉信中来看，在《大学古本》问题上，方氏对甘泉也有提醒之益。方献夫《复湛太史（第五首）》：“《礼记注疏》已令人取，当奉去。切谓今日之学难讲，正是《大学》、《中庸》不明，若二书明了，有甚讲？此固贤者虑之熟矣，何俟愚言？但愿更将此二书旧文反复潜玩，看何如？务见得二书本来面目，且以教我。”（《西樵遗稿》卷 8，《四库全书存目丛书》集部第 59 册影印清康熙三十五年方林鹤刻本，页 140。）方氏建议甘泉“反复潜玩”《礼记注疏》中的《大学》、《中庸》“旧文”，即指古本而言。

〔2〕 湛若水：《杨子折衷》卷 5，《四库全书存目丛书》子部第 7 册影印明嘉靖刻本，页 183。

然丝毫没有提到王阳明的提醒、启发之功，却用“忽一日疑”之语，将转向《大学古本》之举，纯粹归功于自我体认所得。这个事后认知，跟前引其《大学测》自序中所谓“喟然叹”如出一辙。事实上，在天关精舍中，当门人有“推求《大学古本训测》之义”者，湛氏就答以：“足见究心深潜为信矣。吾初《大学》之说，盖若有神明通之者，吾子不易见此也。”〔1〕明确将自己转向《大学古本》、据以撰成《大学测》之举，归诸“神明通之”。

正德十四年，湛甘泉为自己主持的大科书院撰《训规》，再次强调以修身释格物之说。其中特别要求：“诸生读《大学》，须读文公《章句》应试；至于切己用功，更须玩味《古本大学》。”理由是：“《大学古本》好处，全在以修身释格物（至）〔致〕知，使人知所谓格物者，至其理，必身至之，而非闻见想象之粗而已。”〔2〕

甘泉从拒绝古本到转而信从的关键，在于他逐渐认识到古本更能支持其“随处体认天理”宗旨。在正德十六年答门人杨骥时，他明确将修身释格物说与“随处体认天理”宗旨结合起来：

> 承谕阅《训规》（即《大科训规》）立中正以示学者，然而此理本中正，乃天之所为也。稍偏内外，即涉支离，非天理矣。此与《古本大学》相同，在随处体认天理而已，更无别事。《古本大学测》曾仔细看否？自程子没后，此书不明数百年矣。赖

---

〔1〕 湛若水：《天关精舍语录》，《泉翁大全集》卷13。

〔2〕 湛若水：《大科训规》，《湛甘泉先生文集》卷6，页554、558。并参同书卷7《答聂文蔚侍御》、《答黄孟善》，页573—574、577。甘泉在新泉书院讲学亦云：“〔《大学》〕古本之善，紧要处全在以修身申格物，且不曰道曰理而曰物者，以见理不离物也，非离物外人伦而求诸窈冥昏默以为道也，可见古人实学处。”见湛若水：《新泉问辨续录》，《湛甘泉先生文集》卷9，页622—623。甘泉以修身释格物之说在明代格致诠释脉络中的位置，参水野实：《明代〈古本大学〉表彰的基础——正当化的方法与后学的状况》，页90—91。

> 天之灵，一旦豁然有冥会，持以语人，而鲜信之者，岂非许真君卖丹丸子者？命耶？可叹可叹！[1]

从这封师弟间的亲密通信看来，甘泉显然对《古本大学测》自视极高，以为是超越阳明、朱子而直接程子的数百年未有之书。文中“持以语人”之“人”，重点当是指阳明及其追随者，因此下文紧接着就明确点出：“阳明近有两书，终有未合，且与人谓‘随处体认天理’是求于外。”其中“且与人谓”，在《湛甘泉先生文集》中作“且与陈世杰谓”，[2]是指甘泉于正德十六年五月托陈世杰将《古本大学测》、《中庸测》带给阳明后，阳明直接在陈氏面前批评甘泉，然后致信甘泉提出委婉批驳之事。[3]甘泉在这封答杨骥信中接着指出：

> 吾与阳明之说不合者，有其故矣。盖阳明与吾看心不同。吾之所谓心者，体万物而不遗者也，故无内外。阳明之所谓心者，指腔子里而为言者也，故以吾之说为外。阳明格物之说，谓“正念头”，既与下文“正心”之言为重复，又自古圣贤“学于古训”，“学问思辨笃行”之教，“博文约礼”之教，修德、讲学，尊德性、道问学之语，又何故耶？[4]

信中批评阳明释格物为“正念头”，既与《大学》八条目中的

---

〔1〕 湛若水：《答杨少默》，《甘泉先生文录类选》卷18，页162。信中有“部中五月二日得旨起取，八月末勘合到司促行”语，当指正德十六年甘泉受命起复之事。

〔2〕 湛若水：《答杨少默》，《甘泉先生文录类选》卷18，页162；《湛甘泉先生文集》卷7，页570—571。

〔3〕 参《王阳明年谱》正德十六年五月条，《王阳明全集（新编本）》卷33，页1289；王阳明：《答甘泉（辛巳）》，《王阳明全集（新编本）》卷5，页194—195。并参湛若水：《寄阳明》，《湛甘泉先生文集》卷7，页576—577。

〔4〕 湛若水：《答杨少默》，《甘泉先生文录类选》卷18，页162—163。

“正心”重复，又完全抹杀了儒学传统中的种种“学问”之功。尽管如此，甘泉无法让阳明改变其格物说，更无法在《古本大学》解释问题上取信于阳明及其追随者，因此才在门人面前产生有如许真君兜售丹丸之叹。

对于阳明的《大学古本》诠释，甘泉也提出公开反击。在甘泉主导的讲学活动中，他与门人一起仔细研读阳明那篇关键性的《大学古本序》，批评阳明攻击朱子太过：

> 〔郭应〕奎问："阳明先生《大学古本序》云：'合之以敬而益离。'盖朱子《或问》以小学、大学之功全归于'敬'之一字。若谓《大学》既言'诚'，不当复言'敬'，然而'于缉熙敬止'，则言敬矣；'瑟兮僩兮者，恂栗也'，恂栗亦敬也。况合小学、大学之功，提掇'敬'字，亦最切要，亦何不可？且程子于格致亦每每言'敬'，今乃以病朱子，无乃过乎？"
>
> 〔甘泉答〕："朱文公《或问》前序小学、大学之事，内中已庄一'敬'字了，后面总提这'敬'字来说，使人知用功之本，只得如此说，非添上一'敬'字，何得为赘？文公见之，必不服。"[1]

甘泉师徒在此检讨的“合之以敬而益离”一语，在阳明《大学古本序》原文为“合之以敬而益缀，补之以传而益离”。这是阳明对朱子《大学章句》的两项重要批判，前者批评朱子视《大学》为为学纲目，而以“敬”字收敛身心；后者则是针对朱子补写的《格致传》发难。[2] 甘泉师徒专就前者向阳明开火，从《大学》原文曾经

---

〔1〕 湛若水：《问疑续录》，《湛甘泉先生文集》卷 11，页 635。

〔2〕 王守仁：《大学古本序》、《大学古本原序》，《王阳明全集（新编本）》卷 7、39，页 258—259、1571。并参刘斯原：《大学古今本通考》卷 7，《四库全书存目丛书补编》第 92 册影印明万历刻本，页 654，文字略有出入。

反复论敬，到小学、大学之功均需用敬，乃至程子也常常提敬，由此论证阳明不该在持敬问题上向朱子发难，无以服朱子之心。

王、湛之间早已持续多年的格物之争，并未因俱信《大学古本》而稍有缓解。两人的最后交锋，集中体现在正德十六年五月甘泉正式将《大学测》、《中庸测》寄赠阳明后，双方互致书信展开的论争。甘泉的《答阳明王都宪论格物》，详细列举了对阳明训格物为“正念头”的四点批评意见，同时申述应当训格物为“至其理”的五项理据，而要点归于：“仆之所以训格者，至其理也。至其理云者，体认天理也。体认天理云者，兼知行、合内外言之也。天理无内外也。”[1] 简言之，甘泉仍然坚持用格物解释“随处体认天理”的宗旨。

王、湛二人围绕《大学》产生的义理分歧，晚明刘斯原在辑录《大学古今本通考》时已有所察觉。在编排体例上，刘书在收录《王阳明先生大学古本》后，紧接着就收录《湛甘泉先生大学难语》。所谓“难语”，从文末刘氏按语来看，应是指辩难、问难之语。其中最直接的辩难和问难对象，当然非阳明莫属。[2] 不过，尽管王、湛的义理分歧丝毫未能消除，但却可以观察到相当明显的一个变化：双方争论所依据的文本基础，已经在不知不觉间彻底转移，所有的义理论争，至此都毫无疑问地建立在《大学古本》的基础上了。

湛甘泉对《大学古本》的运用，不限于支持自己的学说宗旨，还包括据以撰成公开上奏朝廷的帝王之书。嘉靖七年（1528），当震

---

〔1〕 详参湛若水：《答阳明王都宪论格物》，《甘泉先生文录类选》卷 18，页 163—164；并参同卷《答杨少默》，页 162—163；王阳明：《答甘泉（辛巳）》，《王阳明全集（新编本）》卷 5，页 194；冈田武彦：《王阳明与明末儒学》，吴光等译，上海：上海古籍出版社，2000，页 95—97。

〔2〕 刘斯原：《大学古今本通考》卷 7《湛甘泉先生大学难语》，页 656—658。书前总目录的标题中“难语”二字，正文标题改作“语录”。又，甘泉《大学测》、《中庸测》两书似已无存，刘氏所辑甘泉论《大学》语较为集中，且对阳明和甘泉的《大学》解释、“随处体认天理”、“勿忘勿助”之争有较公允的评述，可资参考。

惊朝野的“大礼议”以明世宗的胜利定调后，甘泉积极响应皇帝诏令，撰成阐述治平术的《圣学格物通》一百卷，依据《大学古本》文本，以诚、正、修、齐、治、平六格为格致之事目，将全书分为六部展开论述。〔1〕为了论证自己的“随处体认天理”宗旨才符合《大学古本》本旨，湛氏在《格物通》自序中，竟然抬出明太祖有关《大学》的论说以资护法：

> 伏睹我太祖高皇帝谕侍臣曰：“《大学》一书，其要在修身。”而《大学古本》以修身释格至，曰：“此谓知本，此谓知之至也。”经文两推天下国家身心意，皆归其要于格物，则圣祖盖深契夫《古本大学》之要矣乎！〔2〕

湛甘泉似乎因此对儒家经典的所谓“古本”兴趣浓厚，不仅据《大学》“古本”撰成《大学测》，〔3〕其《中庸测》也是据所谓的古本立论。〔4〕此外，他还陆续撰有《古小学》〔5〕、《古乐经传》〔6〕、《古易经传》〔7〕，甚至撰有“古本”《四书测》，并在《修复四书古本测序》中，

---

〔1〕 有关湛若水《圣学格物通》的撰写背景和内容特色，以及其透过此书向皇帝阐扬自己“随处体认天理”之学，参朱鸿林：《明儒湛若水撰帝学用书〈圣学格物通〉的政治背景与内容特色》，《朱鸿林明史研究系列·儒者思想与出处》，页129—176。

〔2〕 湛若水：《圣学格物通大序》，《湛甘泉先生文集》卷17，页693—695。

〔3〕 《甘泉先生文录类选》所收《大学测》的序言，卷首目录中作“古文大学测序”，正文中名为“古本大学测序”，《湛甘泉先生文集》卷17中名为《古大学测序》。见《甘泉先生文录类选》卷6，页43—44，《湛甘泉先生文集》卷17，页690。

〔4〕 甘泉《中庸测》的自序并无“古本”字样，但日后甘泉与门人曾佩论学时，则问对方：“见吾《古本中庸测》乎？”见湛若水：《甘泉先生文录类选》卷6，页44—45；《湛甘泉先生文集》卷17，页691；卷11《问疑续录》，页639。

〔5〕 湛若水：《古小学序》，《甘泉先生文录类选》卷6，页43。目录中作“古文小学序”，页4。

〔6〕 湛若水：《古乐经传或问》，《湛甘泉先生文集》卷16，页676。

〔7〕 湛若水：《修复古易经传测序》，《湛甘泉先生文集》卷17，页683。

反复将《大学》之格物、《中庸》之慎独、《论语》之求仁、《孟子》之扩充四端与反求本心等观念，收摄到自己的“随处体认天理”宗旨中。[1]

随着王、湛二人的学说竞逐，他们对《大学》文本的认识最终趋于一致，都相信古本而批判朱子《章句》本；但在对《大学古本》的解释上，两人的分歧始终未能消除。这种分歧，致使湛氏的讲学门人亦感疑惑，师徒在新泉书院中曾有如下讨论：

> 或问：“《大学古本》俱二先生（阳明、甘泉）悟后之言，而其训释格物，复相矛盾者，何也？”
>
> 惟道曰：“在学者潜心默会，自不相妨。《大学》功夫全在止至善，止至善只在格物。……盖千圣一道，横说竖说，不过明此一件事。会得，则《四书》《六经》莫非此意；不会，则牵文逐句、祗益口耳，徒立门户，终无自得。……儒者之学，自非真求自得而卓见其性命之原解，不为门户所限，而终日哓哓也。何如？”
>
> 〔甘泉〕：“只看《大学》两节，前一节从平天下逆推说到格物，后一节从物格顺说到天下平，源头皆在格物。‘至其理’兼知行，‘正念头’微不同。学者正当立个公心，虚心相求，便于不同处相切磋，乃有益。古人比于磨齿不齐，乃磨得粟与粉面出来。若皆雷同，岂能磨得出了？但恐学者无此至公至虚之心，

〔1〕湛若水：《修复四书古本测序》，《湛甘泉先生文集》卷17，页689—690。此序不见于《甘泉先生文录类选》。罗洪先撰《〔湛甘泉先生〕墓表》称“《四书训测》”，洪垣撰《〔湛甘泉先生〕墓志铭》称“《古本大学测》、《中庸论孟训测》”，见《湛甘泉先生文集》卷32，页244、249。黄虞稷《千顷堂书目》卷3著录“湛若水《古本四书测》十九卷，嘉靖戊戌（十七年，1538）序”，瞿凤起、潘景郑整理，上海：上海古籍出版社，2001，页90；朱彝尊《经义考新校》卷256著录“湛氏若水《古本四书训测》十九卷，存”（页4590）。目前此书似已佚。

> 只为人守门户，其害道义甚大。戒之！戒之！吾不愿学者有此病也。”[1]

学者公心以求，虚心切磋，及不立门户之说，看来不易臻达。嘉靖七年底阳明去世，次年三月甘泉撰文祭奠。奠文历述两人相识相知的经过，尤详于两人论学由同而异的种种细节。对于阳明晚年督抚两广期间，在广州开坛讲学时公开鼓吹“致良知”，而否定白沙、甘泉师徒“勿忘勿助”、“体认天理”说之事，甘泉在奠文中仍然感慨良多：

> 遥闻风旨，开讲穗石。
> 但“致良知”，可造圣域。
> “体认天理”，乃谓义袭。
> “勿忘勿助”，言非学的。
> 离合异同，抚怀今昔。[2]

---

〔1〕 湛若水：《新泉问辨续录》，《泉翁大全集》卷71。

〔2〕 湛若水：《奠王阳明先生文》，《湛甘泉先生文集》卷30，页220。按：“勿忘勿助”指甘泉承袭自乃师陈白沙的论学要旨，参《湛甘泉先生文集》卷21《自然堂铭》第57册，页73—74。阳明在广州开讲的详情，参朱鸿林：《黄佐与王阳明之会》，《朱鸿林明史研究系列·儒者思想与出处》，页304—322。对于王、湛关系，此后甘泉本人的认知随着时势的演变而经历了种种变化，因与本章主旨关系不大，在此仅略举数例以概其余。早在甘泉应邀撰写阳明墓志铭中，有云：“相与定交讲学，一宗程氏仁者浑然与天地万物同体之指。故阳明公初主格物之说，后主良知之说；甘泉子一主随处体认天理之说，然皆圣贤宗指也。而人或舍其精义，各滞执于彼此言语，盖失之矣！故甘泉子尝为之语曰：‘良知必用天理，天理莫非良知。’以言其交用则同也。”此文据黄绾撰《行状》而成，而黄文在阳明去世“六年而后就”，故湛文当在此稍后（见《湛甘泉先生文集》卷31《阳明先生王公墓志铭》，页231—234。甘泉论及王、湛两家关系之处所在多有，如嘉靖本《甘泉先生文集》内编卷18《奠黄门毛古庵先生文》、卷23《静庵周君墓碑铭》，转参黎业明《湛若水年谱》页205—207、215—216）。随着阳明学说的逐渐流行，至嘉靖三十几年，年迈的湛甘泉似乎特别着意强调两家论学之同。嘉靖三十八年，（转下页）

五　门人成为挑战者：方献夫之例

在王阳明与湛甘泉围绕《大学》文本和解释“赛跑”时，甘泉的进士同年、广州南海人方献夫也没有置身事外。方献夫日后是以嘉靖“大礼议”新贵而为世人所知的重要明代政治人物，但在理学史的叙述脉络中，方氏被人乐道的，是其正德六年以吏部郎中身份，执贽师事于属下主事王阳明之事。这既是理学史书写方氏故事的起点，也是高潮和终点。

（一）理学师徒

上司师从下属的理学美谈所具有的象征意义，在有关方献夫和王阳明的多种传记书写中都有强调，其中以钱德洪（1497—1574）等编《王阳明年谱》和黄宗羲《明儒学案》最具影响力。《年谱》正德六年二月条谓：

（接上页）94岁的湛甘泉应门下高弟江西巡抚何迁（1501—1574）之邀，为其“默识堂”撰写记文，其中就特别强调两家论学最初并无不同：“孟子之道在周、程，周、程没，默识之道在白沙，故语予：‘日用间随处体认天理，何患不到圣贤佳处！’阳明王公扣予曰：‘天理何如？’应之曰：‘天理何应？廓然太公。’阳明曰：‘唯唯。’初无不同也，后门人互失其传。”（《湛甘泉先生文集》卷18《默识堂记》，页10—11。此文开头云“甘泉子既九十四”，据此知其写作时间。）在此前后，甘泉致信何迁谈及武夷山当时所建一曲王湛书院时亦云：“近日建宁刘太守吾南、董二守蓉山为老朽与阳明创武夷一曲大同书院，以图寄示。水甚喜得两家大同之意，为百代公案也。水与阳明公戮力振起绝学，何尝不同？故尝云‘良知必用天理，天理莫非良知’，亦公案也。后来独说常知常觉，空空兴起，遂甚失阳明公本指，所以往往明之。在赣州有讲章，无非为阳明公卫道，见此大同意也。邹东郭作一曲书院记，深得此意。”（《湛甘泉先生文集》卷7《与何吉阳启》，页595—596。）此信开头云“恭谂开府江右”，何迁于嘉靖三十八年前后为江西巡抚，任期至次年四月。武夷山一曲王湛书院事，详参刘勇：《中晚明理学学说的互动与地域性理学传统的系谱化进程——以“闽学”为中心》，（台北）《新史学》21卷2期，2010.6，页1—60；湛、王后学的交涉，参荒木见悟：《明代思想研究：明代における儒教と佛教の交流》，页71—76。

是年僚友方献夫受学。献夫时为吏部郎中，位在先生上，比闻论学，深自感悔，遂执贽事以师礼。是冬告病归西樵，先生为叙别之。[1]

黄宗羲《明儒学案》的《粤闽王门学案》小序云：

岭海之士，学于文成者，自方西樵始。……〔方西樵〕为吏部主事，迁员外郎。阳明起自谪所，为主事，官阶亚于西樵。一日与语，西樵有当于心，即进拜称弟子。[2]

方献夫于弘治十七年（1504）中举，次年成进士，选翰林院庶吉士，年仅21岁，旋即丁忧，服阕起为礼部主事，改吏部主事、郎中。师从王阳明一事，就在正德六年的吏部郎中任上。王、方双方并未就拜师事情留下详细的直接记载，但方献夫于同年冬告病归西樵山时，王阳明曾“为叙别之”：

予与叔贤处二年，见叔贤之学凡三变：始而尚辞，再变而

〔1〕 钱德洪等编：《王阳明年谱》正德六年二月条，《王阳明全集（新编本）》卷32，页1239。按：嘉靖四十三年本《王阳明年谱》本月条下已有记载，文字略有出入：“吏部郎中方叔贤献夫位在先生上，比闻论学，遂执贽纳拜，事以师礼。是冬告病归西樵，先生为序别之，略曰：予与叔贤处二年……叔贤亦可谓善变矣。”虽节录了年底阳明的赠序，但却略去序言后半部分的拜师情节。见《北京图书馆藏珍本年谱丛刊》第42册，页522—523。年谱中方氏拜师情节，很可能出自钱德洪手笔，因钱氏在编纂年谱期间曾用方氏事例来劝说罗洪先也以阳明门人自居。参钱德洪：《答论年谱书（四）》，钱明整理：《徐爱、钱德洪、董澐集》，南京：凤凰出版社，2007，页208。

〔2〕 黄宗羲：《明儒学案（修订本）》卷30《粤闽王门学案》，页654。关于这个学案存在的史料问题，可参邓国亮：《资料不足对〈明儒学案〉编撰的限制——以〈粤闽王门学案〉为例》，载《燕京学报》新21期，2006.11，页85—106。

> 讲说，又再变而慨然有志圣人之道。方其辞章之尚，于予若冰炭焉；讲说矣，则违合者半；及其有志圣人之道，而沛然于予同趣。将遂去之西樵山中，以成其志，叔贤亦可谓善变矣。圣人之学，以无我为本，而勇以成之。予始与叔贤为僚，叔贤以郎中故，事位吾上。及其学之每变，而礼予日恭，卒乃自称门生，而待予以先觉。此非脱去世俗之见，超然于无我者，不能也。虽横渠子之勇撤皋比，亦何以加于此！独愧予之非其人，而何以当之！夫以叔贤之善变，而进之以无我之勇，其于圣人之道也何有。斯道也，绝响于世余三百年矣。叔贤之美有若是，是以乐为吾党道之。[1]

阳明此序详细追述了方献夫在正德六年前的为学转变，及其与自己的关系变化，明确指出方献夫"卒乃自称门生而待予以先觉"的事实。就此点而言，日后的理学史书写中，上司师从下属美谈并非完全无根。然而，如若不是仅仅将王、方二人的理学师徒关系定格在正德六年拜师这一时一事，而是继续追踪此后两人的论学取向和关系变化，那么就能够发掘出比这个"美谈"更为丰富复杂的理学师徒关系的意涵。

（二）拜师有得

正德六年方献夫正式拜师阳明后，问学仅数月。当年冬，两人作别分离。在此后的相当长时期内，方氏自感师从阳明而有所得。分别之际，方氏有《别王阳明》两首。其第一首云：

> 春风桃李总依依，领得春心入翠微。

〔1〕 王守仁：《别方叔贤序（辛未）》，《王阳明全集（新编本）》卷7，页247。

不是寻常挂冠去，洒然真若浴沂归。[1]

首句“春风桃李”之典，再次确凿无疑地表明这场师徒关系并非向壁虚构。“依依”表达惜别情，“浴沂”则表明并非寻常离别，而是方氏自感师从阳明，学有所得，欣然而归。王阳明对此也有《别方叔贤四首》以资勉励。[2]南归途中，方氏还有《望钱塘忆会稽寄王阳明》诗，末云“噫嘻此志不可违，阳明主人何时归？阳明主人何时归？我欲终生夫子依”，[3]充分体现出对阳明的依归之意。

不过，这些仅仅只是王、方两人师徒关系中短暂的片段。学问兴趣多变的年轻上司方献夫，拜入阳明门下仅数月即告分别；更难逆料的是，方氏此次返乡长达十年，期间在广东西樵山讲学，与王阳明的联系仅赖几通书信和辗转耳闻。[4]方氏此次多年的进学，令其思想产生较大变化。这种变化绝非简单地接受阳明学说，而是逐步培养出自身的独立追求，并因此渐渐与阳明立异。《大学》古本及其解释，在王、方两人渐行渐远的论学过程中正好扮演了关键角色。

在正德十三年七月王阳明刊行《大学古本》后，同处于西樵山中讲学的湛若水旋即撰成《大学测》和《中庸测》，[5]方献夫则迅速

〔1〕 方献夫：《西樵遗稿》卷4，页91。

〔2〕 王阳明：《别方叔贤四首》，《王阳明全集（新编本）》卷20，页760。

〔3〕 方献夫：《西樵遗稿》卷4，页89—90，诗中“阳明”指阳明洞；方献夫：《舟中写怀寄王阳明》两首，《西樵遗稿》卷4，页90。

〔4〕 嘉靖元年（1522）阳明丧父，湛甘泉、方献夫赴京途中曾同江西吉安人王思（1481—1524）一道前往吊丧，《泉翁大全集》卷72《新泉问辨续录二》：“吾元年同方西樵、王改斋过江吊丧，阳明曾亲说：‘我此学，途中小儿亦行得，不须读书。’想是一时之言乎？未可知也。亦是吾后来见其学者说此，吾云：‘吾与尔说好了，只加学问思辩笃行，如此致之便是了。’”参志贺一朗：《湛甘泉の教育》，页165。

〔5〕 湛甘泉于正德七年二月离京往封安南国王，次年春甘泉封事毕返回，曾往西樵山访方献夫。后于正德十年二月丁母忧南归，十二年服阕后旋即于八月入西樵山，与方献夫共同隐居西樵山卜居为邻、相与论学。湛若水：《予从安南回，取道访西樵，时方叔贤适还五羊，赵元默有□偶他出，邓顺之先期偶至，用阳明子旧韵四首，（转下页）

推出《大学原》和《中庸原》。但在正式推出自已的《大学》文本和解释，即《大学原》以前，方献夫论学并未与阳明立异。现存方氏致阳明书信有云：

> 自得去冬在赣两书，久不奉教，生亦久落无言。非敢如是阔略，方在默里寻求，无可言者耳。生近来见得此学，稍益亲切，比往日似觉周遍，似觉妥帖，然实不出先生当时浚我之源也，真有所谓涣然自信者，而益以信先生也。盖天下之理，一本而已，惟其一本，所以推之四海而皆准，揆诸千古而皆同。……所以《大学》格物致知许大事，只是在知本。……如先生之见，真是天下一人者矣。……近与甘泉往复书录去，中间亦见区区所得何如，望折衷之。[1]

王阳明于正德十二年正月赴南赣巡抚任，至十四年初离任，转赴江西。[2]据方氏此信首句“自得去冬在赣两书”，可知此信当写于正德十三年或十四年。信中仅有一句论及《大学》，谓格致只在“知本”，而所谓“知本”之“本”，就是指天下一本之实理；并自述进学有得，不忘阳明“浚源”之功，推尊阳明为程明道、陆象山之后的“天下一人”。阳明于十四年回信时，对此充满愉悦之情：

（接上页）前二首戏呈叔贤，后二首兼柬邓、赵二君，并寓卜筑之意云》、《酬方吏部石泉与烟霞同板筑》，《湛甘泉先生文集》卷26，页175、166—167；方献夫：《和湛甘泉太史喜石泉与烟霞同版筑之作》、《病起写怀柬烟霞湛太史兼呈洞中诸友》，《西樵遗稿》卷4，页88、104。并参黎业明：《湛若水年谱》，页44、51、57；陈来：《善本〈甘泉先生文集〉及其史料价值》，《中国近世思想史研究》，页567—568；任建敏：《从“理学名山”到“文翰樵山”——16世纪西樵山历史变迁研究》，页68—70。

〔1〕 方献夫：《柬王阳明》，《西樵遗稿》卷8，页141—142。“近与甘泉往复书”，据阳明回信可知其中有论孟子与象山处，当指方献夫《复湛太史（一—三）》中的两通书信，见《西樵遗稿》卷8，页137—140。

〔2〕 参《王阳明年谱》各该条，《王阳明全集》卷32、33，页1245、1265。

> 近得手教及与甘泉往复两书，快读一过，洒然如热者之濯清风，何子之见超卓而速也！真可谓一日千里矣。《大学》旧本之复，功尤不小，幸甚幸甚！其论象山处，举孟子“放心”数条，而甘泉以为未足，复举“东西南北海有圣人出，此心此理同”，及“宇宙内事皆己分内事”数语。甘泉所举，诚得其大，然吾独爱西樵子（即方献夫）之近而切也。[1]

由此可知此时王、方两人论学尚无显著分歧。从“《大学》旧本之复，功尤不小”句可见，方氏在《大学》文本上已与阳明趋同，信从古本；在对古本的解释上，也还没有明显的歧义。

（三）论学分歧

正德十四年七月宸濠之乱平定后，方献夫曾致书阳明。信中首先建议，面对即将到来的“朝廷功赏大典”，宜以“德盛者不居其功，明哲者不保其盈”理念自处；然后报告甘泉在西樵山中的讲学活动，以及自己获读阳明近作的体会：

> 西樵山中近来士类渐集，亦颇知向方，但未见有实得力者。大抵此学真是数百年绝学，非卓有实见者难以言矣。甘泉大有倡率讲明之意，近构学舍数十于山，以延学者，将来必有成就，此亦一盛事也。其所立言大旨，虽少有与生未翕然者，然未敢悬论。生明年春莫将期会于阳明洞中，不知此时主人归否？尝

---

[1] 王守仁：《答方叔贤（己卯）》，《王阳明全集（新编本）》卷4，页188—189。甘泉有《答方西樵》：“观阳明书，似未深悉愚意。吾所举象山宇宙性分之语，所谓性分者，即吾弟所举本心之说耳……”及《答阳明都宪》：“承奖进之意极厚，至读《与叔贤书》，又不能无疑。所谓宇宙性分……”可相参看，见《甘泉先生文录类选》卷17，页153。

> 获观《朱子晚年定论》、《传习录》二书，多所启发。《朱子晚年定论》固是先生纳约自牖之意，非其至者，然得此一书，与士子省却多少言语。其《传习录》中间论《中庸》戒惧、慎独为一处，真是破学者万世之疑，及谆谆“天理”二字，又是于学者日用甚切，此等处诚不可无。惟格物、博文之说，生尚有未释然者，但难以纸笔指陈，当俟面见请教。先生之说或是一时救偏补弊之论，但恐学者不知，而反有疑于中正归一之极也。此等处，更乞精思示教。甘泉于此处亦疑，望不惜平心博论以致于大同也。[1]

从方氏后一通书信开头的“去岁初冬曾修书奉”，[2] 推知此信大约写于正德十四年十月前后。信中最堪注意的是，两人的论学分歧已经相当明显：方氏明确质疑阳明《传习录》中的“格物、博文之说”，认为仅是“一时救偏补弊之论”，而非“中正”之说；并且还以“甘泉于此处亦疑”，即前述甘泉与阳明之间围绕《大学》格物解释的分歧为由，要求阳明对此平心静气地作复。在表达与阳明之间的根本性分歧的同时，方氏也指出了自己与甘泉的“立言大旨”“少有”不一致之处，但认为不必对此加以深究。

方氏《大学原》、《中庸原》初稿以批驳朱子《章句》为重点。甘泉致方氏信曾提到：“昨晚承留示二《原》，何慰如之。即急读以

---

〔1〕 方献夫：《柬王阳明（二）》，《西樵遗稿》卷 8，页 142—143。“纳约自牖”语出《周易·坎卦》，坎为险难重重之卦，但第四爻却属“处重险而履正”、“明信显著，不存外饰”之象，即使以至为俭约之物从窗口纳进，亦可成礼而“终无咎”。参王弼注、孔颖达疏：《周易正义》卷 3《坎卦》，北京：北京大学出版社，1999，页 132。

〔2〕 方献夫：《柬王阳明（三）》，《西樵遗稿》卷 8，页 143。信中再次劝阳明“功成身退”，并称“凡所欲言者，已具前书，恐彼时道路相左，今更录去”，即是指第二信中劝阳明“不居其功”的种种论说。

了大意，以辟文公《章句》为主耳。”[1] 方氏回信承认确有此意：“无《章句》，则二《原》不必作。区区之志则如此，而其书犹窜改而未已也。以急于请教，故率呈之。”[2] 方氏二《原》目前似已不存，[3] 但可肯定其定稿的内容不止于批驳朱子《章句》，而是在《大学古本》的文本基础上有其独立自得的解释。在致信刊刻两书的资助人时，方氏详细谈到撰书用意和内容大旨：

> 此二书，仆留心三十年矣，而得于山中静功尤多。非敢苟作，然亦未敢必以为是也。谨用请教。大抵《大学》复旧本，全在致知、诚意二章，此仆初意也。二章若不如此解，则复旧本无谓。今如仆说，似甚坦然，平易明白，不费气力，不费词说。《中庸》则……此二《原》大旨。[4]

---

〔1〕 湛若水：《答方西樵》，《甘泉先生文录类选》卷 17，页 149—150。同信甘泉自称《中庸测》已完成初稿，正在录写。

〔2〕 方献夫：《复湛太史（七）》，《西樵遗稿》卷 8，页 141。

〔3〕 据方氏自序《刻二原序》“刻”字来看，二《原》应已付梓。成书于嘉靖三十九年的黄佐纂《广东通志》卷 62《陈激衷传》：“尝与献夫兄弟讲学，献夫著《学、庸》二《原》，为《大学》主于诚意，即丹家所谓黄婆也；《中庸》率性之率，当作帅，盖道大而性小，道为将帅，性为卒徒，正如志之与气也。激衷以为扩前圣所未发，因劝有司梓之。后激衷中壬午乡试……晋国子助教，弃官归……归益贫窘，献夫时延之谈论，鼓琴雅歌，及卒，与献夫祀于乡贤祠。”（《广东历代方志集成》本，页 1630）从文中“后”字来看，则陈氏“劝有司梓”刻方氏二书，事在壬午即嘉靖元年以前。同书卷 62 方氏传中，也称二书“已梓行于世”（页 1629）；卷 42《艺文志上·经目》亦著录二书（页 1065）。早期的多种书目如《国史经籍志》卷 2、《授经图》卷 20、《万卷楼书目》卷 1 皆有著录，但此后的大型目录如《千顷堂书目》、《明史·艺文志》、《四库提要》等皆未加著录；《经义考》卷 154 著录“方氏献夫《中庸原》一卷，未见”，卷 159 著录“方氏献夫《大学原》一卷，未见”，页 2834、2914。

〔4〕 方献夫：《与侍御闻人提学》，《西樵遗稿》卷 8，页 148。“侍御闻人提学”是指闻人诠，闻氏由山西道御史提调南直隶学校，时在嘉靖十二年五月戊午（《明世宗实录》卷 150，页 3442）。若前述嘉靖元年以前陈激衷“劝有司梓”刻方氏二书成功，则此次闻氏当属重刻，唯不知方氏二书的版刻次数及其前后变动情形。

从信中"《大学》复旧本"，以及自序称"题之曰'原'，本其旧也"之语，[1]可知其所据《大学》文本正是古本。由下文的讨论来看，方氏自负"坦然平易明白，不费气力，不费词说"的《大学》解释，既不同于湛若水，也立异于阳明。

正德十六年五月，方献夫再次致信身在江西的王阳明，仍然劝其"功成身退"，同时呈上自己所撰《大学原》：

> 《大学原》一册，并呈请教。此书虽未敢以为定论，然生数年学力所得如此，实于心思而身体之，非苟说也。切以为《大学》一书，只如此看，多少平易明白，而学亦不难矣。[2]

阳明获赠此书后，于同年复信方氏：

> 承示《大学原》，知用心于此深密矣。道一而已，论其大本大原，则《六经》、《四书》无不可推之而同者，又不特《洪范》之于《大学》而已。此意亦仆平日于朋友中所常言者。譬之草木，其同者，生意也；其花实之疏密，枝叶之高下，亦欲尽比而同之，吾恐化工不如是之雕刻也。今吾兄方自喜以为独见新得，锐意主张是说，虽素蒙信爱如鄙人者，一时论说，当亦未能遽入。且愿吾兄以所见者实体诸身，必将有疑；果无疑，必将有得；果无得，又必有见；然后鄙说可得而进也。学之不明几百年矣，近幸同志如甘泉、如吾兄者，相与切磋讲求，颇

[1] 方献夫：《刻二原序》，《西樵遗稿》卷6，页115。

[2] 方献夫：《柬王阳明（三）》，《西樵遗稿》卷8，页143。《王阳明年谱》该月条下："至是，甘泉寄示《学庸测》，叔贤寄《大学》、《洪范》。"《王阳明全集（新编本）》卷33，页1289。又，前引方氏《与侍御闻人提学》称"此二书仆留心三十年矣"，而此处致信阳明则称《大学原》只是"数年学力所得"。

> 有端绪，而吾兄忽复牵滞文义若此，吾又将谁望乎？君子论学，固惟是之从，非以必同为贵。至于入门下手处，则有不容于不辩者。所谓毫厘之差，千里之谬矣。致知、格物，甘泉之说与仆尚微有异，然不害其为大同。若吾兄之说，似又与甘泉异矣。相去远，恐辞不足以达意，故言语直冒，不复有所逊让。近与甘泉书，亦道此，当不以为罪也。[1]

方献夫对《大学》的具体诠释已不可尽知，而从阳明这通“言语直冒”的回信判断，两人的《大学》解释分歧已经相当严重。方氏对《大学古本》做出新解释，并在此基础上追求自己的独立见解，因此他既不接受阳明的看法，也与甘泉之说相异。阳明信中所说“近与甘泉书”，要点如下：

> 〔陈〕世杰来，承示《学庸测》，喜幸喜幸！中间极有发明处，但于鄙见尚大同小异耳。“随处体认天理”是真实不诳语，鄙说初亦如是。及根究老兄命意发端处，却似有毫厘未协，然亦终当殊途同归也。修齐治平，总是格物，但欲如此节节分疏，亦觉说话太多。且语意务为简古，比之本文反更深晦，读者愈难寻求，此中不无亦有心病？莫若明白浅易其词，略指路径，使人自思得之，更觉意味深长也。高明以为何如？致知之说，鄙见恐不

〔1〕 王守仁：《答方叔贤（辛巳）》，《王阳明全集（新编本）》卷5，页197。嘉靖四十三年本《王阳明年谱》正德十六年五月条下称甘泉寄示《学庸测》，方献夫寄《大学》、《洪范》之后，分别节录阳明回湛、方之信，但所节回方氏信中文字，却有超出文集所收书信者：书信中“近幸同志如甘泉、如吾兄者，相与切磋讲求，颇有端绪，而吾兄忽复牵滞文义若此”句，年谱作“近幸同志相与切磋讲求，颇有端绪，今叔贤志节远出流俗，所进超卓，海内诸友，实罕其俦，今忽复牵滞文义若此”。见《北京图书馆藏珍本年谱丛刊》第42册，页647—648；《王阳明全集》本年谱又在此基础上有所节录，见卷33，页1289。

> 可易，亦望老兄更一致意，便间示知之。此是圣学传心之要，于此既明，其余皆洞然矣。意到恳切处，不得不直，幸不罪其僭妄也！叔贤《大学》、《洪范》之说，其用力已深，一时恐难转移。此须面论，始有可辩正耳。会间先一及之。[1]

这是阳明读毕甘泉《大学测》和《中庸测》两书后的回信，争论焦点仍然集中在《大学》最为关键的“格物致知”解释。面对这个理学诸儒共同接受的“圣学传心之要”，阳明声称自己的“致知”解释“不可易”。与此同时，他明确指出，方献夫在《大学》解释上也固执己见，且入之已深，难以转移。如前所述，正德十六年底，甘泉全面批判阳明训“格物”为“正念头”的《答阳明王都宪论格物》，也是在方献夫等人的要求下写成的。[2]

虽然阳明致方献夫信的辞气已经非常严厉，自称“言语直冒，不复有所逊让”，但方献夫仍然坚持己见，在回信阳明时反复申述己说，同样也无所“逊让”：

> 《大学》格物之说，生固不敢自执己是，然反复潜玩，窃以为得其大旨。“物”字就于本文看出，而格物之义，即于“自天子以至于庶人”一节见之。自觉平易明白，不费解说，且旧本之复，意正在此，不然，何贵于复旧本也？盖“格物”物字即“物有本末”物字，故下文只以“知本”二字释“格物”。物格即知至，故曰“致知在格物”，而“此谓知本”之下，遂□之曰“此谓知之至也”。盖自物而言谓之格，自心而言谓之知，非

[1] 王守仁：《答甘泉（辛巳）》，《王阳明全集（新编本）》卷5，页194—195；并参《王阳明年谱》正德十六年五月条，《王阳明全集》卷33，页1289。

[2] 详参湛若水：《答阳明王都宪论格物》，《甘泉先生文录类选》卷18，页163。

物格之外而有所谓知至也。天下万物之理莫不有本，究此为格，知此为至，亦非无物不格，而无知不尽也。故“一草一木”亦要格，“今日格一物，明日格一物”，与夫“表里精粗无不到”之说，皆支离而非本旨矣。大抵《大学》一篇，要处只在知本、知止二言，明德为本，至善为止。欲明明德必在知本，欲止于至善必在知止。……自汉以来，《大学》不明，至宋儒又说得支离，故费许多更定。若只如于今某看，用甚解说？用甚更定？若一切离去本文而外求臆说，则又恐非中正归一之论也。[1]

此书是现存方献夫文字中对《大学古本》最详尽的解释，所论重点仍是《大学》格物致知。前引方氏《柬王阳明》第一书中语意含糊的“《大学》格物致知许大事，只是在知本”，也在此书中有了清楚的解释。

王阳明与方献夫的《大学古本》诠释歧异，也可透过此书得到明确分疏。阳明在正德十三年七月撰成的《大学古本原序》开篇即云：“《大学》之要，诚意而已矣。诚意之功，格物而已矣。诚意之极，止至善而已矣。”在此“诚意”被设定为《大学》之“要”，是因为相对于朱子《大学章句》的“经—传”结构而言，《大学古本》作为一篇整体连贯的文章，“诚意”是其中最初且单独加以解说的部分，这凸显出其在义理上最为重要。“格物”由于是“诚意”的功夫而具有意义，因此从属于“诚意”，而非朱子所认为的，“格物”是独立于“诚意”的先行功夫。由此，“格物”的传或解释，完全可以被包含在“诚意”的传或解释中，当然也就谈不上它在义理上有何

〔1〕 方献夫：《柬王阳明（四）》，《西樵遗稿》卷 8，页 143—144。按，方氏的格物解释，亦可参《泉翁大全集》卷 72《新泉问辨续录二》：“〔奇问〕格物之物，〔蒋〕道林以为即‘物有本末’之物，且以下文释格物‘其本乱而末治者否矣’证之。昔方西樵亦同此说。”

特别重要性了。此时阳明对“诚意”的强调，及其将“格物”视为“诚意”的功夫，这个实践论正与其“知行合一”说相吻合，构成其心学的基础。至正德十六年公开提出“致良知”时，阳明诠释《大学古本》的重心也相应地转到“致知”上，故其《大学古本改序》相较于《原序》而言，通篇都增加了对“致知”的强调。例如，在前引《原序》开篇“诚意之极，止至善而已矣”后，《改序》增加了“止至善之则，致知而已矣”一句；在《原序》全文之末，《改序》增加了同样是强调致知的“乃若致知，则存乎心悟；致知焉，尽矣”。[1]

方献夫此信中的《大学古本》解释，在批评宋儒特别是朱子“支离”之弊方面，与阳明同调；但在如何理解古本上，双方分歧明显。方氏认定《大学古本》之“要”，是“知本、知止二言”，而非阳明所提“诚意”或“致知”；方氏自负“平易明白”的格物解释是“知本”，而非阳明的“诚意”功夫或“正念头”。方氏所谓“格物”之“物”，即是“物有本末”之“物”，此意与王艮著名的“淮南格物”说相合；此物之本即“知本”之“本”，亦即“自天子以至于庶人，壹是皆以修身为本”。将“自天子以至于庶人”至“未之有也”视为对格物的解释，将“此谓知本，此谓知之至也”视为结语理解，此点又与湛甘泉和吕柟（1479—1542）的看法完全一致。[2]

阳明直接针对方氏此信的复书，现似不存，但其嘉靖二年（1523）致方献夫信中，以“并心同志”此学共勉，“务求其实，以身明道学”，并指出：

---

〔1〕 详参刘勇：《中晚明时期的讲学宗旨、〈大学〉文本与理学学说建构》，页422—430；束景南：《阳明佚文辑考编年》，上海：上海古籍出版社，2012，页524—527；水野实：《明代〈古本大学〉表彰的基础——正当化的方法与后学的状况》，页89。

〔2〕 水野实：《明代〈古本大学〉表彰的基础——正当化的方法与后学的状况》，页90—92。

> 虽所入之途稍异，要其所志而同，斯可矣。不肖之谬劣，已无足论。若叔贤之于甘泉，亦乃牵制于文义，纷争于辩说，益重世人之惑，以启呶呶者之口。斯诚不能无憾焉！[1]

嘉靖元年，方献夫曾随同甘泉往吊阳明父丧。双方看来没有因为这场会面而解决论学分歧，故阳明在次年撰成的此信中，对其与方献夫的论学分歧，自感难以消除，希望求大同、存小异。从这句“不肖之谬劣已无足论”来看，阳明对己说不能取信于方氏的现状，感到无能为力。当然，阳明也洞悉方氏与甘泉间的论学歧异，并表示十分遗憾。这是现存阳明最后致方献夫的论学书信。

嘉靖六年（1527）夏，方献夫重新入朝为官。此时居家多年的王阳明，面临“大礼议”新贵的举荐，被寄予平定两广思、田之乱的厚望。阳明因有《答方叔贤》两通，商讨举荐事情，而未涉论学异同。[2] 次年，阳明去世，而方献夫随后官运亨通，历任礼部侍郎、尚书，转吏部尚书，入内阁，直到嘉靖十三年（1534）引疾归隐西樵山，至二十三年卒。

嘉靖九年（1530）五月，阳明高弟薛侃（1486—1545）等在杭州城南天真山建精舍，奉祀王阳明，并作为讲学场所之一。方献夫适于此时以吏部尚书身份乞病归乡，途经杭州，参与其事。[3] 其所撰祭文，历述阳明的学问和事功成就，而且特别提到：

---

〔1〕 王守仁：《答方叔贤（癸未）》，《王阳明全集（新编本）》卷 5，页 197—198。

〔2〕 见《王阳明全集（新编本）》卷 21，页 866—867。阳明起复两广事，详参邓国亮：《田州事非我本心——王守仁的广西之役》，《清华学报》40 卷 2 期，2010.6，页 265—293。

〔3〕 李翱：《文襄方公墓志铭》，谭棣华等编：《广东碑刻集》，广州：广东高等教育出版社，2001，页 386；《王阳明年谱》附录一，嘉靖九年五月条，《王阳明全集（新编本）》卷 35，页 1341。

> 某二十年前，幸忝同官，得于先生之启发者为多，今尤跃然在目。……先生之学，刊落陈言，直造本原。其读书悟道，多由中出，不逐逐于章句之末。如以《中庸》戒慎恐惧为修道事，中和自慎独来；以孟子尽心知性知天为圣人，而存心养性以至之，皆轶后儒而直追乎先觉。惟格物、博文之说，似为贤智者之过。某尝屡有辩论，先生不以为非，而其意惟急于今之学者救病之药。[1]

从嘉靖九年上推二十年，为正德六年，正是方献夫结识、了解，进而拜师阳明之时。尤其值得注意的，是方氏这篇在阳明灵前及其诸多高弟面前宣读的祭文中，对自己与阳明关系的表述。对于二十年前的拜师情节，方氏仅仅以含糊的“幸忝同官，得于先生之启发者为多”一笔带过，完全显示不出对“师徒”关系的明确表述。[2]与此相较，方氏对自己与阳明的论学异同却特别强调，拈出最为关键的格物解释分歧，并且仍然固执己见，认定阳明之说只是补偏救弊的一时之见，属“贤智者之过”。

（四）师徒关系书写

尽管方献夫对自己与阳明的论学分歧相当坚持，对自己与阳明的关系也有上述公开表态，但这些丝毫未能削弱阳明门人乐于将之视为同门的热情。早在正德八年（1513）前后，阳明的妹婿、早期

---

〔1〕 方献夫：《祭王阳明文》，《西樵遗稿》卷 7，页 135—137。

〔2〕 祭文中称阳明为“先生”，并不能说明方氏对于“师徒”关系的认同。现存方氏《西樵遗稿》中共有四篇祭文，分别是《祭王阳明文》、《祭张罗峰文》、《祭伦谕德文》、《祭霍渭厓文》，其中张罗峰（张璁）、霍渭厓（霍韬）二人称“公”，王阳明、伦谕德（伦文叙）二人称“先生”，而方氏文中自称与伦氏的关系为：“先生于予为忘年之交。”参《西樵遗稿》卷 7，页 135—137。

入室弟子徐爱就编录《同志考》，汇集当时被视为阳明弟子之人，其中就有方献夫之名。该书目前已佚，仅存该年徐爱所作《同志考叙》，以及《王阳明年谱》中的节文。《年谱》由阳明诸高弟分头收集资料，经邹守益（1491—1562）、罗洪先（1504—1564）、钱德洪等反复修订，直到嘉靖四十二年（1563）才撰成付梓。在《年谱》中，方献夫由始至终被视为阳明门人，前举年谱正德六年二月条下如此，稍后的正德七年三月条也如此：

> 按《同志考》，是年穆孔晖、顾应祥、郑一初、方献科、王道、梁谷、万潮、陈鼎、唐鹏、路迎、孙瑚、魏廷霖、萧鸣凤、林达、陈洸及黄绾、应良、朱节、蔡宗兖、徐爱同受业。[1]

方献夫初名献科，年谱编者似未厘清此点，误据《同志考》，将其重复编入正德七年下。此外，前举《年谱》所记嘉靖九年五月的杭州祭奠也有此误。直到嘉靖十一年（1532）正月的记载中，时任内阁大学士、参与北京讲学聚会的方献夫，仍然被视为阳明门人。[2]

更有甚者，在纂修《王阳明年谱》的过程中，主纂人钱德洪列举多个成例，极力劝说罗洪先接受阳明门人的身份。他所举的第一例，便是方献夫师从阳明之事：

> 兄于师谱，不称门人，而称后学，谓师存日，未获及门委贽也。兄谓古今称门人，其义止于及门委贽乎？……昔者方西樵叔贤与师同部曹，僚也；及闻夫子之学，非僚也，师也，遂

〔1〕《王阳明全集（新编本）》卷32，页1241；徐爱：《同志考叙》，《横山遗集》卷下，载《徐爱、钱德洪、董澐集》，页56—57。

〔2〕《王阳明年谱》，载《王阳明全集（新编本）》卷32，页1239；卷36，页1341—1342。

> 执弟子礼焉。黄久庵宗贤见师于京师，友也；再闻师学于越，师也，非友也，遂退执弟子礼。[1]

不仅有关阳明的传记乐于讲述正德六年的这场师徒关系，有关方献夫的传记也是如此。嘉靖二十三年方献夫去世后不久，其墓志铭的作者李翱就已指出："故新建伯阳明王公守仁，时同官，公乃师事之。"[2] 此后出现的权威叙述，如《明儒学案》、《明史·方献夫传》，无不延续此说。[3] 晚明文学领袖王世贞（1526—1590）所撰方献夫

---

〔1〕 钱德洪：《答论年谱书（四）》，载《徐爱、钱德洪、董澐集》，页 207—208。罗洪先的回应，见其《与钱绪山》，载《徐爱、钱德洪、董澐集》，页 432—433；《与钱绪山论年谱》，载同书，页 435—437。

〔2〕 李翱：《文襄方公墓志铭》，页 385。万历三年（1575），理学家李材在致信门下弟子时，也曾引方献夫之例："欲相讲以师弟子之礼，真自西樵而后，仅复见于公也。"见李材：《答郑邦章书（乙亥）》，《见罗李先生观我堂稿》卷 2，《剑邑文库》第 13 册影印明万历刻本，页 16。

〔3〕 《明史·方献夫传》云："正德中，授礼部主事，调吏部，进员外郎。与主事王守仁论学，悦之，遂请为弟子。"见张廷玉等：《明史》卷 196，页 5186。唯一的例外是吕本所撰《光禄大夫柱国少保兼太子太保吏部尚书武英殿大学士赠太保谥文襄方公献夫神道碑铭》中未记他师从阳明事。此文的写作因缘为："〔方献夫〕卒既葬，又逾二十年，其仲子蕖以公荫来判宁波，一日过予曰：'孤幸得备员先生邻郡，而先公神道碑文久虚，愿以请也。'"吕氏所撰神道碑乃根据方献夫次子方蕖提供的行状，尽管目前未见行状原文，但从李翱据行状所撰墓志铭，可推知方献夫拜师阳明事行状原文当有记载，而吕氏故意省略。吕文载焦竑辑：《国朝献征录》卷 16，《续修四库全书》第 525 册影印明万历四十四年徐象樗曼山馆刻本，页 556—557。传记中唯万历初邓元锡撰《皇明书》卷 43《心学述·黄绾传》中特别指出方献夫"屈己师事"阳明之后，"已归西樵，学稍异"的事实（《续修四库全书》第 316 册影印明万历三十四年刻本，页 439）。黄宗羲撰《明儒学案》曾参考过《皇明书》，但却略去"学稍异"之说。孙奇逢《理学宗传》卷 21《明儒考·王门弟子》"方叔贤献夫"条历叙方氏拜师经过及在阳明身后，"时桂萼在朝，学禁方严，薛侃等既遭罪谴，京师讳言学，献夫与编修欧阳德、程文德、杨名，侍郎黄宗明，给事戚贤、魏良弼、沈谧等定日会之期，聚于庆寿山房，守师说不少变"（《续修四库全书》第 514 册影印清康熙六年张沐程启朱刻本，页 574）。朱光熙修、庞景忠纂《(崇祯) 南海县志》卷 10《人物志·方献夫》亦称许方氏"少时与王守仁同官吏部，而折节相师，士林多其谦逊"（《广东历代方志集成》本，广州：岭南美术出版社，2009，页 346—347）。又，（转下页）

传记的叙述，尤堪注意："王守仁时起自谪所，为主事，官阶亚于献夫，而讲学能文章，有时誉。一日，献夫与语称服，忻然即前拜。献夫愿受弟子职，时人贤献夫能师人，又贤守仁能见师人。"〔1〕末句所述"时人"对此事的评论，说出了这场师徒关系的确立对双方所具有的"两全其美"的价值。不过，值得再次强调的是，这些传记对两人师徒关系的描述，都只选择凸显正德六年建立时这美好的一时一事而已。

六 《大学》改本：中晚明理学的内在竞争

在 16 世纪初北京的理学精英中，涌动着学术思想新动向：通过改订《大学》文本，并加以重新解释，挑战正统的朱子《大学章句》文本及其义理系统，从而追求理学新说的创立。王阳明首先于

(接上页) 湛甘泉对于方氏与王阳明关系的认知，同样可资参考。大约在正德十年前后，甘泉复方献夫信中称"吾弟相从阳明讲究，必有实用力处，幸不惜明示，以慰未死之人"(《湛甘泉先生文集》卷 7《复方西樵》，页 560。从该信首句"昨得来教，哀痛中亦暂得以解忧"，可知此时甘泉正在丁母忧期间，即正德十年至十二年间)，明确指出方献夫追随阳明讲学的事实。在此前后，甘泉致阳明信中有云："昨叔贤到山间，道及老兄，颇讶不疑佛老，以为一致，且云到底是空，以为极致之论。……此老兄平日之所潜心者，叔贤所闻，必有为而发。"(《寄阳明》，页 561。此信撰写时间，黎业明《湛若水年谱》页 54 系于正德十年七月，陈来《善本〈甘泉先生文集〉及其史料价值》页 571 系于正德十一年〔1516〕。兹从黎说。) 也可见甘泉对方、王关系的论述。不过，在方献夫去世不久，甘泉于嘉靖二十三年六月所撰祭文中却仅仅提到自己与方氏"出而同榜，生而同地，隐而同山，学而同志"的关系，完全没有涉及方氏与王阳明的关系 (《湛甘泉先生文集》卷 30《祭告西樵方公文》，页 221)。可以合理地推测，在正德十四年推出各自的《大学》解释之前，甘泉眼中的方献夫是阳明学说的追随者；在此之后，除方、王两个当事人之外，甘泉应该是最能知悉二人学说分歧的人 (尤其如前引阳明致甘泉信中提及"叔贤《大学》、《洪范》之说，其用力已深，一时恐难转移"，并请甘泉代为转告事)，因此也不可能继续谈及方、王之间曾经有过的师从关系。

〔1〕 王世贞：《方公献夫传》，载《国朝献征录》卷 16，页 557。

正德十三年刊刻《大学古本》，据以公开批驳朱子文本和解释。紧随其后，阳明的论学诤友湛甘泉推出《大学测》，阳明的门人方献夫发表《大学原》。这些接连涌现的《大学》改本和新说并非巧合，而是在以正统朱子学说为主的既有意识形态、思想潮流及其经典基础遭到普遍质疑的情形下，理学精英中展开的自立新说、各主其是的多元竞争活动的反映。阳明在公开刊布《大学古本》后，继续精益求精，琢磨古本的价值，于其解释则斟酌损益，于其序言则反复改订，很快在三年后的正德十六年，根据《大学古本》"致知"概念，提出"致良知"宗旨。阳明充分运用《大学古本》建立起一己学说宗旨的历程，很可能也跟上述师友学侣之间围绕经典文本和解释的激烈竞争刺激有关。[1]

在追求创建独立的新学说过程中，理学经典的文本转换值得注意，新的普遍性趋势逐渐浮现出来。王阳明、湛甘泉、方献夫早期看待《大学》文本的态度不一，但很快趋于一致：完全放弃朱子《大学章句》，转而相信《大学古本》。在不知不觉中，他们都完成了经典文本转移，"古本"成了新的讨论前提和基础。不过，共识也仅限于文本方面，立足于古本的新解释却并未因此得到统一，义理的分歧从未得到弥合。从正德末年到嘉靖初年，王、湛、方三人在认同《大学古本》的基础上，围绕理学中最为关键的概念争论不休。这些争论并不因各种伦理秩序和社会关系而得以消除，完全超越了同僚同年、论学诤友、师徒关系、学派传承这些通常的认知框架。可以认为，创建独立于前贤和时人的自得之学，在理学脉络中成就

---

〔1〕 围绕《大学古本》问题，罗钦顺的批判同样可能推动了阳明"致良知"的提出，参刘勇：《中晚明时期的讲学宗旨、〈大学〉文本与理学学说建构》，页422—430。阳明感受到同时代人特别是甘泉在学问上的竞争性压力之例，可参王守仁：《寄邹谦之（五）》，《王阳明全集（新编本）》卷6，页220；《稽山书院尊经阁记》，同书卷7，页254—256；湛若水：《广德州儒学新建尊经阁记》，《湛甘泉先生文集》卷18，页5。

一家之言，成为这个时期理学精英的重要追求。

本章的讨论也表明，在有关理学的研究中，论学诤友、师徒关系、学派划分等理学研究的分析框架，其有效性应该受到更为审慎的对待。它们并非不证自明的研究前提和基础，更非确立之后就一成不变的固定元素。因此，应该尝试将这些框架对象化、问题化，加以深入研究，并时刻留意其过程化、历时化和变动不居的特点。过于依赖这些被固化的分析框架，容易导致忽视历史人物主观的、个体的诉求，以及牺牲历史实相以将就认知便利之弊。

第三章 从古文字到古文本：《大学》文本竞争的新思路

本章以名儒魏校（1483—1543）及其追随者为中心，探讨中晚明时期士人参与《大学》文本竞争的一种新思路及其具体实践，以此来呈现这个时期《大学》文本竞争的激烈情形。魏校这种新思路，可以概括为“从古文字到古文本”：首先复原能够体现圣人之道的先秦古文字系统，再据此复原圣人创作之初的《大学》面貌，即理想中的“定本”。之所以称为“新”思路，是相较于当时主流的《大学》文本改订思路而言。后者主要建立在传世文献的版本认定或文本解释基础上，而这种新思路则是从文字自身演变的角度，尝试解决《大学》文本问题。

本章首先重建魏校接触、参与《大学》文本角逐的过程，然后以其所著《六书精蕴》和《大学指归》为中心，详细探讨其通过“从古文字到古文本”的新思路，对《大学》文本竞争进行的有意识回应努力。最后对这种新思路的延续和影响进行观察，主要探讨魏氏门人和追随者在“六书载道”原则下，继续拓展复原古文字的途径，并据以订正儒家经典文本的活动。

一 魏校与《大学》文本角逐风气

对于正德末年兴起的《大学》文本竞争风气，昆山人魏校始终关注并逐渐参与其中，尽管他的同类著作《大学指归》直到嘉靖二十一年（1542）才正式刊布。当王阳明、湛若水、方献夫以“古本”作文本基础，为各自的《大学》解释分歧争论不休时，魏校就已对此表达了看法。嘉靖元年（1522）初，湛若水致信方献夫时提到：

> 山中忽得二《原》复至，如至宝复入于手，方且喜幸，何敢不平心？当字字句句味之，不容草草也。……昨过五羊魏督学，顾舟次，说今有三古本，如《参同契》人人解之不同，毕竟是实做得神仙者为是，不待解也。予以为此说似可喜，只恐错了神仙门路；若实做神仙，连《参同契》亦不用了也。[1]

“二《原》”指前述方献夫所著《大学原》和《中庸原》两书，“五羊魏督学”指时任广东提学副使魏校。据此可知，正德末年魏校已经留意到“今有三古本”的事实。所谓“三古本”，从相关的人际脉络来看，最有可能是指正德十三年王阳明作序、注解并刊刻的《大学古本》，[2] 以及都在次年成书的湛若水《古本大学测》和方献夫《大学原》。从魏校以“实做得神仙”比喻求道，主张不必新解、别

---

〔1〕 湛若水：《答方吏部》，《湛甘泉先生文集》卷7，《四库全书存目丛书》集部第56册影印康熙二十年黄楷刻本，页577。湛若水从正德十二年开始在西樵山讲学，直到正德十六年九月收到部檄起复，次年即嘉靖元年正月十日赴京北上已抵韶关；魏校于正德十六年下半年始任广东提学副使，嘉靖二年六月以父丧离任，故湛、魏此次广州会面应在正德十六年底。陆鳌：《嘉议大夫太常寺卿赠礼部右侍郎谥恭简魏公行状》，载朱大韶编《皇明名臣墓铭》兑集，《明代传记丛刊》第22册影印明刊本，页514—515；并参黎业明《湛若水年谱》，页79—85；任建敏《从“理学名山”到“文翰樵山”——16世纪西樵山历史变迁研究》，页24—25。

〔2〕 正德十六年、嘉靖元年之际，魏校督学岭南途经赣州时曾与阳明论学，其时阳明历经多年斟酌，甫从《大学古本改序》中提揭出“致良知”宗旨，两人所论应该也包括《大学古本》问题。参王畿：《南游会纪》，《王畿集》卷7，吴震编校整理，南京：凤凰出版社，2007，页156。

解《参同契》作为依据的言论来看，他对时人追捧《大学古本》的现象颇持保留态度。魏校这个态度，或许源于正德末年他和王阳明在北京的学术竞争；[1]而在《大学》文本问题上，他最终能从全新角度，提出"从古文字到古文本"思路予以回应，很可能也跟这种学术竞争的刺激和推动不无关系。

在嘉靖初年担任朝廷经筵、日讲讲官期间，魏校主要遵循朱子《章句》的文本和解释，进讲《大学》。嘉靖七年（1528）春，他重出为河南提学，旋即因"大礼议"新贵桂萼（？—1531）支持，担任大理寺少卿，次年为国子监祭酒、经筵讲官。期间，屡为桂萼起草、改定奏复之文。很快，魏校卷进桂氏与张璁（1475—1539）的政治斗争，终因拒绝附和天地分祀议案，于嘉靖九年以太常寺卿致仕返乡。[2]他在国子监祭酒任上，曾代桂萼撰写经筵、日讲讲章。其中《大学讲义》仅存一篇，内容是《大学》所引《尚书·秦誓》篇"若有一个臣……尚亦有利哉"。魏氏讲义主要阐释人君之职，在于选择一个有德、善用人而不必定有才的"好辅相大臣"，而这个大臣的职责是"引荐今日海内贤者，聚于朝廷，相与讲明三代以上之

---

〔1〕黄绾《石龙集》卷17《与李逊庵书》："近者京师朋友书来，颇论学术同异，乃以王伯安（王阳明）、魏子才（魏校）为是非。是伯安者，则以子才为谬，是子才者，则以伯安为非，若是异物不可以同。"明嘉靖间刊本，页6—7。信中"京师朋友"似指王道，王道致信黄绾时曾有"各尊所闻，各行所知"语，见《石龙集》卷17《与王纯甫（一）》，页8—9。王道曾提及魏校《大学指归》、《六书精蕴》，但都较简略，见《顺渠先生文录》卷6《答魏庄渠（五—六）》，东京：育德财团，1932年影印明嘉靖刻本，页9—10。

〔2〕陆鳌：《嘉议大夫太常寺卿赠礼部右侍郎谥恭简魏公行状》，《皇明名臣墓铭》兑集，页514—519。魏校于嘉靖八年三月壬戌由大理寺少卿升为国子监祭酒，八月辛未以经筵进讲不称旨，诏吏部改为太常寺少卿，十月己丑升为本寺卿，九年七月辛卯乞休获允，见《明世宗实录》卷99、104、106、115，页2352、2441、2519、2722—2723。关于魏校卷入嘉靖初年经筵讲学及朝廷大臣之间政治较量的情形，参Chu Hung-lam（朱鸿林），"The Jiajing Emperor's Interactions with his Lecturers", in David Robinson, ed., *Culture, Courtiers, and Competition: The Ming Court (1368-1644)* (Cambridge, Mass: Harvard University Asia Center, 2008), pp. 186-230。

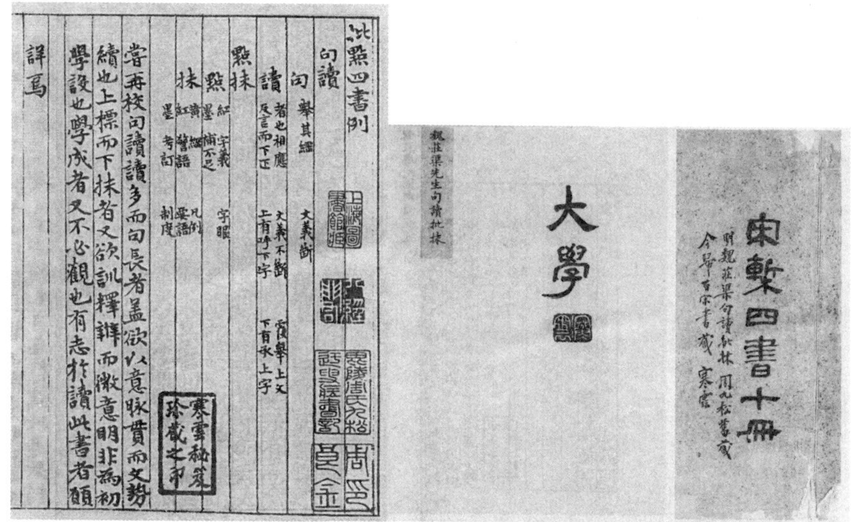

图 1　魏校批点《四书章句集注》卷首书影[1]

学，而施诸政事，则三代以上之治，可坐而复也”。最后，魏氏略作现实引申，“臣愿皇上亲命大臣各举其所知”。[2] 这是遵循朱子《大学章句》和永乐年间所编《四书大全》权威解释的正统解说。[3] 同样，据称是魏校批点句读的元代刻本《四书章句集注》，虽然丹铅满纸，而《大学》部分批点尤多且详，却没有对文本提出任何异议（见图 1、图 2）。

---

〔1〕 朱熹著，魏校批点：《四书章句集注》卷首，《中华再造善本·金元编·经部》影印元代刻本。此书的解题，见中华再造善本工程编纂出版委员会编著：《中华再造善本总目提要·金元编》，北京：国家图书馆出版社，2013，页 904—905。

〔2〕 魏校：《大学讲义》，《庄渠遗书》卷 2，《四库明人文集丛刊》本，上海：上海古籍出版社，1993，页 703—704。中国国家图书馆藏明嘉靖刻本《庄渠先生遗书》，卷首总目录的第二卷卷题“讲义”二字下，有小字注云：“计十八条，代桂文襄公作。”可知《大学讲义》条是魏氏代桂萼而作。

〔3〕 胡广等纂《四书大全·大学章句大全》，《孔子文化大全·经典类》第 1 册影印明初内府刻本，济南：山东友谊书社，1989，页 127—130；《四库提要》卷 171《庄渠遗书》：“其御札问经义诸条，亦多精确。”页 2313。

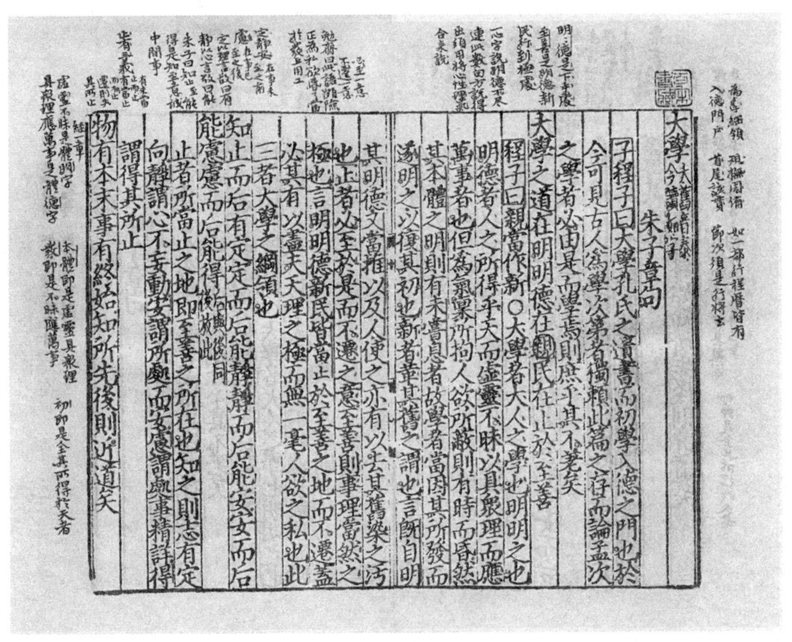

大學 朱子章句

子程子曰大學孔氏之遺書而初學入德之門也於今可見古人為學次第者獨賴此篇之存而論孟次之學者必由是而學焉則庶乎其不差矣

大學之道在明明德在親民在止於至善

程子曰親當作新○大學者大人之學也明明之也明德者人之所得乎天而虛靈不昧以具衆理而應萬事者也但為氣稟所拘人欲所蔽則有時而昏然其本體之明則有未嘗息者故學者當因其所發而遂明之以復其初也新者革其舊之謂也言既自明其明德又當推以及人使之亦有以去其舊染之污也止者必至於是而不遷之意至善則事理當然之極也言明明德新民皆當止於至善之地而不遷蓋必其有以盡夫天理之極而無一毫人欲之私也此三者大學之綱領也

知止而后有定定而后能靜靜而后能安安而后能慮慮而后能得

止者所當止之地即至善之所在也知之則志有定向靜謂心不妄動安謂所處而安慮謂處事精詳得謂得其所止

物有本末事有終始知所先後則近道矣

图 2　魏校批点《四书章句集注 · 大学》书影[1]

然而在此期间，魏校已对《大学》“古本”有所研究。宜兴人唐音（1498—1552）所辑魏校讲学语《庄渠先生门下质疑录》，为此提供了例证。唐音是唐顺之（1507—1560）的从子，嘉靖七年中举后不赴会试，到苏州师从魏校讲学，“在师门，有疑必问，未得则思，期于明辨而后已。尝录在庄渠门下请质之言，《四书》、《五经》、《周礼》，凡若干卷”。[2]《庄渠先生门下质疑录》应该就是这个学习方式的结果之一，辑录了魏、唐师徒围绕《四书》的问答，其中第一部分专论《大学》，明显建立在朱子《大学章句》基础上。如“问

〔1〕 朱熹著，魏校批点：《四书章句集注》卷 1，叶 1。

〔2〕 洪朝选：《广平府鸡泽县知县唐公音墓志铭》，载焦竑辑：《国朝献征录》卷 82，《续修四库全书》第 529 册，页 405—406。唐音于嘉靖七年中举后不久从学于魏校，故《质疑录》所记问答当发生于此后不久。

首章又引《书》，似无浅深相贯之说，亦似穿凿”，[1] 指朱子将《大学》引用《尚书》中《康诰》、《太甲》、《帝典》（即《尧典》）之语，移至传文首章，用以解释明明德；又如“问二章释新民而终之以天命”，[2] 则是针对朱子《大学章句》传文第二章改古本“亲民”为“新民”而发。

魏校、唐音师徒二人的问答虽然主要基于朱子《章句》，但《大学》“古本”的文本和解释，显然已经是他们进行讨论的重要参考：

> 问：“引《淇澳》诗之义，道学应格致，自修应诚意否？”
>
> 答：“此还依古本。先将格物、诚意释了，乃引此诗以咏叹之。《大学》之义，以格物为入门，以诚意为枢纽，至此则大端功夫了矣。故引《诗》以咏叹之。至下文引《烈文》诗，又因此节末句而生也。”[3]

在《大学》“古本”即《礼记》本原文中，所引《诗经》之《淇澳》、《烈文》文字均在格致与诚意之后。但朱子《大学章句》将这两句引文移到传文第三章中，用以解释“三纲领”中的“止于至善”，位于第五章“格物致知”、第六章“诚意”之前，并特别注明“旧本误在诚意下”。[4] 朱子的理由是，引《淇澳》意在说明君子自身修养工夫的内容与层次有六，而“道学”、“自修”是其中初始两节，由此层层推进，直至“道盛德至善”境界，故将之移到解释“止于至善”的第三章。但魏校认为，《大学》以格物为入门，以诚

[1] 唐音辑：《庄渠先生门下质疑录》，《续修四库全书》第938册影印清潘道根抄本，页363。

[2] 同上书，页363。

[3] 同上书，页364。

[4] 朱熹：《四书章句集注》，北京：中华书局，1996，页5—8。

意为枢纽，故应当以格物和诚意这些“大端功夫”在前，随后引述《淇澳》言学问自新、颜色威仪之事，以证诚意之道，末句叹美民不能忘“有斐君子”，是由于其意诚而德著；接着再引《烈文》之文，是继续赞叹那使得君子、小人都不能忘怀的圣人。魏校的这个理解，更接近《礼记正义》以《淇澳》、《烈文》之文疏解“诚意”的意见，[1]故而他特别强调“还依古本”。魏校依据《大学》“古本”所得的这个解释，也被写入其嘉靖二十一年成书的《大学指归》中。该书中反复强调，“《大学》之功，最初是格物致知，最重是诚意，故首释之”；“《大学》以格物致知为入门，以诚意为一大关纽，透得此关则更无关”。[2]

二　新思路：从古文字到古文本

上述讨论表明，魏校始终关注正德末年以来发生在身边的《大学》文本竞争活动，并逐渐参与到这场学术思想运动中。到嘉靖二十一年撰成《大学指归》时，魏校已经摸索出“从古文字到古文本”这种《大学》文本竞争的新思路：首先研究古文字，撰成专书《六书精蕴》，复原秦以前的古文六书，再根据这套号称未遭秦代变乱的、能体现“古人之心法”与“心画”的文字系统，复原圣贤所作经典文本的本来面目。这种思路，魏校曾对友人和盘托出：

> 承问作《六书精蕴》之故，吾昔著《周礼沿革传》，今复著此，二书一辙。六典坏于秦，后世不能行，则惟以秦为师；

〔1〕郑玄注，孔颖达疏：《礼记正义》卷42《大学》，北京：北京大学出版社，1999，页1593—1597。

〔2〕魏校：《大学指归》卷2，《四库全书存目丛书》经部第156册影印明太原王道行刻《庄渠先生遗书》本，页549、553。

> 六书变于秦，后世不能知，则惟以秦为师。若能得古人之心法，而会天地之纯，视无道秦，岂直酰鸡而已！《精蕴》作后，吾将正《六经》，今已正《大学》矣。[1]

在他看来，儒家《六经》和古文六书都在秦代遭到彻底变乱，后世通行的，是遭秦代变乱的经典和文字系统。要想得秦以前的古圣人心法，必须首先复原被秦变乱的古文六书，《六书精蕴》肩负了这个使命。在该书的基础上，魏校试图订正《六经》文本，而《大学指归》，正是这个思路下的已成之作。

（一）在玄思冥想中复原古文字

魏校对文字演变历史的看法，以及相应的编纂《六书精蕴》的用意，在其自序中有明确而集中的论述。[2] 自序指出，“文”乃“心之画也，所以体天地万物之撰也”，先秦古文是“能得我心之所同然”、“天然而然”的文字，是可以传承上古圣人“心学”的载体。仓颉开创的六书体系，“其道易简，愚夫愚妇可使与知”，而六书的精蕴“则有学士大夫不及尽知者，是故传久则易以讹。有王者作，议礼、制度而考文，心法同也”，由周宣王“考文”、史籀“述”成大篆，“文字浸以备矣”。但随着周代衰落，“天王之弗考文也久

---

〔1〕 魏校：《复喻吴江（二）》，《庄渠遗书》卷12，页913。喻吴江指吴江知县喻时，字中甫，光州人，嘉靖十八年以进士知吴江，在任厘革赋弊，清正爱民，仕至南京户部左侍郎。传见《（乾隆）吴江县志》卷22《名宦》，《中国地方志集成》本，南京：江苏古籍出版社，1991，页57—58。

〔2〕 《六书精蕴》六卷，现存明嘉靖十九年（1540）魏氏家塾刻本，末附门人徐官撰《音释举要》一卷。此书的刊刻者、魏校之侄太学生魏希明在跋语中有“《六书精蕴》成，诸弟子及门人请业者病于传写，谋梓行之，而伯父不可”之语，则此书之撰成当在此之前。见《六书精蕴》卷末，《续修四库全书》第202册影印嘉靖十九年魏希明刻本，页765。该书第六卷卷末署：“光禄勋掾从弟魏庠刻版家塾，门人吴下徐官窃并音释，从孙太学生魏大顺校正”，页751。

矣，秦以凶德闰位，强取文字而同之”；李斯蔑古自重，变大篆为小篆，从此“兹其万恶之根”；程邈更以隶书取代篆书，“六书亦坠地矣”。[1]

在魏校的文字演变历史论述中，秦代被视为划时代的剧变时期，情形一如儒家《六经》的遭遇。三代以来能体现圣王“心学”的文字传统至秦而终，李斯、程邈二人“同于辅桀者”。不仅六书，魏氏甚至认为，“三代而上一宇宙也，自秦限之矣。秦弗稽古师先王，而历代师秦以为故，讵惟六书也哉！”以这个认知为前提，相应的文字研究工作就必须跨越秦代的障碍，致力于恢复秦代以前能够体现和传承圣贤“心学”的古文。魏校对此抱负宏远：

> 校生千载之后，悼斯文之久湮，欲请于上，因古文是正小篆之讹，择于小篆可者，尚补古文之阙。多病未遑，则为之赞发大义，以阐心法。[2]

从他曾受知于“大礼议”新贵，且一度出任国子监祭酒、参与经筵日讲的身份来看，这个“欲请于上”的理想应非虚辞。其侄魏希明的跋语也寄予类似希望，[3] 而应邀作序的胡松（1503—1566）同样指出：“所著《六书精蕴》，时发此意于象形意事之间，要不独是正古文、厘匡俗书而已。当是时，上方雅意稽古、礼文、正学之事，

---

〔1〕 魏校：《六书精蕴叙》，《六书精蕴》卷首，页 503—506；亦载《庄渠遗书》卷 6，页 810—811。“周衰，天王久不考文”之说，也见于同书卷三“彝”字条末，页 611。

〔2〕 魏校：《六书精蕴叙》，《六书精蕴》卷首，页 503—506。书中魏校对秦代的批评所在多有，如卷 1“气”字，页 518；卷 2“畺”字，页 564；“罟”字，页 577；卷 3“王”字，页 587；“氏”字，页 609；“多”字，页 612。

〔3〕 魏希明跋云：“天而无意于斯文也，必不使吾伯父之赞其始也；天而有意于斯文也，更得上命，使吾伯父修正六书同文，刊定《五经》疑误，谓补千古之阙文，非邪！”见《六书精蕴》卷末，页 765。

而时宰异意，遂丐以归。”[1]

与抒发复原古文六书，并据以订正儒家经典文本的宏大理想的淋漓畅快相比，魏校在复原古文字的具体实践中遭遇了重重困难：“〔李〕斯篆可者取之，其不可者厘正之，恶而知其美，旷若天地之无容心焉。〔程〕邈隶亦必修之，与俗宜之，翻篆而楷，俾无失六书。”[2] 门人徐官（1500—1569）在参与写刻《六书精蕴》的过程中也指出：“文字一点一画，各有至理。《精蕴》已正者，多因古篆翻楷；未正者，仍用小篆翻楷。”[3] 据之可见，书中的文字实际上是古篆、小篆乃至隶书的杂糅。这个相当富有弹性的处理办法，自有其不得已的现实困难，因为当时能够掌握的小篆以前的文字资料极其有限。对此，魏校在谈及《六书精蕴》的编纂缘由和处理原则时，显得更加弹性十足：

> 翻篆而楷，凡楷本从篆翻，因取便失了本义。自宋来，好古者每每欲正之，但欠精详耳。字莫备于小篆，昔尝读之，每觉其未安，自思古人若如此，岂不自然，何故却如此？蓄疑不敢发。后忽见古文，乃与吾意暗合。又有旧时思量未到，忽见古文，豁然开我心。见得既多，乃敢说李斯是小智穿凿。造古文者，其心大以密。故凡学问之功，经纶之法，造化之秘，触处自然发出来。非吾强说，吾但识得，与他发挥，或因而附己意耳。六书若止象形，则不足以尽变。第三卷字下，曾略为

---

〔1〕胡松：《庄渠魏先生文集序》，《胡庄肃公文集》卷1，《四库全书存目丛书》集部第91册影印明万历十三年刻本，页46。

〔2〕魏校：《六书精蕴序》，《庄渠遗书》卷6，页811。

〔3〕徐官《六书精蕴音释举要》卷末按语，页761。徐官生卒年，据魏希正撰《寿榆庵徐先生七帙文》推知，参徐官：《古今印史》卷末，《四库全书存目丛书》子部第75册影印明嘉靖隆庆间刻本，页410—411。

> 之分别体例。就象形论，须会之以神，毋泥其形，乃得天然之真。“稽实待虚”，以此言《易》，已落第二义以后，六书亦不如此。[1]

信中“触处自然发出来”；“非吾强说，吾但识得，与他发挥，或因而附己意”的古文复原原则和自我期许，以及建议“须会之以神，毋泥其形，乃得天然之真”的阅读和理解原则，绝非空言。揆诸《六书精蕴》全书中，由此复原的古文字及其解释，比比皆是。[2]这种情形，甚至在《六书精蕴》全书体例上也有非常明显的反映：魏校在分析字形、解释字义时，往往采用自问自答的形式，通过说理方式来提供理据；而其主观认定古人制字时的“心画”、“心法”、“心学”，则成为其分析字形字义的最高仲裁。[3]

在这种极为主观的个人化理念下复原的古文字，无疑对其推广带来极大妨碍，而魏氏本人及其追随者、支持者对此都有高度自觉。故《六书精蕴》在刊刻时，为了使读者能够顺利阅读：“间有难

---

〔1〕 魏校：《答陈元诚·别纸》，《庄渠遗书》卷4，页778。陈激衷字符诚，号尧山，广东南海人，何维柏撰《陈尧山先生传》称其“究心字义，庄渠公著《六书精蕴》，时多问析”，见《天山草堂存稿》卷6，《四库全书存目丛书》集部第103册影印清沙滘何氏钞本，页418—420。

〔2〕 如《六书精蕴》卷1“奇”字，“古之人乎，粹然一出于正，故其制字，大可为奇，是非常道也”；“实”字，“愚谓此古人之心画也，后世变其音而失义”；“东”字，“古人之制斯文也，可谓生动而神凭矣”；“微”字，“古人研几，洞见心体，察于端倪而知文之彰著，表里始终，咸否之矣”；“晴”字，“古人胸中洒落，故其心画与神为谋”；“易”字，“子言生生之谓易，触悟人之天机也”；“昜”字，“此古人之精蕴，不觉从胸中流出也，渊乎微哉”；“𠃨”字，“字意孔神，读者默以神会，天机跃如也”；“雨”字，“愚观古文天象数字，意若飞动者，其胸中具天地之大全矣”，页523、527、530、533、535、536、537、538、541。

〔3〕 如《六书精蕴》卷1“今”字，页523；“中”字，页525；“实”字，页527；“晴”字，页535；“晨”字，页540；卷2“汩”字，页553；“涅”字，页554；“琱”字，页558—559。

识者，辄音俗字于书端，庶便披阅，不厌其重复。”〔1〕亦即读者很可能难以识别的所谓古字，该书均在页眉加以注解。注解方式，是在卷首自序及正文各卷的首条，皆书“□，俗作□”；此后则分上下两列，上列为魏氏古文之难识者，下列为通行俗字（见图3、图4）。

这套经魏校复原的古文字，首先在嘉靖十九年（1540）刊刻《六书精蕴》过程中加以运用：“文皆放古，弗混以俗。”〔2〕此书卷首的魏校自序、目录、正文，以及书后由门人徐官所撰《音释》、后学陆鳌所撰《后叙》、魏希明所撰跋语，无不是用魏氏复原的“古文”亦即古篆、小篆、隶书及楷书的混合体书写的。以至于倪涛（1709年进士）《六艺之一录》在收录魏校的自序后，特别注明：“本序多作古隶字，今概以今文录之者，欲其便于观也，而其隶书古体，则备载于前。”〔3〕

（二）据古文字复原古文本

正如前引魏校信中自称，复原古文六书最终是为了“正《六经》”，即根据古文字复原儒家经典文本的原貌。这个思路在两年后首次落实到“正《大学》”，也就是据《六书精蕴》复原的古文字来恢复《大学》古文本的行动上。其结果便是《大学指归》一书，这就是魏校订正的《大学》文本。〔4〕

首先需要注意的，是《大学指归》的成书、付梓与现存情形。该书“凡数脱稿，始克成编”，最终于嘉靖二十一年夏成书。魏校旋即

〔1〕徐官：《六书精蕴音释举要》卷末按语，页761。

〔2〕同上。

〔3〕倪涛：《魏子才六书精蕴叙》，《六艺之一录》卷269，影印《文渊阁四库全书》第835册，页693—694。

〔4〕水野实探讨过《大学指归》的著录情形、经传结构，及其与程、朱等宋明大儒的义理分歧。水野实：《魏庄渠の〈大学指归〉について》，《东洋の思想と宗教》第4辑，1987，页79—99。

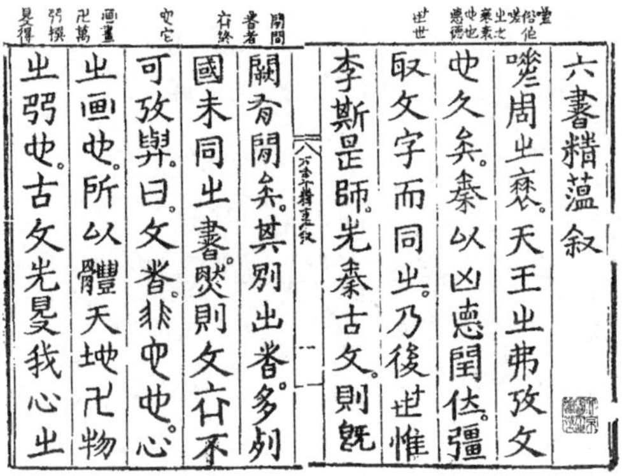
六書精蘊叙
嗟周之衰。天王之弗攷文
也久矣。秦以凶悳閏位。彊
取文字而同之。乃後世惟
李斯是師。先秦古文。則旣
六書精蘊叙
闕有間矣。其別出者多列
國未同之書。然則文亦不
可攷與。曰。文者。非它也。心
之画也。所以體天地之物
之弼也。古文先是我心之

图 3 魏校《六书精蕴叙》书影[1]

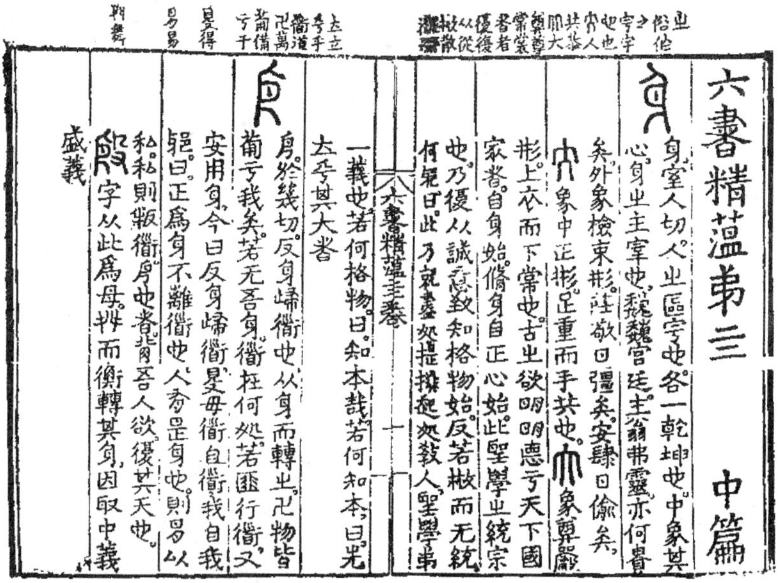

图 4 魏校《六书精蕴》正文书影[2]

---

〔1〕 魏校：《六书精蕴》卷首，页 503。
〔2〕 魏校：《六书精蕴》卷 4 首页，页 628。

缄寄苏州知府王廷，邀请对方作序。次年正月，王氏撰序指出，“书总一卷，其篇次从古文，考异亦附见”。[1] 从魏校回信中有“入刻后，更愿惠数册”之语猜测，王氏曾有将此书付梓之意，但此本是否刻成，不得而知，魏氏也于本年去世。目前存世的《大学指归》，是嘉靖四十二年（1563）苏州知府王道行刊《庄渠先生遗书》本。[2]《遗书》由魏校的门人归有光（1507—1571）编校，[3] 其中《大学指归》包括两卷、三部分：卷一《大学古文》，卷二《大学指归》附《大学考异》。魏氏生前在信中提到：“近作《大学指归》、《大学翻楷》、《大学考异》寄往。《指归》录本偶不在，以草本寄。其间更有一二修改处，然大体则不异矣。”[4] 所谓“翻楷”，是指现存该书卷一，亦即第一部分的“古文”。由此可知，现存此书两卷、三部分的刻本，与魏氏撰写此书期间的设想和安排一致，能够准确反映魏氏之意。

从现存《大学指归》的行款、结构和内容，也可看出魏氏“从古文字到古文本”，然后据古文本加以重新解释的思路。此书第一卷《大学古文》，首叶首行上端题“庄渠先生遗书大学指归卷之一”，下端题“兵备副使太原王道行梓”，版心上题“大学古文”四字，下为叶码一至二十六，卷末题“庄渠先生遗书大学指归卷之一”。第二卷《大学指归》附《大学考异》，卷首为王廷撰《大学指归叙》，版心上题“大学指归序”，下为叶码一至三。次叶首行上题“庄渠先生遗书大学指归卷之二”，下题“兵备副使太原王道行梓，门人归有光校”，版心上题“大学指归”，下自为叶码一至四十八。最后是《大

---

〔1〕 王廷：《大学指归叙》，载《大学指归》卷 2，页 542—543。

〔2〕 “国家”图书馆特藏组编：《“国家”图书馆善本书志初稿·集部》第 2 册，台北：“国家”图书馆，1999，页 276—277。

〔3〕 归有光是魏校的门人及其从弟魏庠之婿，参归有光《震川先生集》卷 18《外舅光禄寺典簿魏公墓志铭》，上海：上海古籍出版社，2007，页 443—444。中国国家图书馆藏嘉靖刻本《庄渠先生遗书》，卷题下署“门人归有光编次”。

〔4〕 魏校：《答曾太平》，《庄渠遗书》卷 12，页 907。

学考异》，首叶首行上题“大学考异”，空一格题小字“附”，版心上题“大学考异”，下为接续叶码四十九至五十四，卷末题“庄渠先生遗书大学指归卷之二”。这个两卷、三部分的结构安排，就内容而言明显分为两个部分：首卷《大学古文》处理文本问题，亦即相对于二程改本、朱子《章句》本、王阳明《大学古本》等各种文本而言，是魏校根据自己复原的古文六书系统而订正的《大学》“定本”；卷二《大学指归》附《大学考异》，主要处理解释问题，即魏校在自己订正的《大学》文本基础上进行的新解释。

魏校“从古文字到古文本”的新思路，最明显地体现在此书卷一《大学古文》上。所谓“古文”或“翻楷”，是指用其《六书精蕴》中复原的古文字，翻录以楷书流传于世的《大学》文本，从而恢复《大学》的古文本原貌（见图5、图6）。

这样做的理由在于，按照魏校对文字演变历史的理解，能够传承上古圣王心法的古文，在秦代遭到李斯变古篆为小篆、程邈变小篆为隶书的两次破坏，遂告完全失传；故后世大行其道的其实是经过秦代变乱的文字，而这些文字本身已经不能承担起传承古代圣王心学的任务。因此，要想真正复原古代圣贤创作的《大学》乃至《六经》的“定本”，首先必须复原被秦代变乱过的文字体系，恢复到文字在古文篆书时的面貌。[1]

与所有已知的宋、明时代《大学》文本竞争方式相比，以上是魏校思路的新奇之处。他不仅追求在版本、内容、文字多少和排列顺序等方面复原《大学》的原初面貌，而且连《大学》文字的字形也要复原到秦以前的样貌，即符合“六书”系统的古文字。相较而言，王阳明的《大学》“古本”，其实只是未经程、朱反复改动的

---

〔1〕 魏校：《六书精蕴序》，《庄渠遗书》卷6，页811；并参《六书精蕴》卷首，页503—506。

图 5　魏校《六书精蕴》字形举例（大学之道在明〔明〕德〔在〕亲民）[1]

莊渠先生遺書大學指歸卷之一

兵備副使太原王

大學古文

一

图 6　魏校《大学翻楷》(《大学古文》) 书影 [2]

《礼记》本，但阳明并未重视《礼记》文本自身可能具有的变动情形：在形体上它既可能是刻本，也可能是抄本；在时序上，可以是宋、元或明初的本子；不同的《礼记》本子，也可能会有差异。日后万恭号称从深山发掘出的五代长兴刻本，弥补了这个文献意义上的缺陷；丰坊伪造的石刻本，则将文本的时间上溯到三国曹魏时代；胡侍求书于日本的设想，又将文本时代诉诸遭到秦朝焚书以前的文本。不过，到嘉靖二十余年为止，在《大学》文字顺序和内容

---

〔1〕 魏校：《六书精蕴》，页 595、599、716、569、556、536、617、633、612。

〔2〕 魏校：《大学古文》首叶，《四库全书存目丛书》经部第 156 册，页 529。注意首句“大学之道在明明德在亲民”字形与图 5 对比。

多寡方面，仍以古本年代为早，而且古本在理学精英中已经获得相当广泛的认可，故魏校用自己复原的古文据以翻录的楷书本《大学》，亦即《大学古本》的文字。不妨设想，若魏校能够获悉并认可二十年后丰坊伪造的曹魏时代《石经大学》，或许他将会选择用自己复原的古文字去翻录《石经大学》，而非《大学古本》。

如同当时许多学者那样，《大学》文字和内容上的“定本”，并非魏校追求的全部。追求“定本”，往往是为了提出新解释。[1] 对于“从古文字到古文本”这个新思路而言，可以推测在其对《大学》的新解释中，一定也有建基于对文字本身的形音义解释之处。亦即魏校在《大学指归》和《考异》的诠释中，应该有立足于其《六书精蕴》，对古文形音义的解释之处。[2] 情形的确如此，他在《答甘钦采》中提供了一个示例：

> 《大学》指授“知止”，此是千圣渊源。且道止是如何？若于此悟入，则功夫有个起处，便有个究竟处，若由大路然。校作《六书精蕴》，于此有相发明者，谨奉数字请教，录具别纸。[3]

信末提到的“录具别纸”，魏氏文集中未见收录。然《六书精蕴》“止”字条，在分析字音、字形及其作为“人身之基”的“足跟”本义后，论其引申义云：

---

〔1〕 本书着重探讨《大学》的文本问题，相应的诠释问题，则仅处理跟《六书精蕴》字义相关的例证。对魏校的《大学》诠释，笔者拟另文探讨，可指出的是应当结合现存经其详细批点过的《四书章句集注》来进行，见《中华再造善本·金元编》影印上海图书馆藏元代刻本，北京：北京图书馆出版社，2005。

〔2〕 魏校据《六书精蕴》从字形角度解释《大学》文字之例甚多，见《大学考异》论“此之谓自谦”、“心宽体胖”、“绿竹猗猗”、“赫兮愃兮”、“维民所止”等条，页568—569。

〔3〕 魏校：《答甘钦采》，《庄渠遗书》卷4，页774。

> 止动则行，不动则止，故又为行止之止。一动一静相因，而静常为主，观此可以识心体之妙矣。心有欲则自行，物牵之而住，主无住矣。无欲而后能尊体，乃为真住。常应常静，行行亦止。噫，斯其天根之学乎？因而为止足之止。吾之也有厓，而欲也无厓，知以贪迷，终日若狂而驰，可不大哀邪！故曰：知足不辱，知止不殆。俗书加足作趾，非。[1]

《六书精蕴》以心体之静释止，及其勿受物欲牵引的引申义，正是《大学指归》中解释“知止”的基础：

> 如何是止？曰：止甚难言，不止却可说。吾心被物牵动，念念迁转无停，时戾吾性，不得自如。吾性寂然，本体奚若？不知止，绝无定时；“知止而后有定”，悟入后教以执持之功也。性不妄动，妄以动，血气也。志能帅气，全在执持，只此是着力处，亦便是得力处。[2]

关于《大学指归》与《六书精蕴》的关系，在此还可举《大学》首句“亲民”与“新民”为例加以说明。朱子《章句》改“亲”作“新”，意指“革其旧”，明明德、新民则是“既自明其明德，又当推以及人，使之亦有以去其旧染之污也”。[3] 王阳明力主《大学古本》“亲”字原本可通，因为明明德、亲民“犹修己安百姓”，两者是体与用的关系。[4] 这是朱、王两本最明显的文本和解释分歧之一。对

〔1〕 魏校：《六书精蕴》卷4，页661。

〔2〕 魏校：《大学指归》卷2，页545。

〔3〕 朱熹：《四书章句集注·大学章句》，页3。

〔4〕 王守仁：《王阳明全集（新编本）》卷26《大学问》、卷45《大学古本傍释》，页1015—1016、1851—1852。

此，魏校在致信当时活跃于湛若水、王阳明等讲学领袖之间，并且同样醉心于《大学》文本和解释之争的王道时指出：

> 大学功夫，复性而已矣。明我明德，吾性自足，元不须增添，只要“去其昏蔽”，此一言已尽矣。新民者，明我明德于人也，变文言之者，人性亦不须我增添，只因坏了，却要我变化他。……新、亲，古字互用。《大学》“新民”作“亲”，《书》“亲逆”作“新”，《易·大传》“易知则有亲”，读作“新”，才与“可久”语脉相贯。古书似此甚多，若不识古文古韵，便多窒碍。校谓“新民”是明我明德于人之变文，只以“明明德于天下”一言证之自见。“壹是”句犹云同此也，否则与“皆”字重。“所厚”正是良心亲切处，与《中庸》“思修身不可以不事亲”同意。[1]

以“古之欲明明德于天下”节来论证“明我明德于人”就是“新民”，此意在魏氏致顾应祥（1483—1565）信中也有论及。[2]这个解释，同样见于其《六书精蕴》“新”字条：“变其旧也。维天之命，于穆不已，盛德日新也。明明德，自新也。明明德于天下，新民也。曷为从斤从木而谐辛声？木见斵削而成器，则为之一新，此变化之功也。”[3]而其“亲”字条的释义显然接续“新”字，并以“人情”沟通亲、新二字之义：“父母曰至亲，九族通曰亲。字意从见从亲，何也？曰：人情数见不鲜，见则欢欣，久而若新；不见则

---

〔1〕 魏校：《与王纯甫·别纸》，《庄渠遗书》卷4，页776—777。

〔2〕 魏校《与顾惟贤》：“古人明我明德于天下者自国始，国自家始，家自我身始，要修我身，又自正心始。盖天下国家之本在身，而心乃我身主宰，此已是说到尽头处，乃学之统宗会元也。”《庄渠遗书》卷3，页747。

〔3〕 魏校：《六书精蕴》卷1，页523。

思慕，不能已已，惟骨肉为然，此最可体天真也。”[1]

至于《大学古文》，因为魏校用自己复原的古文翻录的是《大学古本》的文字，自然也依古本作“亲民”；《大学指归》的解释是建立在《大学古文》的文本基础上，故其正文也只能作“亲民”。但在前述“新、亲古字互用”前提下，魏氏在诠释过程中直接将“亲”字作“新”字处理：

> 何以又言“在新民”？明明德者，明我明德也；新民者，明我明德于人也。而变文言新民者，吾性自足，不待外求；人性亦自足，不待吾增益，但能变化之耳。[2]

从《六书精蕴》中“亲”、“新”二字的解释，到此处直接以“新”代“亲”，俱可见魏氏其实真正重视的是“新”字的“变其旧”、“变化之功”。此意魏氏在《大学考异》首条专论“在亲民”的文字中也有发挥：

> 程子曰：“亲当作新。”校按：亲、新古字或互用，《大学》“新民”作“亲民”，《书》“惟朕小子其亲逆”，作“新逆”；《易》“易知则有亲……有亲则可久……可久则贤人之德”，“亲”读作“新”，则与“日新之谓盛德”语意相通。[3]

整体上，正如四库馆臣所指出，魏校的《大学》诠释“介于

---

〔1〕魏校：《六书精蕴》卷 4，页 633。

〔2〕魏校：《大学指归》卷 2，页 544。在《庄渠先生门下质疑录》中，魏校、唐音师徒之间也是直接以“新民”进行讨论。

〔3〕魏校：《大学指归》卷 2，页 567。

朱、王二本之间，而更巧于附会”。[1]“亲民”、“新民”正是支持这个批评的佳例。魏氏显然汲取了自明己德、推己及人的朱子“新民”解释，但却避免使用朱子“去其旧染之污”的原文，而是采用阳明“去其昏蔽”语。其“吾性自足，元不须增添”说，也与阳明的良知说相吻合。[2]

魏校在朱子和阳明间的这种左右采择，主观上是为了形成自己的《大学》文本和解释。实际上，魏氏既不满意阳明之说，批评其“盖有激者也，故翻禅学公案，推佛而附于儒，被他说得太快，易耸动人”，[3]同样也不满意朱子的《大学》解释。如对朱子关键性的《格致传》，魏氏就完全不能接受，认为《乐记》一章才是“天留之以补《格物致知传》也”。[4]尽管魏校最终没能从自己订正的《大学》

---

〔1〕《四库提要》卷37《大学指归》，页484。

〔2〕王守仁《阳明先生则言》卷上云：“性无不善，故知无不良，良知即是未发之中，即是廓然太公、寂然不动之本体，人人之所同具者也。但不能不昏蔽于物欲，故须学以去其昏蔽。然于良知之本体，初不能有加损于毫末也。知无不良，而中寂太公，未能全者，是昏蔽之未能尽去，而存之未纯耳。”《续修四库全书》第937册影印明嘉靖十六年薛侃刻本，页362。

〔3〕魏校：《复沈一之》，《庄渠遗书》卷4，页771。按：魏校的交游和论学圈子与王阳明颇多交叉。就论学立场而言，魏氏对阳明的批评一再形诸文字，如致信论学友余佑时指摘阳明《朱子晚年定论》“不计年之先后，论之异同，但合己意即收载之耳”，并提议“今日正当因先生已定之论，而反证其未定者，庶几有所持循也”。余佑是坚持朱子学立场的名儒胡居仁的女婿和门人，日后果然“摭朱子初年之说以折”阳明所谓“晚年定论”（《庄渠遗书》卷3《与余子积》，页732；张岳：《吏部右侍郎讱斋余公佑神道碑》，载焦竑辑：《国朝献征录》卷26，《续修四库全书》第526册，页339；并参过庭训《本朝分省人物考》卷59《余佑》，《续修四库全书》第534册影印明天启刻本，页636）。魏校无明确师承，《明儒学案》将之列入吴与弼、胡居仁一脉的《崇仁学案》，称其“私淑于胡敬斋”，而魏校门人在嘉靖四十二年撰《庄渠先生遗书后叙》中称：“我师庄渠先生既登敬斋之堂，因探朱子之室，萃朱子之言求其精，知天根之旨真要领焉，知持敬之功不可须臾离焉。究极蕴奥，不立门户，不落言诠。”见“国立中央”图书馆编印：《“国立中央”图书馆善本序跋集录·集部》第3册，台北：“中央”图书馆，1994，页80。

〔4〕《四库提要》卷37《大学指归》，页484。前引水野实《魏庄渠の〈大学指归〉について》主要讨论了魏氏本在《大学》文字和结构上的变动，及其“朱王折中”义理趋向。

文本中提出足以超越朱子“即物穷理”、王阳明“致良知”的全新解释和学说宗旨，但其主观的追求却不外于此。这一点，王廷撰《大学指归叙》曾指出：

> 古人之学，心学也。外心而言学者，非也。夫人之心至虚至灵，无方无体，寂而能照而不为物先也，感而遂通而不与俱往也。……后世大道既隐，学术分裂。世之言学者，学其所学，而非古人之所谓学矣。夫学戾古人则无真儒矣，无真儒则无善治矣。……先生夙契先圣之旨，早窥大道之原，悯学者之寖失其初也，乃直探本原，揭示标准。凡数脱稿，始克成编，名曰《指归》。[1]

此序是王氏应魏校之邀而作，如果考虑到魏氏曾亲自删订王氏序言，[2] 则文中“直探本原，揭示标准”之语，完全反映了魏校本人的诉求和用意。序言还将此书与朱子《章句》相较：“或曰：《大学》一书，朱子为之《章句》，今天下已家传人诵，而《指归》者何？夫道本无言，而有言者，忧学之不明也。《章句》析其义，《指归》一其趋，盖有相发明而不相悖者，是乌能已于言哉！”[3] 所谓“揭示标

---

〔1〕 王廷：《大学指归叙》，《大学指归》卷首，页542—543。

〔2〕 魏校《复王郡守子正》：“校不度德，轻作《大学指归》，过蒙赐以序文，冠于篇首。校何人，足以堪之？学问之道，千言万言，《大学》总而归之三言。序文直指为心学，又约而归之一言。有德者之言自别，信乎所谓‘操存一言要，为尔挈裘领’者也。入刻后，更愿惠数册。‘寂而能照，感而遂通’二句妙甚，愚意更欲赘云‘寂而能照而不为物先也，感而遂通而不与俱往也’，不识高明以为何如？”《庄渠遗书》卷12，页914。“操存”句出自朱熹《斋居感兴二十首》；魏校“欲赘云”句，后来果然出现在王序中。

〔3〕 王廷：《大学指归叙》，《大学指归》卷首，页542—543。魏校在《大学指归》第二卷卷题下有一段简短的识语：“圣人千言万言，其致一也。学者斯之未达，故反复而汝诲之。校何敢立言！愚者一得，惟宣述圣意，本无多术，亦无费词，在为之而已矣。”页544。

准”、“一其趋”，将魏校欲借此重新树立标准、引导学者的主观追求和宏愿，表露无遗。

三 “六书载道”与订正群经：新思路的延续及拓展

由魏校开创的“从古文字到古文本”新思路，首先在其门人徐官和王应电手中得以延续。曾经协助魏校写刻《六书精蕴》，并作《音释举要》的门人徐官，在继承魏氏古文字成就的基础上，拓展出研究和复原古文字的新途径，即尝试通过印玺研究，复原古文字。王应电则在研究古文字并纂成字书的前提下，综合运用其师魏校和自己复原的古文字，进行更为广泛的儒家群经文本的订正工作。到万历年间杨时乔（1531—1609）借鉴魏校师徒的思路，开辟出运用早期石刻文字来还原古文六书的新途径，并且在编纂字书和韵书的基础上，运用多体文字，来订正包括《四书》在内的儒家经典文本。

（一）据印玺复原古文字

徐官字符懋，号榆庵，吴县人，正德十二年（1517）进士。嘉靖二十五年（1546）前后，他曾“聘于督学象冈胡公（胡植）”而不出。[1] 如前所述，徐官曾经协助其师魏校编刻《六书精蕴》。根据现存嘉靖十九年初夏魏校致徐官信，可见当时校刻这部充满古文奇字之书的情形：

---

〔1〕 叶具瞻：《古今印史序》，载《古今印史》卷首，页387—388；徐官撰《许氏说文跋》署“吴邑徐官元懋题”，《古今印史》卷末，页409。胡植于嘉靖二十五年七月丁丑受命督学南京，见《明世宗实录》卷313，页5871。

> 寄来《六书精蕴》，俱已看过，篆得甚是有法，可谓既竭心力矣！且一字有疑必问，最见用心周密处。五卷将毕，止有六卷，愿愈加小心翼翼，免以一纇而掩全体之美。[1]

徐官不仅负责写刻《六书精蕴》，还为该书作《音释》一卷。其卷末按语云：

> 文字一点一画，各有至理。《精蕴》已正者，多因古篆翻楷；未正者，仍用小篆翻楷。文皆放古，弗混以俗。间有难识者，辄音俗字于书端，庶便批阅，不厌其重复云。[2]（见图 7）

徐官以精通古文字研究著称于时，尤其擅长篆，自称："自弱冠即尝习读诸家篆书，研精覃思。"[3] 故而在其师魏校《六书精蕴》的成书和付梓过程中，发挥了重要作用。首先，刊刻《精蕴》时的篆文古字，主要由徐官负责手书写刻。这从前引魏校信中"篆得甚是有法，可谓既竭心力矣"，以及《精蕴》卷六末署"门人吴下徐官写刊音释"可知。十余年后，徐官的同郡、同门归有光也指出，"徐元懋游魏恭简公之门，公作《六书精蕴》，凡以定著，一字一画皆出元懋之手"。[4] 其次，徐官还另作《六书精蕴音释举要》一卷，归纳乃师书中古今差异较大或易误、易混的字，分为

---

〔1〕 魏校：《与徐官》，《庄渠遗书》卷 15，页 958。此信又收录在徐官《古今印史》卷末《庄渠先生手简墨迹·与门人徐官》七通之后，作为第八通《续刻一简》，信后注云："纇，丝节也。刻集误作'累'，有原稿可征。"并指出徐官伯兄徐卿于嘉靖十九年庚子科未中，而魏校示以此信，可知此信写于该年春夏之际。

〔2〕 徐官：《六书精蕴音释举要》卷末按语，页 761。

〔3〕 徐官：《孝经古文集成引》，《古今印史》卷末，页 410。

〔4〕 归有光：《题古今印史后》，《古今印史》卷首，页 391。此文不见于前引点校本《震川先生集》。

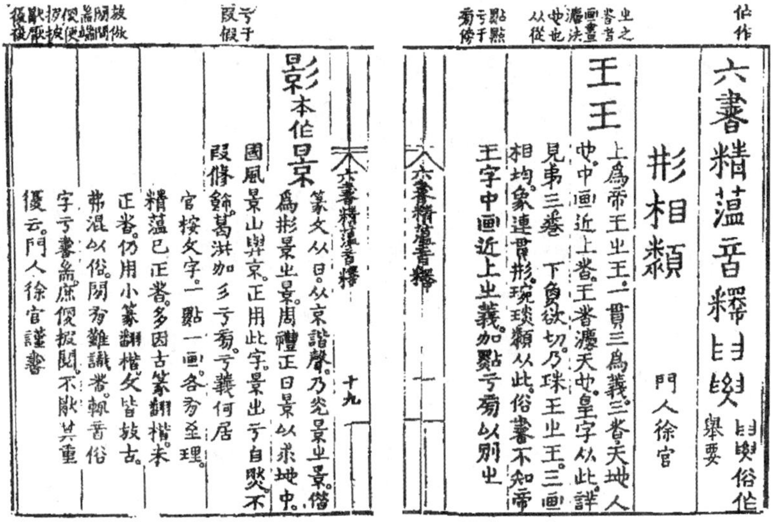

图 7　徐官《六书精蕴音释举要》卷首卷末书影[1]

五种类型："形相类"，即字形类似；"声相同"，即字音相同；"声相混"，即字音易混淆；"字联绵"，即连绵词；"字变易"，即古今字形变易但可互通者，并加以阐释。此外，按语中"间有难识者，辄音俗字于书端"一句，是指徐官将魏校复原的古文字中，与当时通行字差异较大的，与其通行字一一对应注明在《精蕴》页眉；而"不厌其重复"，是指当这些"难识"字反复出现时，徐氏也反复在页眉注明。

序刊于嘉靖三十一年（1552）的《古今印史》一书，[2] 是徐官努力在其师魏校《六书精蕴》基础上继续探讨文字演变历史，并通过印玺研究来拓宽复原古文途径的体现。瞿景淳（1507—1569）在跋语中明确指出徐氏此书与其师著作的关系：

〔1〕 徐官：《六书精蕴音释举要》，页 752、761。

〔2〕 据《古今印史》书末题记，页 407。

今观徐子元懋是编，其所论说，虽主于点画之微，其所该括，则极乎道体之大。盖先达太常魏公以《精蕴》一书，发明圣人之心画，而其徒徐子，又以《印史》补《精蕴》所未及，实与其师之说相为表里者也。使柄□者皆得如徐子之用心，则正味如□，古乐可复，而圣道可明矣，又岂独一字画而已哉。[1]

嘉靖三十六年（1557），魏校的同年顾应祥为此书所撰的“书后”也指出：

《六书精蕴》以明字之所由起，俾后学复见先秦以上文字，有功于文教多矣。是编为庄渠高弟子榆庵徐君所著，盖本诸庄渠之说而附以近代印章，以便后学者也。[2]

魏校《精蕴》复原古文字以明圣人“心画”之说，同样是《古今印史》序跋作者们的共识。发挥此意尤详的，是吴县人叶具瞻。叶氏不屑于仅就文字而论文字的“以书评书”，认为此举“不过艺焉尔矣”；在字为“心画”的观念下，他完全认可徐官“作书当与理道合”之说，着眼于文字与道的关系，认为徐氏“究篆隶而必轨诸道焉，盖将以一字学尔，而且必于道有发明可也”；“每每推极字书而

〔1〕 瞿景淳：《跋古今印史》，《古今印史》卷首，页388—389。

〔2〕 顾应祥：《书古今印史后》，《古今印史》卷首，页389—390，末署嘉靖三十六年（1557）二月。但需注意，正如下文所述，徐书所载并不仅仅限于“近代印章”。又，日后顾氏在自序于嘉靖四十三年（1564）的《静虚斋惜阴录》卷6却云：“魏子才《六书精蕴》考究古人作字之义，可谓精矣。然古今异宜，大篆变而为小篆，小篆变而为隶，隶又变而为楷，亦时势使然。盖有不得不变者，非李斯、程邈诸人之罪也。古人之事简，后世之事日繁，若一一模仿古字，则不胜其繁矣。止可以今之楷字正其书法耳。……今之作字者，如用小篆，则当效古；如用楷，则当从《洪武正韵》可也，何必是古而非今乎！”《四库全书存目丛书》子部第84册影印明刻本，页120—121。

于天人发焉，可谓独观其深矣”。叶氏还指出了徐官此举与其师魏校的渊源：“庄渠魏恭简公讲圣贤之学于中吴，而榆庵尝往从之，概尝闻乎道之说矣，道之所在，无所不该”；“当时庄渠先生亦有是见矣，先生有《六书精蕴》之作，而一以理道括之。……榆庵会先生之心，而有是书之作”。[1] 徐官本人对《古今印史》的撰写缘起与内容，也有高度概括的介绍：

> 忆昔予……尝鉴赏诸家印谱，颇知其概。……大抵篆刻多误，皆因六书之义未明也。乃博极群说，参以蠡见，纂为此书。谨以先圣孔子书冠于篇首，次叙古今书法及名人印章，末复节采李阳冰诸家之说附焉。博雅之士，亦或有取云尔。[2]

从对待篇首“孔子书”的态度，可以推测徐官留意搜罗所谓古文的心态。“孔子书”其实是指真伪难辨的十字“季札碑”：“於乎有吴延陵君子之墓。”元人吾衍（1268—1311）在其篆刻名著《学古编》中，对此碑表示高度怀疑：“按古法帖上止云‘呜呼有吴君子’而已，篆法敦古，似乎可信。今此碑妄增入‘延陵之墓’四字。除‘之’外，三字是汉人方篆，不与前六字合。借夫子以欺后人，罪莫大于此。”[3] 对此，徐官却不以为然。他认为这十个

---

〔1〕 叶具瞻：《古今印史序》，《古今印史》卷首，页 387—388；沈田《题古今印史后》，同样强调徐书是“求古人之心画”的探道之书，页 391。

〔2〕《古今印史》卷题后徐氏的小序，页 393。书中“古印”条云：“予尝欲集历代名家印，以便观省，因阅《宣和印谱》，及赵子昂《印史》，得数家，俱有成书，故不复赘。虽然，诸家多载其文，罕求其义。今选国初及近时印章数则，而注释之以备遗忘云尔。”页 397。

〔3〕 吾衍《学古编》卷下“辨谬品六则·延陵季子十字碑（原注：在镇江）”条，载明周履靖辑《夷门广牍》影印明万历二十五年刻本，上海：商务印书馆，1940，页 7。历代有关此碑的争议，参沈乃文：《也谈孔子剑刻碑》，《书谷隅考》，上海：上海古籍出版社，2011，页 319—326。

字“皆古书，与大篆相类，生动而神冯，识者见之，咸谓非今世物也。……孔子之书，参用仓史，故方员不同”，因此将其临摹于书首，“俾遐陬僻壤得见夫子之心画，亦足醒人心目”，并为之详细注释字义。[1]

《古今印史》的主体是讨论“古今书法及名人印章”，各以独立的条目展开论述。其中专论古今书法者仅数条，如“六书大略”，及古文、籀文、小篆、隶书“大略”；讨论古今名人印章的，则多达六十余条；其余为附录诸家的印章论述十余条。这些是序刊于嘉靖三十一年的《古今印史》正文，而卷终有“诸子与仁校正，男与道同校，甥钟鸣道继志堂梓行”的题名，“嘉靖壬子（三十一年）刊”的题记，以及徐官陈述刊行经过并呼吁他人续补的牌记，末行题“古今印史终”。[2]

现存此书的隆庆三年（1569）自刻本，在上述内容之后，尚有多份有用的资料。[3]首先是“补刻”三叶，录古今名人印章近四十方，各附徐官的简释，包括其师魏校的“子才”、“志学天根”印。这部分的版心叶码接续前文，而结合版心下方题“下园世家珍藏”、“下园徐氏”，以及文末“姑苏耕读世家梓行”来看，这三叶内容应该也是徐氏家刻本。[4]随后的资料，包括徐官所撰序跋、由他人所撰祝寿文和记文、往复书信、魏校致徐官手简墨迹等，版式皆与前面三叶类似。从陆续出现于版心下方的“下园徐氏”、篇题下的“继志堂”，以及末叶“刻此于卷末，连前共六十七叶”、“古今印史全册

〔1〕 徐官：《古今印史》“孔子书”条，页393。《四库提要》卷114对此颇加质疑：“又称比干盘（徐书原作‘墓’）铭、季札墓碑皆为孔子真迹。季札碑姑无论，比干墓中之盘，夫子何自书之？”页1522。

〔2〕 徐官：《古今印史》，页407。

〔3〕 现存《古今印史》的明清版本，见中国古籍总目编纂委员会编：《中国古籍总目·子部》“艺术类·篆刻之属”，中华书局、上海古籍出版社，2010，页1417。

〔4〕 徐官：《补刻》，《古今印史》卷末，页408—409。

终”等字样来看，这些资料应该都是由同一批人，即徐氏子侄辈负责梓行。附录资料的版心上方，多处出现“用此于《印史》补刻之末”、“刻入《印史》”等字句，推测应是徐官提示增补刊刻之用。由此可以相信，这些内容都能代表其本人的见解。

因此，下文借助分析其中部分资料，观察徐官对古文字与儒家经典文本关系的认知，以及这些认知与其师魏校的渊源。首先是“附载”的《许氏说文跋》，其篇题下注明“此篇与《印史》互相发者，因并刻之”。此文乃徐官应苏州马氏翻刻《说文》之邀所撰，文中首先认为许慎《说文解字》乃“集仓史遗文、李斯小篆”而作，古今注解诸家“皆《说文》之羽翼，学者之指南”，随后表示：

> 吾师庄渠先生《六书精蕴》，藉六书以摅心学，其《说文》之宗祖乎？於乎！六书之作，上明天道，下征地纪，中尽物情。然非许氏《说文》，无以发其壸奥，信乎与《六经》并传也。[1]

这里徐氏明显继承了魏校关于六书与圣人之道的见解。所谓“藉六书以摅心学”，与前述魏校认为古文是圣人“心画”之说正相发明。圣贤所创古文六书，是涵括天地万物之理的文字系统。许慎的《说文》，是认识其奥秘和精微的有效凭借，而魏校《精蕴》追求借助六书以求得圣人之心法，进而扩大传播圣人心学，所以是《说文》之“宗祖”。

徐官也延续了魏校从复原古文字到订正儒家经典文本的新思路，并将此思路运用于《孝经》研究。其撰于嘉靖二十几年的《孝经古文集成引》有云：

---

〔1〕 徐官：《许氏说文跋》，《古今印史》卷末，页409。

> 《孝经》古文，相传出自孔壁，历世久远。其遗文散见于石刻诸书者，落落如晨星。自汉以来，注释者殆且百家，皆断章取义，而无有逐文生训，推本古人制字之原者。官自弱冠即尝习读诸家篆书，研精覃思，二十余年于兹矣。志欲博采仓史遗文，尚补其阙，以见之不广而未敢也。厥后获游吾师庄渠先生之门，日闻《六书精蕴》之旨，及读朱子《孝经刊误》，始有依据。乃敢以二书为宗，而又博参诸家之说，折衷成帙，名曰《孝经古文集成》。[1]

由此可知，徐官所谓的《孝经》“古文集成”，其主要工作是根据魏校《六书精蕴》中复原的古文字，订正《孝经》文本。情形正如魏校据《六书精蕴》来订正《大学》文本。这个思路和做法，尤其可以从此书的凡例中看出。在这篇引文后，徐官附录了此书四则凡例中的两则。其中第一则就表明所谓的《孝经》“古文”，乃是“采择仓颉古文、史籀大篆、钟鼎诸文”，以及许慎《说文》中所载李斯小篆而成。[2] 根据参考李斯小篆这一点，可以推测徐氏在编纂《孝经古文集成》时，应与魏校撰《六书精蕴》时面临同样的困境：尽管批评李斯小篆大失圣人心法，但因为可资凭借的秦以前的古文字资料实在太少，故最终仍然不得不利用《说文》所载小篆。由于文末注明“书成未刻，尚冀有进”，难以判断此书最后是否刻成；目前此书似已不传，故无由知悉其订正的《孝经》“古文”的具体情形。

从书末所附《庄渠先生手简墨迹》可知，魏校《六书精蕴》复原的古文字系统，在其师徒的日常生活中也在发挥作用。这批师徒

〔1〕 徐官：《孝经古文集成引》，《古今印史》卷末，页 410。据文中“自弱冠”、“二十余年”之语，可知此文撰写时间在徐官四十余岁期间，即嘉靖二十年至二十八年。

〔2〕 徐官：《孝经古文集成引》，《古今印史》卷末，页 410。另一条凡例主要解释为何“释孝经而遗六经”。

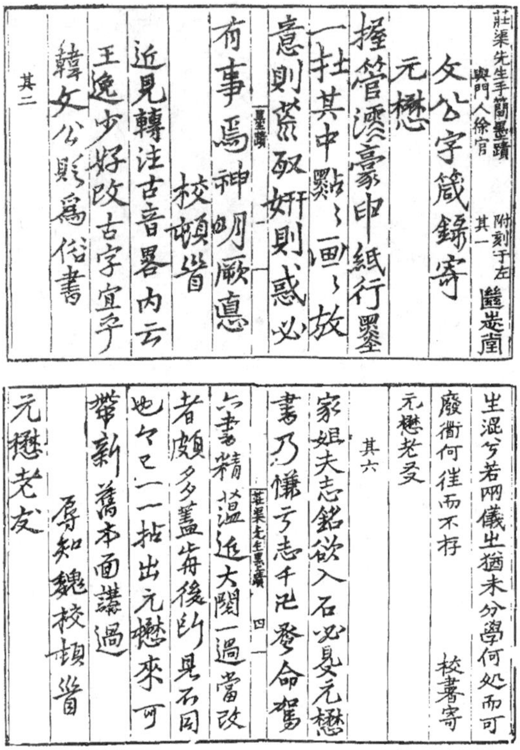

图 8　徐官《古今印史》末附《庄渠先生手简墨迹》书影〔1〕

间的通信手迹，即为明证（见图 8）。

信末徐官识语云："庄渠先生与官手教，编入遗书（指《庄渠遗书》）者，兹不重刻。真迹多古字，此翻篆为楷，因注释于后，以便观省。"所谓"翻篆为楷"，是指随后的《庄渠先生手简墨迹古字音释》，即对信中使用的较难辨识的古字加以解释。其中释"道"字云："古文从行，从首在中，欲人向道而行也。"〔2〕这个解释，明显沿

〔1〕　徐官：《古今印史》卷末，页 413—414。例见上幅第二行"道"字字形。

〔2〕　徐官：《古今印史》卷末，页 415—416。

袭自魏校《六书精蕴》“道”字条：

> 道，徒浩切。理之统体也，在器之形而上也，人由其性而行也。夫道甚易知甚易行，而人莫能知莫能行，顾求诸远。圣人反而示之近，命其名曰道，言人所共由也。古文则又示人以为道之方，从“行”，从“首”在中，欲人向道而行，勿徐勿亟，勿反勿侧，娓娓不息，造道之极。或曰：“道无声臭者也，子言若浅近然。”曰：“道何尝离器？行箸习察，则庸言庸行皆天命之精微也。”“何以能箸察？”曰：“随处体认天理，道之则为道。”徒报切。又治也，言也。小篆作䢖，其未知王道正直之义乎？[1]

由两者的对比，明显可见徐官的字形和解释完全袭用乃师书中释“道”原文。不过，在字形方面，徐官也取得了新进展。其《古今印史》“道”字条，著录“铁笛道人”印。其中“道”字作[illegible]，从人从行，徐官释为“取人能行道之意，行必由道，借为道路之道”。这个字形，显然是魏校没有处理过的。徐氏释为“人能行道”，却也正是魏校“欲人向道而行”说的发挥。[2]

（二）从古文字复原到群经订正

王应电是魏校的同邑门人，于嘉靖十八年（1539）开始编撰字书《同文备考》，同年秋初稿成，次年修订完毕。同门毛希秉于嘉靖二十年春撰序指出：

---

〔1〕 魏校：《六书精蕴》卷2“道”字，页569—570。

〔2〕 徐官：《古今印史》“道”字条，页398。《四库提要》卷114“古今印史”条，称徐氏动辄引魏校《六书精蕴》为词，此其例也，页1522。

> 我师庄渠先生闻之，亟取以观，题曰：“比次伦理，训释简明，前此未有也。”又尝寓书曰：“汝于六书，不但启予，每见剖析一二，顿觉心开目明。”[1]

《同文备考》书成后，未能立即付梓，直到嘉靖三十三年(1554)，王应电遭遇“倭难毁家”，“遂挟册至江右，主于念庵（罗洪先）太史家”，随后由江西提学王宗沐（1523—1591）刊刻。[2] 书名“同文备考”，取义于“书同文”、“有待于天皇考文而折衷之”。现存此书分为卷首、正文和附录三部分。卷首包括《序文》、《纂辑凡例》、《书法指要》、《六义贯珠》、《布字原病》、《翻楷举要》、《字声定母》、《经传正讹》；正文八卷，卷各一类：天文、地理、人容、人道、人体、动物、植物、用物，共释万余字；附录《声韵会通》一卷、《韵要粗释》四卷。[3]

王应电对文字与圣人之道关系的看法，同样与乃师魏校极为相近，并可用“六书载道”一语概括。他认为，圣人之道与六书之间是“体—用”关系，故文字兴衰与道化相为倚伏。其自序开篇即云：

> 道也者，文之体质也。文也者，道之神用也。六书也者，文之辀轴乎？溥之宣教明化，远之垂后宪前，故曰王政之始，经艺之本也。……文字之兴衰，实与道化相为倚伏。故圣者作

[1] 毛希秉：《录同文备考序》，载王应电：《同文备考》卷首，《四库全书存目丛书》经部第189册影印明嘉靖间刻本，页545—546。

[2] 朱柔嘉：《明斋先生注述后序》，载《同文备考》卷首，页547—548，末署嘉靖三十六年秋。此书卷首有嘉靖三十六年端午罗洪先手书上版的《书同文备考后》（页546—547），而《四库全书存目丛书》注明据“明嘉靖十九年（1540）刻本”影印，误。

[3] 当前的音韵学研究对《韵要粗释》给予了高度评价，参宁忌浮：《汉语韵书史·明代卷》，上海：上海人民出版社，2009，页303—312，及页520、526。

之，明者述焉，昭代之所隆，而否德之所略也。[1]

王氏同门毛希秉在为《同文备考》所撰序言中，更明确指出："《六经》之道，由六书以传，六书毁，则无以见《六经》。"[2] 王氏本人对六书演变历史的看法，也与魏校相近：

> 仓颉古文……意融而理胜，文约而义该。……史籀变为大篆，字学中不可阙焉者也。……小篆非圣王是师，以六国之所擅作者参以己见，书皆如箸，以便笔札，六书之体于是坏。至又变而隶、而楷、而草，存者几希矣。自是以来，虽或以篆名家，皆子孙于李斯者也。或宗古文而真妄杂焉者也，至以私意作为奇巧。[3]

由此可知，王应电同样将李斯变大篆为小篆的做法，视作六书系统遭到破坏的标志，而往后的系列演化，隶书、楷书、草书，愈变愈坏，圣人之道"存者几希矣"。

在具体的文字研究实践中，王应电对乃师魏校之说，既有承袭，也有补充和相异之处：

> 《六书精蕴》所陈内圣外王之道，自成全书，不敢剽窃。但于字体有关者，出于所闻则称"师云"，载于《精蕴》则称"精蕴"。至其间形意有悖者，或应电于师说有未领，或吾师于愚说有不取，亦有各出未及就正者。盖皆不必雷同，以俟

〔1〕 王应电：《同文备考序文》，《同文备考》卷首，页 544。

〔2〕 毛希秉：《录同文备考序》，《同文备考》卷首，页 545—546。

〔3〕 王应电：《同文备考序文》，《同文备考》卷首，页 544—545。对于文字演变历史，王氏多次表达同一认识，如王应电：《书古文篆书后》，《同文备考》卷首，页 549—550。

考文者择焉。[1]

在同门毛希秉看来，老师魏校《精蕴》“主明道而寓诸艺”、王应电《备考》“主述艺而括夫道”，两书“并行而不悖”。[2] 王氏自认为与乃师的异同，仍可举上文已经述及的“道”字字形和解释为例，加以观察：

> 从“首”在“行”中，以向中道而行，会意。为道德字，理之统体也；为道理字，事有路可通行也；为达道字，人由其性而行也；并用此道路字。古人于道，真实行之，如足之于路也，借为引道、道言字。别从“人”作[illegible]，义同，字并见钟鼎文，小篆从辵作道，今用之。[3]

王氏书中“道”字的字形，与同门徐官相同，均在乃师魏校的基础上增加了从“人”从“行”一种。这个增补，很可能就来源于徐官收集的那方“铁笛道人”印章。在解释方面，无论是重道而行，理之统体、路、人由其性而行与言，均与魏说相同。

相较于魏校而言，王氏更加重视许慎《说文》，并据以复原古文字及订正儒家经典文本。概言之，王氏的古文复原目标是超越《说文》，因而需要批判它；但在具体的复原工作中，由于受到古文字遗存太少这个现实条件的制约，所以又要借助《说文》。更有甚者，在订正儒家经典文本过程中，王氏也不得不借重《说文》所引《五经》文句，及其所保留的古文字。这在王氏《经传正讹》中体

〔1〕 王应电：《纂辑凡例》，《同文备考》卷首，页 551。

〔2〕 毛希秉：《录同文备考序》，《同文备考》卷首，页 545。

〔3〕 王应电：《同文备考》卷 4，页 676—677。

现得极为明显：

> 余观《说文》所引《五经》字，与今书文绝异。盖许氏当东汉时，犹及见古文，故所载如此。今之经文，不知几更翻楷之手，故与许氏不同也。夫余所病于《说文》者，以其悖于古文也，而翻楷者又悖于《说文》，则其去古文奚翅千里。余尝语楷书之非，世罕有知者；至语《说文》之非，益不信之矣。今举《说文》所载，则翻楷之非，亦自易见。然则《说文》之非，岂无征者哉？世之习经者，惟知有今文，而书字者，惟知趋简便。汪澜一决，谬将何极！今姑据《说文》所载，及浅近讹谬之甚者，稍加订正，以为之防。……此特因字（尽）〔书〕中见诸经字，聊正之而已。苟据诸经文，一一是正之，何止于是，姑为之发端云。[1]

在“古文—《说文》—楷书”的序列中，王氏彻底否定通行的今文楷书，追求全面复原古文。在这个认知架构中，《说文》的情形比较复杂。整体上，王氏认为《说文》违背古文六书，所以撰《同文备考》以复原古文。但对于《说文》中引用的《五经》文字，王氏则认定生当东汉的许慎还能看到古文儒经，因此其《说文》中保留的《五经》文字更接近古文，可以据以订正现行楷书《五经》文本。《经传正讹》正是为此而作，即引文中“今举《说文》所载……特因字书中见诸经字，聊正之而已”，并且以此作为订正群经经文的开端。

---

〔1〕王应电《同文备考》卷首《经传正讹》书题下的小序，页 579。《经传正讹》又收入王氏撰《周礼翼传》一书中，这篇小序在后者中题为《经传正讹题词》，影印《文渊阁四库全书》第 96 册，页 382。王氏序刊于嘉靖三十七年的《周礼传》，就是这个思路的成果之一。

正如魏校运用自己复原的古文来订正儒家经典，并且首先订正了《大学》那样，王应电也进行了类似的工作。前述《经传正讹》只是订正《五经》中被《说文》引用的部分文字，而其运用“古文篆书”翻录《大学》诸书的工作，目前仍可略知梗概。王氏曾于嘉靖三十六年（1557）自述云：

> 应电生当文明大开之世，天启其衷，若陋秦汉、趋轩周者。往在南都，承胡象冈（胡植）、黄翠岩（黄洪毘）二督学父师命，书《大学》经文、《太极图说》、《论仁》、《定性》、《西铭》、《四箴》、《敬斋箴》等篇。应电素苦目疾，艰于笔札，二公适皆匆遽去任，用是不果。兹寓吉（吉水）少事，敬书之如右。督学王敬所（王宗沐）先生见而悦之，以授泰和尹修吾冯子（冯叔吉）锓于梓，用广其传。然见者但以笔法之古，不同于小篆已下所书而已，而不知古人制字之精义，迥异于后人之妄作者也。姑因右所书字中，摘取其有关名教者，略开陈其大义，以为览者先导云。[1]（见图 9）

胡植督学南京，自嘉靖二十五年七月始，在任期间曾聘用徐官，而黄洪毘于嘉靖二十八年底继其任。[2] 王应电的古文书法先后受知于胡、黄二人，并受命用古文抄录典籍篇章，但以目疾未果。直至撰写此文的嘉靖三十六年，寓居江西吉水县罗洪先家的王应电，终于抄录完毕。显然，王氏用来抄写《大学》、《太极图说》等典籍的所谓“古文篆书”，正是其《同文备考》中所复原的古文系统。仍以“道”字为例，王氏此处就取从“人”从“行”字形和“人能中行”

〔1〕 王应电：《书古文篆书后》，《同文备考》卷首，页 549。

〔2〕 《明世宗实录》卷 355，嘉靖二十八年十二月丙午，页 6393。

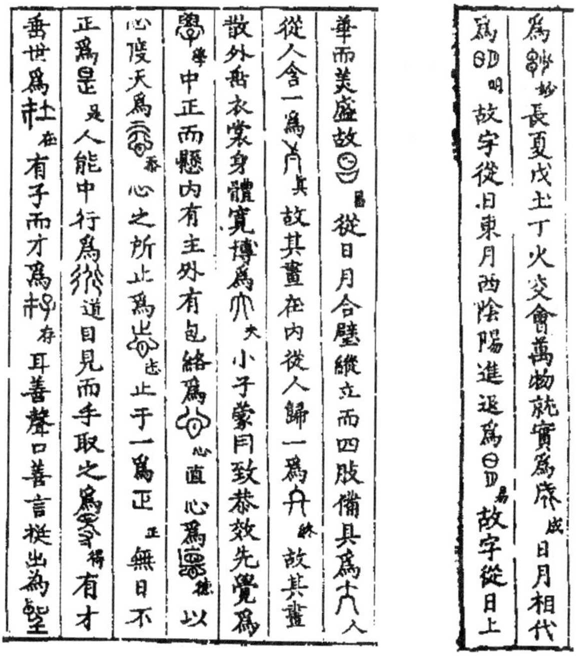

爲妙長夏戊土丁火交會萬物就實爲成日月相代
爲明故字從日東月西陰陽進退爲易故字從日上

華而美盛故昌從日月合璧繼立而四肢備具爲大
從人含一爲其故其畫在內從人歸一爲終故其畫
散外爲衣裳身體寬博爲大小子蒙同致恭效先覺爲
學中正而懸內有主外有包絡爲心直心爲德以
心度天爲恭心之所止爲志止于一爲正正無曰不
正爲是是人能中行爲道道目見而手取之爲得得有才
垂世爲在在有子而才爲存存耳善聲口善言挺出爲聖

图 9 《同文备考》卷首字形字义举例（明、大、学、德、道、在）[1]

字义。前文已指出，这是其《同文备考》与乃师魏校《精蕴》在“道”字字形和解释上最明显的差异。

王应电用自己复原的古文抄写的儒家经典和理学名篇，看来曾经在王宗沐的帮助下付梓。这些文本似已不存，但从王氏选择“有关名教”的字形和解释的做法，其情形已可略见一斑。文末还称：

> 其他诸字义各有攸当，兹不尽释，其中奥义，且更无穷。书不尽言，盖有全书在也。嗟乎！六书，艺也，而其原，道也。通乎道以制字，字设而道行乎其中矣。……书得其法可以载道，

[1] 王应电：《书古文篆书后》，《同文备考》卷首，页 549。

苟失其法，道弗存矣。予所述者艺也，即此而谓之道，固不可，若谓是为非道，亦不可。故观其文可以见道，明其道而教斯立矣。艺云乎哉！[1]

这是王应电对“六书载道”观念最明确的表达。“书得其法可以载道，苟失其法，道弗存矣”一句，最清楚地说明了文字书法与道的密切关系。圣人之道在《六经》，而《六经》由能体现圣人之道的古文构成，故首先需要复原古文六书，再据以订正《六经》，才有可能得圣人之道。

此外，文中王氏将六书与道的关系比拟为“艺—道”关系，强调道才是本原，字只是外在的形式和载体，因而两者的价值高下十分明显，亦即“六书载道”的原则，是以“道”为重、为主的。《同文备考》的序跋作者们对此也有清楚的共识，不约而同地建议读者应秉持这样的阅读原则：“当究其宏纲大凡，超绝千古，振起方来而已，若指擿一二，律以后人承讹（出）〔之〕说，考究百端，便窒碍难行矣”；“无以训诂视王子，亦无以训诂观王子之书”。[2]

运用以道为主的原则来指导复原古文字形及其解释，明确体现在王应电《同文备考》的编撰思路中。王氏自序云：“欲究作者（创造古文者）之意，必尽解前人之缚，而后可与言也。”毛希秉序引王氏自述亦云：“此书皆取天机相感，义理自然呈露，一见而得者，即便札记。”[3]这种注重以个人主观想法，乃至自我体验为主，而非以客观的、可视的证据为主的文字复原思路，跟魏校撰《六书精蕴》

〔1〕王应电：《书古文篆书后》，《同文备考》卷首，页550。

〔2〕毛希秉：《录同文备考序》、朱柔嘉：《明斋先生注述后序》，俱载《同文备考》卷首，页546、548。

〔3〕王应电：《同文备考序文》、毛希秉：《录同文备考序》，俱载《同文备考》卷首，页545、546。

时所持原则如出一辙。王氏还将这种思路运用于注解经典。例如他撰于嘉靖三十七年（1558）秋的《周礼传序》，就在批评历代注疏之余，指出自己“传”《周礼》的原则：“应电玩习累年，不质之注，而质之经；不求之我，而求之天；遇有不得，虚以待之，久之若有所会通者，敬为传诂。然愚岂泥其迹，而欲尽如其所设耶？……征古验今，推旧为新，愚所传者，不在兹乎？”〔1〕

（三）石刻古文与多体文本

通过复原古文字来订正《大学》古文本，进而订正儒家群经文本这个新思路，除了在嘉靖年间的魏校、徐官、王应电师徒间延续之外，万历年间的杨时乔也继续此一方式。杨氏不仅运用这个思路来参与《大学》文本竞争，将其发展到以多体文字俱备的方式重建《大学》文本，还将此思路运用到《周易》文本整理上。

杨时乔字宜迁，人称止庵先生，江西上饶人，嘉靖四十四年（1565）进士，官至吏部左侍郎。在党争激烈、朝政维艰的万历三十几年，杨氏以吏部左侍郎身份，在尚书、右侍郎皆缺的情形下独自署理部事长达五年，“绝请谒，谢交游，止宿公署，苞苴不及门”，〔2〕最终“竟以过劳得欶薨于位”，〔3〕朝廷赠谥端洁。叶向高撰墓志铭、邹元标撰神道碑皆特别指出：“端者守礼执义，洁者不污不义之谓，本朝未有谥端洁者，谥端洁者自公始。”〔4〕

---

〔1〕 王应电：《周礼传原序》，《周礼传》卷首，页 4。

〔2〕 张廷玉等：《明史》卷 224《杨时乔传》，页 5909。

〔3〕 叶向高：《通议大夫吏部左侍郎赠吏部尚书谥端洁止庵杨公墓志铭》，《苍霞续草》卷 12，《四库禁毁书丛刊》集部第 125 册影印明万历刻本，页 139。

〔4〕 邹元标：《嘉议大夫吏部侍郎赠吏部尚书谥端洁止庵杨公神道碑》，《邹公存真集》卷 10，《四库禁毁书丛刊补编》第 76 册影印清乾隆十二年特恩堂刻本，页 446。叶向高《止庵杨公墓志铭》谓“自来吏部尚书不以赠端洁之谥，亦从来未有，皆异数也”，《苍霞续草》卷 12，页 138。

杨氏在宦业上清节可称，在学问上也拓出新途径。后者尤其表现在通过编纂反映古今文字和音韵演变历史的字书《字韵全书》，并据以订正儒家经典、捍卫朱子学说上。杨氏订正的儒家经典，最重要的是《四书》四体文本和《周易》古今文本。在《四书》四体文本订正过程中，杨氏明确指出："以旧所考述《字韵全书》而得古篆，或未备，间以籀文足之。"[1] 在订正《周易》古文本时，杨氏也表示"取旧考正《字韵全书》畀周生稚，子可中、任中考定，古文始全"。[2] 可见杨氏订正的儒家经典，主要建立在其本人的古文字研究基础上。因此，下文先探讨杨氏复原古文字的努力，然后讨论其据以订正儒家经典的情形。

相较于魏校师徒而言，对早期石刻文字的留意，是杨时乔在复原古文字方面取得的新进展。借助著名的《禹碑》来复原古篆文的举措，则是这方面的佳例。《禹碑》相传是大禹刻在衡山的治水纪功碑，共七十余字，字形奇特，难以释读。从唐代至明初，《禹碑》的真实性存在相当大的争议，论者往往停留在传说和想象层面。到了明嘉靖十三年（1534），此碑实物终于"出土"：由长沙知府潘镒"得于岳麓小山草莽中，始榻传之登梓"。沈镒、杨慎、王佐等人旋即便有释文公布，随后引起士人群体的强烈兴趣。[3]

在其父考正的《禹碑》十二字基础上，杨时乔"重以古篆诸书校碑字，一一皆在，谨于碑语后以楷书注之，又详发其所传由来颠

[1] 杨时乔：《刻四书古今四体文集注全书序》，《新刻杨端洁公文集》卷 6，《四库全书存目丛书》集部第 139 册影印明天启杨闻中刻本，页 721。

[2] 杨时乔：《周易古文序》，《新刻杨端洁公文集》卷 6，页 725；并参杨时乔：《周易古今文全书》卷首《周易全书古文论例》第四条，《四库全书存目丛书》经部第 8 册影印明万历刻本，页 155。

[3] 杨时乔：《释禹碑文》，《新刻杨端洁公文集》卷 8，页 753—754；并参王昶：《金石萃编》卷 2，《续修四库全书》第 886 册影印清嘉庆十年刻同治钱宝传等补修本，页 503—505。

末”。万历三十二年（1604），杨氏的南京同僚将碑文连同其释文摹写，立碑“刻之栖霞天开岩，又寄重刻岳麓书院旧所，俾后世知上世帝王古篆独有此，为天地间文字第一篇，当并经书传焉”。[1]

杨时乔用以校碑字的“古篆诸书”值得注意。除了其父据以进行校释的元代人杨桓《六书统》诸书外，宋元之际的戴桐父子所著字书《六书故》，也是杨氏努力搜寻的对象，[2] 而魏校和王应电的相关著作，同样是杨时乔的重要参考书。万历二十年前后，杨时乔订正《周易》古文，主要倚赖《禹碑》、《说文》、钟鼎文、《汉隶分韵》、《六书统》、《六书故》、《〔六书〕精蕴》、《同文备考》等。[3] 这些资料也是他编纂《字韵全书》的重要参考。该书在万历三十七年（1609）二月杨时乔去世前已撰成脱稿，但尚未付梓。[4] 此后是否全部刊刻则不得而知。全书包括字学和韵学两部分，各十五卷，[5] 现仅存韵学部分，即《古今字韵全书集韵》十五卷。[6]

对本书的研究而言，杨氏《字韵全书》的字学部分显然更为重要，尽管目前未见其传世本。从现存该书的韵学部分，可推知字学部分应该是在上述元、明诸人的字书基础上，结合杨氏研究《禹碑》

〔1〕 杨时乔：《释禹碑文》，《新刻杨端洁公文集》卷 8，页 753—754。

〔2〕 杨时乔：《与徐孺东兄》，《新刻杨端洁公文集》卷 13，页 22。

〔3〕 杨时乔：《周易全书古文论例》第四条，《周易古今文全书》卷首，页 155。

〔4〕 彭惟成：《清贞二贤乞赐崇褒以表名世大臣疏》（原注：万历三十七年二月），载吴亮辑：《万历疏钞》卷 36，《续修四库全书》第 468 册影印明万历三十七年递刻本，页 416。

〔5〕 宁忌浮：《汉语韵书史·明代卷》，页 167、449。宁氏指出现存此书仅是杨氏《字韵全书》中音韵部分，应还有专论文字的《古今字韵全书集篇》十五卷，二者合起来方是完整的《古今字韵全书》。

〔6〕 翁连溪编校：《中国古籍善本总目》第 1 册“经部·小学类·韵书”，北京：线装书局，2005，页 187；并参中国古籍善本书目编辑委员会编：《中国古籍善本书目》第 1 册“经部·小学类·韵书”，上海：上海古籍出版社，1998，页 482。宁忌浮认为杨时乔最早探讨古音声母问题，两百年后钱大昕才论证了古无轻唇音、古无舌上音，至章太炎才将齿音合为一类。见《汉语韵书史·明代卷》，页 168—172、523。

的心得而成。还可确定的是，此书是杨氏订正儒家经典文本的前提和基础。

现存杨时乔订正的儒家经典文本，包括《四书》和《周易》。[1]前者名为《四书古今四体文全书集注》，[2]书前有杨氏论述古今文字演变、"四体"《四书》用字及其字体来源的专篇。其中有云：

> 四体文：古篆一，小篆一，八分、隶一，楷一。……
>
> 余今本两三体之意，考《禹碑》、《六书（古）〔故〕》、《字韵》诸书中，得古篆一。其古篆不传不备者，略用大篆足之，以大篆近于古篆也。又小篆一。又隶、八分合为一者，以汉后分、隶合为一体，字书中无甚辨别，故仅存三体，一用石经例曰"三体文"。其楷书即以《集注》，不另书。合之四体也。于此四体见古篆变为大篆，大篆变为小篆，小篆变为隶，隶变为八分，又变为楷书。世变于此征之。总之，天子不考文，一切因陋就简故也。考古鉴今者可以概矣。[3]

引文中的省略部分，主要论述历代"古文—今文"的相对演变：以秦朝为断限，古文是指古篆、大篆，今文合指小篆、隶书、八分书；以唐朝为断限，古文指古篆、大小篆、隶、八分，今文指

〔1〕 杨时乔：《周易古今文全书》二十一卷，《四库全书存目丛书》经部第8—9册影印北京大学图书馆、中国科学院图书馆、北京图书馆藏明万历二十七年杨氏门人王其玉等刻本；此书另有万历三十五年松江知府蔡增誉刻本，行款同王本，参杜泽逊：《四库存目标注》第1册，上海：上海古籍出版社，2007，页25—26。

〔2〕 此书的四篇自序分别撰于万历十六年（1588）至二十七年间，据序跋可知此书有万历三十一年至三十四年刻本，今仅有北京故宫博物院和上海图书馆藏万历四十一年史世揆刻史志仁等重修本存世。见《中国古籍总目・经部》"四书类・四书总义"，页868。

〔3〕 杨时乔：《四体文论例》，《四书古今四体文全书集注》卷首，上海图书馆藏明万历刻本，页1—6；并参杨时乔：《刻四书古今四体文集注全书序》，《新刻杨端洁公文集》卷6，页720—722。

楷书。自此以后，古文废而仅剩今文楷书大行于世。

从中可知杨氏采用多体文字的历史渊源。文中“两三体”是指两种三体石经：一是汉熹平年间蔡邕以小篆、隶、八分三种字体刻石经，[1] 二是魏正始年间虞松等以孔壁所出古篆（当时称蝌蚪书）、小篆、隶与八分（合为一种）三种字体刻石经。杨氏“本两三体之意”而“用石经例曰‘三体文’”之“三体”，则是综合了汉、魏两种三体石经的字体。

据此还可获悉杨氏多体文字本的具体安排与字体来源。书名中的“四体”包括：古篆（辅以大篆、籀文）、小篆、隶书与八分书之合体、楷书。在这四种字体的来源中，最重要也最困难的是古篆（含大篆、籀文），杨氏主要是根据前述《禹碑》、《六书（古）〔故〕》，以及自纂《字韵全书》而来。其余大篆（籀文）、小篆、隶书、八分书诸体，杨氏并未清楚指出其来源，但从“字书中无甚辨别”一语推测，主要也是根据历代“字书”而来，如同魏校师徒所纂字书那样。事实上，元人《六书故》及杨氏自纂《字韵全书》中的文字字体，实际上就有不少大、小篆，唯隶书与八分书两体，未知杨氏《字韵全书》中是否收录？至于楷书的来源则相对简单，杨氏完全依据《集注》即朱熹《四书章句集注》而来，这与其尊朱的义理立场吻合。[2]

---

〔1〕 汉熹平石经实际上只有隶书一种字体，而非三体。参张国淦：《历代石经考·汉石经考》，载贾贵荣辑：《历代石经研究资料辑刊》第四册，北京：北京图书馆出版社，2005，页78—98。

〔2〕 此点似乎也可从书名看出：上海图书馆藏《四书古今四体文全书集注》总名（杨氏文集中为此书所撰总序题为“刻四书古今四体文集注全书序”），以及其中四书各自书名，均用“集注”，而明万历刻本《大学古今四体文章句》则用“章句”为书名。后者目前仅存孤本，现藏中国国家图书馆（索书号：t1678）。笔者于2010年撰写本章初稿时赴该馆查阅此书，被告知该书已调出用于制作缩微胶卷，无法查阅；迄今六年余，经询该书仍处于制作胶卷而无法查阅状态。

杨氏“四体”《四书》的这个用字原则，与其同时期所著《周易古今文全书》大体相同。[1] 后者卷首凡例第四条，论及书中“古文”所据历代字书：

> 此篆考古文，皆古篆，即古称蝌蚪书。自汉所传上古《禹碑》，《史记》、《汉书》、《说文》、钟鼎文、《汉隶分韵》、《六书统》、《六书故》、《〔六书〕精蕴》、《同文备考》诸书，皆不可改者。其内古篆存者尽用之，如无古篆，即用大篆。若冗繁如钟鼎文，杂媚如小篆以下，皆不用。间亦有择用者，悉据诸书，然亦以象考合用者，详具《字韵全书》。[2]

对于了解杨时乔用以订正儒家经典文本的古文字来源和原则，这条凡例极为重要。杨氏的古文字来源除前述《禹碑》外，还包括《史记》、《汉书》中所涉古文字，而更重要的是从许慎《说文》到宋元人的字书，直至嘉靖年间魏校、王应电师徒的《六书精蕴》和《同文备考》。值得注意的是，杨氏认为这些字书所载“皆不可改”，而且“其内古篆存者尽用之”。其中的所谓古篆，当然就包括魏校师徒在“触处自然发出来”、“附以己意”、“会之以神，毋泥其形”等

---

〔1〕 杨时乔《周易古今文全书》二十一卷，《四库全书存目丛书》本卷首杨氏总序署万历十八年，书分六部分，每部分各有自序，署款从万历二十年至二十七年不等，全书卷首《论例》云：“乔于此三十余年，卧病山居谢客，暇即令稚子可中、任中、位中、我中誊稿，凡数十易……近蒙起家，窃禄南中……适应天王生其玉雅志敦行，尝究心于此，刻之长嗣之度。”则此书当刻于万历二十三年至三十年杨氏任南京太常寺卿、南京通政使期间。又，台北“中央”图书馆另藏杨时乔《周易古今文全书》二十一卷，64册，万历三十五年（1607）松江知府蔡增誉刊本，参“国立中央”图书馆编：《“国立中央”图书馆善本序跋集录·经部》，台北：“中央”图书馆，1992，页49—52。

〔2〕 杨时乔：《周易全书古文论例》第四条，《周易古今文全书》卷首，页155。《汉隶分韵》不著撰人名氏，亦无时代，其分韵为元代韵而非宋韵；其书取洪适等所集汉隶，依次编纂，又以各碑字迹异同，缕列辨析而成，参《四库提要》卷41，页549。

等原则下复原的古文字。当然，杨氏也面临所有试图恢复先秦古文字者的共同困难：实际上能够有根有据地加以复原的古文字数量太少，导致在据以订正经典文本时捉襟见肘、不敷使用，因此在无奈之下，还是得用上被视为“冗繁”、“杂媚”的大篆、小篆、钟鼎文，乃至隶书、八分书。

在通过多体文字本来呈现儒家经典文本的原初面貌及其历代变迁方面，杨时乔甚至走得更远。其《周易全书古文》最初也是采用四体《大学》文本方式，尝试诸体皆备：

> 余初集古文旧本，每一字有五体：古篆一，籀大篆一，小篆一，隶、八分书一，楷书一。既以简帙重大，未易行，乃止以古篆一体，旁用一楷书小字，以便读者。其籀大篆，小篆，隶、八分书略书三体，俱为副本藏之。[1]

“简帙重大”很可能确实是杨氏面临的现实困难之一，但杨氏没有明言的是，“每一字有五体”的目标，在实际操作中更加困难重重。事情的症结仍然在于，能够掌握和可资使用的古篆、大篆等早期文字数量太少，因此不可能使《周易》的每个字都同时具备五体。由于许多通行字都无法找出其相应的古篆、籀文或大篆等早期字体，只得用“冗繁如钟鼎文，杂媚如小篆以下”的各种字体来代替。此点在前引凡例第四条中已表达得极为清晰。

杨氏最终选择只保留古篆和楷书，作为《周易》的古文与今文，但两者也有清楚的主次之分。从“止以古篆一体，旁用一楷书小字”这个原则可见，两体之中以古篆为主，楷书为辅。如前所述，所谓的古篆体，事实上是古篆、籀文（大篆）、小篆、钟鼎文的混合

---

〔1〕 杨时乔：《周易全书古文论例》第七条，《周易古今文全书》卷首，页156。

体。在凡例第十三条中，杨氏还特别强调了《周易》古文与今文的关系：尽管全书俱列古文和今文的做法看起来不免重复，但他建议“如后之君子雅志正经者，敬请于朝，崇复古文，或以此备采择用之；如欲考经，亦期先此，然后考今文，即以今文为笺疏可也。”[1]值得注意的是，杨氏“敬请于朝，崇复古文”的期待，与魏校“欲请于上”的想法不谋而合。

概言之，在杨时乔订正多体文字儒家经典文本过程中，基本的预设是古文胜于今文，古文复则圣人之道存。以《四书》为例，“以古文存则人知经书者众，道理易明，即古学古治；今文存则人知经书者鲜，道理难明，即今学今治。或曰：古可复欤？窃惟复古则难，惟于此《四体章句集注》今文中求古文字名义，得之遵闻行知，如曩者学明心正，治美世平，万古如一日矣；不于此，则有未敢知者。”[2]至于《周易》的情况同样如此：“秦以前古文，古之道；秦以后今文，今之俗。兹由今之俗，不复古道，则欲知《易》，难矣。”[3]

四　竞争催生新思路

在中晚明《大学》文本竞争激烈的背景下，本章主要探讨了“从古文字到古文本”这种参与竞争的新思路及其实践情形。以嘉靖年间的魏校、徐官、王应电师徒和万历年间的杨时乔为例，本章指出这种新思路是在“六书载道”预设下，认为首先需要复原能够正确体现圣人之道的先秦古文六书，然后根据这套六书系统，便可以复原圣贤创作的《大学》文本原貌。同时，本章着重讨论了在此思

〔1〕 杨时乔：《周易全书古文论例》第十三条，《周易古今文全书》卷首，页156。
〔2〕 杨时乔：《刻四书古今四体文集注全书序》，《新刻杨端洁公文集》卷6，页722。
〔3〕 杨时乔：《周易古今文全书总序》，《新刻杨端洁公文集》卷6，页723。

路下不断拓宽复原古文字的具体途径，以及据以订正其他儒家经典文本的情形。

就复原古代圣贤创作的《大学》文本和解释这个目标而言，由王阳明提出的《大学古本》，以及其他各种改本仍有不足之处，其中关键原因，在于“古”的相对性。日后顾宪成明确指出，阳明《大学古本》只是“戴《记》本尔，非必孔门古本也”。[1] 也就是说，《礼记》本在文献意义上的“古”，只是相对于二程和朱子改本而言，实际上至多只能追溯到唐初《五经正义》本，而且很可能还只是其后代写本或刻本。即将在第四章讨论的几种奇思妙想的《大学》文本，正是体现了这种将文献时代性往更“古”方向推进的思路。

跟那些主要从文献、版本和解释角度参与《大学》文本竞争的做法不同的是，魏校新思路充分注意到了文字本身的演变问题。在魏校及其追随者看来，如同儒家经典在秦代遭遇“焚书”，由古圣人创造的、能够承载圣人之道的古文六书，也在秦代遭到彻底破坏，致使秦以前的文字为一个“宇宙”，而秦以后为另一个“宇宙”。在此预设下，孔子和曾子时代的《大学》，与后世大行其道的楷书《大学》文本差异巨大。因此，对于想要跨越秦代、复原圣贤《大学》文本原貌者来说，恢复先秦的文字，是必要的前提和基础。

基于这个认识，魏校开创出“从古文字到古文本”的《大学》文本竞争新思路：首先恢复能够反映圣人之道的古文六书，再根据这套古文字来复原《大学》定本。为此，魏校先撰成号称恢复古文字的专书《六书精蕴》，然后据以复原《大学》定本，即《大学古文》，最后根据这个定本，撰成新解释《大学指归》。新思路的关键在于复原先秦古文字，故《六书精蕴》能否承担使命，就显得至关

---

〔1〕 顾宪成：《大学质言》，《无锡文库》第四辑影印清抄本，南京：凤凰出版社，2011，页 568。

重要。然而，明代中期读书人能够掌握的先秦古文字其实非常有限。所以，尽管魏校自诩《六书精蕴》中那些古文能得圣人心法，但对于它们的来源和依据，却只能反复强调："触处自然发出来"；"非吾强说，吾但识得，与他发挥，或因而附己意耳"；"须会之以神，毋泥其形"。对此，读毕此书首卷数十字的欧阳德（1496—1554），立即回信明确指出："古人制字本少，后来增广日多，作者未必皆有至德，所作未必皆根至理。今欲一一发明，以意逆志，恐未能尽如首卷数十字之浑成无瑕也。"并且他还劝魏氏，如欲"推自得之实以淑诸人，莫如别为论著，如《体仁说》等，指示学脉，开辟路径，使人实践而深造之。要之，此心此理自可俟后圣于百世，纵使前圣之精，制字以示后圣之蕴，不必因字以发，亦未为不可"。〔1〕邹守益（1491—1562）在获读《六书精蕴》后，虽然认为"甚见良工苦心"，但同样质疑魏氏的依据："未知操笔下语，果出于屡空之天真，抑尚有亿而屡中景象乎？"〔2〕

尽管如此，在嘉靖年间，魏校新思路仍然由其门人徐官与王应电继承和发展。徐官除了继承魏氏古文字研究成就，还拓展出运用印玺恢复古文字的新途径，并将这些古文字用于订正古文《孝经》。效法乃师的王应电，也先撰成研究古文字的专书，然后据以订正包括《大学》在内的多种儒家经典。万历年间的杨时乔，同样是这个新思路的追随者，希望超越秦代以来的各种文字，复原先秦儒家经典文本原貌。为了尽可能多地恢复古篆籀文，他不仅努力搜罗从许

〔1〕 欧阳德：《答魏庄渠》，《欧阳南野先生文集》卷3，《四库全书存目丛书》集部第80册影印明嘉靖三十七年梁汝魁刻本，页398。

〔2〕 邹守益：《复魏庄渠》，《邹东廓先生文选》卷1，转引自永富青地：《天津图书馆所藏〈邹东廓先生文选〉について》，载马渊昌也编：《东アジアの阳明学：接触・流通・变容》，东京：东方书店，2011，页343。按：此文不见于《邹守益集》，董平编校整理，南京：凤凰出版社，2007。

慎《说文》到魏校师徒的《六书精蕴》、《同文备考》这类字书，还发展出对《禹碑》等早期石刻文字的兴趣。〔1〕在实际操作中，他撰成更能反映历史变化的多种字体文本，即所谓“四体”、“五体”、“古今体”文本。

魏校新思路的关键，在于恢复先秦古文字，但有关的实践活动及其成果，却还有待重新审视。在清代四库馆臣眼中，魏校《六书精蕴》“欲以古篆改小篆，而所列古篆又多杜撰，尤为纰缪”；〔2〕据此订正的《大学》文本，更是“奇形诡状”，“至不可识”。〔3〕徐官《古今印史》“承其师说，谬为高论，于摹印一事，动引《六书〔精蕴〕》为词，而实于摹印无所解，于六书亦无所解”。〔4〕王应电《同文备考》“名为复古，实则凿空，遂至杜撰字体，臆造偏傍”，〔5〕据此订正儒家群经的成果《经传正讹》，“非惟以篆改隶，并欲以籀改篆，则拾其师魏校《六书精蕴》之说，而不知其流于诡诞矣”。〔6〕杨时乔以古篆籀文订正的《周易》古文，在乾嘉学者看来也不免“随意填

〔1〕如杨氏于万历二十一年游览泰山时，也特别留意山上石刻碑铭，参杨时乔：《泰山文碑刻》，《新刻杨端洁公文集》卷 8，页 742—745。此文无撰写时间，但收入查志隆：《岱史》卷 18，文末署“万历二十一年岁次癸巳孟冬六日太仆寺卿江右信州杨时乔书”（《四库禁毁书丛刊》史部第 11 册影印首都图书馆藏明万历刻本，页 731），此本目录中无篇题。《续修四库全书》第 722 册影印北京大学图书馆藏明万历间张缙彦删补、傅应星重刻本《岱史》卷 18 目录中有“杨时乔泰山文碑刻字登岱读碑志”（页 621），但正文中则未见此篇，当为偶脱。

〔2〕《四库提要》卷 43“六书精蕴”条，页 577；卷 171《庄渠遗书》条，页 2313。

〔3〕《四库提要》卷 37《大学指归》条：“首以古篆写古本正文，奇形诡状，多所作《六书精蕴》中杜撰之字。”（页 484）这意见很可能出自纪昀，其《六书分类序》中反复批评魏氏六书“杜撰支离，自我作古，益不可为训”；“魏校变本加厉，更以古籀改小篆，奇形异态，至不可识，是岂可使百官治、万民察耶？”《纪晓岚文集》卷 8，孙致中等校点，石家庄：河北教育出版社，1991，页 160—161。

〔4〕《四库提要》卷 114，页 1522。

〔5〕《四库提要》卷 43《同文备考》条，页 578—579。

〔6〕《四库提要》卷 19《周礼传》条，页 242—243。

缀，往往窜入讹字，殊不免杜撰之訾”。[1] 如此激烈的批判态度，充分反映了中晚明理学家与乾嘉考据学者，在如何恢复古文字问题上的重大分歧。魏校等人高度强调个体主观能动性的“触处自然发出来”、“会之以神，毋泥其形”原则，与乾嘉考据学实事求是、言必有据的治学准则落差巨大。不过，尽管两者看起来断裂性相当明显，但某些具有延续性的细节仍然值得注意。比如，新思路推动了理学精英关注文字演变和恢复古文问题，也逐渐使印玺、石刻文字被纳入学者视野，而这些都是乾嘉考据学的重要内容。更加具体而微的相关案例是《禹碑》。在中古时代，它只是传说和想象之物。到明代中期，它以实物形式登场，被迅速传阅、到处翻刻，并在激烈的《大学》文本竞争中，成为复原古文字的有力证据。到清代乾嘉时期，它被主流学术认可，跻身“正统性”知识的序列，在金石文字学集大成之作《金石萃编》中获得重要地位。[2]

〔1〕《四库提要》卷 7《周易古今文全书》条，页 85。

〔2〕王昶：《金石萃编》卷 2《岣嵝碑》，页 503—505。《岣嵝碑》即《禹碑》，是《金石萃编》中著录时代最早之文。有关《禹碑》的历史，笔者拟另作专题讨论。

第四章 《大学》文本竞争的众声喧哗

理学经典《大学》从受到宋儒重视开始，其文本就呈现出变动不居的特性。朱熹通过改订《大学》文本，为其“即物穷理”学说建立起经典根据。王阳明则通过提倡恢复《礼记》中的《大学古本》来批判朱子理学的经典基础，并从古本中获得“致良知”的经典依据。朱子和阳明这种创立理学新说的做法，为理学家提供了重要的方法论启示：从《大学》文本改订入手，进行理学学说创新活动。这是中晚明时期《大学》文本改订竞争运动出现，并且持续百余年的关键因素。本章着重从两个方面来呈现这场竞争运动的整体情形：一是在竞争中冒出来的几种充满奇思妙想的手法，二是晚明面世的两种《大学》文本和解释汇编书。

一 几种奇思妙想的竞争手法

对于多数参与《大学》文本改订竞争的理学精英而言，全新的文本改订依据可遇而不可求，因此，在既要不同于朱子《大学章句》，又必须与王阳明《大学古本》立异的情形下，绝大多数改本最终只是在朱子和阳明两本间进行折中与调和的产物。本节主要分析几种充满奇思妙想、研究者少有注意的文本改订思路，从而反映中晚明《大学》改本竞争运动的某些实况。按照出现的先后，这些奇特的新思路包括海外引进设想、伪造石经本、先秦古文字本、深山中所藏古刻本。其中先秦古文字本已在第三章详加探讨，故此处着重讨论其余三种。

（一）海外引进设想

嘉靖前期《大学》文本问题引起的轰动、困惑与激烈竞争，令时人胡侍（1492—1553）产生遣使赴日本求取中国古书，“以订经典脱误”的设想：

> 朱晦庵《大学章句》补“致知格物”之传，蔡九峰《尚书集传》考定《武成》之篇，晦庵又著《仪礼经传》，杂引《大戴礼》、《春秋内外传》、《新序》、《列女传》、贾谊《新书》、《孔丛子》之类以成书。又，吴草庐为《逸经》八篇，取《小戴》、《大戴》郑注，杂合成之。近日又有《大学定本》，移“物有本末”一节，继以“知止……能得”，又继以“听颂吾犹人”一节，而结之曰“此谓知本，此谓知之至也”，以为即“格物致知”之传。《周礼·司空》篇亡，汉儒乃以《考工记》补之，宋俞庭椿、王次点以为未尝亡，欲于五官之中，凡掌邦居民之事，分属之司空，则五官各得其分，而冬官亦完，且合三百六十之数。
>
> 以上固皆各自有见，余以为恐非阙疑阙殆及史阙文之义。按宋雍熙初，日本僧奝然云，其国中有《五经》书。又，欧阳修《日本刀诗》有云：“徐生行时书未焚，逸《书》百篇今尚存。令严不许传中国，举世无人识古文。先王大典藏夷貊，苍波浩荡无通津。”今日本固常通贡中朝，倘得遣使一求，以订经典脱误，实斯文莫大之幸也。岂不愈于求宛马、取佛经

者哉！[1]

胡氏的设想是个相当复杂的混合体。其中既有历史成例的启发，也有颇具影响的传说来助推，更有成熟的现实条件做基础：历史启发是指汉唐古人求大宛马于西域、求佛经于天竺之举；传说则认为在日本国中，保存着秦代焚书之前传去的儒经文本；而当前日本与明朝经常通贡的状况，则是这个设想最重要的现实基础。

胡侍所见“近日《大学定本》”，虽不能确定出自何人之手，但无疑是流行于正德、嘉靖之际的改本。[2] 据其所述文字变动情形来看，此本也分为“经—传”式结构，与朱子《大学章句》文本类似，但显然否定了朱子补撰的《格致传》，而认定《大学》的几句原文就是“格致”传文。另外，“听颂吾犹人”节在朱子《章句》中被挪作《本末传》，而此本改作《格致传》的一部分，故所谓的《本末传》也随之完全被取消。总之，此本既不同于官定的朱子《章句》本，也非经王阳明提倡而流行的古本。更值得注意的是，此时的胡侍既不相信朱子《章句》本，也不认可这个所谓的“定本”，而是将《大学》与《尚书》、《周礼》等儒经中早已遭到质疑的某些篇章归为一类，表示这些儒经文本的可靠性都还有待验证，而验证的方法是求助于传说中徐福在秦始皇焚书之前带去日本的经典文本。

（二）伪造石经本

第二种奇特思路，是结合了“海外引进”而产生的伪造石经本。

---

〔1〕 胡侍：《墅谈》卷3“经书阙误”条，《四库全书存目丛书》子部第102册影印明嘉靖刻本，页386—387。书前乔世宁序署嘉靖二十五年六月，可知书中胡氏之说应产生于此前。《墅谈》卷首，页370。

〔2〕 王鏊（1450—1524）在晚年归田后也记录了同样的《大学》文本，见《震泽长语》卷上《经传》，楼志伟、韩锡铎点校：《震泽先生别集》，北京：中华书局，2014，页9—10。

胡侍求证于日本所藏中国古代经典文本的想法，显然受到“今日本固常通贡中朝”这个现实的启发。大约二三十年后，同样的社会现实因素，到了伪造《大学石经》的丰坊手中，获得更为充分的运用。在当时一部分儒家经典文本是非难明而又竞争激烈的情形下，丰坊抓住读书人对不受主观意见染指的权威文献证据的集体期待心理，宣称自己拥有新出土的和外国传回的儒经文本，从而伪造了包括《大学》在内的系列经子古籍。[1] 其中，丰氏特别留意利用日本保存中国古书的传说。嘉靖二十七年（1548），丰坊在第二次与日本入明使策彦周良（1501—1579）见面时，为后者撰写的《谦斋记》开篇就指出：

> 日本昔被箕子之化，而徐市避秦航海，携古《诗》、《书》以去，实出坑焚之前，欧阳公所谓“令严不许传中国”者是也。……李唐时乃通中国，本朝圣德广被，职贡尤勤。[2]

在陕西咸宁人胡侍那里，历史上的传说和日本通贡的现实，虽然催生了遣使求书的设想，但难以实践。而对于世居江南四明，因此有机会接触日本和高丽贡使的丰坊而言，这些传说和现实不仅可以促成同样的设想，还能够化作伪造经典的便利条件，被付诸实际行动。丰坊求书于日本的历史和现实理据，看来与胡侍如出一辙，尽管目前还不能肯定他是否受到胡侍的影响。[3]

---

〔1〕 王汎森：《明代后期的造伪与思想争论》，《晚明清初思想十论》，页 38—39；平冈武夫：《丰坊と古书世学（上、下）》，《东方学报》15.3，1947.6；15.4，1947.6。

〔2〕 牧田谛亮编：《策彦入明记の研究（上）》，京都：法藏馆，1955，页 326；并参王汎森：《明代后期的造伪与思想争论》，页 41。

〔3〕 与丰氏父子一样，胡侍亦因在“大礼议”中反对世宗而被贬，参许宗鲁：《鸿胪寺右少卿胡公侍墓志铭》，载焦竑辑：《国朝献征录》卷 76，《续修四库全书》第 529 册，页 166—167。

嘉靖四十三年（1564）前后，丰坊伪造的三国曹魏政和年间《石经大学》一经出现，很快就在学者中产生了广泛的轰动效应。丰坊热衷名利但宦途不顺，为人狂诞不羁而又博学高才，家富藏书和碑帖，本人又善书法、好作伪。伪《石经大学》对朱子本冲击很大，完全否定了“经—传”结构和《格致补传》，同时也对王阳明的古本构成威胁。[1]石经本虽然在文字上与阳明的古本差异不大，但调整了部分文字的顺序，对一些文字略作增删，[2]使得全文整体上“首尾贯彻，脉络流通”、“文理益觉完整”。[3]尽管当时人杨时乔、陈耀文（1550年进士）等根据《礼记》授受源流和石经刊刻时代，辨明此书为伪作，而瞿汝稷（1548—1610）、吴应宾（1586年进士）也从年号的角度指出：“魏者伪也，魏无政和而言政和，亡是子虚之谓也。”[4]不过，由于此书正好迎合了在《大学》文本争议所产生的无休止纠葛下，人们对全新证据的期盼心理，[5]又得到著名博学学者郑晓（1499—1566）的大力推毂，同时也契合了当时好奇好秘的社会风气，因此产生了广泛影响。包括王文禄（1503—1586）、耿定向（1524—1596）、管志道（1536—1608）、唐伯元（1540—1598）、邹元标（1551—1624）、刘宗周（1578—1645）等在内的许多著名学者和

〔1〕 参林庆彰：《丰坊与姚士粦》，页33—60；李纪祥：《两宋以来〈大学〉改本之研究》，页164—165；Bruce Rusk, “Not Written in Stone: Ming Readers of the Great Learning and the Impact of Forgery”。

〔2〕 增入《论语》中“颜渊问仁。子曰：非礼勿视，非礼勿听，非礼勿言，非礼勿动”，共二十二字；删去“此谓知本”、“此谓知之至也”、“此谓修身在正其心”共十八字。

〔3〕 分别见王阳明《大学古本问》之王文禄跋，《续修四库全书》第159册影印明万历刻《百陵学山》本，页81；刘宗周：《大学古文参疑序》，戴琏璋、吴光主编：《刘宗周全集》第1册，台北：“中央研究院”中国文哲研究所筹备处，1997，页711。

〔4〕 林庆彰：《丰坊与姚士粦》，页57—58。

〔5〕 同上书，页3—7；王汎森《明代后期的造伪与思想争论》详细讨论了这两点，见《晚明清初思想十论》，页30—49。

官僚，都对其尊信不已。[1]

（三）深山中所藏古刻本

江西南昌人万恭（1515—1591）从深山中发掘出首次雕版印刷本《大学》一事，体现了参与竞争的又一种思路。这种思路从重视文献实物的客观证据价值的角度出发，特别留意到雕版印刷术与儒家经典的最初结合，视之为解决自程、朱以来各种改本分歧的有效手段，因为这些改本大多只是建立在主观意见的基础上。万历十五年（1587）前后，藏于深山中的“后唐明宗长兴二年（931）”刻本《大学》，被万恭发掘出来，用以“定今新说者之纷纷”：

> 《崇文总目》：典籍皆定以杀青，第从缮写以流传于世，故多阙文、漏简云。至后唐明宗长兴二年，始出镂板之技，摹经书赐天下学官。余尝于深山藏中得其所赐《大学》而读之，圣经“在（上）〔止〕于至善”续“古之欲明明德”，原无“知止”二章；而“知止”二章乃承上“没世不忘也”，云：“所谓致知在格物者，知止而后有定，定而后能静，静而后能安，安而后能虑，虑而后能得，物有本末，事有终始，知所先后，则近道矣。子曰：‘听讼吾犹人也，必也使无讼乎！’无情者不得尽其辞。大畏民志，此谓知本。此谓物格，此谓知之至也。”即续“所谓诚其意者”。长兴赐本如是而已。
>
> 乃知“知止”章原传“致知”，“物有本末”章原传“格物”，则圣经之完（璧）〔璧〕天成，而贤传之亡（璧）〔璧〕无恙。程、朱二先生独以为亡而补之者，岂据缮本阙文、错简者，而未

〔1〕 林庆彰：《丰坊与姚士粦》，页213—223；李纪祥：《两宋以来〈大学〉改本之研究》，页137—142、201—222。

见长兴刻本耶？五季兵燹，真儒沉沦，赐本悉为煨烬，文献不足，二先生无从考镜耶？夫定、静、安、虑者，德性之知也，内知也，是所当致也；始终、本末者，事物之知也，外知也，是所当格也。外知之未融，内知之终障，故借“听讼者”“大畏民志”。盖缘内知既全，而定、静、安、虑之体得；外知又透，而始终、本末之辨明。内外光莹，心境宣哲，听讼临民，何情不彻？何民不畏？即听讼可类推矣。此谓“致知在格物”，则传原未亡，不必补也。今天下《大学》同文，朱注如水行地，即其所注“格物致知”，又与“知止”二章义理如合符节，入之圣经，似属缀旒；而传之四章，止释“本末”，遗“终始”，又似无谓。余故以长兴本表而出之，以尊朱也，亦定今新说者之纷纷也，愈久而愈失其真也。二先生在天之灵，以为如何？[1]

万恭没有具体说明自己是在什么情形下获读此本《大学》的，含糊其词的“深山藏中”，令人难以确定是否实有其事。即使确有其事，万氏又是如何判定此本就是后唐“始出镂板之技”时刻颁天下之本的？看来，他似乎并不觉得有对这个关键证据加以论证的必要。可以肯定的是，万恭非常在意《大学》文本争议问题，并且尝试用

〔1〕 万恭：《格物致知原传说》，台北：汉学研究中心影印日本尊经阁文库藏明万历刊本，无卷次、叶码。按：此篇文字的影印本，位于万恭《洞阳子再续集》卷5之后、卷6之前，版心上部题“洞阳子三续集”，中部卷次、下部叶码位置俱为墨丁。现存日本尊经阁文库藏本万恭文集包括《洞阳子集》十八卷、《续集》七卷、《再续集》十卷、《洞阳子笺》四卷，无“三续集”；而此篇版心题“洞阳子三续集”，乃此本中之仅见者。其中，《洞阳子再续集》每卷卷头上框内刻有年份，所收作品当为该年所作，卷1至10分别刻万历五年至十四年。又，日本宫内厅书陵部藏明万历间刻本万恭《洞阳子集》十八卷、《续集》七卷、《再续集》六卷，而末册卷头题“洞阳子三续集卷之一”，卷头上框刻“万历丁亥”即万历十五年，该册共68叶即结束全书。综合来看，故将此篇系于万历十五年。万恭文集版本情形，详参黄仁生：《日本现藏稀见元明文集考证与提要》，长沙：岳麓书社，2004，页160—166。

这个从深山中发掘出来的本子彻底解决它。

万恭的考量在于，这个所谓长兴本的客观证据价值，有助于解决二程、朱子和理学诸儒各自以主观意见改订《大学》文本所产生的种种分歧。具体而言，它至少有三层重要意义。首先，在时间上，此本出现于《大学》文本改动的最初发起人二程和最具影响者朱子之前，因此自然不受他们的主观意见染指。此意明显地体现在万氏的两个设问中：程、朱改本的错误，有可能由于他们手头所据“缮本”本身就有“阙文、错简”，又没能参考到长兴刻本，便贸然进行改订；也有可能是因为五代十国的社会动乱，使得程、朱既无法请教知悉正确文本的“真儒”，也没能看到“赐天下学宫”的长兴本。其次，长兴本的形态并非抄本，而是初次使用雕版刷印的刻本。此点可以确保其文本从付刻迄今稳定不变，不致像传抄本和递刻本那样，易受抄写者、刊刻者的主观意见左右。最后，就保存状态而言，此本侥幸遗存于深山中，其重新“出土”能够迎合在《大学》文本聚讼难决的情形下，人们对于全新客观证据的期待，具有相当重要的文献证据意义。

更加值得注意的是，万恭公布所谓长兴本，是试图为争论不休的《大学》文本问题，提出由自己发现的权威文本。所谓“尊朱”，显非实情：他明确宣称程、朱改本有误，只是错得情有可原而已，而自己发现的长兴本才是定本。具体而言，他既针对朱子补写的《格致传》发难，认为长兴本《大学》原文中本来就有解释格致的传文，而且完全符合内在德性之知与外在事物之知相互交融，以达于“内外光莹”的认知框架，朱子的补传根本就是多此一举的“缀旒”；同时又批评朱子本只有《本末传》，没有相应的《终始传》的处理方式，属于没有意义的“无谓”之举。从“亦定今新说者之纷纷”一语可见，万恭对自己发现的文本非常坚持和自信。不仅如此，他甚至还相当乐观地认定：在自己发掘出来的这个长兴本面前，程、朱“二先生在天之灵”也必将心服口服。

二 两种资料汇编反映的竞争情形

万历中后期成书的两种《大学》资料汇编，既能反映编纂者亲身经历文本改订竞争运动的感受和追求，也能从整体上呈现明代正德末年以来改本运动的众声喧哗情形。这两种资料汇编，一是顾宪成撰成于万历二十年的《大学通考》，收录戴记本、石经本，以及二程、朱子以下改本共29家；〔1〕二是刘斯原辑成于万历三十六年的《大学古今本通考》，收录朱子《章句》本、《礼记》古本、石经本、二程改本，以及宋元明诸家改本共38家。〔2〕两者的具体收录情形如表1。

表1 刘斯原·顾宪成两种《大学》汇编所收文本简表〔3〕

刘斯原《大学古今本通考》	顾宪成《大学通考》
1. 大学晦庵先生定本（朱熹）	5a. 朱子晦庵改定本
	5b. 朱子晦庵大学序
	5c. 朱子大学或问
2. 大学郑康成古本（郑玄）	1. 戴记本
3. 大学魏石经小篆（丰坊）	2. 石经本
4. 大学明道先生改正本（程颢）	3. 程子明道改定本
5. 大学伊川先生改正本（程颐）	4. 程子伊川改定本
6. 真西山先生大学衍义（真德秀）	

---

〔1〕 顾宪成所辑诸本题为《顾端文公大学通考》，连同其本人的改本《大学重定》、诠释《大学质言》，收入《无锡文库》第四辑影印清抄本，南京：凤凰出版社，2011。影印本书名和提要均将“大学重定”误作“大学重订”。

〔2〕 刘斯原辑：《大学古今本通考》十二卷，《四库全书存目丛书补编》第92册影印明万历刻本。

〔3〕 按：刘书据卷首总目录列举，总目录与其正文条目偶有字词差异，因不影响文意，故不赘列。各种文本的作者，以括号注明。阿拉伯数字为笔者所加，表示其在该书中的排序；为了更直观地比较两者所收异同，故将两者相同条目对应起来；又因刘书所收数量较多，故以其排序为基准。

续表

刘斯原《大学古今本通考》	顾宪成《大学通考》
7．陆象山先生大学语录（陆九渊）	
8．杨慈湖先生大学语录（杨简）	
9．董文靖公大学更议（董槐）	
10．黄东发日抄格致说（黄震）	6．东发黄氏
11．许鲁斋先生大学直说要略（许衡）	
12．胡云峰先生大学通（胡炳文）	
13．郑（侪）〔济〕仲大学篆书正文（郑辨）	
14．管窥大学古本（廖纪）	
15．薛敬轩先生大学语录（薛瑄）	
16．罗整庵先生大学语录（罗钦顺）	11．整庵罗氏
17．胡支湖先生大学格致辨（胡铎）	
18．蔡虚斋先生格致传（蔡清）	8．虚斋蔡氏
19．王阳明先生大学古本（王守仁）	9．阳明王氏
20．湛甘泉先生大学难语（湛若水）	10．甘泉湛氏
21．吴悟斋先生大学证道编（吴时来）	27．（误）〔悟〕斋吴氏
22．王新城先生太学申教录（王材）	
23．魏庄渠先生大学指归（魏校）	15．庄渠魏氏
24．王顺渠先生大学亿（王道）	13．顺渠王氏
25．王龙溪先生冲玄会记（王畿）	25．龙溪王氏
26．王心斋先生大学说（王艮）	18．心斋王氏
27．金一所先生大学议（金贲亨）	
28．高中玄先生大学辨问录（高拱）	
29．蒋道林先生大学义（蒋信）	21．道林蒋氏
30．耿楚侗先生大学说（耿定向）	
31．李见罗先生大学古义（李材）	28．见罗李氏
32．徐匡岳先生大学明宗录（徐即登）	

续表

刘斯原《大学古今本通考》	顾宪成《大学通考》
33. 吕巾石先生大学辨疑录（吕怀）	
34. 许敬庵先生大学解（许孚远）	
35. 孙淮海先生大学学孔近语（孙应鳌）	
36. 黄葵峰先生格致正旨（黄光昇）	
37. 鲁睢阳先生大学讲（鲁邦彦）	
38. 尤西川先生拟学小记（尤时熙）	
	7. 希古方氏（方孝孺）；12. 玄庵穆氏（穆孔晖）；14. 泰泉黄氏（黄佐）；16. 养斋徐氏（徐问）；17. 鹿园万氏（万表）；19. 彭山季氏（季本）；20. 双江聂氏（聂豹）；22. 澹泉郑氏（郑晓）；23. 念庵罗氏（罗洪先）；24. 畏斋薛氏（薛甲）；26. 近溪罗氏（罗汝芳）；29. 曙台唐氏（唐伯元）

这两种汇编收录的明代改本数量，足以反映当时《大学》文本改订竞争的激烈情形。顾氏书中共收录 29 家，其中自王阳明以来的改本就多达 23 家。刘书所收 38 家中，阳明以来的也有 24 家，包括廖纪、罗钦顺、胡铎、蔡清。由于这些学者在义理上倾向于朱子学，故刘书将其列于阳明之前。从表中可见，顾、刘两种汇编均予收录的《大学》文本有 17 家，顾书收而刘书未收者有 12 家，顾书未收而刘书收者有 21 家。合而计之，顾、刘两种汇编共收录 50 家不同的《大学》文本，其中属于阳明以来的文本就多达 36 家。短短数十年间，仅仅顾、刘二人就收罗到数十家《大学》文本，这个时期竞争的激烈情形，由此可见。

然而，这两种汇编收录的中晚明《大学》文本，还远不够完备。例如，两书收录了嘉靖朝中后期出现的魏校文本（楷书而非魏氏古文）和伪《石经大学》本，而本书论及的方献夫、张邦奇、汪必东、林希元、万恭诸家，却遗漏未收；又如刘斯原书中著录了耿定向文本，但没有留意耿氏门人刘元卿万历二十三年（1595）撰成的《大学新编》专书。

需要指出的是，两种汇编很少收录完整的《大学》文本。因为对于时人而言，根本无此必要。所有预期中的读者，理应对朱子《大学章句》熟稔于胸。而除了《大学》专书的文本及解释外，两种汇编有时还摘录各该作者的语录、讲义、书信、奏疏、笔记、札记等相关文献。正如刘书凡例所说："有《大学》专本，则取诸专本而纂其要；无专本，则取诸语录、文集内发明《大学》者而采辑之。"[1] 在部分情况下，收录的重点并不在于具体的文本改动，而是对《大学》的某些解释变动。然而正因为《大学》文本始终变动剧烈，其解释与文本早已形成如影随形的联动关系：由其解释，完全可以推知相应的文本变动。

就整体而言，刘书呈现强烈的尊崇朱子学立场，[2] 也明确呼应着"本朝崇重其（朱子）书，列于学官，奉为国是"[3] 的制度规范及举业现实。有鉴于"明兴以来，理学诸儒如薛敬轩（薛瑄）、罗整庵（罗钦顺）而下，论辩《大学》之旨，言人人殊"，故刘氏收集"格言正论"，"嘉与天下共之，亦大道为公意也"[4]。应邀为之作后序的唐士元也指出：

> 明兴以来，辩论纷纷，有如聚讼，大都以朱子为之招。

〔1〕刘斯原：《大学古今本通考》卷首《例义》，页 561。

〔2〕刘氏尊程、朱，贬陆、王之意，书中从卷首凡例到正文按语所在多有，如《大学古今本通考》，页 560、563—564；并参万历三十三年刘斯原撰《当涂儒学尊经阁藏书记》，载林钺、祝銮纂修：《重修太平府志》卷 2，明嘉靖刻明末续补本，叶"又十五—十六"。

〔3〕刘斯原：《大学古今本通考》卷首《例义》，页 560。

〔4〕同上书，页 561。

> 先生（刘斯原）于是聚古今《大学》书而细绎之，即服官听政，不少厌怠。久之，涣然于心，信吾道必有所宗，必不至散乱冲决。故会众说而一宗于朱子，会朱说而一宗于洙泗也。盖诸儒之说经也，莫详于朱子，而朱子之说经也，莫详于《大学》：约之以《章句》，辩之以《或问》，析之以语录，广之以文集，可谓义理之渊薮矣。……兹以今本为第一，而考亭平日折衷去取，说靡不该载，所以一吾道之宗也。然又附之以三十余家之说，其同者足以翼，其异者足以存。匪惟诸家藉以不泯，而亦稽古验今者之所必采也。辟之广肆然，聚天下之货，胪列于前，惟人赏鉴，而千古明眼之士，亦必有不可以眇论眩者矣。[1]

刘斯原强烈的尊朱立场，明显体现在书中对朱子《大学》文本的安排。从排序来看，刘氏将朱子文本（即唐士元后序所称“今本”）列为全书第一种，完全打破了全书主要以时代先后排序的整体规则，与顾宪成之书只按时代先后排序的做法也明显不同。从收录的文字分量上看，朱子本占据了首卷整卷，在全书中字数最多。从收录的文字类型看，不仅对《大学章句》全文照录，还将朱子的《大学或问》、语录、文集中相关紧要文字，以及朱子除焕章阁侍讲时所上《大学经筵讲义》，收录在相应文字之后。最后，从命名角度来看，全书中也仅有朱子本被命名为“定本”[2]。

相较而言，顾宪成所辑《大学通考》，不仅在客观上收集了大量中晚明《大学》改本，而且这些收集和编纂活动本身，就正是他参与

---

〔1〕 唐士元：《后序》，《大学古今本通考》卷末，页715—716。

〔2〕 卷首目录作“大学晦庵先生定本”，正文作“大学朱子定本”，刘斯原：《大学古今本通考》，页558、561。

这场《大学》改本竞争的重要举措。具体而言，顾宪成收集各种改本的目的，就是使自己在改本竞争运动中处于更为有利的地位，为最终提出由自己改订的《大学》文本和解释奠定基础。此意在顾氏撰于万历十六年（1588）秋的《大学题辞》中，有十分明确的表述：

> 世之说《大学》者多矣。其指亦无以相远，而独“格物”一义，几成讼府，何也？始于传之不明也。于是人各就其见窥之，此以此之说为格物，彼以彼之说为格物，而《大学》之“格物”转就湮晦，不可得而寻矣。予窃惧焉，因取《戴记》以下诸本，暨董、蔡诸家之说，互相参校，沉潜反复，紬绎异同。如是者久之，乃知“格物”之传，昭然具在。或习焉而不察，或语焉而不详，或择焉而不精，则虽谓之亡也亦宜。窃不自揆，僭加诠次，私以讲于同志。而今而后，庶几《大学》获为全书，而纷纷之论可息矣。〔1〕

文中所述，涉及顾氏围绕《大学》的长期撰述活动及其系列成果。“取《戴记》以下诸本，暨董、蔡诸家之说”汇集而成的资料汇编，正是《大学通考》一书；经其“互相参校，沉潜反复，紬绎异同”之后，“乃知‘格物’之传，昭然具在”的，即顾氏订正的《大学》改本，也就是现存题“梁溪顾宪成定”的《大学重定》一书；“窃不自揆，僭加诠次，私以讲于同志”的，则是顾氏基于自己的改本而提出的新解释，即现存《大学质言》一书。〔2〕由此可见，《大学通考》既是即时反映中晚明《大学》改本竞争的文

〔1〕 顾宪成：《大学题辞》，《大学质言》卷首，《无锡文库》第四辑，南京：凤凰出版社，2011 年影印清抄本，页 566；并参《顾端文公年谱》卷上万历二十年条，《无锡文库》第四辑影印清康熙刻《顾端文公遗书》本，页 494—495。

〔2〕 顾允成：《大学质言题辞》，载顾宪成：《大学质言》卷首，页 567。

本证据，也是顾氏主观上积极参与这场竞争，并努力争取胜出的资料基础。同样引人注目的是，顾宪成对自己的《大学》改本相当自信，认为从今以后，“庶几《大学》获为全书，而纷纷之论可息矣”。

三 竞争催生自信与自我

朱子透过改订《大学》文本提出“即物穷理”学说，最终获得学术和政治上的正统地位。阳明通过恢复《大学古本》而提出“致良知”学说，很快产生巨大的学术思想影响力。他们的举动，展示了重要的方法论可能，即从《大学》文本改订入手，进行理学学说创新。这种理学立说模式，被许多中晚明理学精英掌握。他们纷纷投身于此，《大学》文本改订竞争运动因而迅速兴起。

《大学》的修己治人理念和三纲八目架构，在明代初年经由政治和制度的确认，成为读书人共享的重要思想观念和价值系统。到了明中叶，随着社会经济、政治制度和思想文化均发生重要变动，作为思想观念和价值系统载体的《大学》也出现了新的动向。由于它在理学经典系统和政治制度、思想观念、社会文化上均占据了关键性的重要地位，掌握了《大学》文本及其解释权，就意味着有可能走向制度化，取得独一无二的正统地位。因此，《大学》文本改订风气迅速席卷了精英学者群体，以至于中晚明理学学者无论自觉与否，几乎都需要在《大学》文本问题上表态，并且动辄花费多年时间，孜孜不倦地从事文本改订，甚至形诸梦寐。例如，朱子临终前三日还在为此书殚精竭虑；高攀龙在祭文中请求吊祭对象李材去寻求圣人的印可，然后托梦首肯自己的《大学》改本；刘宗周一生反复斟酌损益《大学》文本，去世前夕却又要求削其手稿。这些生动的故事，无不显示了理学学者对追求此书

“定本”那种念兹在兹的情结。[1]

本章主要从两个角度呈现中晚明时期的《大学》文本竞争情形：一是由竞争催生出来的几种充满奇思妙想的改本思路和实践，二是在竞争中产生的两种即时性专题资料汇编。相较而言，前者情形比较奇特，而后者更为平实。不过，虽然思路、办法、方式各有胜擅，但所有人其实都分享着共同的思想资源。因为这些思路和实践，实际上都源于一些共同的预设，包括对《大学》地位重要的认可，对文本和解释有待改订的期待。此外，各种常见的或奇异的办法，以及种种试图区隔他人的努力，都指向一个重要方向：凸显自我、展现自我。以个体的、内心的自我，作为奋斗的原动力，以《大学》文本竞争作为桥梁，就有可能区别于身边那些普普通通、庸庸碌碌之人，甚至超越那些已经被认定为大儒大贤之士，实现成圣成贤的终极追求。就像“人皆可以为尧舜”、“满街都是圣人”所昭示的那样，人人都是本质上的或潜在的圣人，只要借助得当的“修行”，就可令本质具象，让潜在显现。问题的关键，是“修行”之路何在？它可以是读书识理，可以是自信本心，当然也可以是《大学》之道，一条理学精英认可的、通往圣贤的通衢大道，朱熹、王阳明就是成功之例。不过，值得注意的是，当无数精英之士都挤上这条全文仅千余字、“经”文仅二百字的狭窄观念小径时，无论在途中如何各显神通，如何排斥他人，如何凸显自己，均无法掩饰共享一条“独木桥”的事实。日甚一日的激烈竞争、逼真模仿，以及各种看似毫不相关的区隔努力，最后却导致这个时代的精英思想越来越相像、越来越雷同，从而形成几乎席卷所有精

---

〔1〕 参高攀龙：《告李见罗先生文》，《高子未刻稿》“礼部”，香港大学图书馆藏影印国立北平图书馆藏钞本，页72—73。刘宗周：《大学古文参疑序》，《刘宗周全集》第1册，页712；《年谱》弘光元年三月条，《刘宗周全集》第5册，页516。刘元卿也曾记录了自己梦寐于《大学》的情形，见《大学新编》卷5，《四库全书存目丛书》经部第157册影印清咸丰二年重刻本，页476。

英之士的时代学术思想风气。这种时代风气的深刻影响尤其体现在，就连对它拥有清醒观察和提出严厉批判之士，最终也无可避免地受到感染，甚至不知不觉地沦为其追随者。[1]

在激烈的《大学》文本竞争中，高度张扬的自信和自我意识被催生出来。理学精英们既挑战前贤成说和朝廷权威，也努力区隔于他者。杨守陈尽管明确意识到自己的改本可能会遭到“叛儒先而紊圣经”的指责，但他仍然毫不迟疑地坚持己见，不把程朱之说、朝廷标准看成是不可挑战的。他主张《大学》文本应该指向“求其义之至善”与“全其心之所安”，而且两者相较，“全吾心之所安”才是更为重要的价值诉求。同样，周木明确宣称，程、朱文本并非不可撼动的标准，在追求“明道”的最高原则下，没有人可以自称完备以拒来者，因此必须“各就其知之所至而订正焉”。这些凸显自我、充满自信的论调，与王阳明石破天惊的“学贵得之心”之说，如出一辙：“求之于心而非也，虽其言之出于孔子，不敢以为是也，而况其未及孔子者乎！求之于心而是也，虽其言之出于庸常，不敢以为非也，而况其出于孔子乎！”

在追求建立新的独立学说过程中，理学经典的文本转换值得注意，新的普遍性趋势逐渐浮现出来。对于《大学》文本问题，王阳明、湛甘泉、方献夫尽管接触先后不一，但立场很快趋于相同，都在学理上放弃朱子《章句》本，信从《大学古本》。就这样，经典文本转移在不知不觉中完成了：“古本”成为新的讨论基础和前提。不过，他们的共识也仅仅限于文本，立足于《大学古本》的新解释并未由此得到统一，而义理的分歧也没有得到弥合。此外，这些争论

〔1〕 何乔远、刘宗周都曾批评明儒竞相改动《大学》文本的现象，但他们本人最终也都从事于《大学》文本改订，参刘勇：《明万历年间士人的讲学活动与学派建构——以李材与何乔远的互动为例》，载南炳文、商传主编：《张居正国际学术研讨会论文集》，武汉：湖北人民出版社，2013，页 491—500。

并不因各种伦理秩序和社会关系而得以消除，而是完全超越了同僚同年、论学诤友、师徒关系、学派传承等通常的认知框架。可以认为，建立有别于前贤和时人的自得之学，在理学脉络中成就自己的一家之言，是这个时期理学群体的重要追求。

经过中晚明时期激烈的《大学》改本竞争，新时期的理学精英，不管秉持何种文本和义理立场，都形成了最低限度的“共识”：朱熹《大学章句》的正统地位，不再是毋庸置疑的了。在经历各种改本的冲击之后，即使是最保守的程、朱拥护者，也必须把《大学》的文本当作一个严肃的“问题”来重新加以考虑，而不是像他们的前辈那样，将之当作不证自明、毋庸置疑的前提来接受和坚守。这种情形，无论是在最积极的、自信满满的《大学》文本改订者那里，还是在他们同时代的朱熹文本守护者那里，都非常明显地体现出来。情形有如海浪冲刷过后的沙滩，不再是原来的沙滩了。还需要指出的是，许多参与《大学》文本竞争的理学精英，已经尝试着将他们的《大学》改本和“自得之学”带出书斋，从各个角度冲击和影响既有的制度规范和社会文化。

下　编

冲击制度与影响社会

第五章 | 重新确立官方标准的公开行动

本书下编着重关注的，是由理学精英思想激荡出来的《大学》改本，与既有制度规范和社会现实之间的互动情形。朱熹《大学章句》的修己治人理念和三纲八目架构，既是理学精英的基本共识，也是明代政治的思想源泉。就其文本而言，它是所有有志于服务国家和社会的读书人的标准读本，是选拔精英的科举考试中最重要的测试项目之一。因此，《大学章句》是从乡间私塾到朝廷经筵日讲共同面对的文本。然而，王阳明提倡恢复《大学古本》、创立“致良知”学说的成功刺激了理学精英，众声喧哗的《大学》文本竞争由此兴起。这些多元化的《大学》文本，是否以及如何对既有制度规范和社会现状产生冲击、发挥影响？

冲击、挑战既有制度与现状的事例，在明代中后期层出不穷。对此，本书主要从以下三方面进行探讨。首先，探讨那些最引人瞩目的极端行为，即直接向朝廷上奏，公开要求修订现行制度之例。具体而言，包括要求在朱子《大学章句》之外，增加新的官定《大学》文本，或直接对朱子文本加以修订，乃至要求完全废除朱子文本，代以自己改本的极端情形。其次，以实例来展现位居政治上层的士大夫们，在代表朝廷意识形态的经筵、日讲和东宫讲读活动内外，对待《大学》文本的态度异同。最后，从官学教官、书院山长和举业名家的角度，考察《大学》改本介入中晚明教育和科举体系的情形。需要指出的是，由于这项议题牵涉面相当广泛，而现存相关文献又极为丰富，因此本书设定的研究目标，是争取呈现初步的观察轮廓，并在各个部分中，以具体案例来加以说明和充实。

本章集中探讨中晚明士人向朝廷上奏，公开要求重新确立《大学》文本标准的行动。这些大胆的尝试之举，在当时就非常引人注目。沈德符《万历野获编》因此特设“献书被斥”条目，汇集了从明初至万历朝，士人因公开上奏异于官定标准的经典文本和解释而受到惩罚的事例。在此前后，徐学聚《国朝典汇》也归纳了明代的同类实例。不过，两书所记的多个事例，有些已经难悉其详。本章将沿着它们提示的线索，搜集相关的直接史料，分别对嘉靖间林希元、万历十三年唐伯元、万历二十年张世则和同时期的管志道之例加以述析。

一　从捍卫者到取代者：林希元与《大学经传定本》

从明代嘉靖初开始，《大学》文本的争议成为理学精英中难以回避的关键性问题之一。这种情形使得那些以强烈反对阳明学、坚定拥护朱子学著称的理学学者，也主动提出各自的《大学》改本，甚至公开上疏，要求以自己的改本取代朱子本。福建同安人林希元，就是采取这种行动的先驱之一。

以朱子为宗师的所谓“闽学”传统，在明代的延续主要以福建晋江人蔡清的崛起为标志。[1] 蔡氏字介夫，号虚斋，成化二十年

〔1〕 参刘勇：《中晚明士人的讲学活动与学派建构》，页218—221。关于明代福建朱子学，高令印、陈其芳《福建朱子学》介绍了陈真晟、周瑛、蔡清、陈琛、张岳、林希元六人的生平与学说，福州：福建人民出版社，1986，页321—361；小岛毅《明代福建朱子学の物语》根据《明儒学案》增加讨论了杨应诏和黄道周，《中国近世における礼の言说》，东京：东京大学出版会，1996，页163—180；王一樵《从“吾闽有学”到（转下页）

(1484) 进士，历官吏、礼二部主事，南文选郎中，江西提学副使。他生前以理学著称，卒后获得奉祀乡贤、建祠专祀的殊荣，甚至一度被提名从祀孔庙。蔡清的著作中，以《易经蒙引》和《四书蒙引》两书影响尤巨。前者在嘉靖八年由其子蔡存远表进，由朝廷“诏发建宁书坊刊行”，[1] 此后反复重刻，盛行于世。其书既阐释了重要的理学思想，同时成为举业参考的流行读物，直到清初士子仍然“奉之如金科玉律”。[2] 关于其学术立场，蔡氏自称：“平生所学，惟师文公（朱熹）而已。……吾为《蒙引》，合文公者取之，异者斥之，使人观朱注，玲珑透彻，以归圣贤本旨而已。”[3] 这种自我定位，也获得后世的高度认可。[4] 在《大学》文本问题上，蔡氏主要延续了宋、元及明初以来董槐、车若水、宋濂诸儒维护朱子的立场，[5] 对朱子最为人诟病的《格致补传》加以补救。蔡氏所定《格致传》，见于其《四书蒙引》中：

> 所谓致知在格物者，物有本末，事有终始，知所先后，则近道矣。知止而后有定，定而后能静，静而后能安，安而后能虑，虑而后能得。子曰：“听讼，吾犹人也，必也使无讼乎？无

（接上页）“吾学在闽”：十五至十八世纪福建朱子学思想系谱的形成及实践》主要探讨蔡清、陈琛、林希元、何乔远、李光地一脉的思想系谱的建构过程，台北：台湾师范大学历史学系硕士论文，2006.6。

〔1〕《明世宗实录》卷 106，嘉靖八年十月庚寅，页 2521。万历二年，工科给事中李熙题请建祠专祀蔡清时，就特别指出其两部“《蒙引》发挥羽翼之功，信非渺小”。《明神宗实录》卷 27，万历二年七月戊子，台北：“中研院”历史语言研究所，1984 年缩印再版，页 672。

〔2〕黄宗羲：《明儒学案（修订本）》卷 46，页 1094。

〔3〕林希元：《虚斋先生行略》，载蔡清《蔡文庄公集》卷 7 附录，《四库全书存目丛书》集部第 43 册影印清乾隆七年逊敏斋刻本，页 4—8。

〔4〕《四库提要》卷 5《易经蒙引》条，页 44。

〔5〕宋、元以来诸儒的“格致传”改本，详参李纪祥：《两宋以来〈大学〉改本之研究》，页 88—101。

情者不得尽其辞，大畏民志。”此谓知本，此谓知之至也。[1]

这个改本只是删去了朱子补写的《格致传》，将《大学》自身的三句话移作《格致传》文。[2] 在蔡清看来，朱子文本的“未安”之处，在于其会带来文字表达和义理逻辑上的难题：“以‘知止’居前，‘知所先后’居后，则次序颠倒，文理俱碍。”经过这番调整，“则由粗以及精，先自治而后治人”，更符合“古人为学次第”。对于自己这个改本，蔡清的态度开放，“未敢全以为然，窃复更定于此，以俟后之君子”，[3] 更没有公开上奏要求取消朱子本。

林希元正是蔡清的追随者之一。他与同样“私淑”蔡氏的张岳（1492—1552），以及蔡氏门人陈琛（1477—1545）同属泉州府人，同为正德十二年（1517）进士，而且在嘉靖年间同走蔡清的学术道路，排斥流行的阳明学，[4] 被时人目为“泉州三狂”。[5] 这种群体性的学术追求，在著述方面也表现得非常明显。陈琛著《易学通典》（又名《周易浅说》）、林希元著《易学存疑》，合蔡清《蒙引》而为“三易”；陈琛著《四书浅说》、林希元著《四书存疑》，合蔡氏《蒙引》而为“三书”。[6] 直到万历年间，苏濬撰《易经儿说》、《四书儿说》，

---

〔1〕 蔡清：《四书蒙引》卷1，明嘉靖六年刻本，叶70；并参李纪祥：《两宋以来〈大学〉改本之研究》，页102—103。

〔2〕 不过，为了与《大学》上下文经、传格式相吻合，仍然得补写开头的“所谓致知在格物者”八个字，此举也受到非难，刘斯原在全文收录其格致传后就指出：“果若如此，则格致传完矣，不应一简上独脱‘所谓致知在格物者’一句也。”见《大学古今本通考》卷6，页634。

〔3〕 蔡清：《四书蒙引》卷1，叶70。

〔4〕 关于林希元对阳明学的批判，可参《福建朱子学》，页335—361；小岛毅：《林希元の阳明学批判》，《中国近世における礼の言说》，页143—162；并参小岛毅：《明代知识分子论：以林希元为例》，刘岳兵译，载王中江主编：《新哲学》第2辑，郑州：大象出版社，2004，页262—272。

〔5〕 郭棐：《粤大记》卷9《宦迹类·张岳》，广州：中山大学出版社，1998，页239。

〔6〕 以上俱参高令印、陈其芳：《福建朱子学》，页293—294。

仍然在延续这条学术道路。

陈琛《四书浅说》曾经反复刊刻，最初的版本似已不存。从现存万历三十七年李三才刻《重刊补订四书浅说》来看，其《大学》部分不录经、传全文，而以“大学之道 全章”、“康诰曰克明德 全章”这种省称形式出现。从这个省略原文的表达形式推测，该书默认完全遵照朱子文本。其中《大学》文字顶格排版，然后是陈氏的浅白解说。解说主要有三类：首先是谨遵朱注对经、传原文加以详细疏解，这部分文字最长，低一格排版；疏解之后又有两种情形：一种是对正文中个别议题做进一步发挥，另一种是以加框的“发明”二字开头的一段议论。这两种文字，在版式上均低二格排版。整体而言，无论是《大学》文本还是解释，陈琛此书严格遵循朱子《章句》，包括对朱子最具争议的《格致补传》也是如此。〔1〕在此意义上讲，其书题“四书浅说”的完整表述，可以是“四书章句集注浅说”。现存陈书的乾隆五十四年刻本，题为《陈紫峰先生四书浅说》，经其后裔及乡后学多人校对，主要的文本差异，只是按照朱子《四书章句集注》，补足了《四书》经、传原文。〔2〕从晚明直到清中叶，许多闽人文献都在强调蔡清、陈琛、林希元共同构成明代“闽学”的核心系谱；〔3〕但从《大学》文本和解释的角度来看，陈琛与其师蔡清已有分歧，而根据林希元在此问题上的表现，可以认为其已突破所谓“闽学”范畴了。

林希元公开向朝廷上奏自己的《大学》改本之举，是在嘉靖

---

〔1〕陈琛：《重刊补订四书浅说》，《四库未收书辑刊》第1辑第7册影印明万历三十七年李三才刻本，页50。

〔2〕陈琛：《陈紫峰先生四书浅说》，《域外汉籍珍本文库》第4辑经部第6册影印日本东京都立中央图书馆藏清乾隆五十四年刻本，西南师范大学出版社、人民出版社，2014。

〔3〕参前引刘勇：《中晚明理学学说的互动与地域性理学传统的系谱化进程——以“闽学”为中心》。除了理学系谱书外，上述诸人的著述序跋也非常集中地阐述这种理想。

二十八年。[1] 从林氏接触《大学》文本问题的历程来看，此举并非一时兴到之为，而是经过了长期的酝酿。至迟在嘉靖六年，林氏已经获见蔡清《四书蒙引》，并且为之详细“更订”、“补完”。[2] 嘉靖八年前后，林氏在广东提学任上，将自己的举业习作集《四书存疑》付梓。因迁官南京，当时只刻成其中《学》、《庸》两种。随后，林氏在南京任上加以增改，嗣后将之在各地反复刊刻。[3] 到了嘉靖二十八年底，林氏公开将自己所撰《大学经传定本》、《四书存疑》、《易经存疑》三书奏进朝廷，同时上《改正经传以垂世训疏》，申述其“改正”理据。

根据疏文可知（全文见附录一），林希元试图将此举嵌入从嘉靖初年爆发“大礼议”以来，明世宗持续锐意于礼乐改革的系列举措中。林氏首先陈述了古代圣贤帝王创作、订正儒家经典的历程，然后结合明世宗登基以来种种制礼作乐的更张，指出天地间还有《大学》文本这个大问题，亟待皇帝亲自裁定。接着详细分析《大学》经过“秦火之余，编简散乱，混于记载之中，汉儒收之而未正，宋儒正之而未尽”的具体情形，并介绍“近世诸儒始取而更正之，由是《大学》始为全书”的新成果。随后，他特别驳斥了那种认为“朱熹命世大儒，万世所宗，所定之书，似无容更改”的论调，从历史上“圣贤迭兴，各自立言，后圣有作，尚有可言者”的诸多成例，指出“义理

〔1〕 史籍记载颇为凌乱，有谓二十八年底者，有谓二十九年底者，李纪祥据林氏奏疏中有“陛下应运而兴，又廿八年”，认为当以二十八年为是，见《两宋以来〈大学〉改本之研究》，页 105—106。

〔2〕 林希元：《重刊四书蒙引叙》，载蔡清《四书蒙引》卷首，叶 1。林氏还重新序刊了蔡清编辑批点的《四书》程文，然后仿效和接续蔡清所编程文。见林希元：《重刊蔡虚斋先生批点四书程文序》、《批点四书程文序》，《同安林次崖先生文集》卷 7，《四库全书存目丛书》集部第 75 册影印清乾隆十八年陈胪声诒燕堂刻本，页 563—564。

〔3〕 林希元：《四书存疑序》、《增订四书存疑序》，《同安林次崖先生文集》卷 7，页 562—563；蔡献臣：《林次崖先生传》，《同安林次崖先生文集》卷首，页 415—416。林氏任期，见《明世宗实录》卷 99，嘉靖八年三月庚子条，页 2334。

无穷，非一人之言所能尽，亦天地所秘，未肯一时尽泄于人”。最后，林氏以明兴以来太祖对《大学》的重视，宋濂、方孝孺等诸儒“欲更正而未果”的持续努力，以及成祖纂修《四书大全》时“亦未闻有以是进者”的情况为例，表明“斯文之显晦有时”，历经千七百年错乱残阙的《大学》经传，正有待于世宗出面裁断：

> 〔当前〕实反正归全之期，陛下应期而生，全禀圣明，兼隆述作，实天以斯文付陛下。是书之反正归全，盖有待焉，亦臣所谓天地之秘于是乎泄耳。

因此，林氏才敢“以所闻于先正者，献于陛下”。对于所献之书的具体情形及个人要求，奏疏云：

> 今臣将前后诸儒所定，附以己见，类写成编，名曰《大学经传定本》，装潢以进。伏望皇上俯赐观览，特赐裁正。如果是书可全，臣言不谬，乞敕礼部改正，颁行两京国子监及天下司府州县，使学官以是造士，科举以是命题。则千载未全之书，一朝复全，天下学士大夫无复遗憾，皇上允为万世道德之宗、斯文主盟，名与天壤共不朽矣！臣平生所著，又有《四书、易经存疑》二书，亦并以献，俱乞敕礼部，命官考究。如果于经传有所发明，后学有所裨益，亦乞敕礼部颁行。为此将更正《大学经传定本》一册，《四书存疑》一十八卷、十册，《易经存疑》一十二卷、八册，命义男林泉赍捧奏闻。

可见林希元所献《大学经传定本》，是在吸收了疏中所举“诸儒”“义理周尽”的见解基础上，“附以己见”而成。对自己这个改本，林氏看来相当自信：不仅书名为“定本”，而且公开要求“敕礼部改正，颁行两京国子监及天下司府州县，使学官以是造士，科举以是命题”，亦即要求取代朱熹《大学章句》文本，作为通行天下的官定标准读本。相较而言，林氏对于同时上奏的《四书存疑》、《易经存疑》二书，期望值似乎就没有这么高。

岂料上奏结果不如人意。《实录》记载：“诏焚其书，下希元于巡按御史问，寻褫其冠带为民。”[1] 万斯同等所修《明史稿》，增加了“世宗大怒”的记载。[2] 所谓“诏焚其书”，未知仅指焚毁《大学经传定本》而言，还是兼指林氏所上三书？但《大学经传定本》或许因此而传本稀少，目前似已不传，[3] 而《四书存疑》、《易经存疑》二书却在晚明时期依然相当流行。[4] 焚书之举，在当时及后世的反应不一。《明世宗实录》的纂修者认为，林氏“所著书虽间与朱传不合，自成一家言，多可取者”，而同时代的私家著述也认可这个判断。谈迁（1594—1657）尽管批评林氏急功近利，但对其书也颇持正面态度：“当官则急功名，家居则急著书，但沮于时，不见用，今《存疑》最行世，不以人废言也。”当然，批评其举动的也不乏其人，如沈佳（1688 年进士）就认为：“乞礼部颁行所著书，大失古人传经之旨，几于妄矣！”[5]

---

〔1〕《明世宗实录》卷 368，嘉靖二十九年十二月辛未条，页 6584。

〔2〕万斯同：《明史》卷 384《儒林传·陈琛传附林希元传》，上海：上海古籍出版社，2008 年影印北京图书馆藏清抄本，第 8 册，页 102—103。

〔3〕清初黄虞稷《千顷堂书目》卷 2 虽曾著录“林希元《更正大学经传定本》一卷”（页 44），但朱彝尊《经义考》卷 159 则注明“未见”，页 2916。

〔4〕谈迁在《国榷》卷 59 的评论中指出“今《存疑》最行世”，张宗祥校点，北京：中华书局，1988，页 3771；万斯同：《明史》卷 384，页 102—103；李清馥：《闽中理学渊源考》卷 63，影印《文渊阁四库全书》第 460 册，页 629—630；沈佳：《明儒言行录》卷 6，影印《文渊阁四库全书》第 458 册，页 813—814。

〔5〕吴瑞登：《两朝宪章录》卷 13，嘉靖二十九年十二月庚午条，《四库全书存目丛书》史部第 16 册影印明万历刻本，页 700；谈迁：《国榷》卷 59，页 3771；沈佳：《明儒言行录》卷 6，页 813—814。

由于《大学经传定本》似已失传，其文本的具体情形不能尽知，只能从林氏所上奏疏及同时进献的《四书存疑》，加以间接了解。奏疏有云：

> 第以秦火之余，编简散乱，混于记载之中，汉儒收之而未正，宋儒正之而未尽，至近世诸儒，始取而更正之，由是《大学》始为全书。收之未尽者，如释诚意置之经文之后，此类尚有，今在《礼记注疏》中可考。此汉儒刘向、郑玄等之所见也。正之未尽者，如“知止而后有定”、“物有本末”二条，混于圣经之中，而“格物致知”一传独阙。今书肆板行天下，士子之所诵习，此宋程颐、朱熹之所见也。今之更正者，谓“格物致知”传未尝缺，特编简错乱，考定者失其序，遂归经文“知止”以下四十二字于“听讼吾犹人也”之右，为传四章，释格物致知。此近世诸儒董槐、叶梦鼎、王柏、车清臣、宋濂、方孝孺、蔡清之所见也。臣取前后诸儒所定，反复详玩：宋儒之所定，委有未安；近世诸儒更定，义理周尽，委无可议。臣因细为辨析，以明其可从。

这里明确指出了有关《大学》文本问题的三个阶段，即汉儒收之而未正、宋儒正之而未尽、近世诸儒取而更正之为全书，且分别举出相应实例来加以说明。林氏本人的工作，则是“将前后诸儒所定，附以己见，类写成编”。由此可知，其《大学》文本是在朱熹本的基础上，吸收“今之更正者”的意见，将“经文‘知止’以下四十二字”，即“知止而后有定，定而后能静，静而后能安，安而后能虑，虑而后能得。物有本末，事有终始，知所先后，则近道矣”，移至“子曰：‘听讼吾犹人也，必也使无讼乎？无情者不得尽其辞，大畏民志’”之前，作为《格致传》文。奏疏反映的这个文本变动，与前述蔡清文本相较，仅仅有“知止而后有定”句与“物有本末”句的先后顺序互换的差别而已。若其文本果真如此，则这个变动或许就是林氏所谓“附以己见”的重点了。

现存“江东胡椿、江都卞莱仝校”的《重刊次崖林先生四书存疑》明刊本中，卷一即为《大学》部分。其体例不分经、传，主要按照朱子《章句》文本顺序，先录《大学》原文一句、一条或数条，顶格排列；其后另行低一格为林氏之语，或评论《章句》，或引述蔡清《蒙引》，或驳斥阳明之说，或发挥己见。这些林氏文字在体例上比较随便，有时一段说一事，有时一段说数事，中间以“○”区隔；段落之中，偶尔又有加框的“续补”字样，反映了林书历经增补和修订的情形。此本尽管卷首尾全无序跋，但从书名“重刊”和正文中的“续补”来看，应该不是最初的刻本。

林希元的《大学》文本见解，比较完整地保存在《重刊次崖林先生四书存疑》中。在“自天子以至于庶人壹是皆以修身为本”的解释文字之后，《存疑》另起一行称：“《格物致知传》，近世诸儒多谓未尝缺，特编简错乱，各有更定，今备录于后。”但其“备录”的资料，情形比较复杂，大致可分为四个部分，兹按先后顺序述析如下。

第一部分，全文收录方孝孺的《题大学篆书正文后》。[1]

第二部分，收录“前辈更定《大学》经传如左”。所谓“前辈”，未知为谁，但所录内容仅两部分。首先是经一章：“大学之道，在明明德，在亲民，在止于至善。古之欲明明德于天下者，先治其国，欲治其国者先齐其家，欲齐其家者先修其身，欲修其身者云云未之有也。”其次是解释“格物致知”的传文第四章：“知止而后有定，

---

〔1〕 林希元：《重刊次崖林先生四书存疑》卷1，《域外汉籍珍本文库》第4辑经部第6册影印日本国立公文书馆藏明刊本，页401。所录方孝孺文，见《逊志斋集》卷18，徐光大校点，宁波：宁波出版社，2000，页589—590。

定而后能静，静而后能安，安而后能虑，虑而后能得。物有本末，事有终始，知所先后，则近道矣。子曰：‘听讼，吾犹人也，必也使无讼乎！’无情者不得尽其辞。大畏民志，此谓知本。此谓知之至也。”末有小字双行注云：“尧舜之智而不遍物，急先务也。”

第三部分，抄录蔡清《四书蒙引》中的改本资料。这部分又包括三项内容。首先是蔡书讨论文本改动之语：

> 诸先儒所定，亦有未安者。看来当先以“物有本末”一条云云，然后续以“知止而后有定”云云，而终以“子曰听讼吾犹人也”云云。如此，则由粗以及精，先自治而后治人，亦由古人为学次第也。今以“知止”居前，“知所先后”居后，则次序颠倒、文理俱碍矣。故清亦未敢全以为然，窃复更定于此，以俟后之君子。[1]

其次是蔡清改定的、解释格物致知的传文第四章：“所谓致知在格物者，物有本末，……则近道矣。知止而后有定，……能得。子曰听讼，……此谓知本。此谓知之至也。”最后，还收录了蔡氏议论的一段：

> 今本以物有本末之物为明德、新民，其实亦有所未安，故愚窃取方（外）〔公〕（即方孝孺）之论而私录之于此，且其言曰：“异于朱子而不乖乎道，亦朱子之所取也。”最见得到。……朱子所定，是诚可疑。盖既云“知止而后有定……能得”，其先后之序，已自说出尽了，其谁不能知？而又曰“知所先后，则

---

〔1〕 林希元：《重刊次崖林先生四书存疑》卷1，页402；亦见蔡清：《四书蒙引》卷1，叶70。

近道矣”，不为重复而有滞乎？况知止内则能知明德、新民，知止能得之先后矣。三纲领、八条目之外，又不该别立释本末一章，且又缺了释终始之义，是诚有可疑者。[1]

以上三部分的内容，即从方孝孺文直到此处，与蔡清《四书蒙引》卷一论《大学》“知止而后有定……虑而后能得”一节文字之后的附录，完全相同。如前所述，嘉靖六年林希元曾经重刊蔡清《四书蒙引》，并在重刊过程中做了大量修订和补充。这从林氏为蔡书所撰序言中明显可见：“坊间有旧刻，其徒李子亦刻之蜀。林子病其荒乱弗理也，取而更订之；病其缺逸弗备也，取而补完之。”[2]不过，这段明确宣称自己曾进行更订和补完工作的文字，却在林希元文集所收的该序中不见踪影。文集本相应的部分，仅含糊其词地说：“《四书蒙引》板行已久，颇多讹误，为学者病，余得善本于夫子之子选士存远，书林叶氏茂见，请以刻。”[3]对此，在没有获得蔡清《四书蒙引》和林希元《四书存疑》的早期刻本实物加以详细比勘之前，仅能做出上述完全雷同的内容，很可能均出自林希元之手的猜测。

第四，在上述三项内容之后，《重刊次崖林先生四书存疑》还有两段林希元的议论文字。首段是总结和评述前文内容的按语：

按：诸儒所定，虚斋（蔡清）尤似有理。“物有本末，事有

〔1〕 林希元：《重刊次崖林先生四书存疑》卷1，页402；亦见蔡清：《四书蒙引》卷1，叶70—71。

〔2〕 林希元：《重刊四书蒙引叙》，蔡清《四书蒙引》卷首，叶1。

〔3〕 林氏文集中的改序与蔡书卷首序文差异较大，与引文相应的文字变为：“《四书蒙引》板行已久，颇多讹误，为学者病，余得善本于夫子之子选士存远，书林叶氏茂见，请以刻，此予志也，因书数语授之。”见《同安林次崖先生文集》卷7《重刊四书蒙引序》，页561。

终始”二句，解物字；“知所先后，则近道”，言能格物，则可以致知也；“知止”一条，只是申上两句意；“听讼”一条，则是举本末之大者以示人，使人因是而求之，以类而推之，则物可格，而知可致也。故曰：“此谓知本，此谓知之至也。”意思多少明白！[1]

从按语的描述来看，林氏的《格致传》主张，似乎与蔡清完全相同，则未知其奏疏中所称“附以已见”，具体所指为何？[2]第二段林氏文字尤堪注意。其中不仅有义理发挥，而且提示了他在日后公开上疏朝廷之举的线索：

希元窃谓曰：曰明德，曰至善，理也；曰新民，曰止至善，事也。今以为物，似未妥。大学之道，明德、新民、止至善，乃三纲领也。“知止”一条，只是其中事，对他不过，却分为事、物，有本末、始终，并言则失轻重之等。且上既曰“知止而后有定”云云，则先后之序，谁不知之？又曰“知所先后，则近道”，不亦赘乎？下文八条目内，既有格物、致知二目，自“知止”至“能得”，就是致知以后事，不应于此预言之。依朱子所定，本末是解明德、新民也，传既两举明德、新民而释之，又举本末而释之，则是脚注之脚注，不尤赘乎？凡此皆可疑者。予自得闻诸名公之说，每看《大学》至此，便觉不乐，但恨未获告于名公、闻于朝廷而正之耳！按诸儒所定，蔡虚斋尤似有理，今宜从之。[3]

---

〔1〕林希元：《重刊次崖林先生四书存疑》卷1，页402—403。

〔2〕朱彝尊《经义考》卷159引用陆元辅的说法，有“平居好古，晚参订诸儒所定《大学》格物致知之说，附以意见，曰《更正大学经传》”之语，页2916。

〔3〕林希元：《重刊次崖林先生四书存疑》卷1，页403。

由于本书全无序跋，无法获知此本“重刊”的准确时间。从引文末“但恨未获告于名公、闻于朝廷而正之”的感叹，可知此段文字必在嘉靖二十八年林氏公开向朝廷上奏《大学经传定本》之前。从表述方式和结构上看，本段引文似为后期加入。因为前一段按语以“诸儒所定，虚斋尤似有理”开头，以“意思多少明白”结束，已经自成一段完整的议论；而此段文字另起，以“希元窃谓曰”开头，复以“按诸儒所定，蔡虚斋尤似有理，今宜从之”结束。由此推测，后一段文字不大可能是林希元《四书存疑》早期刻本中的原文，而应该是在此书出版后的修订和补充过程中，陆续增添的议论，最后出现在这个“重刊”本中。

从林希元的《大学》文本观念演变脉络来看，这段增添的“希元窃谓曰”，无疑深具标志性。如前所述，至迟从嘉靖六年起，他已亲自修订、增补并刊刻蔡清《四书蒙引》，受其中《大学》文本改订的影响；从嘉靖八年开始，林氏陆续刊刻“窗稿”《四书存疑》中的《大学》和《中庸》，此后反复加以增补、修订和刊行。与此同时，他完全接受了以蔡清为主的“诸名公”的改本意见，致使“每看《大学》至此，便觉不乐”。到增添上述这段文字时，林氏已经明确产生了“告于名公、闻于朝廷而正之”的冲动，因此接下来的事情，不过是等待适当的时机，将此意付诸行动罢了。至此可以确认，嘉靖二十八年林希元公开上奏朝廷，要求以自己的改本取代朱子本的行动，正是其“告于名公、闻于朝廷而正之”念头的顺理成章之举。

还可确定的是，林希元《大学经传定本》在文本方面主要继承了包括蔡清在内的诸儒“《格致传》改本”主流意见，而其变动主要体现在删去朱子《格致补传》，将《大学》本身的几句文字，即经文“知止”以下四十二字连同“听讼”一条，作为《格致传》文；其余即使还有改动，幅度应该也非常小。

林希元这种公开挑战官方正统文本，并且要求以自己的改订本作为官定新标准的做法，无论从哪个角度来看，都是非常引人注目的。从中可以明显看出时人那种高度自我、自信甚至自负的思想取向。还需强调的是，在理学的义理立场上，作为蔡清“私淑”者的林希元，毫无疑问是以朱子学者的面目登场的。就此而言，这些明代“闽学”的继承者们，仅仅在进入“第二代”时，就已公开出现要求取代其学派宗师最重要的经典文本之举。这不仅体现了明代朱子学自身的新取向，而且也可以被视为呼应了阳明学注重摆脱束缚、展现自我的强烈信号。或许，正是因为长期充当阳明学说的坚定批判者，林希元在对话和互动过程中，不知不觉间习染了对手的学说特色，并且付诸行动。

附录一　林希元《改正经传以垂世训疏》[1]

臣闻作经以垂世训者，圣贤也；正经以垂世训者，帝王也；以帝王而兼圣贤之事者，伏羲、文王是也。故马图　河而八卦画，龟文出洛而九畴叙。以帝王而成圣贤之事者，汉武帝、宋理宗者是也。故遗书求而《六经》完，理学崇而《六经》明。

恭惟皇帝陛下，以圣人之德，应河清之运。允文允武，　聪明而作元后；克仁克让，敷五典而建皇极。统嗣明而父子之伦伸，郊庙更而大祀之礼成。铭《敬一》、释《四箴》，心法接百圣之传；重农桑、正典礼，著述扫汉、宋之陋。是以帝王而兼圣贤之事，实宇宙百年之所希见。盖上天之所属意，愚臣之所仰望者也。故敢以《大学》经传之宜者献于陛下，请圣裁焉。

盖《大学》一书，孔子言之而为经，曾子述之而作传。其纲领有三，条目有八，帝王成身御世之道，学者修己治人之方，无不毕具。圣朝建学立师，以经学造士，而取之于科目，是书独先焉。第

〔1〕　林希元：《同安林次崖先生文集》卷4，页522—523。

以秦火之余，编简散乱，混于记载之中。汉儒收之而未正，宋儒正之而未尽。至近世诸儒，始取而更正之，由是《大学》始为全书。收之未尽者，如释诚意，置之经文之后，此类尚有。今在《礼记注疏》中可考，此汉儒刘向、郑玄等之所见也。正之未尽者，如“知止而后有定”、“物有本末”二条，混于圣经之中，而格物致知一传独阙。今书肆板行，天下士子之所诵习，此宋程颐、朱熹之所见也。今之更正者，谓《格物致知传》未尝缺，特编简错乱，考定者失其序，遂归经文“知止”以下四十二字于“听讼吾犹人也”之右，为传四章，释格物致知。此近世诸儒董槐、叶梦鼎、王柏、车清臣、宋濂、方孝孺、蔡清之所见也。臣取前后诸儒所定，反复详玩：宋儒之所定，委有未安；近世诸儒更定，义理周尽，委无可议。臣因细为辨析，以明其可从。

或者谓朱熹命世大儒，万世所宗，所定之书，似无容更改。臣窃谓不然。夫义理无穷，非一人之言所能尽，亦天地所秘，未肯一时尽泄于人也。故宇宙数千年，圣贤迭兴，各自立言，后圣有作，尚有可言者焉。精一、执中之传，始于尧、舜，未发之中，犹待于子思。先天、后天之《易》，作于羲文，十翼之传，犹待于孔子。孔子以“为仁”教学者，异商、汤之“克仁”；敬恕之功，则前圣所未及也。孟轲以“仁义”告时君，异孔门之“为仁”；养气之论，则前圣所未发也。无极图说，继往圣而开来学，气质之性，破诸儒而助孟轲。岂后之作者贤于前圣哉！义理非一人之所能尽，天地之秘，至是始泄耳。

《大学》一书，已经程、朱所定，近世诸儒又取而更正之。诸儒岂贤于程、朱哉！亦义理非一人之所能尽，天地之秘，至是而始泄也。必以出于朱子所更改，不容复改，则大禹之圣，何以闻善则拜？大舜之圣，何以舍己从人？朱子改《易》，不宜舍程《传》而为《本义》；蔡沈注《书》，不宜弃师言而自立说。故执朱子之说而不欲更改者，固非学者求是当仁之诚，亦岂朱子所望于后学之意哉！臣见方孝孺《跋大学篆书后》云："圣经贤传，非一家之书，则其说亦非一人所能尽，千五百年之间，讲训言道者迭起不绝，至于近世而始定，而朱子亦曷尝断然以为至当哉！"斯言也，可以解庸俗之惑矣。

臣于是仰见天生我皇上之意焉。盖宋濂等之所见，正当我太祖高皇帝建学造士、尊经设教之日，是书诸儒欲更正而未果；又当我成祖文皇帝表章《六经》，命诸儒纂集《四书、五经、性理大全》之日，亦未闻有以是进者。逮一百五十年，陛下应运而兴；又二十八年，臣乃得以所闻于先正者献于陛下，岂苟然哉！盖斯文之显晦有时。《大学》之书，出自孔氏，一经秦火，错乱残阙者一千七百年，实反正归全之期。陛下应期而生，全禀圣明，兼隆述作，实天以斯文付陛下。是书之反正归全，盖有待焉，亦臣所谓天地之秘于是乎泄耳。故曰：非苟然也！

今臣将前后诸儒所定，附以己见，类写成编，名曰《大学经传定本》，装潢以进。伏望皇上俯赐观览，特赐裁正。如果是书可全，臣言不谬，乞敕礼部改正，颁行两京国子监及天下司府州县，使学官以是造士，科举以是命题。则千载未全之书，一朝复全，天下学士大夫无复遗憾，皇上允为万世道德之宗、斯文主盟，名与天壤共不朽矣！臣平生所著，又有《四书、易经存疑》二书，亦并以献，俱乞敕礼部命官考究。如果于经传有所发明，后学有所裨益，亦乞敕礼部颁行。为此，将更正《大学经传定本》一册、《四书存疑》一十八卷十册、《易经存疑》一十二卷八册，命义男林泉赍捧奏闻。

二　以"伪本"代替官本：唐伯元与《古石经大学》

嘉靖年间丰坊伪造的所谓《石经大学》，由于受到名学者郑晓的推重和书商王文禄的鼓吹，以及契合了当时《大学》文本竞争无休无止，人们对有力证据的期盼心理，因此一经面世就引起巨大轰动，在儒学精英中广泛流传，相信者所在多有。[1] 其中就包括万历初年将之公开上奏朝廷的岭南士大夫唐伯元（1541—1598）。

唐伯元字仁卿，号曙台，广东澄海县人，万历二年（1574）进士，是晚明著名的官员和儒者，其人品和学问俱受史家高度肯定。《明史·儒林传》称誉他“清苦淡薄，人所不堪，甘之自如，为岭海士大夫仪表”。[2] 黄宗羲《明儒学案》将其列于《甘泉学案》末卷，收录其全部经解文字及十余通论学书信。[3] 在现代学术研究中，唐伯元亦受到相当重视。他对阳明心学的公开否定态度，首先引起荒木见悟的注意。[4] 朱鸿林研究过他的经解文字，点校整理其文集《醉经楼集》，并从他上疏抗议王阳明从祀孔庙、要求朝廷颁行其疏解的《古石经大学》等两件事情，探讨他在晚明思想史上的意义。[5] 水野实将唐氏有关《石经大学》的文字译注为日文。[6] 本节在参考这些

---

〔1〕 有关伪《石经大学》出现和流传的研究已多，本书主要参考林庆彰：《丰坊与姚士粦》，页52—60、213—223；荒木见悟：《明末宗教思想研究：管东溟の生涯とその思想》第十章《石经大学の表章》，东京：创文社，1979，页367—404；李纪祥：《两宋以来〈大学〉改本之研究》，页133—144；佐野公治：《四书学史的研究》，页165—170；前引王汎森：《明代后期的造伪与思想争论——丰坊与〈大学〉石经》；Bruce Rusk, “Not Written in Stone: Ming Readers of the Great Learning and the Impact of Forgery”。

〔2〕 张廷玉等修：《明史》卷282，页7257。

〔3〕 黄宗羲：《明儒学案（修订本）》卷42《甘泉学案六·文选唐曙台先生伯元》，页1002—1003。

〔4〕 荒木见悟：《唐伯元の心学否定论》，《阳明学の开展と佛教》，东京：研文出版，1984，页93-111。

〔5〕 朱鸿林：《〈明儒学案〉中之唐伯元文字》，载朱鸿林：《明人著作与生平发微》，桂林：广西师范大学出版社，2005，页110—128。朱鸿林：《点校本前言》，载唐伯元著、朱鸿林点校：《醉经楼集》，北京：中华书局，2014，页1—21。朱鸿林：《晚明思想史上的唐伯元》，载田浩（Hoyt Tillman）编：《文化与历史的追索：余英时教授八秩寿庆论文集》，台北：联经出版事业有限公司，2010，页163—183。

〔6〕 水野实：《唐伯元の〈古石经大学〉について（一）》，《防卫大学校纪要（人文科学分册）》第68号，1994，页87—116。

讨论的基础上，将唐氏上奏要求颁行其疏解的《石经大学》之举，置于中晚明理学精英公开上疏，呼吁重新确立《大学》官方标准文本的脉络中，加以探讨。

关于自己从最初接触《石经大学》，到逐步信从其文本，然后加以疏解，最终上奏朝廷的历程，唐伯元在两份文字中有所回顾。首先，其万历十三年上奏朝廷的《石经疏》有云：

> 臣令泰和（万历三年至八年，1575—1580），而吉安知府张振之者，手一卷授臣曰："此《古石经大学》也。"询其自，乃从今翰林院庶吉士邹德溥为举人时所寄。其书实臣生平未睹也，随录一册笥之，窃疑好异者之为，不复详其旨趣矣。迩来臣官留曹，读《易》公暇，曾反复于《彖》、《爻》之说，窃疑《大象》类《大学》，《小象》类《中庸》也。会有遗豫章李瓒《经疑》及尚书郑晓《古言》二书者，各载《古石经大学》，其次序则即吉安所录之书。又述汉贾逵序曰："孔伋穷居于宋，惧先圣之学不明，而帝王之道坠，故作《大学》以经之，《中庸》以纬之。"则《大学》、《中庸》皆子思所作，其经纬之义，又若《易经》大小《象》然者。夫李瓒，臣不知其何许人；若郑晓者，端人也，其言必有所据。于是乎竟日观之，不能释手。因而考其"知止……能得"为申格物之义，则其序不差；详其《中庸》为《大学》之纬，则学问思辨之功不必其备。由是而复绎我高皇释格致之说，流洽洞贯，若决江河而注之海也。臣以此则叹千古绝学，续自高皇，圣人生知，真由天授，惜当时廷臣无有能推扩而光大之者，遂使疑以传疑，穷而生变，而邪说者流得以乘间而行其猖狂无忌惮之私。臣每读书至此，未尝不掩卷而三叹也。向使程、朱不为郑本所惑，则格物当不至于错会；使高皇此解，旧为《大学》指南，则如日中天，有明共见，虽邪

说亦无所容，即《古石经》不存可也。乃程、朱既仍其误于前，而高皇之说又不得阐明于后，一经指摘，众口哓哓，使《大学》有开卷之错，而程、朱受误人之罪，又何怪乎邪说之易以惑人也哉？[1]

其次，是唐氏所撰的《石经大学跋》：

岁丁丑（万历五年，1577），余得是本于吉州张公（张振之），乃今翰吉安成邹汝光（邹德溥）氏所寄，窃疑好异者之为也。录一通箧之，不复详其旨归矣。癸未（万历十一年，1583）夏秋间，读《易》公暇，粗有会解，偶思《大学》、《中庸》二书，若与夫子大小《象》相类，会有遗郑端简公（郑晓）《古言》者，中一段述《石经》及贾逵经纬之说，始取是本三四读之，津津乎若有契也。独以世传玄（郑玄）注久，逵之言孰与

〔1〕 唐伯元：《石经疏》，《醉经楼集》“奏疏附刻”，页187—188。按：郑晓所记《石经》事，见《古言》卷上，《四库全书存目丛书》子部第86册影印明嘉靖四十四年项笃寿刻本，页500—501。李瓒有关《石经》文本的描述和释义，附录在刘斯原《大学古今本通考》卷3（页606），兹录于此：近世传有《石经大学》一卷，与古本不同，但不知何所传授？姑存之，以见《大学》一书古今异同之辩如此。《石经》首一条（先纲领也），次古之欲明一条（后条目也），次黄鸟一条（起知止意），次遂继之以知止而后有定一条，次邦畿一条，次听讼一条，次此谓知本（皆言致知也），因以此知本字，接下条修身为本本字（既知本，则物格矣），遂次物格而后知至一条（以七后字应前后字也），次诚意一章，次正心一章，增“颜渊问仁”二十二字，次修身齐家一章，次治国一条，次一家仁一条，次如保赤子一条（以后条居前，亦无不可），摘出尧舜帅天下一条，置之平天下中（以有天下字也），次故治国五条，次平天下章，止此之谓民父母，继以秦誓者（先言用人也），以节彼一节次之者，应灾必逮夫身也，次君子先慎乎德（言理财也），引殷之未丧师，言得失以惟善为宝证之，次言悖而出一条，引康诰惟命不于常，言得失以仁亲为宝证之，次仁者以财发身二条，次生财有大道，次孟献子二条（言理财止此），以是故君子有大道一条，总前用人理财得失，然后以尧舜帅天下一条结修身为本应自天子，以康诰曰克明德一章，结明明德，以汤之盘铭结新民，以诗云穆穆文王前王不忘结止至善，此石经诠次之义也。

玄信，则从之核之师门授受，厥有渊源，若更可考。今年夏，见翰吉于都门，因知此本出其先兄宪佥君（邹德涵）从石刻抄出，间以询诸缙绅长者，或谓四明丰氏（丰坊）家有之。于是乎始信向者之传有自也。自李唐后玄注盛行，学者虽见此刻，略不复省，格物之解既为聚讼，而《大学》亦若存若亡。呜呼！自非吾圣祖有修身释格致之言，与此本幸而复存于世，则是书虽为学者传诵，亦何所据而为入德之门哉？经曰："天之未丧斯文也。"意者其在兹乎？丝竹之声，大一之精，其光烨烨，其音铮铮。敬识篇末，以谂诸同志君子。唐伯元跋。[1]

这篇《石经大学跋》未见于唐伯元的文集，而是收录在万历二十三年成书的刘元卿著《大学新编》首卷《石经大学白文》之末。当时刘氏以举人身份受朝廷征聘，为礼部主客司主事，在任上撰成该书，是希望在政局维艰的现状下，不负自己的征聘身份而对朝政有所委婉诤谏。[2]

刘元卿书中提供了解读唐伯元跋文的线索。其一，在撰于万历二十三年七月的《题大学新编》中，刘氏云："予独恨石经之不蚤见于王子（王阳明）之世也。见于王子之世，则纷纷之说可无辨也。……石经传自邹宪佥（邹德涵），唐天官郎（唐伯元）得之，上

〔1〕此文不见于唐氏文集，原载刘元卿《大学新编》卷1，兹据朱鸿林点校《醉经楼集》附录一，页232—233。按："若更可考"下，唐氏有自注云："按史：（元）〔玄〕受之马融、挚恂，而传之小戴圣；圣所传出后苍、孟卿、高堂生，而非秘府之藏也。逵父徽与其师杜子春，俱受业刘歆。当汉武帝时，《周礼》出岩屋间，归秘府，至成帝朝，歆始表而出之。五家之儒，皆不可得见，故逵之传，歆出也。其后逵官中秘，又著《礼》经传义诂及论难百余万言，为学者所宗。于时友人郑众与逵齐名，俱有解，而马融推逵最精，逵故独行于世，众解不行，故逵之言可据也。"

〔2〕关于刘氏撰写《大学新编》的过程和用意，参林展：《明万历年间刘元卿的出处考量与〈大学新编〉的编撰》，广州中山大学历史学系本科毕业论文，2013.6，页22—31。

于朝，于是此本稍稍流传人间，而耿师（耿定向）最深尊信之，王大常（王时槐）嗣为表章。予每读不忍去手，偶从政暇，略疏其义，更缀以本朝诸儒发明语。……若《石经》之可据与否，则郑端简（郑晓）诸先生之论具矣。”[1] 其二，卷首附录的《编中引用姓氏》15 人，其中就包括黄安耿定向字在伦、王大常时槐字子植、邹宪佥德涵字汝海、邹翰吉德溥字汝光、张吉州振之。这些人同样与唐伯元接触《石经大学》之事密切相关。[2]

从上引资料可知，唐伯元最初于万历五年在江西泰和知县任上，从时任吉安知府张振之处获得《石经大学》，而张氏则由治下安福举人邹德溥寄赠。当时唐氏犹“疑好异者之为”，没有多加留意。至十一年任官南京时，唐氏对《学》、《庸》关系别有会解，将之拟作《周易》的大小《象》。也正在此时，他获赠南昌李瓒著《经疑》及名学者郑晓所著《古言》二书，其中所载《古石经大学》，均与唐氏手中所持文本相同，而且郑书也指出《学》、《庸》具有“经—纬”关系，正好与唐氏见解互相印证。因此，唐氏对《石经》的态度转变了。随后，唐伯元还当面询问邹德溥，得知此书源于其兄邹德涵“从石刻抄出”。此外，唐氏还打听到四明大藏书家丰氏同样藏有此书。

在来历可据而信从者众的情形下，唐氏终于相信这本《古石经大学》就是孔子之孙子思所作的原书，故为之另做疏解，上奏朝廷：

> 敬将《古石经》缮写二本，略为小疏其旁，献上御览。伏乞皇上存留一本，以备暇豫之观，其一本乞发下礼部，与各儒臣参看。如果此本可信，则望刊正旧本之误。不然，则请遵依高皇格致之解，独改一条，以式多士；其《古石经》姑付史馆，

---

〔1〕 刘元卿：《题大学新编》，载《大学新编》卷首，页 401—403。

〔2〕 刘元卿：《大学新编》卷首，页 404。

> 以存一种之书。又不然，则望敕谕天下士子，一遵朱注，不得背畔以从邪，其有轻毁朱熹者，乞照臣前疏所陈，以违制论。则同文之化广，异学之徒息，道德可一，风俗可同，亿万年之太平，端在是矣。

就《石经大学》而言，唐伯元对朝廷的期待可分为三层。首先，如果此本的确可信，则以之“刊正旧本之误”。所谓旧本，自然是指朱熹的《大学章句》本。其次，则将此书付史馆保存，但也要根据明太祖以修身释格致，改正朱熹本的这条解释。最低限度，也要“敕谕天下士子一遵朱注”，不许背离朱子而从王阳明之说，否则“以违制论”。

所谓“前疏所陈”，是指唐氏同时上奏的《从祀疏》。万历十二年十一月，朝廷从祀王阳明、陈献章（1428—1500）、胡居仁（1434—1484）于孔庙。[1] 阳明获准从祀孔庙，意味着其人成为朝廷表彰的“真儒”，其学说也自动成为朝廷公开认可的“正学”、士子进学和科举答题的标准。唐伯元于次年春上《从祀疏》、《石经疏》，公开抗议阳明从祀。因此，引文中反复出现的“邪”、“异学之徒”，就是指王阳明及其学说而言。

对于唐伯元来说，最理想的当然是第一种情况，“刊正旧本之误”。事实上，这是委婉的说辞：如果其进呈的《古石经大学》果然可据可从，那就意味着将朱熹《大学章句》取而代之了。

唐氏之所以愿意信从《古石经大学》文本，为之做疏解，将之进呈朝廷，希望获得认可并颁行天下，固然是因为《石经》看起来来历可靠、信从者多。但更重要的理由是，从《大学》的义理体系

〔1〕《明神宗实录》卷155，万历十二年十一月庚寅，页2865—2868。

来看，《石经》文本更加契合唐伯元对“修身”的强调。[1]“修身”是当时一部分学者共同强调的概念。这些学者既不满阳明后学尤其是左派中泛滥的言行不顾、任心径情的现象，也不能完全同意朱子的格物解释，因此大力提倡“修身”才是“大学之道”。[2]唐氏为了论证“修身”最为重要，不仅反复转引湛若水所举明太祖之言为据，同时诉诸当时并存的多种《大学》文本中，最能凸显“修身”重要性的《石经》本。

在《石经疏》中，唐伯元通过将《石经大学》与王阳明《古本大学》（即郑玄本）、朱熹《大学章句》比较，详细论证《大学》最为关键、分歧最多的入手概念“格物”，其实就是“修身”的观点：

> 臣往为诸生时，尝闻之师太仆少卿吕怀曰：“物有本末一节，是格物也。”虽未尽解，私心识之。已而得见尚书湛若水进呈《圣学格物通序》，内述“我太祖高皇帝谕侍臣之言曰：‘《大学》一书，其要在修身。’而《大学古本》以修身释格致，而曰：‘此谓知本，此谓知之至也。’”臣乃端默而徐思之，正与向所闻符合，窃私自喜，以为千七百年不传之秘，其尽在高皇一言矣。盖万物皆备于我，我亦一物也；事者，物之事也；身与家国天下对，而本末系焉；修身与齐治平对，而终始系焉；知所先后，格之谓也；格，通也；近道者，大学之道也。是故“修身为本”，即“物有本末”之本；“本乱末治”，即“物有本末”之本末。故孟子曰：“有不得者，皆反求诸己，其身正而

〔1〕以下有关唐伯元主张“修身”才是“大学之道”的讨论，主要节取自朱鸿林：《晚明思想史上的唐伯元》，田浩编：《文化与历史的追索：余英时教授八秩寿庆论文集》，页163–183。

〔2〕刘勇：《中晚明士人的讲学活动与学派建构——以李材（1529—1607）为中心的研究》，页80—81。

> 天下归之。”其为义甚明，其为学甚约，似的然无复可疑者矣。但以郑本及程、朱定本观之，其未敢自信者有二：一则置“知止……能得”于格物之前，似乎先深而后浅；一则以儒者学问思辨之功，无所容于八条目之内，则《大学》未免为不完之书，似亦可以姑置也。[1]

根据老师吕怀、师祖湛若水，以及湛氏引述的明太祖意见，唐氏认为郑玄本（即《大学古本》）中“物有本末”之本、“本乱末治”之本，都是“修身为本”之本，故“此谓知本，此谓知之至也”，均指“修身”而言。朱子依据程颐的意见，认定“此谓知本”是衍文，而“此谓知之至也”之前“别有阙文，此特其结语耳”，并由此删去前者，补写以“即物穷理”来解释“格物致知”的传文。这些《大学章句》中最重要的改动，统统都属错误。因此，就古本与程、朱改本（即《大学章句》）相较而言，唐氏认为古本不仅不误，而且更能表明格物就是修身的观点。

不过，更能论证格物就是修身的，是《石经大学》文本。在《古石经大学序》中，唐伯元以问答方式比较了古本与《石经》本的差异：

> 曰：“然则子之‘知所先后’为格物也，必《石经》而明欤？”
>
> 曰：“非也。吾有所受之也。尝闻之师曰：‘物有本末一节，是格物也。’我太祖高皇帝曰：‘《大学》一书，其要在修身。’而《大学古本》以修身释格致，曰‘此谓知本，此谓知之至也’，皆不必《石经》解也。虽然，犹经解也。如《石经》，则

〔1〕 唐伯元：《石经疏》，《醉经楼集》“奏疏附刻”，页186—187。

可以无解矣。”[1]

古本犹为“经解”，而《石经》可无待解。这个无待解的部分，主要体现在《石经》最重要的开头文字，即大致相当于朱熹《大学章句》中最为重要的所谓“经文”部分：

大学之道，在明明德，在亲民，在止于至善。

古之欲明明德于天下者……致知在格物。

物有本末，事有终始，知所先后，则近道矣。《诗》云：“缗蛮黄鸟，止于丘隅。”子曰：“于止，知其所止，可以人而不如鸟乎？”

知止而后有定……虑而后能得。《诗》云：“邦畿千里，惟民所止。”子曰：“听讼，吾犹人也，必也使无讼乎？无情者不得尽其辞，大畏民志。”此谓知本。自天子以至于庶人……未之有也。此谓知本，此谓知之至也。

物格而后知至……国治而后天下平。[2]

在《石经》文本中，“知止而后有定”至“虑而后能得”节，位于“格物”之后，符合由浅入深的义理认知逻辑，解决了古本和程朱改本“知止……能得”在前、“格物”在后所导致的由深入浅的逻辑难题。

对于古本和程、朱改本的第二个矛盾，即“儒者学问思辨之功，无所容于八条目之内”，《石经》文本和《大学》、《中庸》同为子思的“经—纬”之作的说法，也能圆满解决。“学问思辨之功”是指

---

〔1〕 唐伯元：《醉经楼集》“奏疏附刻”，页 191。

〔2〕 唐伯元：《古石经大学》疏解，《醉经楼集》“奏疏附刻”，页 192—193。

《中庸》所说“诚之者，择善而固执之者也。博学之，审问之，慎思之，明辨之，笃行之”，但《大学》中完全没有提及这个道理。唐氏因此觉得它存在严重缺陷，“为不完之书”。在《古石经大学》疏解结尾，唐氏明确指出《学》《庸》“经—纬”说，能够弥补《大学》这个缺陷：

> 今按：《中庸》一书，首尾二章，举其要也。自“君子中庸”至“察乎天地”，释中庸也；中庸者，至善之谓也。自“道不远人”至“登高必自卑”，言修身也。妻子兄弟父母，言齐家也。舜受命，武缵绪，周公成德，武、周达孝，为国以礼，一本于祭祀之诚，言治国也。夫子告哀公，文、武为天下国家有九经，言平天下也。言修身而及于治人，言齐治平而及于修身，《大学》之道也。“自诚明”至“纯亦不已”，言诚也，体也。自“大哉圣人之道”至“天地之所以为大”，言道也，用也。体与用合，故圣曰至圣，诚曰至诚，业曰配天，德曰达天，明德、亲民、止至善也。始乎慎独，终乎慎独，故曰“壹是皆以修身为本”，“其要只在谨独”。《大学》以次序相因言，重本；《中庸》以义理究竟言，详事。《大学》之序不可乱，《中庸》之功不可缺。《大学》学其大，《中庸》庸其中，此经纬之旨也。《大学》言正心，《中庸》不著；《大学》言诚意，《中庸》止言诚身，修身为本可见。
>
> 如《大学》详，则《中庸》可无作矣。《大学》不可详，而《中庸》又不作，则《大学》为不完之书矣。故一经一纬，其义始备，此子思上接曾子之传，而下以俟夫孟子者也。[1]

〔1〕 唐伯元：《古石经大学》疏解，《醉经楼集》“奏疏附刻”，页 198—199。

由此可见，《学》《庸》内容既可以一一对应、互相印证，如修齐治平、三纲领等，也有各自侧重、互为补充之处，而这正是两书“一经一纬”的体现。在《古石经大学》与《中庸》原本就是“经一纬”关系的前提下，上述所谓《大学》的缺陷，本来就是由《中庸》来说明的，故所谓《大学》“为不完之书”，根本就不成其为问题。“经一纬”之说不仅解决了这个疑难，也证明了《石经》文本的可信可从。

因为《大学》和《中庸》本来便是互补之书，《大学》的理论空隙，需要也可以由《中庸》来填补。在唐伯元看来，《石经大学》使人能够把修身当成是学问之本，是格物致知的实在工夫。明太祖“《大学》之道，其要在修身”之言，更加增强了《石经》文本的合理性，同时也显示了朱子、王阳明二家所言，皆非确乎不拔之说。

总而言之，唐伯元强调修身的重要性。这在其所有有关《大学》的重要文字如前引《石经疏》、跋、疏解中都体现得非常明显。在他的解释下，《古石经大学》文本更能凸显修身才是儒学之本的观点，而格致诚正均是修身的功夫和事目：“诚意、正心者，修身之功也；格物、致知者，求诚之事也”、“格物即致知也”。[1]

上述讨论，有助于呈现唐伯元看待《石经大学》的态度转变过程：最初接触时不以为然，随着接触增多而态度逐渐改观、信心增强，接着加以义理疏解，融入自己的理念和主张，最终上奏朝廷，要求将之取代朱子文本或并行颁布天下、最低限度也要求以之打击对手。不过，唐氏在万历十三年春上《从祀疏》和《石经疏》的后果，却非其始料所及。《明神宗实录》记载：

> 谪南京户部署郎中事唐伯元三级调外。伯元上疏丑诋新建

[1] 唐伯元：《古石经大学》疏解，《醉经楼集》“奏疏附刻”，页192。

> 伯不宜从祀，且谓《六经》无心学之说，孔门无心学之教，守仁言良知，邪说诬民。又进《石经大学》，云得之安福举人邹德溥，已为制序。南兵科给事中钟汝淳特疏纠之，后降海州判官。[1]

从事件始末和此处的措辞来看，朝廷的贬谪惩罚，其实主要针对唐伯元反对已成定案的阳明从祀孔庙事情而发。[2]相较而言，奏进《石经大学》文本属于次要问题。不过，唐氏此举反而给《石经大学》带来了意想不到的宣传和传播效果，正如佐野公治所说，“使石经本之存在广为人知”。[3]几年后，刘元卿就在其《大学新编》卷首题识中指出：“石经传自邹宪佥，唐天官郎得之，上于朝，于是此本稍稍流传人间。”[4]刘氏本人，正是受唐伯元这次上疏影响者之一。

因受征聘而任职朝中的刘元卿，看来深受唐伯元上奏的影响。在他的《大学新编》中，不仅收录唐氏跋文，而全书也以石经为主：首先收录《石经大学白文》、《石经大学略疏》、《石经大学发明》，然后是《石经大学广义》上、下。在义理阐释方面，刘氏同样选择以发挥《大学》“诚意”、“修身”的道德论述为主，尝试对当时因“国本”之争处于尖锐对立的神宗皇帝和朝中大臣，进行委婉的诤谏；最低限度，它也表达了一个受到朝廷征聘礼遇的臣子，对朝政难题的“默挽”努力。[5]

受到唐伯元影响的不止聘君刘元卿，江西安福人王时槐也是其

---

〔1〕《明神宗实录》卷159，万历十三年三月己卯，页2922。

〔2〕详参朱鸿林：《王阳明从祀孔庙的史料问题》，《朱鸿林明史研究系列·孔庙从祀与乡约》，页175—197。

〔3〕佐野公治：《四书学史的研究》，页167。

〔4〕刘元卿：《题大学新编》，载《大学新编》卷首，页402—403。

〔5〕林展：《明万历年间刘元卿的出处考量与〈大学新编〉的编撰》，页22—31。

中之一。[1] 万历二十八年，79岁的王时槐撰成类似自编年谱性质的《自考录》。其中，万历二十年条下提到：

> 某得《石经大学》，是本出郑端简公（郑晓）《古言》，云："魏正始中，诏诸儒虞松等考正《五经》，刻之于石，始行《礼记》，而《大学》、《中庸》传焉。松《表》述贾逵之言，曰：'孔伋穷居于宋，惧先圣之学不明，故作《大学》以经之，《中庸》以纬之。'"甲申岁（万历十二年），澄海唐氏伯元序而刻之，序云："按史，逵父徽，受业刘歆。当汉武时，《周礼》出岩屋间，归秘府，至成帝朝，歆始表而出之，故逵之传，歆出也。"某往年读阳明先生所尊信《大学古本》，窃疑其中尚有错简。若朱子所更定《大学章句》，以己意补传，尤为未安。至是读《石经大学》，词旨完明，浑成一书，本无阙误。某以知止、知本释格（至）〔致〕，理极精切，其可信可传无疑。岂天未丧斯文，以致是书湮晦之久而复出乎！乃录寄门人贺汝定，于荆门刻而传之。[2]

据此可知，唐伯元在"敬将《古石经》缮写二本"前夕，[3] 已将该书"序而刻之"了。

显而易见，在《大学》文本争议问题上，朱子改动、补写而成的文本，尽管在明代已有两百余年的制度保障，至此也完全不能取信于王氏了。同样，处于朱子本对立面的王阳明《大学古本》，也不

---

〔1〕 王、唐二人曾有交往，见王时槐：《泰和曙台唐侯索书漫呈六条》，《王时槐集·友庆堂合稿》卷6，钱明、程海霞编校，上海：上海古籍出版社，2015，页578—580。

〔2〕 王时槐：《王时槐集·王塘南先生自考录》万历二十年条，页665。其中所录郑晓《古言》和唐伯元序言文字，皆属节引。

〔3〕 唐伯元：《石经疏》，《醉经楼集》"奏疏附刻"，页189。

能完全取胜。在此情形下，《石经大学》以看似来历可据作为第三方出现，迅速俘获了相当一批理学精英，取得他们的信任。王时槐无疑也是一例，并且在他看来这是以天意的形式，给了他超越阳明和朱子的绝佳机会。

在撰写上述文字的次年即万历二十九年（1601），王时槐以《石经大学》为据，与师友详细检讨朱子、阳明的格物解释：

> 近年复见《石经大学》，盖表章始于郑端简公（郑晓），而耿天台先生（耿定向）见而悦之，稍有发明，见于集中。敝邑邹聚所宪佥（邹德涵）则以白文刊布，邹四山内翰（邹德溥）、刘泸潇（刘元卿）礼部皆注释之，粤中唐曙台（唐伯元）吏部亦注释，且闻于朝矣。生读《石经大学》，见其以"物有本末"一段接"致知在格物"之下，而继以"知止"、"知本"云云，似是发明格致本旨。观此，则朱子之补传诚为赘疣，而阳明先生之说，恐亦未为作书者之本旨也。今抄录一册奉览。愚意谓学不知止，则意必不能诚。何谓知止？盖意心身家国天下总为一物也，而有本末焉。何谓本？意之所从出者是也。意之所从出者性也，是至善也。知止于至善之性，则意心身家国天下一以贯之矣，是谓物格而知至。何谓格？格者，通彻之谓也。[1]

同年，王时槐在答王宗沐信中又称：

> 《大学》一书，鄙意亦以《石经大学》为正。其词义浑成，

[1] 王时槐：《答杨晋山（辛丑）》，《王时槐集·友庆堂合稿》卷2，页414—415。该年王氏致杨氏另一信中也提到："故鄙意谓，果如《石经大学》知止知本之旨，则不必更言穷物理、致良知，而物理良知悉包括于知止之中矣。"同卷，页420。

原无错简，无缺文，不必更定而补缀也。明德为体，亲民为用，而至善又明德之体也，是性也。学以复性为宗，故止至善其要矣。《石经大学》以“物有本末”一段，紧接“致知在格物”之下，此其为发明格物致知本旨甚明。……格者，通彻之谓也。[1]

万历三十三年，王氏致信唐鹤征（1538—1619）时也表示：

《大学》首章，发明详悉。惟鄙意窃谓《大学》当以《石经》为正，近日亦谬以鄙见于《石经大学》白文之末略缀数语，尚未成刻，俟少迟当寄上以请裁割也。[2]

其中“略缀数语”，当指王氏于同一年撰成并刊刻的《石经大学略义》。[3] 据此，则《略义》成文当在此后不久。其中就以“物有本末”至“此谓知本，此谓知之至也”一节文字（全文见本节所引唐伯元《古石经大学》），为“发明格物致知之义”，并据此认定“先儒以为《格致传》阙，误矣”。《略义》文末的王氏题识云：

右《石经大学》出于贾逵，而表章于郑端简。嘉靖间，耿天台、唐仁卿皆尊信之，近岁刘调甫、邹汝光为之疏释，时槐得受读，深有契于衷焉。窃以为朱文公《大学章句》有补传、更定，似涉于割裂装缀；而王文成公《大学古本》一依注疏之旧，然味其文字，旨趣亦未甚莹，似不无错简也。

〔1〕 王时槐：《答王儆所（辛丑）》，《王时槐集·友庆堂合稿》卷 2，页 416。

〔2〕 王时槐：《答唐凝庵（乙巳）》，《王时槐集·友庆堂合稿》卷 2，页 447。

〔3〕 王时槐：《王时槐集·友庆堂合稿》卷 5，页 570—575。撰刻时间，见贺汝止：《续补王塘南先生恭忆先训自考录》万历三十三年条，《王时槐集·王塘南先生自考录》，页 673。

> 惟贾逵《石经大学》则词义融畅、理致昭晰，浑成一篇，绝无罅隙可疑。此必为孔门原书，本无舛错者。读此，则格致不必补传，亦不必别为训释，而此学朗然，昭如指掌矣！惟《大学》之切要，在格致以彻性、诚意以复性，此圣门传心之正宗，不当以异说淆之者。辄不忖愚陋，略述其义，以质于有道君子云。[1]

文中称唐伯元尊信《石经大学》在嘉靖年间，自属王氏记忆之误，但这篇识语呈现的基调，则与林希元、唐伯元公开上奏朝廷，要求取代朱子《大学章句》文本之举，并无二致。文中明确指出：朱子改本"割裂装缀"、阳明古本"不无错简"，而《石经》文本"词义融畅、理致昭晰，浑成一篇，绝无罅隙可疑"，因此"必为孔门原书，本无舛错者"。可以认为，王氏的态度和立场，与林、唐二人十分接近，区别只是其没有将《石经大学》公开上奏朝廷而已。

表2 王守仁·朱熹·唐伯元三种《大学》文本异同比较表[2]

王阳明古本	朱子《章句》本	唐伯元《石经》本
A．大学之道，在明明德，在亲民，在止于至善。 B．知止而后有定……虑而后能得。 C．物有本末……则近道矣。 D．古之欲明明德于天下者……致知在格物。 E．物格而后知至……国治	A．大学之道，在明明德，在亲（新）民，在止于至善。 B．知止而后有定……虑而后能得。 C．物有本末……则近道矣。 D．古之欲明明德于天下者……致知在格物。 E．物格而后知至……国治	A．大学之道，在明明德，在亲民，在止于至善。 D．古之欲明明德于天下者……致知在格物。 C．物有本末……则近道矣。(M)《诗》云缗蛮黄鸟……人而不如鸟乎？ B．知止而后有定……虑而

〔1〕 以上见王时槐：《王时槐集·友庆堂合稿》卷5，页571、575。
〔2〕 唐伯元：《古石经大学》，《醉经楼集》"奏疏附刻"，页192—193。

续表

王阳明古本	朱子《章句》本	唐伯元《石经》本
而后天下平。 F. 自天子以至于庶人，壹是皆以修身为本……未之有也。 G. 此谓知本，此谓知之至也。	而后天下平。 F. 自天子以至于庶人，壹是皆以修身为本……未之有也。 右经一章，盖孔子之言，而曾子述之；其传十章，则曾子之意，而门人记之也。旧本颇有错简，今因程子所定，而更考经文，别为序次如左。	后能得。(L)《诗》云邦畿千里，惟民所止。(O) 子曰听讼……大畏民志。此谓知本。(F) 自天子以至于庶人……未之有也。(G) 此谓知本，此谓知之至也。 E. 物格而后知至……国治而后天下平。
H. 所谓诚其意者……故君子必诚其意。 I.《诗》云瞻彼淇澳……此以没世不忘也。 J.《康诰》曰克明德……皆自明也。 K. 汤之盘铭曰……是故君子无所不用其极。 L.《诗》云邦畿千里，惟民所止。 M.《诗》云缗蛮黄鸟……人而不如鸟乎？ N.《诗》云穆穆文王……与国人交，止于信。 O. 子曰听讼……大畏民志。此谓知本。 P. 所谓修身在正其心者……此谓修身在正其心者。 Q. 所谓齐家在修其身者……此谓身不修不可以齐其家。 R. 所谓治国必先齐其家者……此谓治国在齐其家。 S. 所谓平天下在治其国者……以义为利也。	1J.《康诰》曰克明德……皆自明也。 右传之首章。释明明德。此通下三章至“止于信”，旧本误在“没世不忘”之下。	H. 所谓诚其意者……故君子必诚其意。 P. 所谓修身在正其心者……【“颜渊问仁子曰非礼勿视”等22字】此谓修身在正其心者。 Q. 所谓齐其家在修其身者……此谓身不修不可以齐其家。 R. 所谓治国必先齐其家者……此谓治国在齐其家。 S. 所谓平天下在治其国者……以义为利也。 s. 是故君子有大道……骄泰以失之。(r) 尧舜帅天下以仁……而能喻诸人者，未之有也。(J)《康诰》曰克明德……皆自明也。(K) 汤之盘铭曰……是故君子无所不用其极。(N)《诗》云穆穆文王……与国人交，止于信。(I)《诗》云瞻彼淇澳……此以没世不忘也。
	2K. 汤之盘铭曰……是故君子无所不用其极。 右传之二章。释新民。	
	3 L.《诗》云邦畿千里，惟民所止。(M)《诗》云缗蛮黄鸟……人而不如鸟乎？ (N)《诗》云穆穆文王……与国人交，止于信。(I)《诗》云瞻彼淇澳……此以没世不忘也。 右传之三章。释止于至善。此章内自引淇澳诗以下，旧本误在诚意章下。	

续表

王阳明古本	朱子《章句》本	唐伯元《石经》本
	4O．子曰听讼……大畏民志。此谓知本。 右传之四章。释本末。此章旧本误在“止于信”下。	
	5．此谓知本。（程子曰：“衍文也。”）此谓知之至也。（此句之上别有阙文，此特其结语耳。） 右传之五章，盖释格物、致知之义，而今亡矣。此章旧本通下章，误在经文之下。闲尝窃取程子之意以补之曰：“所谓致知在格物者，言欲致吾之知，在即物而穷其理也。……此谓物格，此谓知之至也。”	
	6H．所谓诚其意者……故君子必诚其意。	
	7P．所谓修身在正其心者……此谓修身在正其心者。	
	8Q．所谓齐其家在修其身者……此谓身不修不可以齐其家。	
	9R．所谓治国必先齐其家者……此谓治国在齐其家。	
	10S．所谓平天下在治其国者……以义为利也。	

表 3　王守仁·朱熹·唐伯元三种文本对比示意简表[1]

王阳明古本	朱子《章句》本	唐伯元《石经》本
A	A	A
B	B	D
C	C	CM
D	D	BLOFG
E	E	E
F	F	H
G	J-1	P+
H	K-2	Q
I	LMNI-3	R
J	O-4	S
K	-5	srJKNI
L	H-6	
M	P-7	
N	Q-8	
O	R-9	
P	S-10	
Q		
R		
S		

〔1〕 文本比较以阳明古本为基准，将其文句按出现先后顺序标示 ABC，然后观察这些文句在朱子《章句》本、唐氏《石经》本中的位置变动与合并、拆分情形。朱子《章句》本一栏的数字 123 表示朱子所分“传”第一、二、三章，第五章属朱子补撰的格致补传。唐氏《石经》本并不分章句，该栏是按其原文的分段情况来制作的，P+一格中“+”号，表示在 P 段文字即通常所说的《正心章》之末，《石经》本增加了“颜渊问仁，子曰：‘非礼勿视，非礼勿听，非礼勿言，非礼勿动’”凡 22 字。该栏最后一格中的小写字母 s 和 r，分别指从原 S 和 R 中抽出的一句文字，再与原 JKNI 文字合并，成为唐氏《石经》本的最后一段文字。

三、管志道的顾虑与退缩

在王阳明从祀孔庙已成定案之后，唐伯元公开上疏反对，同时奏进《石经大学》的举措，产生了相当可观的宣传效应。除上述刘元卿、王时槐之外，时人杨起元（1547—1599）也明确提及此事。[1]清初毛奇龄（1623—1716）还注意到更多线索："明嘉靖间有巧为作伪者，造为魏政和《大学》石经本，出于甬东丰坊。海盐郑晓、许仁卿家……竞传其书。沿至万历甲申年（十二年），南京户曹郎唐伯元直上其书，请颁布学宫，而神宗疑之，寝奏不行。然犹有石刻本、《稗海续》本、宋氏《大学居疑》本传世不绝。"[2]毛氏提到在此影响下产生的几种文本，具体情形还有待跟进。当时受唐伯元上疏请颁《古石经大学》影响的人，也包括娄江人管志道（1536—1608）。管氏不仅动手改订文本，日后还受到继续上奏朝廷的怂恿。

管志道字登之，号东溟，隆庆五年进士，万历初以疏陈朝政利弊忤张居正，被贬官岭南。在学术思想多元化的16世纪，管氏以其鲜明的三教合一论调而引人注目。[3]万历二十七年（1599），管氏应

〔1〕杨起元《石经大学附论序》云："楚侗耿先生取郑端简公所存《石经大学》而表章之，曙台唐子上于朝。其本与汉郑玄古本不同，然亦自为一篇，不以经传析也。……予友鲁川曹丈（曹允儒），笃信师传，恪遵遗训，乃网罗绪论，依《石经》次序注之，意在宣阐师言，维持人道，非徒辨同异、争是非者也。"《太史杨复所先生证学编》卷3，《续修四库全书》第1129册影印明万历四十五年畬永宁刻本，页426—427。

〔2〕毛奇龄：《四书改错》卷13《记述错》"《大学》曾子"条，胡春丽点校，上海：华东师范大学出版社，2015，页282—285。唐氏上疏事，在毛奇龄《大学证文》卷2"魏正始石经改本"、《古文尚书冤词》卷1中反复论及。

〔3〕详参荒木见悟：《明代思想研究：明代における儒教と佛教の交流》，页149—185；荒木见悟：《明末宗教思想研究：管东溟の生涯とその思想》，东京：创文社，1979。Jaret Wayne Weisfogel, *Confucians, the Shih Class, and the Ming Imperium: Uses of Canonical and Dynastic Authority in Kuan Chih-tao's (1536-1608) "Proposals for following the men of former times to safeguard customs" (Ts'ung-hsien wei-su i)*, Ph. D. Dissertation, Columbia University, 2002.

唐伯元的友人之请，撰《为澄海唐仁卿选君传补逸》，忆及二人的交往情形。据之可知，大概在万历七八年，管氏仕宦途经江西泰和，[1]与时任知县的唐伯元“倾盖数言而成莫逆”；后来唐氏“改官过吴门”，复与管氏论学，“莞然解颐”。在批判阳明后学中行不掩言的“见龙”作风上，两人尤其显得志趣相投。[2]至于《石经大学》，应该也是他们交往中必不可少的话题之一。

至迟在万历初年，管志道就已经开始“殚精紬绎”其师耿定向所赠《石经大学》和《大学古本》。后来，他又受唐伯元上奏朝廷的影响，陆续纂集、修订《大学》文本和解释。直到万历三十四年（1606），他才出版了《重订古本大学章句合释文》、《古本大学辨义》、《石经大学测义》等系列著述。[3]在长达数十年内撰成的多种专书和为数不少的论学书信中，管氏对《大学》文本和解释发表了

---

〔1〕管志道于万历七年因忤张居正被出官为广东按察司佥事分巡南韶道，八年再被劾致仕，与唐氏在泰和见面，当在赴返南韶途中。见钱谦益：《湖广提刑按察司佥事晋阶朝列大夫管公行状》，《牧斋初学集》卷49，《钱牧斋全集》第2册，钱仲联标校，上海：上海古籍出版社，2003，页1252—1267。

〔2〕管志道：《为澄海唐仁卿选君传补逸》，《惕若斋续集》卷1，台北：汉学研究中心影印日本内阁文库藏明万历二十四年序刊本，叶12—14；亦载唐伯元：《醉经楼集》附录二，页277—279。

〔3〕本书据管志道：《重订古本大学章句合释文、古本大学辨义、石经大学测义、中庸测义、重订中庸章句注释、重订论语注释、孟子订测》，上海图书馆藏万历三十四年序刊本。钱谦益《牧斋初学集》卷49管氏行状谓：“公所著书有《周易六龙解》一卷，《剖疑》一卷，《石经大学测义》三卷、《辩义》二卷、《订释》一卷，《中庸测义》一卷、《订释》二卷，《论语测义》十卷、《订释》十卷，《孟子订测》七卷，《刑曹疏议》四卷，《从先维俗议》五卷，《续原教论评》二卷，《惕若斋前后集》六卷，《宪章余集》六卷，《问辩、酬咨、諕譋录》合二十余卷，《觉迷蠡测》六卷。”（页1266）但黄虞稷《千顷堂书目》卷2著录为：“管志道《石经大学章句辑注》一卷，又《测义》三卷，又《略义》一卷，又《古本大学订释》一卷，又《辨古本大学》一卷。”（页45）而朱彝尊《经义考》卷160则著录为：“管氏志道《大学六书》八卷：《测义》三卷，《辑志》一卷，《略义》一卷，《古本订释》一卷，《辨古本》一卷，《石经大学附录》一卷，存。”（页2928）其中差异，未知何故。李纪祥所据日本内阁文库本，与上述诸本亦有异同，见《两宋以来〈大学〉改本之研究》，页202。

相当复杂的看法。本书重点论述的，是其文本改订活动，以及对待官方定本的态度。

在管志道的上述几种专书中，《重订古本大学章句合释文》卷首的自序尽管已经有所残阙，但残存文字对于了解管氏接触《大学》诸本的历程，及其对诸本的认识和相应的撰著活动，皆有重要参考价值，值得详细引述在此：

> 国朝有郑端简公晓者，首称贾逵《大学》逸编传世。其言以为《大学》一书，戴〔圣〕、郑〔玄〕、贾〔逵〕□□俱不分经传……其诠次与戴、郑二家之本迥……旬与经传则同，余一见即起……无小疑，殚精紬绎者数年而信……万历癸巳（廿一年）、甲午（廿二年）两年间，□为订……削经传之名，然隐隐怀疑，未知果……之旧否？
>
> 迨甲辰（卅二年）冬，患下堂之伤，历乙巳（卅三年）、丙午（卅四年）而艰于履。困衡且两年，思之思之，真若有鬼神通之者，不啻炙孔氏祖孙（孔子、子思）于一堂而亲受其提命也。然犹虑学者溺于所闻，全文难以擅动，姑从〔贾〕逵本；《格致》一章，稍稍裁其错简，而将错就错之隐嫌终□。复搜逸箧，得瞿元立（瞿汝稷）所贻《石经古本序》，□□有武原王文禄所闻于丰氏坊之言，□□魏本而疑戴〔圣〕本，虽与〔贾〕逵本略有异同，而其表《学》、《庸》出子思一人所作，如出一口，且谓《大学》系《中庸》四十七篇中之第三篇也。瞿子疑之特甚，而愚则隐然有深思焉。特苦文献之不足征耳。旋与一二知者推敲之，有谓不如直将所见满盘托出，藏诸名山，以俟后者；又有怂余照今蔡符卿肖谦君悉（蔡悉，1536-1615）故事，直从林下具本上闻者，则余又避衒□钓名之嘲，不能也。幸值当道名公，若抚若按，俱有好问好察之怀，遂出是稿以请

> 裁焉，流通则非吾事。……有劝余革分章分句之旧套者，甚旨其言，而不能从也。盖恐篇长而无段落，不便于读者之寻绎耳。
>
> 释文多沿朱子旧注，而有注之所未尽者，则先有《测义》三卷，续有《或问辨义》三十二条，刍言或可以备圣择云。大明万历丙午仲秋上浣甲辰娄江管志道序。[1]

此序中最堪注意的，是管志道犹豫不定的顾虑情绪。受到郑晓所说的影响，他在万历二十一二年间进行过《大学》改本工作。其中重要改动之一，是放弃了朱熹的"经—传"结构。不过，他的文本立场摇摆不定，在朱子本、古本和石经本之间难以抉择。所谓"犹虑学者溺于所闻，全文难以擅动"、"有劝余革分章分句之旧套者，甚旨其言，而不能从"云云，最能反映他的艰难处境：既想要彻底抛弃朱子《章句》本，却又无法下定决心放手去做；想要折中调和，仅对朱子最遭人诟病的"《格致》一章，稍稍裁其错简"，但这样做连自已都觉得有"将错就错之隐嫌"。即使在万历三十三四年间经过反复琢磨，又翻箱倒柜地找出瞿汝稷赠送的《石经古本序》、王文禄刊刻的丰坊《石经大学》进行佐证，他仍然无法做出抉择。面对他人"将所见满盘托出，藏诸名山，以俟后者"的建议，管氏又似乎心有不甘：难得有如此良机，碰到像《大学》文本这样关键性的大问题，如果白白放过，未免太过遗憾。然而，对于他人"直从林下具本上闻"的怂恿，他又祭出"避衒□钓名之嘲"的堂皇借口。如下文将指出的那样，管氏在此前致信史孟麟时，明确认定只有《石经大学》才是"孔壁真传，故不可不早颁于天下"。因此，他之所以没有上奏朝廷，很可能是汲取了唐伯元、蔡悉等人的前车之

---

〔1〕 管志道：《重订古本大学章句序》，《重订古本大学章句合释文》卷首。省略号表示残阙部分。

鉴，对此举充满顾虑，以“衒□钓名”的说辞掩饰自己打退堂鼓之实。总之，对于管志道而言，情形看来是这样：藏诸名山心不甘，上奏朝廷太极端，文本抉择也艰难。

对于《石经大学》文本，管志道同样犹疑不定、顾虑重重。他在《石经古本大学测义引》中讲道：

> 当京口麟出之年，余有内艰，不预宾朋吉会，将先师耿恭简公（耿定向）所贻《石经》、古本《大学》一帙，合先友唐仪部仁卿（唐伯元）呈过御览者，殚精细绎。有省，既为订《章句》而注解之，复为作《测义》而敷演之。《章句》遂有请梓之者，而《测义》中不无危言奥论，嫌于越俎而谋、揭日而行者，日抱行不揜言之羞，藏箧且一纪矣。岁逼古稀，而患乐正下堂之伤，弥年恐惧修省，心忽忽动，而冥征适有触焉，乃敢检出就正有道。盖生平所得于师友渐磨，困于心、衡于虑而后作者，大略漏在此编中矣。编分上中下三卷，亦有累年问辨诸札与此《测》相发明者，间取附入其中。虽不敢谓孔门之道统在是，亦窃比紫阳朱子所谓“国家化民成俗之意，学者修己治人之方，不无小补云”。万历丙午（三十四年）春（墓）〔暮〕癸巳，古娄管志道子登甫书于惕若斋中。[1]

在《石经大学测义》正文开篇，他又指出：

> 万历戊子（十六年），仪部郎唐伯元进呈御览，下部未覆。余于癸巳（廿一年）、甲午（廿二年）两年间留心此书，先订

〔1〕 管志道：《石经古本大学测义引》，《石经大学测义》卷首。按：所引朱子语，出自其《大学章句序》。

> 《章句》，辑朱注而损益之，复草《测义》三卷，而不敢轻出。迨丙午（三十四年）春，乃稍为修饰而出之。[1]

唐伯元上奏朝廷是在万历十三年春，管氏正文中回忆“万历戊子（十六年），仪部郎唐伯元进呈御览，下部未覆”，明显属记忆错误。[2] 尽管如此，从中仍可明显看出，管氏在相当长时期内，始终留心《大学》文本问题。

同样明显的是，管志道对于如何公布自己的《大学》改本成果，有着高度选择性。此点尤可从其出版活动中看出：对自己“订《章句》而注解之”的成果，即较为符合官定标准读本即朱子《大学章句》的，管氏优先予以出版；至于那些“复为作《测义》而敷演之”的文本，则“不敢轻出”、“藏箧且一纪”，保留十余年才出版，而理由是其中“危言奥论，嫌于越俎而谋、揭日而行”。换言之，这个《石经测义》的文本和解释，对官方正统文本冲击较大，因此他直到晚年才予以公布。

管志道《大学》文本撰述活动的实际情形，远较上述事后回忆复杂。[3] 在万历十七年（1589）所撰《表章石经大学序》中，他根据耿定向所赠《石经》及唐伯元上奏朝廷的《石经》文本和释义，既反驳朱子“补传之为赘”，也认为阳明主张的古本“亦果有错简焉”。此外，他还质疑朱子的《大学》孔经曾传说，“三纲八目之出于孔子，十传之出于曾子，断断乎其不然者也”，认定《大学》乃是子思手笔：“殆子思自笔之而自秘之也。”在此基础上，他进而批评主张

〔1〕 管志道：《石经大学测义》卷上，叶1。

〔2〕 同上书。唐伯元本与管氏本的异同，略见李纪祥：《两宋以来〈大学〉改本之研究》，页201—211。

〔3〕 上文脚注所示管氏有关《大学》的著述，《千顷堂书目》、《经义考》所著录，与现存上海图书馆藏本、日本内阁文库及尊经阁文库藏本之间的异同情形，也有助于说明此点。

孔、曾所作者，是“喜于高标绝学，歆动后贤，欲附于生民未有之一人，往往尊圣以显己，皆侈心也”。[1]

万历二十一年，正在注解《大学》的管志道，致信宜兴人史孟麟，提到自己对《石经》的看法：

> 《石经大学》乃孔壁真传，故不可不早颁于天下。不肖之注此书，兆在数年之前。[2]

这个看法，涉及管氏对《大学》文本传承的认知。他在《石经大学测义》中明确指出，相对于古本而言，《石经》更加传承有绪：

> 经出汉成帝朝，刘歆得诸秘府。至章帝朝，贾逵传入人间。缘郑玄古本盛行，逵不能夺，宗之者寡。故灵帝朝，蔡邕但刻郑本，不刻贾本。迨魏主芳政和年间，虞松始表之而刻诸石，石亦旋没。此必曹髦被弑之后，司马氏不久受禅，恶此石而毁之也。魏亦无政和年号，必正始二字之讹耳。[3]

显然，认定《石经》最符合圣贤原本的管志道，也赞同唐伯元的上奏意见，认为朝廷应该尽快将之“颁于天下”。尽管他本人并没有重复唐氏的上奏举动。万历二十九年（1601）前后，管志道致信理学名家李材，开篇便极力鼓吹《石经》文本，强调它是连程、朱和阳明诸贤都没能寓目的佳本：

---

〔1〕 管志道：《表章石经大学序》，《惕若斋集》卷3，叶3—6；并参《石经大学测义》卷上，叶2—3。

〔2〕 管志道：《与史都谏玉池丈书》，《惕若斋集》卷2，叶46—47。

〔3〕 管志道：《石经大学测义》卷上，叶1。

《大学》重化民之道，故首揭明德、亲民、止至善三纲，中详八条目，末则以没世之亲贤乐利要之。统绪分明，血脉亦贯，此石经之所有，诸本之所无也。程、朱三夫子，只缘未睹石经，而见古本《诚意章》中，语意纷杂，故为之析经传，又为之补格致之传文，不可谓非臆断。阳明王先生亦缘未睹石经，而见朱子补传之赘，是以据古本而削之。古本中有不可强解者，必为之圆巧其说，不可谓非成心。使此四君子者，早年即见斯经，必有决江河之智；晚年获见斯经，必有撤皋比之勇，不但不补传文，不泥郑本，而经传亦无事于分矣。……以石经校朱本，则补传果赘，而分经分传亦支；以石经校古本，则错简既多，而亦兼有脱简。《正心章》中，遗“颜渊问仁”，孔子答四勿一段是也。

接着，管氏引述“博洽君子”郑晓所述石经流传脉络，证明“石经之确于郑〔玄〕本”，“程、朱觉郑本之有错简而更定之，其精思原出阳明之上，特未知其作自子思，而误分经传，则苦于文献之无征也”。言下之意，自己现在能够看到石经，所以能够更上层楼：“愚所以信石经者，盖先有疑于朱本之《格致传》，继有疑于郑本之《诚意章》。沉蓄二十余年，得石经而稍释，则复疑石经《格致章》中之有错简。参详数年，而始豁然，一毫先入之见不敢执也。”〔1〕不过，早在万历五年以前，李材业已明确表示《石经大学》“不足为据”，因此在回信中与管氏针锋相对：“僭每谓理可凭者，吾惟断之以理；学可印者，吾当印之以学。焚坑后，简牍大率支离，石刻何

〔1〕 管志道：《答李中丞见罗先生书》，《问辨牍》元集，《四库全书存目丛书》子部第87册影印明万历刻本，页639—646。相关的《大学》解释，亦可参管志道：《石经大学测义》卷下，叶70—71；管志道：《答郑文学养贞书》，《续问辨牍》卷2，《四库全书存目丛书》子部第88册影印明万历刻本，页85—90。

时，岂必孔子自勘？要之，义顺文从，较自多者胜耳。此诸贤之所以屡经校勘，毕竟以注疏本为宗也。”李材之所以持这个态度，是因为《石经》本缺了“知本”二字，而这正是提倡“知本”即知“修身为本”的他断断不能接受的：“世所传石本未论多谬，只经文中缺却‘知本’两言，于学宗传去之远矣。”〔1〕

另外，在万历三十年序刻的《从先维俗议》中，管志道搬出明太祖的看法，认为《大学》、《中庸》“不无缺文错简，而当时无从考订，圣祖亦阙疑以存之耳”，然后表达“窃谓《学》、《庸》之缺文不可补，而错简亦可厘”，从而认定“唐伯元之进《石经大学》，亦信而好古之遗也，君子取节焉可也”。〔2〕

值得注意的是，管志道虽然认为《石经大学》最为可靠，“郑〔玄〕本（即古本）、朱〔熹〕本之必当取衷于贾〔逵〕本（即石经本），断无疑矣”，但又认定它的《格致章》也有错简，因此同样需要加以改订。最堪玩味的，是其坚持的理据：

> 然愚于《格致》一章，尚疑其有错简、有阙文者何？此以意逆志之论也。凡看古人文字，必设以身处其地与其时，而操觚亦若出自己手，方得。未有理不贯、文不消，而古人肯笔诸书者。故章内“物有本末”之承格物，更无疑；即“知止……能得”之承“知所先后”，亦理之可贯、而文之可消者也。〔3〕

〔1〕李材：《答管东溟书》，《正学堂稿》卷18，明万历二十九年爰成堂刊本，叶18—23。关于管志道与李材的论学交往，详参刘勇《中晚明士人的讲学活动与学派建构——以李材（1529—1607）为中心的研究》，页194—202。

〔2〕管志道：《尚论圣祖颁行经教隐意》，《从先维俗议》卷5，《四库全书存目丛书》子部第88册影印明万历三十年徐文学刻本，页484—485。

〔3〕详见管志道：《辨石经大学错简》（原注：《附简南大司马孙文融丈》），《重订古本大学章句释文》，叶32—36。文末有双行小字原注云：“右因孙司马来书云：‘弟近读《石经大学》，似原未曾有误，老丈今考定错简，弟亦未敢便以为然。’故有此辨，亦不敢执。”

> （在订正朱子本、阳明古本的错误后）兼亦订及〔贾〕逵本（即石经本）中之小错，而补其阙文。不过以意逆子思之志，借周家之太学，以明尼祖（孔子）下学上达之正宗耳。非敢立异说于先哲也。[1]

朱子本、古本皆有赖于石经本来订正，而石经本《格致章》又被管志道认定有错简阙文。在这个逻辑中，判断石经本《格致章》有错简阙文的理据，无疑最为关键。然而，对此管志道竟然仅仅诉诸“以意逆志”之论！

在石经改订本中，管志道尽管放弃了朱子的“经—传”结构，但仍然采用其开创的章句结构：“盖恐篇长而无段落，不便于读者之寻绎。”在文本方面，他主要改订《格致章》的错简，“翻知本在知止之先”，从“古之欲明明德于天下”至“国治而后天下平”节为第二章。[2]在解释方面，如前引其自序所述，“多沿朱子旧注”；朱注未尽之处，另撰《测义》三卷、《或问辨义》三十二条，但也久久“不敢轻出”示人。直到万历三十四年，已年届古稀的他，才出版此书以“就正有道”。这种犹豫和顾虑的情形，在他与南京兵部尚书孙鑨（1543—1613）辩论自己最具信心的《石经大学》时，也明显体现出来：“愚自评初订格致一章错简，尚是《大学》未了义谛；续订通篇错简及阙文，方是《大学》之了义谛也。但非请特旨不可耳！”[3]

---

〔1〕 管志道：《重订古本大学章句释文》第八章后的按语，叶31—32。

〔2〕 管志道：《石经大学测义》卷下，叶70—71；《重订古本大学章句释文》叶9—10第二章末之按语。对于管氏文本改动的具体分析，可参荒木见悟：《明末宗教思想研究：管东溟の生涯とその思想》第十章“石经大学の表章”，页367—404，末附《石经大学》原本与管氏《考定古本石经大学》；李纪祥则据日本内阁文库藏中文抄本（缺《测义》三卷）而有所分析，参《两宋以来〈大学〉改本之研究》，页201—211。

〔3〕 管志道：《辨石经大学错简》（原注：《附简南大司马孙文融丈》），《重订古本大学章句释文》，叶35—36。

在《大学》文本问题上，管志道的犹疑不定和顾虑退缩，也许不乏其合理性。对于他历经辗转反侧之后，最终选择的《石经大学》文本，就连其门下之士也充满疑问。门人钱谦益撰管氏行状时指出："公表章《石经大学》为刘歆、贾逵所传者，出于郑端简之《古言》，而门人瞿太仆汝稷著书，力辩其伪；绥安谢兆申（？—1629）作《石经考证》，尤为详核。或曰，嘉靖中四明丰坊伪撰也。谦益墨守旧闻，颇以二子之言为然，姑阙如，以俟后之君子。"[1] 在瞿汝稷的传记中，钱氏亦云："先生（管志道）表章《石经大学》，公（瞿汝稷）考核为伪书，作《质疑》以正之，曰：'不直则道不见，弟子事师，当如此也。'"[2] 朱彝尊则引钱一本（1546-1617）之语云："近有《石经大学》，虞山瞿元立考辨至为精核，其为伪造之书无疑，而管登之倔强不服，真所谓师不必贤于弟子。"[3]

四　攻击者想当取代者：张世则与《大学初义》

张世则字准斋、惟范，[4] 山东诸城人，万历二年（1574）进士，历宝坻、密云知县，八年六月升吏科给事中，后升南京礼部郎中，十七年五月升四川按察司佥事安绵兵备，二十年二月升陕西行太仆寺少卿，二十二年升江西湖东道参政，旋因忤权贵而致仕。传记称其"淹博有文辞，备兵安绵时，地简无事，缮城诘戎之外，日以著述为事。纂《貂珰史鉴》、《大学初义》二书上之。《大学初义》一遵古本，与

---

〔1〕钱谦益：《湖广提刑按察司佥事晋阶朝列大夫管公行状》，《牧斋初学集》卷 49，《钱牧斋全集》第 2 册，页 1267。

〔2〕钱谦益：《瞿元立传》，《牧斋初学集》卷 72，《钱牧斋全集》第 3 册，页 1610。

〔3〕朱彝尊：《经义考》卷 161 瞿氏稷《石经大学质疑》，页 2945。

〔4〕别字惟范见于慎行：《貂珰史鉴序》，载张世则：《貂珰史鉴》卷首，《四库全书存目丛书》史部第 98 册影印明万历刻本，页 695。于序撰于万历廿二年二月，原文称"张子惟范"。

程、朱《章句》颇有异同，将颁行天下。无锡高攀龙时为行人，上疏力诋，乃止。归田后，更著《治平要览》，未竟而卒。”[1] 所谓“将颁行天下”，自是地方志对乡贤的美词，而揆诸实际，并非如此。

《明神宗实录》中没有关于张世则上奏《大学初义》的记载，仅在万历二十年七月癸酉记录其上奏《貂珰史鉴》一事：

> 礼部覆四川佥事张世则奏进《貂珰史鉴》：曰评、曰考、曰论，为箴、为赞、为诗。善可为法，身享令名，国亦受福，读之令人慕。恶可为戒，国将受害，自先诛夷，读之令人畏。夫祖制，貂珰识字有禁。宣德以后，始立内书堂，教以《忠鉴录》。世则所进，宜俱定为课程，庶几口诵心维，可以迁善改过。虽然，近侍熟觇好恶，在人主善听之耳。我朝金英以一言定储位，覃吉以正学辅东宫，则听之得也；如王振之误国，刘瑾之惑主，其恶至今恨之，则听之失也。皇上幸览而留意焉。上嘉纳之。[2]

《实录》这段记载，主要撮述了张世则的上奏疏文和礼部覆疏，尤其是后者。[3] 张氏奏疏原文称，此书是他在南京礼部任职数年期间，由于职务清闲，“因遍访都人士家藏之史籍”，“遂尔精心校阅，殚力考订”而成。[4]

张世则选择在此时奏进《貂珰史鉴》，是有相当政治风险的举

---

〔1〕宫懋让修：《(乾隆)诸城县志》卷30，清乾隆二十九年刊本，叶8—9。张氏履历，详参吴兆丰：《“有教无类”：中晚明士大夫对宦官态度的转变及其行动的意义》，香港中文大学历史学系博士学位论文，2012.6，页259—260。

〔2〕《明神宗实录》卷250，万历二十年七月癸酉条，页4658—4659。

〔3〕俱见张世则：《貂珰史鉴》卷首，页697—699、699—700。

〔4〕张世则：《貂珰史鉴》卷首奏疏，页697—699。成书、上奏、刊刻历程，亦见张世则：《貂珰史鉴后序》，载该书卷末，页781—782。

动。[1] 据其《后序》所说，在进书次年即万历二十一年，首辅王锡爵（1534—1610）写信给他："进书之举，意在鲸珰（张鲸）。今年春，圣上逐鲸珰，发戍金陵矣。门下忠荩一念，天王明见万里，业已见诸施行，非苟知之已尔。"[2] 二十二年，张氏应李世达（1534—1600）之邀，寄上此书。李氏本拟"觅中珰有义气者，托以锓梓，俾人人诵法"，但不久之后，回信告以事情"不谐"，谓"诸珰一见此帙，有默者，有怒形于言者"。在明代万历年间，如何与位于权力结构关键位置的宦官和谐相处，是相当考验士大夫政治智慧的棘手难题。张居正卒后，协助明神宗成功赶走冯保的要角之一就是张鲸（？—1608），因此他受到神宗信任，成为掌权宦官。万历十六七年，张鲸引起朝臣公愤，"阁部大臣以至南北科道，或公疏，或单疏，无一人不劾鲸者。"[3] 他虽然因此一度失势，但不久又被召回任用，而事情看来还与当时最为敏感的"国本"问题有关："时皆谓鲸阴佐翼坤宫郑贵妃，有立幼之谋，事关宗社，故一时朝士昌言锄去。"[4] 无论如何，从万历十三年至十七年，当张世则在南京礼部郎中任上撰写《貂珰史鉴》时，他面对着国本未立、张鲸未去的重要政治现状。正如吴兆丰的研究表明，此书是张氏针对神宗宠信张鲸的委婉谏

[1] 关于张氏《貂珰史鉴》撰作的政治背景和直接用意，详参吴兆丰：《"有教无类"：中晚明士大夫对宦官态度的转变及其行动的意义》，页 261—266。对于张世则勇于和敢于言事的表现，《明神宗实录》多有记载，如万历九年七月疏劾陕西巡抚李尧德贪婪，十年更因弹劾吏部尚书王国光（1512—1594），被黜为仪真县丞。

[2] 王锡爵致《张准斋参政》书云："《貂珰史鉴》，前辈有王龙溪、李文麓皆曾为之，而目前侫珰已逐出南京，则此书微旨所在，略亦施行，不在汲汲刊布也。"王锡爵：《王文肃公文集》卷 21，《四库禁毁书丛刊》集部第 7 册明万历王时敏刻本，页 457。两相对比，文字有所差异，从王氏信中隐去侫珰之名来看，则王氏将留底书信加以改动的可能性更大，故收入文集者与张氏保留者有异。王氏劝其"不在汲汲刊布"，看来只是表明朝廷态度，而张氏则刊刻之。

[3] 沈德符：《万历野获编》卷 6"冯保之败"条，北京：中华书局，1997，页 169。

[4] 沈德符：《万历野获编》卷 6"冯保之败"条，页 169。

诤。[1]这点还可以由此书引起其他宦官或默或怒的反应看出来，而同样亲睹张氏撰书的南京吏部尚书、诸城人丘橓（1516—1585），也形容此书犹如“训龙伏虎家法”，触碰了高度危险和棘手的话题。[2]因此，张氏此书虽然获得礼部覆疏的极度称许，建议与《忠鉴录》一起作为内书堂读本，“同立课程，使其口诵心维，可以迁善改过”，但是最终似乎并没能“发付史局”。甚至，当时人还担心其书“遂湮没不传，可惜可叹”！[3]

张世则向朝廷上奏自著《大学初义》，要求取代朱子《大学章句》之举，同样是相当大胆的。这点从现存张氏奏疏原文，以及此举引起的实际后果可以看出。《大学初义》一书似已佚失，也缺乏相关记载：除张氏本人著述和方志传记有所提及外，不见于其他著录。这种现象，也有助于说明此书上奏之后，反响恶劣。所幸极为关键的奏疏原文即《大学初义疏稿》，还保存在已成孤本的张氏文集中，使我们能够据以重建其持论的大致轮廓（疏稿全文见附录二）。

这封奏疏，首先强调《大学》地位重要，“乃孔门传授心法，尧、舜修己安百姓之术，圣人笃恭平天下之要”；然而，朱熹不该将其文本分为三纲、八目。具体而言，《大学》原文“首揭明德，以立亲民之大本；次言亲民，以见明德之实用；又言止至善，以指明德、亲民之本”的编排方式，是“体用一原之理”的体现，朱子不该将其“析为三纲”。《大学》“始释诚意、致知，以明圣学之要务；终释治国、平天下，以著圣政之成功，原始要终之理，实内圣外王

〔1〕 吴兆丰：《“有教无类”：中晚明士大夫对宦官态度的转变及其行动的意义》，页266。

〔2〕 以上俱参张世则：《貂珰史鉴后序》，载该书卷末，页781—782。

〔3〕 沈德符：《万历野获编补遗》卷1“纪述内臣”条，页822。该书没能发付史局，看来跟前引首辅王锡爵信中“不在汲汲刊布”表达的态度有关。吴兆丰通过分析张书的内容特色指出其遭受宦官冷遇的情形，参吴兆丰：《“有教无类”：中晚明士大夫对宦官态度的转变及其行动的意义》，页266—275。

之道”，朱子也不该“将诚意一章裂而为五，既使诚意之全功不明于世”。朱子更加不该牵强附会地补写《格致传》，这个举动尤其荒谬。朱熹的问题出在学问尚博，不能诚意，“议论多而成功少”。其影响所及，致使宋代学风“委靡不振”。

其次张氏承认，自己“少入邑庠，习举子业，亦尝遵信而诵说”朱子《章句》。到了万历十几年任官南京期间，“闲局无事，日取《礼记》、《仪礼》、《大学》三书批阅之，反复沉绎，颇觉《礼记》多伪，过于半而可剔；《仪礼》文古，合于经而未入”。然而，由于这两书事关“大典宏议，非微臣所敢置喙”，因此他只“就《大学章句》所云错简者，仿佛旧本而序次之，自圣经一章外，其传止于五章而已”。经过这番文本改订，他终于“恍然大悟，拊卷叹曰：甚哉，程、朱之误人也！圣经完然，脉络贯通，奈何近世学者不于旧本是从，而但《章句》是泥耶！”陕西庄浪县儒学教谕高梦旂，在万历二十一年为张书撰后序时也指出，此书“考正旧文，删次而训解之……千载未辩之惑，跃然解矣。且紫阳氏之自序，亦谓其书当时颇多放失，而又云窃附己意，补其缺略，以俟后之君子。然则贤哲旷世相成以明道也，岂尝偏执一见？即迩来博士家言，亦且脱于朱注外，则又何疑于先生删正哉！世勿狃于科制师说，而轻以异间先生也”。[1] 张书的编撰背景，似可与上述同时期成书的《貂珰史鉴》合观：国本纷争、权珰未去的朝政现状，有待于皇帝本人与朝臣竭诚同心处理。《疏稿》反复强调的“诚意之学”，或许也寓有如同宋儒真德秀透过撰写《大学衍义》，谏诤宋理宗的讽谏之意。[2]

---

〔1〕 高梦旂：《大学初义后序》，载张世则：《张准斋遗集·经义辑录》“行”卷，青岛博物馆藏明万历中刻本，卷首，叶1—2。

〔2〕 吴兆丰：《“有教无类”：中晚明士大夫对宦官态度的转变及其行动的意义》，页261。关于真德秀之书，参朱鸿林：《理论型的经世之学——真德秀〈大学衍义〉之用意及其著作背景》，《朱鸿林明史研究系列·儒者思想与出处》，页80—101。

再次，张世则提出的《大学》改本，主要是在古本基础上修订而成，即所谓“仿佛旧本而序次之”。其具体的文本变动主要是：第一，恢复了被朱熹分割为五个部分的《诚意章》，即所谓“撮缀以成章，敛五而合一”。第二，抛弃了朱子创造的三纲、八目结构，即所谓“统之有纲而不言三，以至善乃明〔德〕、亲〔民〕之本；析之有目而不言八，以格物即致知之功，知本、知至两言，原为释物格知至而发”。第三，删除了朱子移动《大学》原文而成的《本末传》，即所谓“本末之释殊无谓，故今一正之”。第四，剔除朱子补写的《格致传》，代之以《大学》的几句原文，即所谓“致知格物之义，旧本全文，原未阙略也，窃取所补为赘言，故今一删之”。经过这些调整，张氏自认为《大学》“枝蔓破碎之芜秽尽涤，而后洁净精微之旨趣斯显矣”。

紧接着，《疏稿》设为问答，为自己的行为辩护。其中提出两点理由：其一，永乐年间颁布《五经、四书大全》于天下学校，书中“多汉儒之说”，可见成祖“未尝定主于朱注”，因此后学不该过于“执溺”朱注。其二，应该追随万代斯文宗主孔子，以及作为万代不刊之典的孔门著作，而不当迷信“敢以己见裁剪圣经”的宋代儒臣朱熹。

最后，张氏在《疏稿》中明确表示，希望神宗皇帝“俯纳刍荛之言，更铸棫朴之士，法大舜迩言必察，聊廑乙夜之观，继成祖文教再兴，预正百年之讹”，而实现此目标的第一步，是将自己的奏疏“敕下礼部，复议施行”。

《疏稿》之末，附记了张氏此举获致的反应：“万历贰拾年陆月贰拾肆日奉圣旨：礼部知道。”由于见于张氏文集的这道圣旨的完整性和真实性，还有待证实，神宗的具体态度难以推知。[1] 不过，从

〔1〕《貂珰史鉴》卷首的张世则奏疏之末，也有“万历二十年六月二十四日奉圣旨：‘礼部知道。’”（页697—699）所记时间和圣旨内容完全相同，但《实录》却只记《貂珰史鉴》，不提《大学初义》；张氏本人的两篇奏疏中，也完全不提后者，未知何故？

随后神宗郑重表彰攻击张氏的高攀龙的圣旨可见，张氏及其《大学初义》的处境，实际上颇为不利：

> 奉圣旨：程、朱正学，崇尚已久，岂可轻议？近来士论玄虚，何裨实用？高攀龙所言有关世教，张世则剿袭浮言来奏，姑不究，礼部知道。[1]

次年，首辅王锡爵在致张世则的信中也表示：

> 惟《大学初义》则卓然定论，决可传远，而明旨既下，不妨且藏名山，以俟君子。大概古人著书，若有意于传，则反未必传。窃以此效区区忠告耳。[2]

内阁首辅通过书信说出“明旨既下，不妨且藏名山”之语，足以证明神宗对张氏《大学初义》的态度非常负面，而与上述王锡爵在同一通信中对《貂珰史鉴》的赞赏态度对比，也可以看出这点。至于张世则本人的反应，也能印证《大学初义》上奏之后效果糟糕。尽管王锡爵劝他不要汲汲刊布《貂珰史鉴》，但他仍然将之付梓了，并且在该书《后序》中，公然节引了王氏来信中语；王氏同样劝他将《大学初义》藏诸名山，看来他是默默照做了。

---

〔1〕 周永春编：《丝纶录》“礼”卷，《四库禁毁书丛刊》史部第 74 册影印明刻残本，页 641。原文谓“七月初七日，行人高攀龙一本崇正学辟异说等事，奉圣旨”云云。此圣旨亦见王圻《续文献通考》卷 172《经籍考》，《续修四库全书》第 765 册影印明万历三十年松江府刻本，页 384；及高氏之子高世宁编《高忠宪公年谱》卷上，《无锡文库》第四辑影印清顺治康熙间刻本，页 543—544。孙承泽《学典》卷 21 将“行人高攀龙纠四川佥事张世则邪学”事系于万历二十九年十月，且节录高氏疏文，时间当误，见《四库全书存目丛书》史部第 271 册影印清钞本，页 344。

〔2〕 王锡爵：《张准斋参政》，《王文肃公文集》卷 21，页 457。此信时间，见前引。

圣旨中“高攀龙所言有关世教”，是指高氏在同年七月初上疏驳斥张世则之事。高攀龙字云从、存之，号景逸，无锡人。万历十七年进士，随即丁忧，二十年二月服阕赴京谒选，六月授行人司行人。此时适逢张世则上疏奏进《大学初义》，高攀龙不满其“诋程、朱，请改易传注，颁行所自为书于天下”之举，“奋然曰：‘小人而无忌惮至此哉！’”因此上疏专驳张氏。[1]（高疏全文见附录三）

首先，高氏认为朱熹等大贤学问无误，而宋代“委靡不振”，正是由于不能善用诸贤之学所致。张氏指责的“议论多而成功少”，“非言者之罪，而用言者之罪也”。

其次，明太祖立学设教，“一宗朱氏之学”。明成祖“益章而大之”，敕修《五经、四书大全》，“传注一以濂洛关闽为主，自汉儒以下，取其同而删其异，别以诸儒之书类为《性理全书》，同颁布天下”。当时饶州儒士朱友季诣阙献“专诋毁周、程、张、朱之说”之书，成祖下令“声罪杖遣，悉焚其所著书”。

再次，明朝立国至今二百余年间，真儒辈出、风俗醇厚，皆有赖于“祖宗教育之明验”、“表章〔朱子〕之至意”。程、朱之学，要旨在于“涵养用敬，进学在致知”。程、朱“穷理”，即孔子“博文之谓”，即尧、舜“惟精之谓”。程、朱“居敬”，即孔子“约礼之谓”，即尧、舜“惟一之谓”。故程、朱之道，即尧、舜、孔子之道。张世则对程、朱之学的要旨，根本就“不得其门”，因此不该在疏文中肆然斥责程、朱之学“不能诚意”，程、朱之教“误人之甚”。

---

〔1〕 钱士升：《资德大夫正治上卿都察院左都御史赠太子少保兵部尚书谥忠宪高公神道碑铭》，《赐余堂集》卷8，《四库禁毁书丛刊》集部第10册影印清乾隆四年钱佳刻本，页528—531；朱国祯：《资德大夫都察院左都御史赠太子少保兵部尚书谥忠宪景逸高公墓志铭》，《朱国祯诗文集》，何立民点校，杭州：浙江古籍出版社，2015，页107—116；叶茂才撰高攀龙《行状》，载清高廷珍等纂修：《东林书院志》卷7，北京：中华书局，2004，页225—243。

论及《大学》，高氏认为《大学章句》乃朱子毕生“竭尽精力之笔”，而后人学力不足，不可轻议。“况古书皆有错简，古本安可尽信？”张世则反复强调“诚意”，其实程、朱诸儒也都教人诚意，但“功先格致，正所以诚〔意〕、正〔心〕也”。不止《大学》，对于《四书》、《五经》，学者也应该“虚心涵泳，切己体察”，“毋务新奇，而先以一己之私意主张于前；毋务立说，而取圣贤之言矫揉为己之用”。

至于张疏所举本朝种种弊端，高氏认为是由于学者不认真学习所致，不应归咎于程、朱之学。假使张氏之言得逞，则天下弃程、朱之学如“仇敌”，“人人自骋其私，淫词充塞，正路蓁芜，将二祖列宗之教，荡然扫地矣”。

最后，高氏希望神宗能够明诏中外：“非《四书》、《五经》不读，而不得浸淫于佛、老之说；非濂洛关闽之学不讲，而不得淆乱以新奇之谈。”如此这般，则“学无分门，士无异习，人心贞一，教化大同”。

诚如高攀龙在驳疏末尾所说，这是其“入仕之初”之作。或因如此，全文显得立场鲜明、卫道心切。不过，仅仅十余年后，高氏就已深受《大学古本》影响，并据以对朱子《大学章句》文本进行改订，一如他曾经公开上疏痛斥的张世则。而且，高氏对自己的改本极度自信，只差将其上奏朝廷了。

高攀龙转向信从古本，后来读到崔铣（1478—1541）文集《洹词》，见其中说“《大学》当挈古本引《淇澳》以下，置之‘诚意’章前，格物致知之义明矣”，觉得“沛然如江河之决，不觉手舞足蹈而不能已也”。[1] 一年后，高氏又因为见到高拱（1512—1578）《问

〔1〕 高攀龙：《古本大学题词》、《附录洹词》，俱载《高子遗书》卷 3，明崇祯间刻本，叶 1—2、12—13。

辨录》中所订《大学古本》文本与崔氏相同，而且“释义更直截明快”，深感“千古人心同然于是乎在”，[1] 所以又信从崔铣据《古本》所作的改本，并陆续搜集了“先儒复《大学》古本及论格致未尝缺传”十余家，最终于万历三十九年（1611）撰成《古本大学题词》、《大学首章约义》、《大学首章广义》。[2] 在罗列诸家《大学》改本之后，高攀龙指出：

> 《大学》自程、朱考订而后百有余年，先儒紬绎所及，亦既知古本之为是矣，亦既知经传之不分矣，亦既知知本之释格致矣。顾仍原本则费解说，正错简则涉安排。仍原本者，不知《淇澳》诸条附诚意之后，文义截然，强之而不可合也；正错简者，不知《淇澳》诸条移知本之前，旨趣跃然，味之不可穷也。两简互易，残经遂完，千古尘埋，一朝光复。崔先生（崔铣）之见及此，天启之矣。[3]

高氏首先指出，古本的结构编排“为是”，《大学》无须分经传，也不应补写《格致传》。可见整体上他更倾向于古本，而否定朱子《章句》改本。不过，他认为两者都还有问题。所谓“仍原本者”，是指由阳明始倡的完全信从《古本大学》；“正错简者”，自然主要是

---

〔1〕高攀龙：《附录洹词》，《高子遗书》卷 3，叶 12—13；并参高攀龙：《与南皋二》、《答南皋三》，《高子遗书》卷 8 上，叶 20—21，后者大约撰于万历四十二年。其实高拱所据正是崔铣改本，但高拱误以为注疏古本，参李纪祥：《两宋以来〈大学〉改本之研究》，页 190—195。

〔2〕高攀龙：《古本大学题词》、《大学首章约义》、《大学首章广义》、《附录先儒复大学古本及论格致未尝缺传》、《附录洹词》，俱载《高子遗书》卷 3，叶 1—13。高氏收集了方孝孺、蔡清、王阳明、湛若水、魏校、王艮、蒋信、罗洪先、罗汝芳、李材、顾宪成之说。朱彝尊：《经义考》卷 161 著录高氏《大学知本大义》，页 2937—2938。

〔3〕高攀龙：《附录先儒复大学古本及论格致未尝缺传》，《高子遗书》卷 3，叶 10—12。

指朱子的《大学章句》。前者由于受《大学》原文结构的约束，需要大费周章地加以解释，故“费解说”；后者将《大学》文本整理得结构清晰、义理自现，但雕琢痕迹太明显，故“涉安排”。

所谓“两简互易，残经遂完，千古尘埋，一朝光复”，既是指高氏认定的《大学》定本，也生动地反映出高氏自认为悟得《大学》定本的喜悦。概言之，高氏认定的是崔铣所订之本，而此本主要有四点特色。[1]

首先，此本以《大学古本》为主，但认为古本有错简，因而导致格致义不明。

其次，错简及其相应的修订只有一处，即将古本《诚意章》中“《诗》云瞻彼淇澳”至“子曰听讼”六节文字，移至“此谓知本，此谓知之至也”之下。也就是前引崔铣所说的：“引《淇澳》以下，置之‘诚意’章前，格物致知之义明矣。”此即高氏所谓“两简互易，残经遂完”。

第三，全文不分经传，而分为六段文字。首段为从“大学之道”至“子曰听讼……此谓知本”；其余五段文字分释诚意、正修、修齐、齐治、治平。此即高氏所谓“《大学》一篇，本六段文字，每段必杂引经传以咏叹而推明之，使章内之旨快然无遗，而言外之旨悠然无尽，此篇法也。首段三纲八目之下，即释格致，而格物即在格知本末，本末即是明德、新民，知本即是知至，知至即是知止，原与三纲通为一义，故通为一段，其次即历释诚意以下，初无传经之别也”。[2] 因此，与朱子《章句》相较，高氏首段文字包括了总纲和格致的解释。

第四，格致解释，即首段文字中，从“自天子以至于庶人”至

---

〔1〕 李纪祥：《两宋以来〈大学〉改本之研究》，页 192—293。

〔2〕 高攀龙：《大学首章广义》，《高子遗书》卷 3，叶 4—9。

“大畏民志，此谓知本”的部分。此即高氏《古本大学题词》中所说：

> 格物致知之义，……吾决之于“此谓知本”、“此谓知至”之二语也。此二语者，以为不释格致，则“自天子”以下两条，亦属无谓；以为果释格致，则“自天子”以下两条，似未明备。固知其旁引曲畅，有如《淇澳》诸条所云也。此诸条也，以为不释知本，则不宜结以“知本”；以为果释知本，则不宜别附他章。固知其前后起结，必随于“此谓知至”之后也。[1]

至此可知，如同他曾经公开疏驳的张世则那样，高攀龙也主要依据《大学古本》，略加改订，挑战朱子的《大学章句》文本。朱子本的“经—传”结构、文本移易、《格致补传》等最为重要的改动，在高氏文本中被完全抛弃。在整体结构上，高氏的处理也类似张世则，分为六大段文字。甚至相比之下，张氏的文本更接近朱子本，因为张氏所谓“圣经一章外，其传止于五章”，至少还保存了朱子的“经—传”式结构，而高氏却完全否定了经传之分。

高攀龙对自己的改本充满自信，认定这是“天启”、“千古尘埋，一朝光复”，因而“手舞足蹈而不能已”。他甚至形诸梦寐，希望已故前辈理学名家、对自己走上理学之路深具启迪之功的李材托梦，加以首肯，而后者在《大学》问题上与他分歧严重。[2]

附录二　张世则《大学初义疏稿》[3]

四川按察司整饬安绵兵备佥事臣张世则谨奏为阐明理学以仰

〔1〕高攀龙：《古本大学题词》，《高子遗书》卷3，叶1—2。

〔2〕详参刘勇：《中晚明士人的讲学活动与学派建构——以李材（1529—1607）为中心的研究》，页212—213。

〔3〕张世则：《张准斋遗集·经义辑录》“行”卷，青岛博物馆藏明万历中刻本，卷首。

裨文教事。

臣窃惟天下之理学与政事，实相须者也；天下之人心与学术，亦相须者也。学术不正，故人心日沦于邪僻，而失笃实之本体。理学不明，故政事日流于虚伪，而鲜任事之实心。此无他故，盖由诚意之学忽而不讲，日逐逐于格物致知，徇外忘本误之而已。臣请为陛下陈之。

今夫《大学》一书，乃孔门传授心法，尧、舜修己安百姓之术，圣人笃恭平天下之要也。是故首揭明德，以立亲民之大本；次言亲民，以见明德之实用；又言止至善，以指明德、亲民之本。然此体用一原之理，不可分为二道，亦岂可析为三纲乎？始释诚意、致知，以明圣学之要务，终释治国、平天下，以著圣政之成功，原始要终之理，实内圣外王之道也。

自宋儒朱熹将“诚意”一章裂而为五，既使诚意之全功不明于世，而格致附会之说，其为知也亦荒矣。粤稽所由，盖熹之为儒，以“大成”名于宋，其学也尚其博。当时学者，翕然宗之，遂成一代之风俗。故宋之诸臣，议论多而成功少；宋之天下，卒于委靡而不振。此非其不能诚意之明验乎？

至我明一统之盛，远过汉、唐；《六经》之学，宗旨孔、孟，可谓政教綦隆之景运矣。顾国势溥将，虽未若赵宋之委靡，而经生胶柱，实有类宋儒之迂阔。以故往往持衡国是者无决断之勇，分猷庶职者有模棱之风，纷更议起，竟阻于难行，盈庭昌言，奚裨于实用？虽理学名臣后先接踵，有非宋儒所可及者，而诚意、格致之说，拘泥习染，较之三代之隆，不无少让。此臣所为太息也。

臣少入邑庠，习举子业，亦尝遵信而诵说之，不审旧本之谓何。逮久历留曹，闲局无事，日取《礼记》、《仪礼》、《大学》三书批阅之，反复沉绎。颇觉《礼记》多伪，过于半而可剔；《仪礼》文古，合于经而未入。然此圣朝之大典宏议，非微臣所敢置喙也。惟就

《大学章句》所云错简者，仿佛旧本而序次之。自圣经一章外，其传止于五章而已。始恍然大悟，拊卷叹曰：甚哉，程、朱之误人也！圣经完然，脉络贯通，奈何近世学者不于旧本是从，而但《章句》是泥耶！

于是撮缀以成章，敛五而合一。统之有纲而不言三，以至善乃明、亲之本。析之有目而不言八，以格物即致知之功，知本、知至两言，原为释物格知至而发也。本末之释殊无谓，故今一正之。致知格物之义，旧本全文，原未阙略也。窃取所补为赘言，故今一删之。枝蔓破碎之芜秽尽涤，而后洁净精微之旨趣斯显矣。辄自忘其陋劣，著成一帙，名曰《大学初义》。彼朱熹之《章句》，本意欲表章圣经，而反以错乱乎圣经。今臣所著《初义》，虽有戾于《章句》，而实不悖乎经传。

或则眇曰：朱注《章句》，固今日制科取士之准也，谁复能率易之？臣应之曰：永乐国初颁降《五经、四书大全》于四方黉宫，所集训注，内多汉儒之说，可以仰窥我成祖之意，亦未尝定主于朱注也，何后学执溺之若是乎？孔子，万代斯文之宗主也，孔门著作，万代不刊之典也。熹不过一宋之儒臣耳，尚敢以己见裁剪圣经，况今幸际圣道大明之世，共为明圣教育之臣，乃弃孔子之全经而不遵，忽成祖之训典而不信，无乃谓熹之明道觉人，果有胜于孔子耶？熹之睿思文教，果有愈于成祖耶？是惑也，是今之司文铎者，皆不能超脱于　哔口耳之习也。无惑乎虚文籍甚，实效鲜臻，而朝廷天下之事，日纷纷矣。盖诚意之道，既不能得之于心、成之于行，又安望有至诚之业足以上佐朝廷，下安黎庶乎哉！

臣每见江右之士，咸右阳明而诋考亭；闽中之士，多是朱子而訾王氏。此各因所亲以为宗而互求胜，皆非诚心羽翼圣经者也。臣祇据此心一得之愚，以破数百年未辨之惑。惟希与圣经以求合，而非敢薄朱注以求胜也。特忧诚意之学不明于今日，而天下人心日相率而伪焉耳。诚使今日庠校有真才实学之士，朝廷有实心任事之臣，天下见至诚丕式之化，而我皇上斯得坐享至诚无疆之治平矣，臣又何敢言哉！惟虚文日胜而诚意 微，此臣所以有感而欲言也。

伏愿皇帝陛下，俯纳刍荛之言，更铸 朴之士，法大舜迩言必察，聊廑乙夜之观，继成祖文教再兴，预正百年之讹。或敕下礼部，复议施行。则斯文幸甚，天下幸甚！

万历贰拾年陆月贰拾肆日，奉圣旨："礼部知道。"

附录三　高攀龙《崇正学辟异说疏》[1]

臣惟自古治天下者，未有不以教化为先务，而教化之污隆，则学术之邪正为之，所系非小也。是以圣帝明王必务表章正学，使天下晓然知所趋，截然有所守，而后上无异教，下无异习，道德可一，风俗可同，贤才出而治化昌矣。

臣见四川佥事张世则一本，大略自谓读《大学古本》而有悟，知程、朱误人之甚，谓朱熹之学专务尚博，不能诚意，成宋一代之风俗，议论多而成功少，天下卒于委靡而不振，于是以所著《大学初义》上献，欲施行天下，一改《章句》之旧。

臣惟自昔儒者说经，不能无异同，而是非不容有乖谬，是非谬则万事谬矣。以程、朱大贤，谓其学曰"不能诚意"，谓其教曰"误人之甚"，是耶？非耶？议之于私家，犹为一人之偏 ，而于圣贤无

---

〔1〕　兹据高攀龙：《高子文集》卷1，《无锡文库》第四辑影印清乾隆七年华希闵剑光阁刻《高子全书》本，页67—70。文题下原注："万历二十年为行人上，得旨允行。"此疏先收入万历末年刊刻的吴亮辑《万历疏钞》卷35《崇儒类》，题为《崇正学辟异说以一人心疏》，题下原注："高攀龙，行人司行人，万历二十年七月。"周永春编《丝纶录》卷3谓高氏上疏事在七月初七。此疏后来收入高氏文集者均题为《崇正学辟异说疏》，如《高子遗书》的明崇祯刻本、《文渊阁四库全书》本及此本，题目似皆为节略所致，前引高世宁编《高忠宪公年谱》卷上题作《崇正学辟异说以一人心以端政本疏》，页544。

损；鸣之于大廷，则遂足以乱天下之观听，而于世教有害，臣有不容已于言者矣。

夫自孟子没而孔子之学无传，千四百年而始有宋儒周敦颐、程颢、程颐、张载、朱熹得其正传，而绝学复续，学者始知所从入之途，其功罔极矣。然是五贤者生于宋，而宋不能用其学之万一，前则章　、蔡京之徒斥之为奸党，后则韩　胄之徒斥之为伪学，贬逐禁锢，以迄于亡。恭惟我太祖高皇帝天纵神圣，作民君师，即位之初，首立太学，拜许存仁为祭酒，以司教化。存仁为先儒许谦之孙，谦承朱熹正学，而存仁承上命以为教，一宗朱氏之学，令学者非《五经》、《四书》不读，非濂洛关闽之学不讲，而天下翕然向风矣。我成祖文皇帝益章而大之，命儒臣辑《五经、四书大全》，而传注一以濂洛关闽为主，自汉儒以下，取其同而删其异，别以诸儒之书类为《性理全书》，同颁布天下。永乐二年，饶州儒士朱友季诣阙献所著书，专诋毁周、程、张、朱之说，上览而怒曰："此儒之贼也。"特遣行人押友季还饶州，令有司声罪杖遣，悉焚其所著书，曰："毋误后人。"于是邪说屏息，吾道中天矣。

迨今二百余年以来，庠序之所教，制科之所取，一禀于是。学者幼而读之，老而不知一言为可用者固多，然而真儒如薛　、胡居仁、吴与弼、陈真晟、曹端、罗伦、庄昶、章懋、张元祯、陈茂烈、蔡清、陈献章、王守仁诸人，彬彬盛矣。至一代之风俗，上有纪纲，下重名节。当变故之秋，率多仗义死节之士，值权奸之际，不乏敢言直谏之臣。贤士大夫之公评，士庶之清议，是非井然，一有不当于人心，群起而议其后。故至于今上下相维持，非祖宗教育之明验与？不意今日乃有如世则肆然斥之曰"误人"，曰"不诚"，欲变祖宗表章之至意，率天下而尽背之也。即世则所论程、朱之学，亦可谓不得其门者矣。

夫程、朱之学，其始终条理之全，下学上达之妙，固未易言语形容，然其大要则不出“涵养用敬，进学在致知”二语。此非程、朱之教也，孔子之教也。故穷理即博文之谓也，居敬即约礼之谓也。非孔子之教也，尧、舜之教也。故博文即惟精之谓也，约礼即惟一之谓也。二者合一并进，而主敬为本，故理日明莹则心日静虚动直，而初非溺于词章；心益定静则理益资深逢原，而初不流于空寂。此圣学所以“允执其中”也。

至《大学》一书，程子所揭为“初学入德之门”，而《章句》之作，则朱子所为一生竭尽精力之笔，后人学未造其域，岂容轻议？况古书皆有错简，古本安可尽信？世则之言诚意是矣，岂诸儒独不教人诚意乎？诚者圣人之本，学之所以成始成终，功先格致，正所以诚正也。意有不诚，心有不正，即非所以为格致也。若夫溺于记诵，狗外忘本，此俗学所以为陋，岂《大学》格致之教哉！夫孔子之道，至程、朱而阐明殆尽，学孔子而必繇程、朱，正如入室而必繇户。世之学者，诚能虚心涵泳，切己体察，毋务新奇，而先以一己之私意主张于前；毋务立说，而取圣贤之言矫揉为己之用；循循焉，以周、程、张、朱为《四书》之阶梯，以《四书》为《五经》之阶梯，自得之而道可几矣。故善学者，默而识之，不言而信，述而不作，心逸日休。况今天下不患无论说，而患无躬行，就圣贤已明之道，诚心而力行，则事半而功倍矣，何必哓哓焉，必务自私用智，欲伸其一己之说为也！

世则又以宋之不振，归咎于诸儒之学。噫！是何言也。人主不能用其道，虽以孔子之圣，生于鲁而不能救鲁之衰微，何疑于诸儒？宋之亡也，繇前而言则坏于新法，繇后而言则坏于和议，今不咎王安石、吕惠卿、蔡京、章 、黄潜善、汪伯彦、秦桧、韩 胄之徒，而咎诸儒之学，何心哉？夫所谓“议论多而成功少”者，非言者之罪，而用言者之罪也。自古刍荛献说，工瞽陈规，其议论岂不至多？然而上之人善于用中，则片言可折，而盈廷可废，天下见事功之实，而不见议论之虚；上之人漫无可否，则人持所见，而邪正杂陈，徒滋耳目之烦，无补经纶之实耳。岂以人人缄默，而后为盛世乎？

世则又谓本朝持衡国是者无决断之勇，分猷庶职者有模棱之风，庠序无真才实学之士，朝廷鲜实心任事之臣。此信有之，正不学之故也，奈何反以咎程、朱之学也？抑臣有深忧焉。自世庙以前，虽有训诂词章之习，而天下多实学；自穆庙以来，率多玲珑虚幻之谈，而弊不知所终。笑宋儒之拙，而规矩绳墨，脱落无存；以顿悟为工，而巧变圆融，不可方物。故今高明之士，半已为佛、老之徒。然犹知儒之为尊，必藉假儒文释、援释入儒者，内有秉彝之良，外有惟皇之制也，而其隐衷真志，则皆借孔、孟为文饰，与程、朱为仇敌矣。故今日对病之药，正在扶植程、朱之学，深严二氏之防，而后孔、孟之学明。使世则之言一倡，天下之弃其仇敌也，不啻刍狗焉，于是人人自骋其私，淫词充塞，正路蓁芜，将二祖列宗之教，荡然扫地矣。

伏愿陛下皇建有极，端本化人，身体孔、孟之微言，首崇程、朱之正学。必亲经书以穷理，必收放心以居敬，朝乾夕惕，省察克治，思天之所与人而人之所受于天，惟有仁义礼智四者。人君为天之子，必克完天之赋予，而后永膺天之眷命。一念之发，一事之动，审其果合于仁、合于义、合于礼、合于智，则务扩而充之，力而行之；审其有不合者，则务遏而勿思、禁而勿行。如是日新又新，纯为天德，则万化之源清，万几次第毕举。圣主之精神一奋，天下之意气维新矣。于是体二祖之意，振正学于陵夷废坠之余，明诏中外：非《四书》、《五经》不读，而不得浸淫于佛、老之说；非濂洛关闽之学不讲，而不得淆乱以新奇之谈。学无分门，士无异习，人心贞一，教化大同。如是而人才不出、政治不隆者，从古以来未之有也。

臣入仕之初，适见世则之疏，不胜私忧隐虑，遂有此论辨。或曰：四方多事，何暇为此清谈？臣谓不然。此天下之大本，古今之命脉，危、微之别，毫厘千里之差，千圣兢兢于此，而可以细故视之哉？故不避僭越之嫌、迂阔之诮，冒昧上陈，伏乞圣明采择。

五　问题化的旧标准与多样化的新选择

本章的讨论表明，公开要求重新界定官方《大学》文本标准，已经成为相当多中晚明士人的共识，并且他们敢于以最引人瞩目的方式，付诸身体力行。借助对林希元、唐伯元、管志道、张世则四个案例的探讨，本章初步梳理了时人以直接上奏朝廷的方式，要求修订既有官方《大学》文本标准的脉络。从持续时间上看，这四个案例分布在嘉靖中期到万历中期，即大体涵括了整个16世纪的后半期。至于人物的地域分布，则广东、福建、江南、山东，南北均有。就上奏者身份而言，他们均是科举功名的获得者，都曾经担任朝廷命官，是从小阅读官定《大学》文本成长之士。此外，义理取向方面，他们之中既有以朱子"闽学"传承人自居、同时也是阳明学坚定批判者的林希元，以及虽不以朱子学正统自居，但批评阳明学说不遗余力的唐伯元，也有程、朱学说的公开批判者张世则。当然，围绕在他们周边的众多各有主张之士，如管志道、刘元卿、王时槐等人，以及那些同情这些举动的观察家，也都不应该被忽视。前文提到，同时代的记录者沈德符，就在汇集诸多"献书被斥"事例后，明确指出朝廷对献书者的斥责之举，虽然是为了"崇正学"，但是"诸书中亦未必无可采者，概火之、置之，士之留心经学者盖寡矣"，并且他还特别举出林希元之例加以分析："史称林希元博学多闻，所献书亦有见解，时方置经学不谈，遂得罪。林又曾上书请征安南而郡县之，如国初时。屡疏，终不见省。又世宗初即位，林即上疏，劝上勤治进学，议者谓一时建白所未有。”[1]同样，稍后的编年史家吴瑞登，也在记录林希元献书被斥事例后，强调其“所著书虽间与朱传不同，亦自成一家书，多可采者”。[2]简言之，这些多元化的样本说明，向官方正统《大学》文本发起进攻，已经成为当时理学精英群体中相当具有共识的行动了。[3]

尽管所有公开上疏都没有成功，但作为昔日旧标准的官方正统《大学》文本，却由此被“问题化”了。这些上疏提出的大胆要求，不仅没能落实，反而遭到朝廷的严厉斥责，甚至有些相关著作因此没能流传下来，比如林希元、张世则的《大学》文本。然而，却不能据此认为《大学》文本问题没有因此而取得任何进展。从传播的角度来看，无论是公开上疏正面提出要求也好，还是公开上疏反对也好（如高攀龙），乃至最终遭到朝廷贬斥、禁毁，这些举动本身就是那个时代极富宣传效应的方式。由于这类“宣传”，在更为广大的读书人群体中，原本不成其为问题的官方正统《大学》文本，从此以后被“问题化”了——他们因此增加了有关《大学》文本的新的思考维度。由精英士大夫提出的花样百出的《大学》改本，作为潜在的、可能的选项，陆续进入普通读书人的视野。更加具有说服力的，是这种敢于公开挑战官方正统文本的做法，不专属于某个特定学术和义理立场的精英士人。这种现象，对于吸引更为广泛的读书人群体参与到《大学》文本问题上来，无疑具有推动作用。同样深具说服力的范例是，曾经公开上疏反对改订朱子《大学》文本的年

〔1〕沈德符：《万历野获编》卷25“献书被斥”，页633—634。

〔2〕吴瑞登：《两朝宪章录》卷13，页700。

〔3〕这些案例之间并非完全互不相干的特例，相互间往往可以看到联系和影响，除文中已经论及之外，如唐伯元在《从祀疏》中，就曾经引用林希元《四书存疑》中批判阳明学说之语：“天地间自来有此妖怪，如许行守仁邪说，至为无谓，犹有从之者，无怪良知之说惑人也。”《醉经楼集》“奏疏附刻”，页178。

轻官员高攀龙，最后竟然也成为《大学》改本的身体力行者。

这些案例所反映的中晚明士人的高度自信和自我意识，尤其引人瞩目。用公开上疏的方式，明确挑战早已成为官方权威的朱子《大学章句》之举，本身就足以说明问题。而更能说明问题的，则是这些实干家提出的具体要求，也就是他们建议的官方新标准。这些新标准，虽然有时以唯一选项出现，有时以多个选项出现，但都毫不掩饰地展示自我。集中体现此点的，就是明确要求以自己的《大学》改本，来取代朱子文本，作为新的官方标准文本。

尽管在朝廷层面，旧标准文本毫无疑问并没有被废弃或替代，但这并不意味着由中晚明士人精英酝酿出来的《大学》文本改订运动，没能冲击和影响既有的制度和标准。事实上，如果不局限于观察朝廷层面的“制度”，甚至是皇帝的一纸诏令，拓宽视野即可发现，无论是在朝廷的经筵、日讲，还是在官学、书院，以及读书人的讲学、聚会，乃至在科举读本和八股范文之中，《大学》文本争议早已通过士人精英的口授笔耕，融入林林总总的制度、规范、秩序和日常生活而无所不在了。本章已经讨论过的林希元，正是这方面的佳例：尽管他公开上奏的《大学经传定本》或因禁毁而失传，但他那表达同样意见，并且一起上奏的《四书存疑》，却成为从中晚明到清代都流行不衰的《四书》读物。而在这批大胆之士公开上奏前后，士大夫精英积极借助当时最富有成效的技术手段和传播方式，从各个层面对既有制度和规范进行改革。

第六章 | 经筵内外的《大学》文本异同

作为皇帝与朝臣定期讲论经史的组织化活动，经筵从北宋确立以来，一直延续到清朝结束。这项制度所具有的持久吸引力，由此可见。其中，培养或标举皇帝与高级文武朝臣分享共同价值理念，促使皇帝进学不懈、帝德臻美、亲近贤臣，乃至君臣共同商讨和处理具体政事，均是这项制度显而易见的功能。通过定期举行的、仪式化的活动，经筵清晰地展示出儒学的制度化特征，有助于儒学发挥政治和文化功能、巩固其意识形态上的统治地位。

明代由翰林儒臣进讲经史之举，明太祖时期已有之，[1] 但进讲活动以大型的经筵和小型的日讲形式出现，则始于英宗正统元年(1436)。经筵和日讲均设有相应的讲官，其中例行性地包括大学士、翰林学士和国子监祭酒。具体而言，经筵是隆重的大型进讲盛会，朝中的高阶文武朝臣皆需参与，并在肃穆的氛围中听讲官讲说经史。日讲较为轻松，只有两名讲官在大学士的督导下进讲。进讲所依据的讲章，通常由值班讲官提前撰写，经内阁大学士事先看定，在进讲之前进呈。

到了明代中期的正德、嘉靖年间，经筵分为春、秋两季，通常

---

〔1〕 朱鸿林：《明太祖的经史讲论情形》，《中国文化研究所学报》第45期，2005，页141—172。

在每年二、三、四月和八、九、十月的上、中、下三旬的第二日举行；日讲则在上述月份的其余日子举行。除非有特别的理由，皇帝往往会被期望出席所有经筵和日讲。但实际上，经筵往往只在皇帝即位的头几年被认真执行，此后则经常被暂免，尽管朝臣总是坚持不懈地促请皇帝出席。[1]

就本章的讨论主题而言，在明代向皇帝进讲的经筵和日讲，以及以皇太子为对象的东宫讲读活动中，需要重点关注的是所讲的书籍。从四部分类的角度来看，进讲书籍中经、史、子三部皆有。其中以经部儒家经典即所谓的《四书》、《五经》为主，而《四书》尤其是重中之重。以翰林院和詹事府为主的儒臣讲官，通过这些书籍向皇帝和皇太子讲论修身、齐家、治国、平天下的道理，倡导儒家的政治观和价值观，有时还会明确触及当代政治和社会问题的处理原则，乃至具体的应对之策。

一　恪遵功令的经筵讲官们

在明代的经筵、日讲和东宫讲读活动中，《四书》无一例外地采用朱熹《四书章句集注》，故《大学》自然是用作为官方标准读本的朱子改订《大学章句》。对于本章的讨论而言，由于经筵、日讲和东宫讲读所留下的讲章性质相近，故下文除具体情景之外，概以“经筵讲章”称之。

尽管现存的明代经筵讲章为数不少，但其中有关《大学》的却并不多。这个现象，可能与《大学》本身篇幅过小有关。此外，

---

〔1〕参前引 Hung-lam Chu（朱鸿林），“The Jiajing Emperor's Interaction with His Lecturers”, Chapter in David Robinson, ed., *Culture, Courtiers, and Competition: The Ming Court (1368–1644)*, pp. 186–230。间野潜龙：《明代の进讲》，《明代文化史研究》，京都：同朋舍，1979，页 162—182。

在留下《大学》讲章的同时，还留有其他情境下对《大学》文本看法的讲官，更是少之又少。[1] 有些明代经筵讲章在当时或稍后就结集成书，单独付刻流传，而有些却是由于收进讲官的个人文集才得以流传下来。后者通常不是围绕某种典籍的完整讲章，而只是讲官本人负责的一种或几种典籍中的某些篇章，这因此更增加了搜集和对比讨论的难度。较为完整的明代经筵讲章目录，还有待于后续的搜集、整理和研究工作。本章主要根据已掌握的几个实例进行探讨，其中既有即时结集成书、独立流传之例，也有收入讲官文集的零篇讲章之例。不过，探讨经筵“内外”的文本“异同”这个主题的理想情形，是既要有某位讲官在经筵、日讲和东宫讲读情境下产生的《大学》讲章，也能够看到此人在非讲读活动中发表的有关《大学》文本的讨论，而同时符合这些要求的案例，迄今仍然非常少见。

经筵讲官在朝廷讲读活动中严格依据朱熹《大学章句》敷衍讲章，而在其他场合却并不采取，甚至刻意排斥、批判《章句》的例子，至迟可以追溯到正德、嘉靖之交的湛若水。本书第二章已指出，在正德十三年王阳明公开刊行《大学古本》后，身处广东西樵山中的湛甘泉和方献夫迅速做出反应，推出各自的新作《大学测》和《大学原》，在文本上立场鲜明地转向古本。嘉靖元年（1522）八月，湛甘泉在经筵中向世宗进讲《大学》，事后上疏称：

> 臣于本月初二日经筵进讲《大学》“是故君子先慎乎德”一章，其言虽多，不过止本“慎德”二字。臣所讲章，其词虽多，不过止在“体认天理”四字，至为简易易行。夫体认天理，即

---

〔1〕 以下数例均是仅有《大学》讲章，而缺乏其他场合中关于《大学》的有效论说以资比勘者：程敏政《篁墩文集》卷1《青宫直讲·大学》、费宏《太保费文宪公摘稿》卷7《讲章类》、郭正域《合并黄离草》卷3《太学讲章》、陆简《龙皋文稿》卷3《经筵讲章·四书》和《青宫直讲·四书》、倪岳《青溪漫稿》卷10《大学讲章》。

所谓慎德也。《大学》一书之指，全在于此，与前所言帝王之学同一揆也。[1]

在借助《大学》来推销其“随处体认天理”学说宗旨之际，湛甘泉没有明确提到《古本》，尽管他已经认定《古本》更能支持这个宗旨。由此看来，在面对国家功令时，湛氏还是有所保留，避免在经筵这种场合公开挑战朱子《大学章句》文本。

湛甘泉是先信从《古本》而排斥《章句》，后来在经筵上则刻意避免提及古本。同时的魏校，却是先反对《古本》，在经筵讲章上自然遵循朱子《章句》，但后来却转向相信《古本》。如前所述，嘉靖元年魏校对所谓的古本不以为然。到了八年，在担任国子监祭酒和经筵讲官期间，他曾代桂萼撰写经筵讲章。其中仅存的一篇《大学讲义》，完全遵照朱子《大学章句》和永乐间《四书大全》的文本和解释。然而不久之后，当与弟子唐音在讨论《大学》时，他尽管仍然主要依据朱子《章句》进行问答，但《古本》显然已经成为重要的参考了：魏氏明确指出《大学章句》的部分文本有误，当以《古本》为正。到了嘉靖二十年前后，魏氏不仅完全转向《古本》，而且试图以自己发明的古文字，恢复《大学》文本的原始面貌。[2]

不过，嘉靖前期同样担任过经筵讲官的张邦奇（1484—1544），却在不同场合都坚持朱子的《大学章句》。张氏字常甫，号甬川，浙江鄞县人，弘治十八年（1505）进士，改翰林院庶吉士，授检讨，充经筵官。嘉靖间曾先后任四川及福建提学、左春坊左庶子兼翰林院侍讲、南监祭酒、南礼部和吏部侍郎，又兼学士、掌院事，充日

---

〔1〕 湛若水：《元年八月初二日进讲后疏》，《湛甘泉先生文集》内编卷1，董平校点，《儒藏》精华编第253册，北京：北京大学出版社，2009，页468—469。

〔2〕 对此的详细讨论，参本书第三章。

讲官，进礼部尚书，后改南京吏部、兵部尚书，卒谥文定。《明实录》称其“好学笃行，志操端洁”，[1] 而其学实以程、朱为宗。[2] 张氏留下了经、史著作及多部文集，其中包括任日讲官期间所撰《书经》讲章三篇，[3] 以及嘉靖七八年间在南京国子监祭酒任上留下的讲义多篇。这些讲义讨论的著作，既包括《四书》，又有《易经》、《书经》、《礼记》、《西铭》和《大明律》。其中《大学》仅有一篇，讲述经文部分“知止而后有定……虑而后能得”一节，在敷衍程、朱之说的同时，特别强调张氏本人主张的“静之一字，乃天命人心之本然”的观念。[4] 尽管这篇《大学》讲义是张氏在祭酒任上撰写的，但从其严格遵循朱子文本的立场来推测，如果他在日讲讲官任上负责进讲《大学》的话，情形也应是如此。

事实上，无论在什么场合，张邦奇都对朱熹《大学章句》推崇备至。他在有关《大学》文本问题最为详细的资料，即收入其《养心亭集》的《大学传》中，特别指出：

> 《大学》一篇，朱子序次至精密矣。有复旧文者，有纷更者，皆牵强不通，害经之甚者也。或曰：“传释‘本末’而遗‘终始’，何也？”曰：“‘终始’所易晓也，可无释也。且经文有‘本末’、‘厚薄’之说焉，必一一而释之，则既释‘本末’，又当释‘厚薄’乎？”[5]

---

〔1〕《明世宗实录》卷 292，嘉靖二十三年十一月壬寅张氏卒条，页 5601。

〔2〕参黄宗羲：《明儒学案（修订本）》卷 52《诸儒学案中》，页 1221—1222。

〔3〕张邦奇：《日讲讲章》，《张文定公觐光楼集》卷 8，《续修四库全书》第 1336 册影印明刻本，页 426—427。

〔4〕张邦奇：《太学讲章》，《张文定公觐光楼集》卷 9，页 434—435。

〔5〕张邦奇：《大学传》，《张文定公养心亭集》卷 1，《续修四库全书》第 1337 册影印明刻本，页 283。

张氏的《大学》文本立场，仅由“朱子序次至精密”一语，便已表露无遗。所谓“复旧文者”，明显是指王阳明提倡的古本。实际上，王、张两人曾有直接交往。正德六年，在相处九个月后，王阳明在临别之际曾应邀赠序张氏，而其序中已可见论学分歧。[1]张氏之学以程、朱为立场，故对阳明学说屡有或显或隐的批评。他曾与阳明门人黄绾及太常少卿胡森（1521 年进士）“辩论大学之道”，明确指出：“阳明王氏以格物为正物，将人为学头脑截去，障隔人之聪明，故习其说者穿凿牵强，只讲论间，已不胜其意必固我之私而不自知也。惜哉！”[2]此外，张氏也曾经批评“今之为异论者，直欲糟粕《六经》，屏程、朱诸子之说，置而不用”，而其中“异论者”就是指阳明。[3]至于上述引文中的“纷更者”，自然是指从正德末年阳明提出《大学古本》，公开挑战朱子《章句》以来，迅速涌现的各式各样《大学》改本。

在《大学传》中，张邦奇的程、朱立场体现得非常明显。在文本上，他认定“格物之传”已亡佚了，因此朱子补写是合情合理之举。在解释方面，他同样维护朱子：“格物之为穷理无疑。”对于朱子《章句》中饱受抨击的部分，他曲为开脱。如朱子将“明德”释为“虚灵不昧，具众理而应万事者”，张氏认为是“未定之见”，因为“众理云者，不过四德焉耳，虚灵不昧者，即四德之智也，今曰

---

〔1〕王守仁：《别张常甫序（辛未）》，《王阳明全集（新编本）》卷 7，页 245；张邦奇：《别阳明子序》，《纡玉楼集》卷 4，《续修四库全书》第 1336 册影印明刻本，页 512。

〔2〕张邦奇：《题座右》，《环碧堂集》卷 16，《续修四库全书》第 1337 册影印明刻本，页 259。同书卷 15《阳明先生像赞》：“屹屹乎楞厉，矫矫乎英异。文事武功，震耀斯世，而其志则凌跨千古，每欲以道而自知也。惜哉乎没也！未几而天下以道为讳矣。訾饥渴之饮食，谓梦寐为从乂，独何意欤？吾欲起先生于九原，与之反复辩议，而不可得也，徒为之瞻遗容而兴喟！”页 250—251。

〔3〕张邦奇：《明山书院记》，《张文定公靡悔轩集》卷 1，《续修四库全书》第 1336 册影印明刻本，页 635—637。这个批判引起了黄宗羲的注意，后者试图加以辩驳。见《明儒学案（修订本）》卷 52《诸儒学案中》，页 1221—1222。

以智具智，不几于支离乎？”不仅如此，他还笔锋一转，将责任推给张载：“是其说承横渠张子之讹也。张子曰：……支离重复而不可通矣。周子、程子则无是说矣。”[1] 对此，读过《大学传》的唐顺之指出：“承示《大学小传》，盖发于涵养之真，而多自得之说。至于身、心、意之别，以正心为主静之学，虽或异于朱传，而实合乎濂、洛之微旨矣。”[2]

二　讲官高拱的《大学》讲章[3]

高拱（1513—1578），字肃卿，号中玄，河南新郑人。嘉靖二十年（1541）进士，选庶吉士，后来长期担任裕王潜邸讲官。至隆庆年间，高拱以内阁大学士兼吏部尚书。这是明代历史上极为罕见之事。《实录》称其“才气英迈，遇事能断。……以阁衔掌吏部事，锐然惟甄别吏迹、储用边才为务”。当时高拱取得不少事功成就，其中尤以“疆场功”为著。[4] 隆庆六年，高拱在与张居正的政治较量中失败，被逐离朝，家居六年而卒。

高拱之所以能够在隆庆年间“以阁衔掌吏部事”并多所建树，

---

〔1〕 张邦奇：《大学传》，《张文定公养心亭集》卷 1，页 282—288。

〔2〕 唐顺之：《答张甬川尚书（二）》，《唐顺之集·荆川先生文集》卷 5，马美信、黄毅点校，杭州：浙江古籍出版社，2014，页 184。

〔3〕 对于高拱与明穆宗的经筵讲读活动及其经说问题，朱鸿林教授已有两篇专论：《高拱与明穆宗的经筵讲读初探》，《中国史研究》2009 年第 1 期，页 131—147；《高拱经筵内外的经说异同》，载曾一民编：《林天蔚教授纪念文集》，台北：文史哲出版社，2010，页 127—138。本节主要在参考其研究的基础上，重点结合《大学》文本问题进行述论。

〔4〕 《明神宗实录》卷 84，万历七年二月乙巳，页 1774。张廷玉等修《明史》卷 213《高拱传》亦称其“练习政体，负经济才，所建白皆可行”，页 5640。关于高拱主政期间“疆场功”的新近研究，参城地孝：《长城と北京の朝政：明代内阁政治の展开と变容》，京都：京都大学学术出版会，2012，页 164—168、304—310。

与其在嘉靖后期长久担任处境岌岌可危的穆宗的“潜邸讲读”官，因而深得穆宗信任密切相关。即使在万历初年高拱被逐家居卒后，他这项“当穆庙藩邸授经，特加眷注”的得君之功，也仍然受到高度认可，并成为使其身后能够获得朝廷复官、祭葬礼遇的最重要理由。[1]嘉靖三十一年（1552），16岁的穆宗以裕王身份出阁讲学，时年41岁的高拱与同年进士陈以勤同时被任命为讲官，日侍讲读。高氏任期，前后长达九年，直到嘉靖三十九年（1560）升太常寺卿管国子监祭酒事为止。漫长的讲官生涯和杰出的讲读表现，使高氏成了裕王最为倚重之人。郭正域在其墓志铭中指出，当高拱升任离去时，“王赐金缯甚厚，哽咽不能别。公虽去讲幄，府中事无大小，必令中使往问。”[2]《明史》本传亦云：“世宗讳言立太子，而景王未之国，中外危疑。〔高〕拱侍裕邸九年，启王益敦孝谨，敷陈恺切。王甚重之，手书‘怀贤’、‘忠贞’字赐焉。”[3]

嘉靖三十九年，高拱在升职离任时，将此前的裕邸讲章汇辑成《日进直讲》一书。其书前自序云：

> 嘉靖壬子（卅一年）秋八月十又九日，裕王殿下出阁讲读，上命翰林编修拱暨检讨陈氏（陈以勤）充讲读官。拱说《四书》，陈说《书经》。既又有谕：先《学》、《庸》、《语》、《孟》，而后及经。于是乃分说《四书》。故事：藩邸说书，如日讲例，先训字义，后敷大义而止。然殿下聪明特达，孜孜向学，虽寒

〔1〕《明神宗实录》卷82，万历六年十二月丙申：“原任大学士高拱妻张氏上疏陈乞邺典，上曰：‘高拱负先帝委托，藐朕冲年，罪在不宥。但以先帝潜邸讲读，朕推念旧恩，姑准复原职，给与祭葬。”页1738。

〔2〕郭正域：《太师高文襄公拱墓志铭》，载高拱：《高拱全集》下册，岳金西、岳天雷编校，郑州：中州古籍出版社，2006，页1395。

〔3〕张廷玉等：《明史》卷213《高拱传》，页5638；又见高拱：《高拱全集》下册，页1456。

> 暑罔辍。拱乃于所说书中，凡有关乎君德治道、风俗人才、邪正是非，得失之际，必多衍数言，仰图感悟。虽出恒格，亦芹曝之心也。岁久，积稿颇多。庚申（卅九年），拱既迁国子祭酒，乃乘暇次序成帙。夫拱诚寡昧，其说固荒陋也，然非睿学克懋，则荒陋之说何以自效？故特存之，用志日进之功云尔，敢谓有所裨益乎哉！[1]

自序中的“既又有谕”，发生在讲读开始数月后。《实录》记载，嘉靖三十二年二月，世宗亲自过问裕王兄弟的讲读情况：

> 上谕大学士严嵩等曰：“二王讲读，朕闻昨秋止将《尚书》过口二三，岂成学业？还要自书入经。先读《大学》，熟记彻讲，方还以《中庸》等接读将去。卿等点字若何？……”嵩等对曰：“皇上追念皇考训恩，欲令二王殿下及时力学，臣等不胜钦仰。臣等切惟先书入经，乃古昔圣贤教人为学次第。臣等昨秋所进书程，据旧仪，以《大学》与《尚书》每日并读并讲，兹谨当遵谕而行。殿下所书字仿臣等，每日圈点，笔画端楷，日有进益。”[2]

正如朱鸿林教授指出的，藩邸说书按照日讲之例，每次先讲读《四书》，再讲一种经典（循例以《书经》开始）。裕王讲读开始时，由高拱专讲《四书》，陈以勤专讲《书经》，正是传统的做法。而世宗不久后命令先专讲《四书》，由高、陈二人轮流“分说”，这是特

---

〔1〕 高拱：《日进直讲序》，《高拱全集》下册，页 837，末署“太常寺卿管国子监祭酒事讲官高拱顿首谨识”。《日进直讲》又收入《高拱论著四种》，流水点校，北京：中华书局，1993。

〔2〕 《明世宗实录》卷 394，嘉靖三十二年二月丁卯条，页 6936—6937。

例。从现存高拱的《日进直讲》来看，其中只有《大学》是全文顺序收录，而《中庸》和《论语》的经文次序均是错开的。这表明高拱在与陈以勤“分说”之前，已经单独负责讲读完《大学》。因此可以断定，《大学直讲》是高氏围绕《大学》的完整讲章，代表其在藩邸讲读这个场合对该书的见解。

现存《日进直讲》共有五卷，与《四库全书》、《钦定续通志》、《续文献通考》的著录情况相符。但郭正域撰高拱墓志铭和黄虞稷《千顷堂书目》，却将其卷数著录为十卷，[1] 原因不详。其中，《大学直讲》正文完全依照朱子《章句》“一经十传”分章，共 69 条，包括解题“大学”1 条，正文 67 条，传第十章后的结尾总按 1 条。[2]

从讲章结构和内容来看，高拱遵循朱子《四书章句集注》进行解说和发挥。在前引自序中，他如此介绍自己所撰讲章的具体情形：“如日讲例，先训字义，后敷大义而止。……凡有关乎君德治道、风俗人才、邪正是非，得失之际，必多衍数言，仰图感悟。”其中，“先训字义，后敷大义”是指解说和阐释朱子《四书章句集注》，而“多衍数言”的部分，则是基于上述解说，抒发一己之见。对于高拱独自负责的《大学直讲》，朱鸿林教授通过分析两个实例指出，这些讲章在结构上主要包括三部分：第一部分“训字义”，是对字义

〔1〕 郭正域：《光禄大夫柱国少师兼太子太师吏部尚书中极殿大学士赠太师高文襄公墓志铭》，《合并黄离草》卷 24，《四库禁毁书丛刊》集部第 14 册影印明万历刻本，页 305—314。黄虞稷：《千顷堂书目》卷 3 著录“高拱《日进直解》十卷”，卷 23“《高文襄公集》四十四卷”条下又注明包括“《大学、中庸直讲》二卷、《论语直讲》三卷”，页 85、585。

〔2〕 但《中庸》和《论语》情形有异，《中庸直讲》依照《中庸》经文次序错开为题，没有采用朱注的分章，而是一节自作一节讲解。讲题的经文并不衔接，甚至有在经文的一节之中只取一半为题的情形。全部“分说”了 59 条，经文（讲题）错开的有 51 条。《论语直讲》共存 213 条，自“学而时习之”章至“子路问成人”章为止，“分说”的情形更加普遍。参朱鸿林：《高拱经筵内外的经说异同》，载曾一民编：《林天蔚教授纪念文集》，页 127—138。

或句义的训释；第二部分“敷大义”，是对经文大义的敷陈；第三部分“多衍数言”，才是讲章的重点所在。讲者通过对所讲内容的进一步演绎和发挥，来表达自己“仰图感悟”裕王一人，和希望原则性地告诉所有人君的内容。不过，并非所有讲章都具有完整的三段式结构。有时由于经文没有需要特别加以训释的字词而省略第一部分，有时由于经文意思明白浅显，没有敷衍的必要而省略第三部分。〔1〕从讲章的结构明显可见，“训字义”和“敷大义”两部分更容易受到朱子《章句集注》的约束，无论是在文本还是解释上，都不太可能脱离朱子而自行发挥，更不可能质疑和挑战朱子之说。即使在“多衍数言”部分，尽管可以因“借题发挥”而更具个人色彩，但也不易脱离经文和既有解释的整体脉络，所以同样不大可能出现质疑和挑战朱子成说的情形。

三　致仕高拱的《大学》文本质疑

隆庆六年，高拱被逐离朝廷。在万历初年家居期间，他对经筵讲读制度和讲章内容均作出深刻反思。在万历四年左右撰成的《本语》一书中，高氏表达了对经筵制度的批判性看法，〔2〕而在前一年成书的《问辨录》中，则明确批判了官方读本。《问辨录》自序有云：

> 予本谫陋，学道有年。始袭旧闻，有梏心识。既乃芟除繁

〔1〕朱鸿林：《高拱经筵内外的经说异同》，载曾一民编：《林天蔚教授纪念文集》，页127—138。

〔2〕高拱《本语自序》末署万历四年五月，见《高拱全集》下册，页1225。高氏对经筵制度的批判，详参朱鸿林：《高拱与明穆宗的经筵讲读初探》，《中国史研究》2009年第1期，页131—147。

杂，返溯本原，屏黜偏陂，虚观微旨，验之以行事，研之以深思。潜心既久，恍如有获，然后圣人公正渊弘之体，会通变化之神，稍得窥其景象，则益信夫不可迹求也已。间与同志商榷遗言，冀正真诠，乃不敢胶守后儒之辙。昔〔董〕仲舒欲罢去诸家，独宗孔氏。予以为宗孔氏者，非必一致，亦有诸家，虽皆讲明正学，乃各互有离合。其上焉者，或可与适道，或可与立，而固未可与权，不能得圣人之大。君子于是参伍而取节焉可矣，囿焉安焉，锢其神悟，非善学孔子者也。[1]

所谓“始袭旧闻，有梏心识”，自然包括《日进直讲》中的众多讲章。序文的重点，当然是“既乃”以后的部分，尤其是“冀正真诠，乃不敢胶守后儒之辙”一句，表明了他的问学态度。他认定“宗孔氏者，非必一致，亦有诸家”，而且诸家之间也“互有离合”。因此，君子为学，要在“参伍而取节焉”，不能被一家或诸家之说所限制和禁锢。总之，博综诸家之说，约以心识体悟，并以自我为主，方是为学之道。《问辨录》一书，就是这种理念的集中体现。这点在该书正文开篇就已清晰无遗。

《问辨录》共十卷，卷一为《大学》，卷二《中庸》，卷三至八《论语》，卷九、卷十《孟子》。其中卷一《大学》又分为两部分：第一部分题为“《大学》旧本”，指《礼记》中的原文，即所谓的《大学古本》；第二部分题为“《大学》改本”，指朱熹《大学章句》。[2] 全文皆以问答形式展开讨论，正是高氏自序所说“皆问辨之辞，故名《问辨》云”。

---

〔1〕 高拱：《问辨录序》，《高拱全集》下册，页 1087。

〔2〕 高拱：《问辨录》卷 1《大学》，第一部分“《大学》旧本”、第二部分“《大学》改本”，《高拱全集》下册，页 1089—1091、1091—1098。以下所引凡出此卷者，不再注明。

在《问辨录·大学》第一部分“《大学》旧本”的开头，亦即全书正文首段，高拱就以问答形式指出：

> 问：《大学》旧本何如？
>
> 曰：原是一篇，无经、传之说，然脉络自明，非有错也。今为之明其意。

这里开门见山地表明，《大学》当以古本为准，既不需分经传，也没有错误，从而否定了朱子《大学章句》的种种改动。在接下来的“明其意”部分，高拱将“所谓诚其意者”以前的文字，分为四节进行解说：首节“大学之道”，“此一书大义”；第二节从“知止而后有定”至“虑而后能得”，“此至善之所由止也”；第三节从“物有本末”至“此谓知之至也”，“言明德、新民条件、功夫、次第，而又揭言其本，欲人之知要也，故先曰本末，后曰本末云”；第四节从“《诗》云瞻彼”至“大畏民志，此谓知本”，“承知本而言，皆以明修身为本之意，而格致即在其中”。在第四节之末，高氏指出：“‘所谓诚其意者’以下，旧本、新本同，但旧本无‘传之几章’之说。”

第二部分“《大学》改本”，占据了本卷的绝大多数篇幅，内容主要是以问辨形式，对朱子《大学章句》进行逐条批驳。在全部28次问答中，明显驳斥朱子《章句》之说的就有20次（包括3次明确提到朱子名号然后加以驳斥者），以及1次专驳程颢《放蝎颂》“杀之则伤仁，放之则害义”之说。

高拱对朱子的驳斥，是按照《大学章句》文本结构顺序进行的。开头三条，均是对朱子《大学章句序》的驳斥：首条驳朱序开篇首句“大学之书，古之大学所以教人之法也”，通过举证虞廷、成周教法与《大学》所记“皆不类”，从而认定朱子之说“非然”；次条驳朱序“八岁入小学，十五入大学”无据；第三条申论小学、大学以内容而非以年龄分。在此，高氏引述明儒王廷相（1474—1544）之说，称小学是指“农圃、医卜、历象、干支之类”，而大学是指“所学之大者，即诗、书、礼、乐、修、齐、治、平之道”。此点透露出王廷相在《大学》文本和解释上对高拱有所影响。[1]

从第4条开始，高拱将朱子《大学章句》正文最重要的意见，逐条加以否定。由于相关内容较多，以下仅举要说明。高拱首先驳斥朱子对《大学》书名的理解，认为朱子以“大人之学”解释“大学”是错误的：“夫大人者，正己而物正者也。所谓‘大学’者，学为斯人而已矣。盖谓是世间一种大学问，非若小道可观，君子不由者也。固非成均教法之谓矣。”按照高氏之意，“大学”是指大学问。其次，对于朱子在《大学》开篇提出的著名“三纲领”说，高氏断然予以否定：“大学止是明德、新民，而新民亦自明德中事。所谓止至善者，乃以足明德、新民之意。……非明德、新民之外，别有所谓止至善也。”他认为，明德才是最重要的，新民也是明德中事，而止至善只是明、新要达到的境界，故三者根本不是具有并列或递进关系的三项命题，所谓“三”纲领，完全不能成立。与此相应，高氏认为朱子所谓的“八条目”，只是明德、新民之所以能够止至善的功夫，其中格、致、诚、正、修属明德之事，齐、治、平属新民之事。再次，朱子“一经十传”中分别“释明德”、“释新民”、“释止于至善”的前三传，在高氏上述观点面前也不能成立：连“三纲领”本身都被彻底否定掉了，自然不会有“三纲领”之传。此外，对于朱子饱受非议的“释本末”的第四传，高氏也彻底否定：“‘本末’

〔1〕 高拱引述之说，出自王廷相：《雅述》下篇，《王廷相集》，王孝鱼点校，北京：中华书局，1989，页858。王氏卒后，高拱为撰行状：《前荣禄大夫太子太保兵部尚书兼都察院右都御史掌院事浚川王公行状》，《高拱全集·诗文杂著》卷4，上册，页786—790。高氏在自己著作中，曾多次引述王氏之说。

原非条件，恶用释？且只因‘本’字，遂谓之‘释本末’，然则又以何者释‘终始’耶？”从第五传以下，由于内容较多，高氏仅选择朱说的某些具体论述加以驳斥。不过，对于最具争议的《格致补传》，高氏没有在此特别加以否定，原因是在第一部分“《大学》旧本”的第四节，即从“《诗》云瞻彼”至“大畏民志，此谓知本”之末，他已经指出这一节“承知本而言，皆以明修身为本之意，而格致即在其中”：《大学》原文中本来就有解释格致之文，自然无须朱子来补写。同样地，朱子改“亲民”为“新民”之举，高氏也没有再加驳斥，因为在第一部分“《大学》旧本”中，他已经表示应以“亲民”为是了。

关于高拱《问辨录》辩驳朱子的成效，清朝四库馆臣的意见可资参考。他们在撰写此书提要时指出，“此编取朱子《四书章句集注》疑义，逐条辩驳”，其中有些“不免有意推求”，有些则“皆确有所见，足以备参考而广见闻”。[1]

四 《四书直解》：变经筵讲章为科举读本

万历初年，内阁首辅张居正、申时行等先后主持明神宗的经筵和日讲活动。从万历元年开始，一个例行做法由张居正主导建立起来：每年年底，内阁将该年进讲过的讲章汇编、校阅，装潢进呈，然后由内府刊刻，供年轻的神宗不时温习。最终，在长达二十年的《四书》讲读活动结束后，这些陆续编刻过的讲章，被以题为张居正撰辑的《四书直解》的形式汇刻成书，很快流出宫廷，流向社会，并且从晚明至清末反复被改编成各种《四书》科举读本，流行

〔1〕《四库提要》卷36，页473—474。

了三百余年。[1]

（一）明神宗的进讲活动与讲章编刊

对于明神宗在经筵日讲上讲读的书籍，《万历起居注》和《明神宗实录》均有记录。《四书》和《书经》是经筵日讲的常用典籍。其中几位讲官撰写的讲章，还保存在其个人文集中。[2] 由讲章汇编成书籍形式刊行的，都被类别性地称作“直解”，有些刊本至今仍存，其中就包括《四书直解》。[3]

万历朝经筵和日讲活动的轮廓，得益于起居注和实录的详细记录，至今仍然较为清晰。从隆庆六年秋到万历十年（1582）夏，在外廷首辅张居正、内宫神宗生母慈圣皇太后和司礼监掌印太监冯保三股力量的配合下，神宗的经筵和日讲活动经常而认真地举行。万历十年六月张居正去世后，情况开始日渐恶化。从万历十三年起，进讲活动只是间歇举行（见图 10、图 11）。随着神宗与廷臣之间由于“国本”争议而关系紧张，更是日趋停顿。万历十六年闰六月，首辅申时行鉴于神宗缺席讲筵已久，请求在免除讲读活动时，容许讲官继续撰写讲章，进呈阅览。此举获得神宗允许，此后的讲读活

〔1〕 从晚明迄民国初，由《四书直解》改装而成的文本，几乎可以用“不计其数”来形容。至清末宣统元年九月，学部图书局还将题为“太岳张居正著、岩叟顾宗孟阅”的《四书集注阐微直解》加以印行（北京：中国国家图书馆藏）；晚清民初随着石印技术的引进和流行，短期内也产生了大量此书的石印本。因此，对于此书的刊刻流传情形，难以仅仅用传统“版本”观念视之，也不易以目录书治之。如《中国古籍总目》对此的著录数量，就非常有限，见《中国古籍总目·索引》第 4 册，页 180。

〔2〕 参潘小滴：《明神宗经筵日讲讲章的撰写与结集成书：以〈四书直解〉为中心》，广州：中山大学历史学系硕士学位论文，2015.6，页 9—10。

〔3〕 朱鸿林：《明神宗经筵进讲书考》，载《华学》第九、十合辑，上海：上海古籍出版社，2008.8，页 1367—1378。宦官刘若愚记录内府所存书板，就包括《女诫直解》、《忠经直解》、《孝经直解》、《四书直解》、《书经直解》、《通鉴直解》等书，见《酌中志》卷 18，北京：北京古籍出版社，2001，页 160—161。

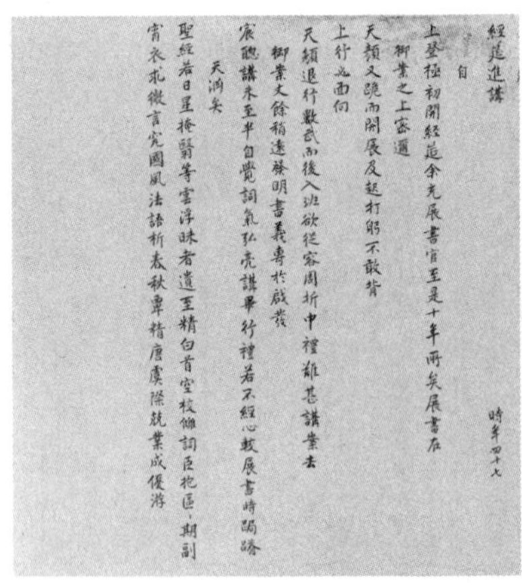

經筵進講
時年四十九
自
上登極初開經筵余充展書官至是十年所矣展書左
御案之上密邇
天顏又瞻而開展及起打躬不敢背
上行必西向
天顏退行數武而後入班欲從容周折中禮雖甚謹業去
御案丈餘稍遠發明書義專於箴儆
宸聽講未至半自覺詞氣弘亮講畢行禮若不經心較展書時踧踖
天涵矣
聖經若日星掩翳等雲浮昧者遺至精白首空枝觚詞臣抱愧期副
宵衣求微言究國風法語析春秋覃精唐虞際就業成優游

图 10　明万历十一年讲官徐显卿参与神宗经筵进讲图[1]

动，基本上便只是以进呈讲章的形式进行。这种情形，至少要到万历四十三年，才不了了之地停止。[2]

隆庆六年二月，神宗以皇太子身份出阁讲学，按照此前的传统先讲读《大学》和《尚书》。登基后，根据张居正拟订的日讲仪注，继续讲读这两种书："先《大学》十遍，次读《尚书》十遍，讲官各随即进讲。"[3] 万历元年正月，张居正上疏说《大学》和《尧典》即将讲完，但建议让讲官再通讲一遍，每章内容较长的分为几篇，短的一次讲完。[4]

---

〔1〕 余士、吴钺绘：《徐显卿宦迹图册·经筵进讲》，杨新主编：《故宫博物院藏文物珍品大系·明清肖像画》，上海：上海科学技术出版社，2008，页 41。徐显卿也是曾任日讲官的赵贞吉在翰林院所教之士，见胡直：《少保赵文肃公传》，《胡直集·衡庐精舍续稿》卷 11，张昭炜编校，上海：上海古籍出版社，2015，页 812。对徐氏此图的讨论，参朱鸿：《〈徐显卿宦迹图〉研究》，《故宫博物院院刊》2011 年第 2 期，页 47—80。

〔2〕 详参朱鸿林：《明神宗经筵进讲书考》，《华学》第九、十合辑，页 1367—1378。

〔3〕 《明神宗实录》卷 4，隆庆六年八月丙寅，页 151—152。嘉靖朝的情形参朱鸿林：《高拱与明穆宗的经筵讲读初探》，《中国史研究》2009 年第 1 期，页 131—147。

〔4〕 南炳文、吴彦玲：《辑校万历起居注》第 1 册，天津：天津古籍出版社，2010，页 6。

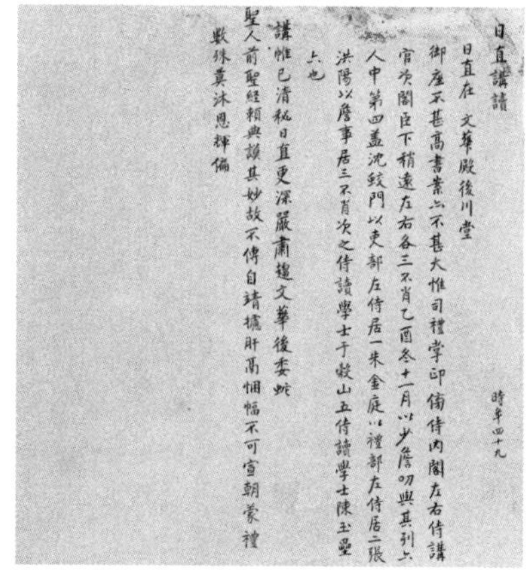
日直講讀
日直在　文華殿後川堂
御座不甚高書案亦不甚大惟司禮掌印偏侍內閣左右侍講
官次閣臣下稍遠左右各三不肖乙酉冬十一月以少詹叨與其列六
人中第四蓋沈蛟門以吏部左侍居一朱金庭以禮部左侍居二張
洪陽以詹事居三不肖次之侍讀學士于穀山五侍讀學士陳玉壘
六也
講帷已清秘日直更深嚴肅邇文華後委蛇
聖人前聖經賴與讀其妙故不傳自靖攄肝鬲悃幅不可宣朝蒙禮
數殊莫沐恩輝偏
時年四十九

图 11　明万历十三年讲官徐显卿参与神宗日讲进讲图[1]

万历元年十二月十九日乙丑，张居正上《进讲章疏》，为讲章的汇编和刊刻奠定了例行性做法，并且与此后这类文字的结集、刊刻和流传高度相关，因此值得全文引述在此：

> 臣等一岁之间，日侍皇上讲读。伏见圣修日懋，圣志弥坚，盛暑隆寒，缉熙罔间。臣等备员辅导，不胜庆幸。但惟义理必时习而后能悦，学问必温故而后知新。况今皇上睿明日开，若将平日讲过经书，再加寻绎，则其融会悟入，又必有出乎旧闻之外者。臣等谨将今岁所进讲章，重复校阅，或有训解未莹者，增改数语；支蔓不切者，即行删除。编成《大学》一本、《虞书》一本、《通鉴》四本，装潢进呈。伏望皇上万几有暇，时加温习，庶旧闻不至遗忘，新知日益开豁，其于圣功，实为有补。以后仍容臣等接续编辑，进呈御览。仍乞敕下司礼监，镂板印

〔1〕 余士、吴钺绘：《徐显卿宦迹图册·日直讲读》，杨新主编：《故宫博物院藏文物珍品大系·明清肖像画》，页 44。

> 行，用垂永久。虽章句浅近之言，不足以仰窥圣学精微之奥，然行远升高，或亦一助云尔。
>
> 上答曰：卿等启沃忠爱之诚，惓惓恳至，朕深喜悦。讲章留览，以后接续编进，刊板留传。该衙门知道。[1]

从神宗讲读的进度来看，这里的“《大学》一本”，很可能已经包括了《大学》讲章的全部。

《四书》中接续《大学》之后进讲的是《中庸》，时间大约在万历二年左右。至迟到三年十二月，《大学》和《中庸》均已讲完，其讲章也已刻成：“以刻定《大学》、《中庸》、《尚书》典谟、《通鉴》盘古至汉平帝各《直解》十五册，赐辅臣张居正三部，吕调阳、张四维各二部，讲官申时行等六员各一部。”[2] 接着进讲《论语》，至九年底讲完。最后讲《孟子》，从万历十年二月开始进讲，至二十年十月讲完。至此，《四书》全部进讲完毕。[3]

从上述有关《四书》的进讲活动和讲章的汇刻情形可知，这是

---

〔1〕 南炳文、吴彦玲：《辑校万历起居注》第1册，万历元年十二月十九日乙丑，页38—39；《明神宗实录》卷20同日：“大学士张居正等题：义理必时习而后能悦，学问必温故而后知新。皇上睿明日开，若将讲过经书，再加寻绎，则其融会悟入，必又有出旧闻之外者。臣等谨将今岁所进讲章，重复较阅，训解未莹者，增改数语；支蔓不切者，即行删除，编成《大学》一本、《虞书》一本、《通鉴》四本，装演进呈。伏望皇上万几有暇，时加温习，庶旧闻不至遗忘，新知日益开豁，其于圣躬贯为有补。上留览，仍命接续编进，刊板流传。”页549。亦载张居正：《张太岳先生文集》卷38，《续修四库全书》第1346册影印明万历四十年唐国达刻本，页329，唯“圣修日懋”作“圣修益懋”，另文末无“上答曰”以下文字。

〔2〕 《明神宗实录》卷45，万历三年十二月乙丑朔，页1001。

〔3〕 关于神宗讲读《四书》的详细历程，参潘小滴：《明神宗经筵日讲讲章的撰写与结集成书：以〈四书直解〉为中心》，页17—22。值得注意的是，作者以具体实例指出经筵和日讲的进度既有同步进行的情况，但也存在“经筵和日讲的内容进度并非完全同步，在日讲《论语》的时间里，经筵的进讲内容也会选择《论语》的条目，但可以选择篇章跨度很大的条目进讲，甚至比日讲内容提前”（页18—20）。由于起居注和实录并未详细区分经筵和日讲，故作者的这个提示非常重要。

一个漫长而持续进行的工程。从最先进讲《大学》，到最后讲完《孟子》，前后历时二十年。题为“直解”的讲章汇编，也是在此期间由司礼监陆续刊刻而成。这个情形，正如朱鸿林教授研究题为张居正撰辑《书经直解》时所指出：“全书作‘万历元年’刻本是不可能的，应该理解作万历元年起的‘递刻本’。”〔1〕因此，刻成完整的全套《四书直解》，必须是在《四书》全部进讲完毕之后，也就是万历二十年前后。

经筵日讲的讲章以“直解”形式在朝野内外被结集刊刻，万历朝以前已有先例。前述高拱就将自己担任准储君裕王讲官期间，进讲《四书》的讲章编辑成《日进直讲》，并在结束讲官职务后不久就予以出版。〔2〕另外，先后在嘉靖朝、隆庆朝任讲官的殷士儋，也将自己进讲《四书》、《尚书》、《通鉴》的讲章，结集为《经史直解》刊行；〔3〕隆庆初掌国子监事并担任日讲官的赵贞吉，则把自己的经筵讲章和日讲直解结集成《进讲录》五卷付梓。〔4〕同样，皇帝将内府刻成的讲章赐予讲官之举，也有先例可考。〔5〕晚明和清初的目录书，为明代讲章的刊行提供了更多线索。祁承㸁《澹生堂藏书目》经部“经总解”类，甚至专门著录了“经筵讲章”系列藏品：

---

〔1〕朱鸿林：《申时行的经筵讲章》，《致君与化俗：明代经筵乡约研究文选》，香港：三联书店，2013，页 69—116。

〔2〕参朱鸿林：《高拱经筵内外的经说异同》，载曾一民编：《林天蔚教授纪念文集》，页 127—138。

〔3〕殷士儋：《经史直解序》，《金舆山房稿》卷 5，《四库全书存目丛书》集部第 115 册影印明万历十七年姚江邵陛刊本，页 707—708。据殷序所述，该书尚未刊行，但其门人于慎行撰《太保殷文庄公文集叙》中指出“先生所著，其要者，金华启沃之篇，有《经史直解》别行于世”（《谷城山馆文集》卷 10，《四库全书存目丛书》集部第 147 册影印明万历于纬刻本，页 401）。如下文所示，书目著录也显示此书曾刊行于世。

〔4〕赵贞吉：《进讲录》五卷附录一卷，台北：台湾“国家图书馆”藏明文曲山堂刻本。其中附录一卷包括“国学讲章”及其家居诸生会讲的“正学书社讲章”。

〔5〕于慎行：《赐内府新刻经史直解》，《谷城山馆诗集》卷 16，影印《文渊阁四库全书》第 1291 册，页 153。

从早期讲官陈循、商辂，到万历后期讲官冯琦等共20人的23种经筵讲义、讲章。其中包括高拱《高文襄经筵讲义》二卷一册、殷士儋《经筵经史直解》六卷四册，以及张居正《四书直解》。从祁氏特别注明其中部分讲义讲章"俱见本集"，亦即见于讲官的个人文集来看，另外一些讲义、讲章则应该是单行本（见表4）。清初黄虞稷在《千顷堂书目》的多个分类体系下，也著录了数量可观的这类讲章，以经部"经解类"著录最多（见表5）。其中也包括高拱《日进直解》十卷、殷士儋《经筵经史直解》六卷，以及"张居正《尚书直解》十三卷"、"张居正《四书直解》二十六卷，万历元年进呈"、"张居正《通鉴直解》二十五卷，万历初年讲筵所编进"。

表4 祁承㸁《澹生堂藏书目》著录讲章简表[1]

作　者	书　名	数　量	备　注
张居正	四书直解		
商　辂	商文毅经筵讲义	一卷	
陈　循	陈芳洲经筵讲义	一卷	
李东阳	李文正公讲读录	一册四卷	
李东阳	李文正怀麓堂全集	一百十七卷二十四册	子目包括"讲读录一卷"
彭〔华〕[2]	彭文思公经筵讲义	一卷	
廖道南	廖学士讲幄集	二卷	

〔1〕祁承㸁：《澹生堂藏书目》卷2"经部·经总解类·经筵"，《丛书集成续编》第3册影印《绍兴先哲遗书》本，台北：新文丰出版公司，1989，页625—626；另参《续修四库全书》第919册影印宋氏漫堂抄本，页571—572。按：其中张居正《四书直解》一栏不在此类，而在卷2"经部·经总解类·传说"；李东阳《李文正怀麓堂全集》、高拱《高文襄集》、张位《闲云馆别编》三种亦不在此类，据《澹生堂藏书目》后文著录补入，以资对比。

〔2〕此处原阙，当指彭华（1432—1496）。彭华字彦实，号素庵，江西安福人，景泰五年会试第一，曾为经筵讲官，入内阁，卒谥文思。《经筵讲章》收入其文集《彭文思公文集》卷1，《四库全书存目丛书》集部第36册影印清康熙五年彭志桢刻本，页666—675。

续表

作　者	书　名	数　量	备　注
程敏政	程篁墩经筵讲义	一册四卷	
程敏政	青宫讲义	一册四卷	
湛若水	湛甘泉经筵讲义	一卷	
陆　简	陆治斋经筵讲义	二卷	
崔　铣	崔仲凫经筵讲义	一卷	
费　宏	费文宪公经筵讲义	一卷	
夏　言	夏文愍公经筵讲义	一卷	
严　嵩	严介溪经筵讲章	一卷	
赵贞吉	赵文肃公经筵讲义	一卷	
高　拱	高文襄公经筵讲义	一册二卷	
高　拱	高文襄集	共四十四卷	子目包括"大学中庸直讲二卷论语直讲三卷"
徐　阶	徐文贞公经筵讲义	一卷	
冯　琦	冯宗伯经筵讲义	一册一卷	
冯　琦	通鉴直解	二册十一卷	俱本集本
张　位	张洪阳经筵讲义	一册二卷	
张　位	国学讲章	一册一卷	《闲云馆》本
张　位	闲云馆别编		子目包括"经筵、国学讲章"
张　鼐	雍训	一册一卷	
殷士儋	经筵经史直解	四册六卷	

表 5　黄虞稷《千顷堂书目》著录讲章简表[1]

作　者	书　名	卷　数	备　注	出　处
何文渊	尚书直解			卷 1 书类

〔1〕 以黄虞稷《千顷堂书目》卷 3"经解类"为主，略补充几种见于其他类别者。

续表

作　者	书　名	卷　数	备　注	出　处
申时行	书经讲义会编	十二	万历丁丑序	卷 1 书类
张居正	尚书直解	十三		卷 1 书类
张　位	进呈大学讲章	一		卷 2 三礼类
李东阳	讲读录	四		卷 3 经解类
程敏政	经筵讲义	四		卷 3 经解类
程敏政	青宫讲义	四		卷 3 经解类
徐　缙	经筵讲义	五		卷 3 经解类
刘　龙	四书、尚书讲章	八		卷 3 经解类
廖道南	讲幄集	二		卷 3 经解类
高　拱	日进直解	十		卷 3 经解类
赵贞吉	进讲录			卷 3 经解类
殷士儋	经筵经史直解	六		卷 3 经解类
冯　琦	经筵讲义	一		卷 3 经解类
于慎行	经筵讲章			卷 3 经解类
张　位	经筵讲义	二		卷 3 经解类
朱　赓	经筵讲章			卷 3 经解类
焦　竑	东宫讲义	六		卷 3 经解类
张居正	四书直解	二十六	万历元年进呈	卷 3 四书类
刘　龙	四书尚（义）〔书〕讲章	八		卷 3 四书类
张居正	通鉴直解	二十五	万历初年讲筵所编进	卷 4 史部编年类
吴道南	日讲录			卷 11 子部儒家类
叶　砥	坦斋集		子目有“经筵讲义”	卷 18 集部洪武辛亥四年科

在首辅张居正主导下形成由司礼监刊刻年终讲章汇编的传统，在后张居正时代经筵日讲时辍时续的情形下，并没有完全中

断。而且，这些讲章看来很快流传到宫外，被官僚士大夫们收集起来，在出版业尤其是商业出版繁荣的地区予以刊行。万历二十一年（1593），福建巡按御史陈子贞就“裒辑”成《经筵讲章》一书，收录神宗“临御以来，先后经筵讲官所进讲章若干篇”，请福建巡抚许孚远（1535-1604）作序，“命工锓梓以传”。他的公开理据，是“鸣我皇上稽古典学之勤，诸臣纳诲辅德之义”；同时，刻此“冲龄初服典学亲贤之功”，也是为了在“迩岁天子倦御经筵，深具邃密”的现状下，希望唤起皇帝的向学之心，从而“再举盛典，以终大业”。[1]不过，这些仅仅针对皇帝一人的冠冕堂皇说辞，明显完全不能适用于讲章刊刻后将实际面对的最大多数受众。事实上，深处宫禁中的皇帝很可能根本看不到福建这个商业出版中心刊刻的粗糙读物，更遑论因此回心转意，“典学亲贤”了。

这些由宫廷讲章汇编而成的“直解”，看来当时确实被当作流行读本而随编随刻，因此随着卷数的陆续增加，市面上可以买到不同卷数的同一种“直解”书。对此，文学家钟惺（1574—1624）有亲身体验。他在天启元年指出：“张文忠公《四书、五经直解》，凡敷陈于经筵，其于圣学，故大有裨补，而誉髦英俊，亦靡不家社而户稷之。及阅笔记，文忠公尚有《通鉴》、《性理》二书《直解》，各二十八卷进呈。余方以闻其名而不见其书，怅然者久矣。及初得《通鉴直解》，乃二十五卷。余已恨见之晚，而又恨五代与宋高宗至元顺为阙文也。未几，又得全本二十八卷。余又恨见之晚，而又恨后学见全书之晚也。”[2]

〔1〕 许孚远：《经筵讲章序》，《敬和堂集》卷1，《四库全书存目丛书》集部第136册影印明万历二十二年序刊本，页500。由于神宗实际上已经多年没有“临御”经筵，故汇集刊刻经筵讲章之举就有“当今之时，中外臣工仰冀圣明再举盛典，以终大业”的用意。

〔2〕 钟惺：《通鉴直解叙》，载陈生玺整理：《张居正讲评资治通鉴》（即题为张居正《通鉴直解》）附录，上海：上海古籍出版社，2011，页611—612。末署“天启辛酉（转下页）

既然如此，在宫廷之外的广大世界中，在由编辑者、出版者、贩售者、购买者、藏读者，以及诸如此类的人群中流传的讲章和直解文字，其具体情况又如何？对他们而言，这些文字又分别意味着什么呢？

（二）《四书直解》的文本变动

全面跟踪讲章流出宫廷后的情状，并非本书的关注重点。本章着重讨论的是与全书主题关系最为密切的《四书直解》；其他讲章，则只在作为旁证时提及。为了避免泛滥无归，本节从三个角度观察《四书直解》文本变动情形：一是张居正《进讲章疏》的文本篡改问题，二是书名和各卷卷题下的题名，三是不同版本的文本组合情形。对于观察文本变动这个主题而言，现存文献实物及其影印本，具有无可替代的直观效果，因此本节在条件允许的情况下，尽可能辅以书影进行讨论。

首先是张居正《进讲章疏》的文本篡改问题。张疏上于万历元年十二月十九日，亦即神宗改元后的第一年年底。由于该疏建立起将每年讲章于年底"接续编辑，进呈御览"，然后"敕下司礼监，镂板印行"这个例行性做法，因此经常被置于那些由单篇讲章汇刻成的"直解"书籍卷首，例如《四书直解》和《书经直解》（见图 12、13）。然而，由于"直解"书籍是经"接续编辑"刊刻而成的，因此，张居正疏文中描述万历元年底"直解"实际情况的"编成《大

（接上页）（元年）小春既望楚钟惺题于金陵之公署"。又，是否有《性理直解》，目前尚不能肯定，实录仅记载了万历二十五年"大学士赵志皋等请以《性理大全》接续进讲，不报"。刘若愚《酌中志》记录内府司礼监刻有《四书》、《书经》、《通鉴》，乃至《女诫》、《忠经》、《孝经》等 6 种《直解》，也没有《性理大全》的直解。参《明神宗实录》卷 308，万历二十五年三月辛亥，页 5767；刘若愚：《酌中志》卷 5"三朝典礼之臣纪略"、卷 18"内板经书纪略"，页 27—32、157—164。

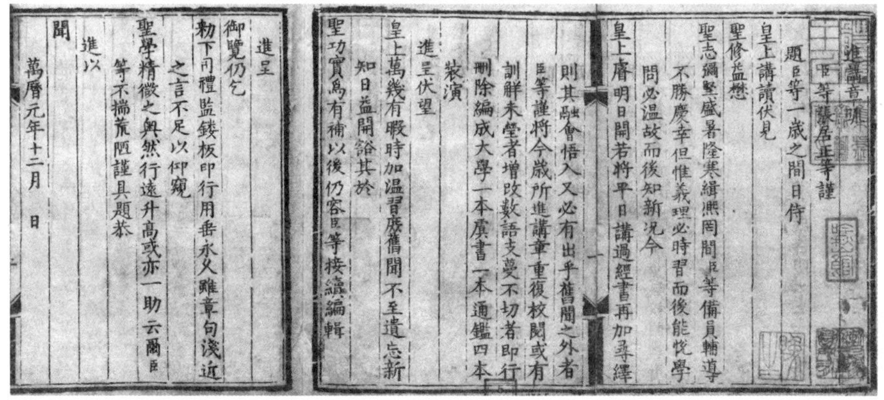
進講章疏
臣等張居正等謹
題臣等一歲之間日侍
皇上講讀伏見
聖修益懋
聖志彌堅盛暑隆寒緝熙罔間臣等備員輔導
不勝慶幸但惟義理必時習而後能悅學
問必温故而後知新况今
皇上睿明日開若將平日講過經書再加尋繹
則其融會悟入又必有出乎舊聞之外者
臣等謹將今歲所進講章重復校閱或有
訓解未瑩者增改數語支蔓不切者即行
刪除編成大學一本虞書一本通鑑四本
裝潢
進呈伏望
皇上萬幾有暇時加温習庶舊聞不至遺忘新
知日益開豁其於
聖功實為有補以後仍容臣等接續編輯
進呈
御覽仍乞
勑下司禮監鋟板即行用垂永久雖章句淺近
之言不足以仰窺
聖學精微之奧然行遠升高或亦一助云爾臣
等不揣荒陋謹具題恭
進以
聞
萬曆元年十二月　日

图 12　明万历内府刻本《四书直解》卷首奏疏书影[1]

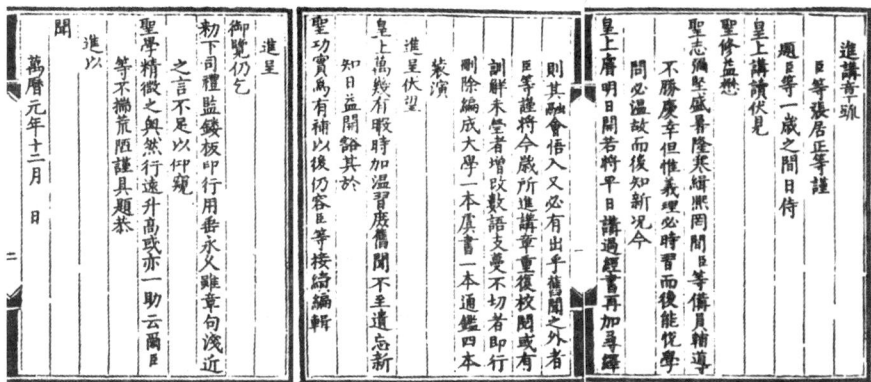

進講章疏
臣等張居正等謹
題臣等一歲之間日侍
皇上講讀伏見
聖修益懋
聖志彌堅盛暑隆寒緝熙罔間臣等備員輔導
不勝慶幸但惟義理必時習而後能悅學
問必温故而後知新况今
皇上睿明日開若將平日講過經書再加尋繹
則其融會悟入又必有出乎舊聞之外者
臣等謹將今歲所進講章重復校閱或有
訓解未瑩者增改數語支蔓不切者即行
刪除編成大學一本虞書一本通鑑四本
裝潢
進呈伏望
皇上萬幾有暇時加温習庶舊聞不至遺忘新
知日益開豁其於
聖功實為有補以後仍容臣等接續編輯
進呈
御覽仍乞
勑下司禮監鋟板即行用垂永久雖章句淺近
之言不足以仰窺
聖學精微之奧然行遠升高或亦一助云爾臣
等不揣荒陋謹具題恭
進以
聞
萬曆元年十二月　日

图 13　明万历内府刻本《书经直解》卷首奏疏书影[2]

学》一本、《虞书》一本、《通鉴》四本”一句，[3]随着进讲活动的持续进行和讲章汇编的“直解”逐年递增，变得与实际情况不相吻合

---

〔1〕 题张居正等：《四书直解》卷首，台北故宫博物院藏明万历内府刻本，叶1—2。

〔2〕 题张居正等：《书经直解》卷首，《故宫珍本丛刊》第7册影印北京故宫博物院藏明万历内府刻本，页47。

〔3〕 如前所述，《万历起居注》、《明神宗实录》、张居正文集所记均同。

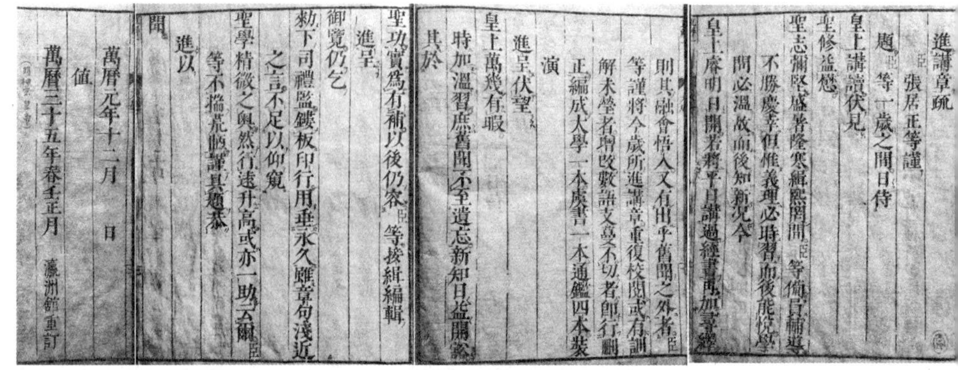
進講章疏
臣張居正等謹
題：臣等一歲之間日侍
皇上講讀伏見
聖修益懋
聖志彌堅盛暑隆寒緝熙罔間臣等備員輔導
不勝慶幸但惟義理必時習而後能悅學
問必溫故而後知新况今
皇上睿明日開若將平日講過經書再加尋繹
則其融會悟入又有出乎舊聞之外者臣
等謹將今歲所進講章重復校閱或有訓
解未瑩者增改數語文義不切者即行刪
正編成大學一本虞書一本通鑑四本裝
演
進呈伏望
皇上萬幾有暇
時加溫習庶舊聞不至遺忘新知日益開豁
其於
聖功實為有補以後仍容臣等接續編輯
進呈
御覽仍乞
勑下司禮監鏤板印行用垂永久雖章句淺近
之言不足以仰窺
聖學精微之奧然行遠升高或亦一助云爾臣
等不揣荒陋謹具題奉
進以
聞
萬曆元年十二月 日
值
萬曆三十五年春壬正月 瀛洲館重訂

图 14 日本江户时代翻刻明万历三十五年瀛洲馆重订《四书经筵直解》卷首奏疏书影[1]

了。不过，明代内府司礼监经厂看来没有做过改动张疏语句，以迎合实际正文内容变化的动作。因此，现存完整的《四书直解》、《书经直解》，其卷首张居正疏文仍然是“编成《大学》一本、《虞书》一本、《通鉴》四本”，而且两篇疏文的版式、行款和字体完全一致。据此推测，它们仍然保留了万历元年底或二年初司礼监“镂板印行”时的原貌。张疏中的这个表述，在万历三十五年瀛洲馆重订的《四书直解》、天启元年长庚馆重订的《重刻辨真内府原板张阁老经筵四书直解指南》中，仍然没有发生变化（见图 14、15）。

目前所知，篡改张居正《进讲章疏》的这个表述的情况，至迟在崇祯四年（1631）以前已经发生。其中将原文“《大学》一本”的“大学”二字，改为“四书”。至于原文随后的“《虞书》一本、《通

〔1〕 题李春芳总裁、郭朴讨论、高拱修饰、张居正润色、瞿景淳编辑、汪旦校□：《四书经筵直解》卷首，北京：中国国家图书馆藏日本江户时代翻刻明万历三十五年瀛洲馆重订本。按：明万历三十五年瀛洲馆重订《四书经筵直解》二十卷，于日本桃园天皇宝历四年（1754）由中国商船“志字号”载抵日本，大约在江户前期由京都出云寺和泉掾松柏堂翻刻。参严绍璗：《日藏汉籍善本书录》，第 1 册，页 226；并参日本所藏中文古籍数据库，网址：http://kanji.zinbun.kyoto-u.ac.jp/kanseki，检索词：“四书经筵直解”，检索日期：2015.12.30。

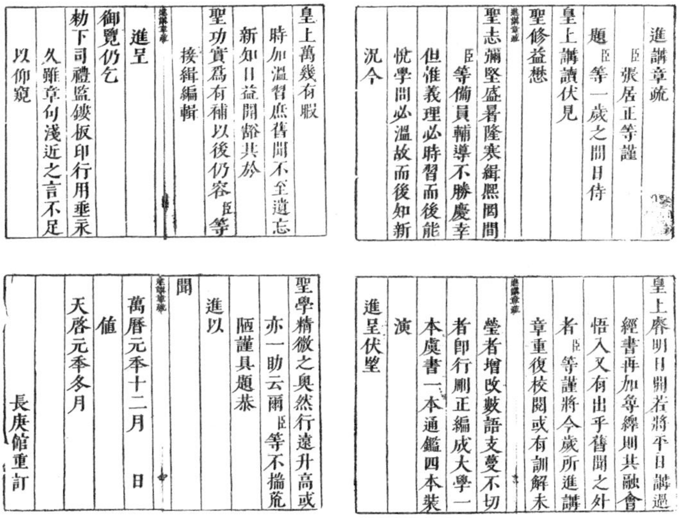

图 15　明天启元年长庚馆重订《重刻辨真内府原板张阁老经筵四书直解指南》卷首奏疏书影〔1〕

鉴》四本”，则仍旧保留。〔2〕

另外，在清康熙十六年（1677）徐乾学作序、八旗经正书院刊刻的《四书集注阐微直解》中，张居正疏文也遭到改动。具体的改动情形，除了个别不影响文意之字，如“支蔓不切者，即行删除”句中的“删”字被改为“芟”，以及版式变动，尤其因改朝换代后表敬称的挪抬变动外，最值得注意的一处改动，是“《大学》一本”被改成“《四书》一部”（见图 16）。显而易见，这个改动是为了与此书

〔1〕 题张居正等：《重刻辨真内府原板张阁老经筵四书直解指南》卷首，《域外汉籍珍本文库》第 2 辑经部第 13 册影印日本龙谷大学大宫图书馆藏明天启元年长庚馆重订刻本，页 127—128。

〔2〕 高兆麟《重刻通鉴直解序》有云：“江陵相公《四书直解》，神庙初年进讲后即梓行海内……余读先生进呈之疏，《四书》之外，有《虞书》一本、《通鉴》四本。”载陈生玺整理：《张居正讲评资治通鉴》，页 612。高序全文，见本章下文的讨论。

進講章疏
臣張居正等謹
題臣等一歲之間日侍
皇上講讀伏見
聖修益懋
聖志彌堅盛暑隆寒緝熙罔間臣等備員輔導不勝慶幸
但惟義理必時習而後能悅學問必溫故而後知新
況今
皇上睿明日開若將平日講過經書再加尋繹則其融會
悟入又必有出乎舊聞之外者臣等謹將今歲所進
四書直解　疏　一
講章重復按閱或有訓解未瑩者增改數語支蔓不
切者即行芟除編成四書一部虞書一本通鑑四本
裝潢
進呈伏望
皇上萬幾有暇
時賜溫習庶舊聞不至遺忘新知日益開豁其於
聖功實爲有補以後仍容臣等接續編輯進呈
御覽仍乞
勅下司禮監鏤板印行用垂永久雖章句淺近之言不足
以仰裨
聖學精微之奧然行遠升高或亦一助云爾臣等不揣
陋謹題恭進以
聞
萬曆元年十二月　日　臣
四書直解　疏　二

图 16　清康熙十六年八旗经正书院本《四书集注阐微直解》卷首奏疏书影[1]

正文“四书直解”相吻合。可惜的是，改动者只考虑到使疏文所说与全书正文相符，却没有顾及其他情况：第一，《进讲章疏》落款时间是“万历元年十二月　日”，而如前所述，此时进讲《四书》的活动才刚刚开始，仅仅只讲了《大学》，因此不可能有整部《四书》的“直解”。第二，张疏共提到的三种讲章汇编，所用单位均是“本”，与《大学》相应的是“一本”。当“《大学》”被改成“《四书》”后，由于部头增大许多倍，以内府刻书的版式和装帧，再不可能是“一本”能够容纳的了，因此，相应的单位也被换作“部”这个代表书籍种数而非册数之词了。但是，“部”这个量词，显然又与紧接着下文的“《虞书》一本、《通鉴》四本”不一致。第三，张疏原文称“《大学》一本”，改动者改为“《四书》一部”，后者的表述可以包括或等同于前者，似乎并不必定表示全部、完整的“四书”。然而，张

〔1〕 题张居正等：《四书集注阐微直解》卷首，《四库未收书辑刊》第 2 辑第 12 册影印清八旗经正书院刻本，页 181—182。

疏紧接着用"《虞书》一本"，没有使用"《尚书》一本 / 部"，尽管后者亦可包括或等同于前者（《尚书》包括虞、夏、商、周之书）。因此，从同一句中前后文表述一致的角度来看，这种模糊表述策略也是不成立的。

由于资料的限制，目前还不能确定张居正疏文中的关键性变动，是在何时由何人篡改的。可以肯定的是，这个变动绝非张居正本人所为，因为直到万历十年六月张居正去世时，《四书》中《孟子》才刚开始进讲，而张氏实际上在该年春就已病重。更为关键的是，若是张氏所改，则其下文断然不可能仍作"《虞书》一本、《通鉴》四本"。而且，在前举万历三十五年本、天启元年本中，张疏也没有遭到篡改。崇祯四年高兆麟序表明，在他所见的本子中，张疏已被改动。篡改者充分注意到了万历元年十二月张疏所述"《大学》一本"，与日后以完整形态刊刻流传的《四书直解》之间，存在数量上的巨大落差，所以试图加以弥缝。可惜他采取了最简单省事的做法，即以最小幅度的改动来改变张疏原文的表述，以便将就内容完整的《四书直解》。今日看来，这当然是拙劣的举动：只要对万历朝经筵日讲的运作情形有所了解，就能肯定万历元年底不可能有由张居正编成的讲章"《四书》一部"。可是，对于此书的绝大多数明清读者而言，他们几乎不可能掌握明神宗经筵日讲的具体进度，因此也就不会轻易质疑此说的合理性。再者，对于篡改者而言，由于"《大学》一本"与"《四书》一部"字数相同，所以这个改动在技术上简易可行：直接在底版上挖补即可。康熙十六年八旗经正书院刻《四书集注阐微直解》卷首遭篡改的张疏，因此被康熙二十六年崇善堂藏板《汇镌经筵进讲四书直解》"顺理成章"地继承了（见图 17）。

第二类需要注意的变动情形，是各种《四书直解》的书名和各卷题名。台北故宫博物院藏明内府刻本《四书直解》廿六卷，廿六

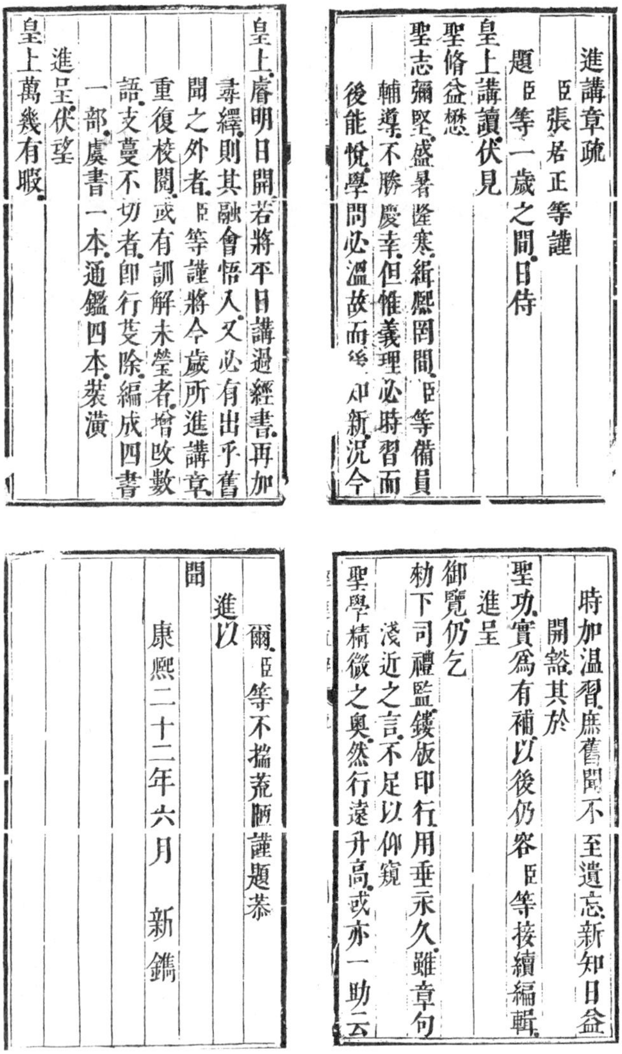

進講章疏

臣張居正等謹

題臣等一歲之間日侍

皇上講讀伏見

聖脩益懋

聖志彌堅盛暑隆寒緝熙罔間臣等備員輔導不勝慶幸但惟義理必時習而後能悅學問必溫故而知新況今

皇上睿明日開若將平日講過經書再加尋繹則其融會悟入又必有出乎舊聞之外者臣等謹將今歲所進講章重復校閱或有訓解未瑩者增改數語支蔓不切者即行芟除編成四書一部虞書一本通鑑四本裝潢

進呈伏望

皇上萬幾有暇時加溫習庶舊聞不至遺忘新知日益開豁其於

聖功實爲有補以後仍容臣等接續編輯

進呈

御覽仍乞

勑下司禮監鏤版印行用垂永久雖章句淺近之言不足以仰窺

聖學精微之奥然行遠升高或亦一助云爾臣等不揣荒陋謹題恭

進以

聞

康熙二十二年六月　新鐫

图 17　清康熙二十六年崇善堂藏板《汇镌经筵进讲四书直解》卷首奏疏书影[1]

---

〔1〕 题张居正等：《汇镌经筵进讲四书直解》卷首，《域外汉籍珍本文库》第 4 辑经部第 7 册影印日本早稻田大学图书馆藏清康熙二十六年崇善堂刊本，页 256—259。

册，[1]每半叶九行，行十八字，黑口，四周双边。卷端书名均题为“四书直解卷之几”。其中卷一《大学》题“少师兼太子太师吏部尚书中极殿大学士臣张居正等谨辑”，而卷十三《孟子》题“少师兼太子太师吏部尚书中极殿大学士臣申时行等谨辑”（见图18）。这是因为《大学》、《中庸》、《论语》最初进讲时为张居正领衔，而《孟子》是申时行。结合前述明神宗初年进讲《四书》的进度来看，这两处题名与《四书直解》的成书过程完全吻合。[2]此本似与日本东北大学附属图书馆藏明万历间刊本《四书直解》廿七卷，廿六册，版式、行款皆同。[3]这部《四书直解》的题名，与现存明内府刊行的《书经直解》完全一致，而该书仅首卷有题名：“少师兼太子太师吏部尚书中极殿大学士臣张居正等谨辑。”（见图19）

明万历三十五年正月瀛洲馆重订本《四书经筵直解》，尽管经过日本的翻刻，仍然难掩其坊刻特有的商业气味，同时透出其科举读本的本质。此书封面签题上有小字“经筵校阅”，首卷题为“大学经筵直解卷之一”，版心上题“直解”，中题“大学”。最堪注意的，是

〔1〕王重民辑：《国会图书馆藏中国善本书录》，Washington D.C. : Library of Congress, 1957，页46；王重民：《中国善本书提要》，上海：上海古籍出版社，1983，页44；台北故宫博物院编印：《故宫博物院善本旧籍总目》，台北：故宫博物院，1983，页141。均著录为廿六卷，廿六册，唯王氏称“明万历间刻本”，但引述刘若愚《内板经书纪略》的记载以相印证；故宫书目则直称“明万历间内府刊本”。

〔2〕但其卷数、册数，与刘若愚《酌中志》卷18《内板经书纪略》所记内板经书“《四书直解》二十五本，一千零四十二叶”（页161），略有所出入，未知刘氏所记是否为最完整版本？抑或记载有误？摘录《酌中志》卷16—20而成的《明宫史》，其卷5则著录为“《四书直解》二十六本，一千八百四十页”，影印《文渊阁四库全书》第651册，页665。

〔3〕严绍璗：《日藏汉籍善本书录》，第1册，页225。据其描述，此本《学》、《庸》、《论》皆题“少师兼太子太师吏部尚书中极殿大学士臣张居正等谨辑”，唯《孟子》题“少师兼太子太师吏部尚书中极殿大学士臣申时行等谨辑”，未知是否《学》、《庸》、《论》题下皆有张居正题名呢？抑或仅《大学》题下有张氏题名，而著录者据以推知《庸》、《论》皆同？又，此本为二十七卷，未知何故？

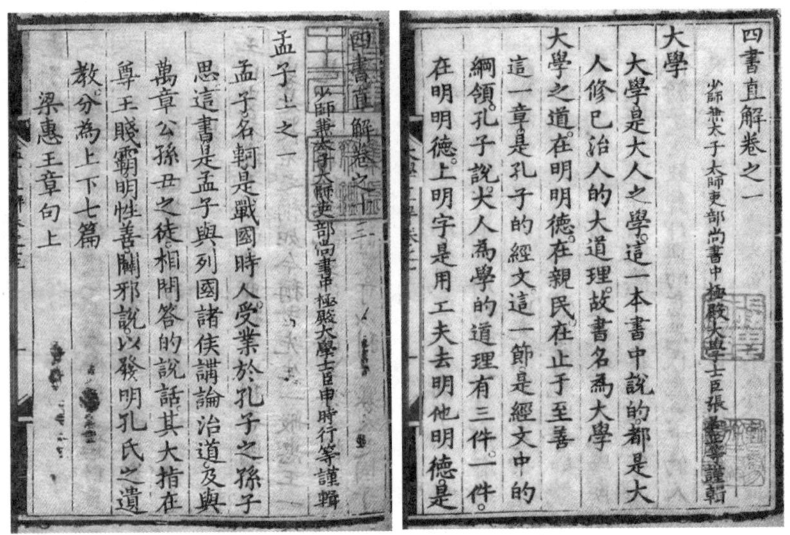
四書直解卷之十三　少師兼太子太師吏部尚書中極殿大學士臣申時行等謹輯
孟子上之一
孟子名軻是戰國時人受業於孔子之孫子思這書是孟子與列國諸侯講論治道及與萬章公孫丑之徒相問答的說話其大指在尊王賤霸明性善闢邪說以發明孔氏之遺教分為上下七篇
梁惠王章句上

四書直解卷之一
少師兼太子太師吏部尚書中極殿大學士臣張居正等謹輯
大學
大學是大人之學。這一本書中說的都是大人修己治人的大道理故書名為大學
大學之道。在明明德。在親民。在止于至善
這一章是孔子的經文這一節是經文中的綱領。孔子說大人為學的道理有三件。一件在明明德。上明字是用工夫去明他明德是

图 18　明万历内府刻本《四书直解》题名书影[1]

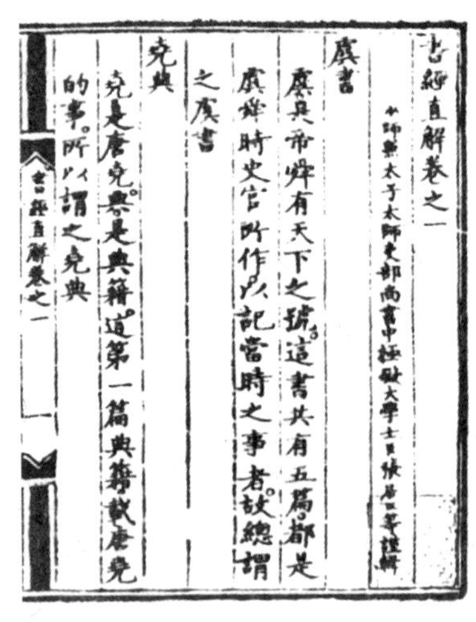
書經直解卷之一
少師兼太子太師吏部尚書中極殿大學士臣張居正等謹輯
虞書
虞是帝舜有天下之號。這書共有五篇。都是虞舜時史官所作以記當時之事者。故總謂之虞書
堯典
堯是唐堯。典是典籍。這第一篇典籍載唐堯的事。所以謂之堯典

图 19　明万历内府刻本《书经直解》题名书影[2]

〔1〕 题张居正等：《四书直解》卷 1 首叶、卷 13 首叶，台北故宫博物院藏明万历内府刻本。

〔2〕 题张居正等：《书经直解》卷 1 首叶，《故宫珍本丛刊》第 7 册影印北京故宫博物院藏明万历内府刻本。按：全书十三卷，仅有这一处题署。

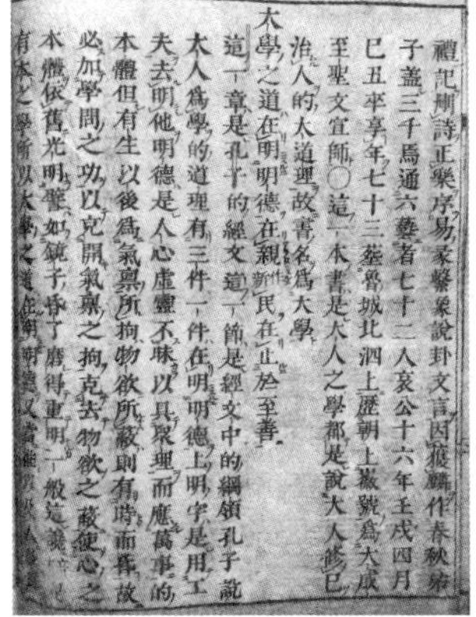

禮記刪詩正樂序易彖繫象說卦文言因獲麟作春秋弟
子蓋三千焉通六藝者七十二人哀公十六年壬戌四月
己丑卒享年七十三葬魯城北泗上歷朝上褒號爲大成
至聖文宣師◯這一本書是大人之學都是說大人修己
治人的大道理故書名爲大學
大學之道在明明德在親新民在止於至善
這一章是孔子的經文這一節是經文中的綱領孔子說
大人爲學的道理有三件一件在明明德上明字是用工
夫去明他明德是人心虛靈不昧以具衆理而應萬事的
本體但有生以後爲氣禀所拘物欲所蔽則有時而昏故
必加學問之功以克開氣禀之拘克去物欲之蔽使心之
本體依舊光明譬如鏡子昏了磨得重明一般這纔

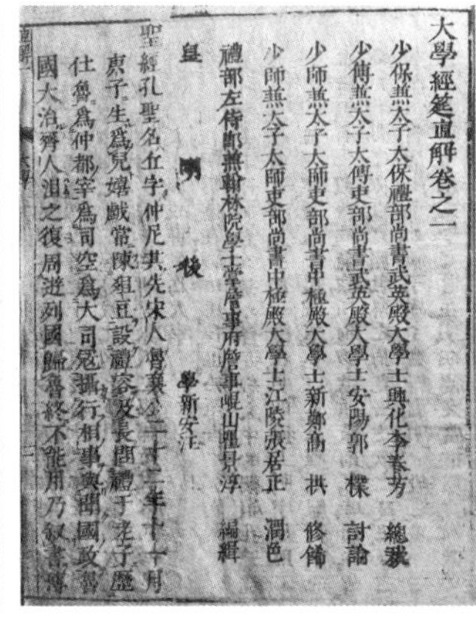

大學經筵直解卷之一
少保兼太子太保禮部尚書武英殿大學士興化李春芳　總裁
少傅兼太子太傅吏部尚書武英殿大學士安陽郭　樸　討論
少師兼太子太師吏部尚書中極殿大學士新鄭高　拱　修飾
少師兼太子太師吏部尚書中極殿大學士江陵張居正　潤色
禮部左侍郎兼翰林院學士掌詹事府詹事崑山瞿景淳　編輯
皇　明　後　學新安汪　校
聖師孔聖名丘字仲尼其先宋人魯襄公二十二年十一月
庚子生爲兒嬉戲常陳俎豆設禮容及長問禮于老子歷
仕魯爲中都宰爲司空爲大司寇攝行相事與聞國政魯
國大治齊人沮之復周遊列國歸魯終不能用乃叙書傳

經筵
四書直解
大學

图 20　日本江户时代翻刻明万历三十五年瀛洲馆重订《四书经筵直解》扉页及题名书影[1]

此书卷题之下的题名：

少保兼太子太保礼部尚书武英殿大学士兴化李春芳　总裁
少傅兼太子太傅吏部尚书武英殿大学士安阳郭　朴　讨论
少师兼太子太师吏部尚书中极殿大学士新郑高　拱　修饰
少师兼太子太师吏部尚书中极殿大学士江陵张居正　润色
礼部左侍郎兼翰林院学士掌詹事府詹事昆山瞿景淳　编辑
皇　明　后　学新安汪〔旦　校□〕
(见图 20)

这个题名阵容简直豪华得令人头晕目眩，反而暴露了其虚夸不实的本质。从书中《大学》部分来看，除了书名、题名和开篇，其

---

〔1〕 题李春芳总裁、郭朴讨论、高拱修饰、张居正润色、瞿景淳编辑、汪旦校□：《四书直解》卷 1 首叶，北京：中国国家图书馆藏日本江户时代翻刻明万历三十五年瀛洲馆重订本。

正文内容与明内府刻本《四书直解》完全相同。由此可知，这正是万历初年张居正主政时的讲章汇编。既然如此，当时已在政治斗争中败给张居正、因此赋闲家居的高拱，如何可能参与此书的“修饰”，而且还和负责“润色”的张居正合作，和和气气地联袂打造此书？仅此一端，其余李春芳、郭朴等名号已不足置辩。更能说明问题的是瞿景淳（1507—1569）：他早已于隆庆三年（1569）去世，根本不可能“编辑”这部在其身后多年才陆续形成的讲章汇编。如果此书的炮制者愿意仔细一些的话，就会发现瞿景淳其实是常熟（虞山）人，而非题名中的昆山人。

尽管如此，对于此书的实际编刊者和预期中的读者而言，由地位尊崇的大学士们，以及当代最负盛誉的制艺名家兼高官瞿景淳，共同组成的这个豪华阵容，其所具有的吸引力可谓不言而喻：既有足够使人掏口袋的权威性，也带有保证受众举业成功的承诺。这种情形，酷似蒋士铨（1725—1785）《临川梦》讥讽晚明出版名人陈继儒（1558—1639）炮制读物的描写：“吓得那一班鼠目寸光的时文朋友，拜倒辕门，盲目瞎赞。”〔1〕到头来，很可能只有敬陪豪华阵容末座，而仅有“后学”身份、负责“校”（校订或校阅）工作的新安人汪旦，才与此书的编辑出版具有实质性的关系。〔2〕

---

〔1〕 蒋士铨：《临川梦》第二出，《续修四库全书》第1776册影印清乾隆蒋氏刻红雪楼九种曲本，页161。

〔2〕 与明嘉靖、万历间汪旦有关的出版讯息，检得如下几种：(1) 宋赵抃《赵清献公文集》十卷《附录》一卷，明嘉靖四十一年衢州西安县刻本。卷首衢州知府杨准序称：“属西安邑庠训导汪旦厘正续梓。”各卷卷末有“浙江衢州府西安县儒学训导汪旦校刊”一行。见《原国立北平图书馆甲库善本丛书》第659册，页1；并参杨绳信：《增订中国版刻综录》，西安：陕西人民出版社，2014，页291。(2) 明徐元太辑：《喻林》一百二十卷，刻工汪旦出现在万历四十三年宣城徐氏刻本中，刊刻其中的卷1、卷13；但此书最早为八十卷本，明万历十七年何氏刻本，故未知刻工汪旦参与哪次刊刻？参李国庆：《明代刊工姓名全录》下册，上海：上海古籍出版社，2014，页921—924。(3) 唐陆淳《春秋啖赵二先生集传纂例》十卷《辨疑》十卷《附录》一卷，(转下页)

事实上，瀛洲馆重订本正文开篇的段落，已经足够说明其编刊者和预期读者的知识水准了。因为它在解释“大学”书名时，较《四书直解》多出这样一段介绍孔子的文字：

> 孔圣名丘，字仲尼，其先宋人，鲁襄公二十二年十一月庚子生。为儿嬉戏，常陈俎豆，设礼容。及长，问礼于老子。历仕鲁，为仲都宰，为司空，为大司寇，摄行相事，与闻国政，鲁国大治。齐人沮之，复周游列国。归鲁，终不能用。乃叙《书》，传《礼记》，删《诗》，正《乐》，序《易》，彖、系、象、说卦、文言，因获麟，作《春秋》。弟子盖三千焉，通六艺者七十二人。哀公十六年壬戌四月己丑卒，享年七十三，葬鲁城北泗上。历朝上徽号，为大成至圣文宣师。[1]

随着商业运作的介入，至迟在万历三十九年（1611）书林詹亮刊行的《重刻内府原版张阁老经筵四书直解指南》中，书名产生了重要变化，举业取向显著增强。此书分上下栏，下栏每半叶十四行，行廿四字，上栏廿六行，行十四字。其卷端题“中极殿大学士泰岳张居

（接上页）台北“国家图书馆”藏明嘉靖十九年吴县知县汪旦刊本，详参“国家”图书馆特藏组编：《“国家”图书馆善本书志初稿·经部》，台北：“国家”图书馆，1996，页181。(4)《新刊翰林考正纲目通鉴玉台青史》二十八卷，题刘基纂集、商辂编续、汪旦校正，北京中国国家图书馆、芝加哥大学图书馆藏明万历刻本。(5) 汪旦《黄庭内景玉经注解》二卷，北京中国国家图书馆藏明嘉靖刻本。第 (4) (5) 两种的资讯，据台北“国家”图书馆“古籍特藏文献资源·中文古籍联合目录”，网址：http://rbook2.ncl.edu.tw/Search/Index/2，检索日期：2015.12.31。

〔1〕《四书经筵直解》卷1，页1。按：末句称孔子徽号为“大成至圣文宣师”，是受到嘉靖九年明世宗改革孔庙祀典过程中，去其“王”号的影响。参朱鸿林：《儒者从祀孔庙的学术与政治问题》，《朱鸿林明史研究系列·孔庙从祀与乡约》，页11；黄进兴：《道统与治统之间：从明嘉靖九年孔庙改制论皇权与祭祀礼仪》，《优入圣域：权力、信仰与正当性》，页125—163。

正辑著、状元澹园焦竑编次、会元霍林汤宾尹订正、书林易斋詹亮校行”，上栏卷端题“解元衷一李光缙校、后学见宇杨文奎著”。[1]

此书嗣后经过反复修订、重刊。现存天启元年刻本，名为《重刻辨真内府原板张阁老经筵四书直解指南》（见图21）。[2]全书版心题“经筵进讲”，鱼尾下署“直解”及卷次。其版式亦分上下栏，下栏为《四书直解》，首卷卷题为“重刻辩真内府原板张阁老经筵四书直解大学卷之一”，次行以下题“中极殿大学士泰岳张居正辑著、状元澹园焦竑编次、[3]会元霍林汤宾尹订正、[4]闽中后学见宇杨文奎校讹、秣陵敬怡土永晟重写、书林易斋詹亮重梓”。值得注意的是，题名中“写”和“梓”，均特别强调是“重”新为之。首卷上栏，首行题“附辩真删补邹鲁指南主意”，次行以下题“温陵衷一李光缙三校、见宇杨文奎三著”。[5]“校”、“著”而称“三”，也表明经过了反复修订。从其后的正文来看，内容方面确实有所修订。此书卷首亦载张居正《进讲章疏》，而且仍作“编成《大学》一本、《虞书》一本、《通鉴》四本”；其疏末次行以下题“值天启元年冬月长庚馆重订”。由此可见，长庚馆主人也并不认为需要对张疏所述与全书正文进行协调。但就全书题名来看，《学》、《庸》、《论》、《孟》首卷，均

---

〔1〕 严绍璗：《日藏汉籍善本书录》，第1册，页225—226。

〔2〕 题张居正等：《重刻辨真内府原板张阁老经筵四书直解指南》，《域外汉籍珍本文库》第2辑经部第13册影印日本龙谷大学大宫图书馆藏明天启元年长庚馆刊本。

〔3〕 焦竑的《大学》见解，集中见于其《焦氏四书讲录》卷1—2，《续修四库全书》第162册影印明万历二十一年书林郑望云刻本，页5—26。

〔4〕 会元汤宾尹是晚明商业出版中非常好用的名号，参金文京：《汤宾尹与晚明商业出版》，载胡晓真主编：《世变与维新：晚明与晚清的文学艺术》，台北："中研院"中国文哲研究所筹备处，2001，页79—100；章宏伟：《明代科举、党争与出版业的关系——以汤宾尹为例》，《十六—十九世纪中国出版研究》，上海：上海人民出版社，2011，页29—53。

〔5〕 卷2下栏卷题作“重刻辩真内府原板张阁老经筵进讲四书直解中庸卷之一”，题名无“闽中后学见宇杨文奎校讹、秣陵敬怡土永晟重写”；上栏首行作“附删补邹鲁指南主意”；卷4《论语》、卷14《孟子》首卷卷题及题名，均大体同此。

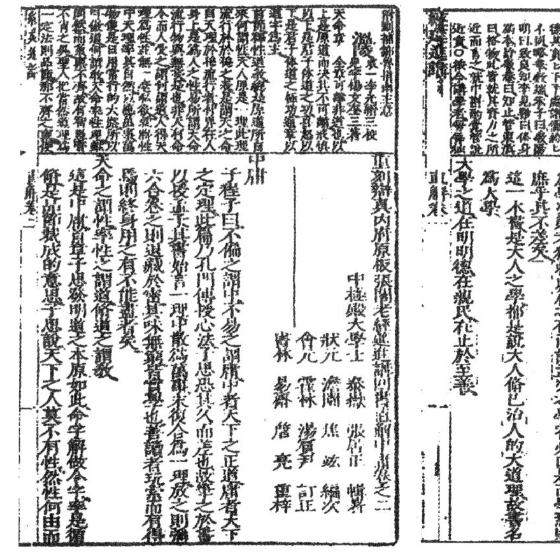
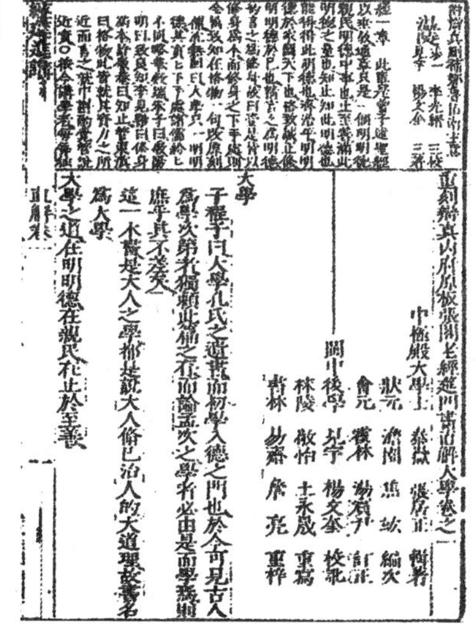

图21　明天启元年长庚馆重订《重刻辩真内府原板张阁老经筵四书直解指南》题名书影[1]

题“中极殿大学士泰岳张居正辑著”，显然也非事实。

到明末崇祯年间，又出现了与张居正撰、焦竑增补、顾宗孟订正的《四书直解》相辅而行的《四书指南纂序合参》，后者题为李光缙撰、刘日珩纂订、陈恒吉合纂。同一时期，还有题为张居正撰《新订四书直解正字全编》出现。此外，题为张居正、申时行撰的《四书直解》，在天启、崇祯年间也被反复刊刻。[2]

从上述几种读本可以看出，《四书直解》在晚明以来最显著的文本变动之一，就是与其他《四书》注解书组合，从而构成新的文本

〔1〕 题张居正等：《重刻辨真内府原板张阁老经筵四书直解指南》卷1首叶、卷2首叶，《域外汉籍珍本文库》第2辑经部第13册影印日本龙谷大学大宫图书馆藏明天启元年长庚馆重订刻本，页129、143。

〔2〕 严绍璗：《日藏汉籍善本书录》，第1册，页225—226。

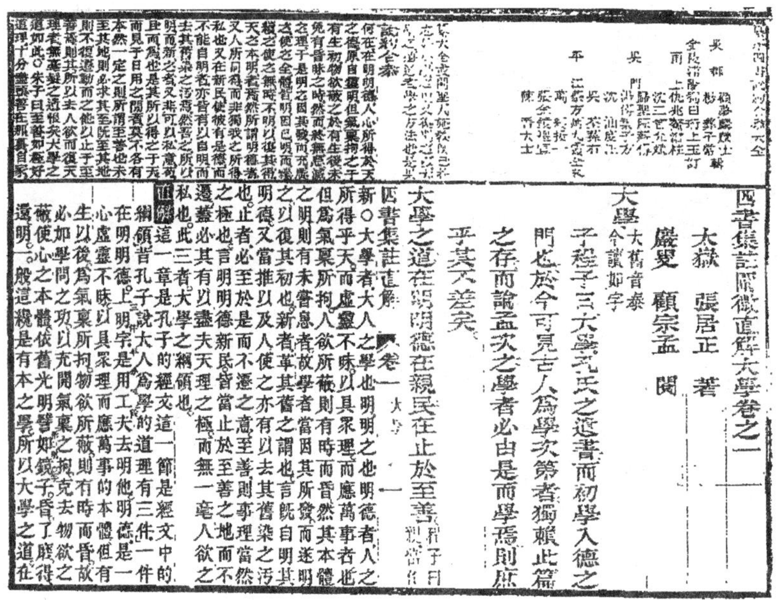
四書集註闡微直解大學卷之一
太嶽 張居正 著
虞旻 顧宗孟 閱
大學 大舊音泰 今讀如字
子程子曰大學孔氏之遺書而初學入德之門也於今可見古人為學次第者獨賴此篇之存而論孟次之學者必由是而學焉則庶乎其不差矣
大學之道在明明德在親民在止於至善
四書集註直解 卷一 大學 一
新○大學者大人之學也明明之也明德者人之所得乎天而虛靈不昧以具衆理而應萬事者也但為氣稟所拘人欲所蔽則有時而昏然其本體之明則有未嘗息者故學者當因其所發而遂明之以復其初也新者革其舊之謂也言既自明其明德又當推以及人使之亦有以去其舊染之污也止者必至於是而不遷之意至善則事理當然之極也言明明德新民皆當止於至善之地而不遷蓋必其有以盡夫天理之極而無一毫人欲之私也此三者大學之綱領也
直解 這一章是孔子的經文這一節是經文中的綱領皆孔子說大人為學的道理有三件一件在明明德上明字是用工夫去明他明德是人心虛靈不昧以具衆理而應萬事的本體但有生以後為氣稟所拘物欲所蔽則有時而昏故必如學問之功以充開氣稟之拘克去物欲之蔽使心之本體依舊光明譬如鏡子昏了磨得還明一般這纔是有本之學所以大學之道在

图 22 清康熙十六年八旗经正书院本《四书集注阐微直解》题名书影[1]

形态。上下两栏的版式，最为直观地传达了这个动向。那些深负时名的举业名家，不断对《四书直解》进行评阅、校订等加工。同时，他们自己的《四书》注解作品，也总是有意无意地跟《直解》分合、重组，纠缠不清。其中，经苏州顾宗孟（1619 年进士）“阅”过的《四书直解》（见图 22），[2] 以及明末声震天下的应社骨干、太仓顾梦麟（1585—1653）所著畅销书《四书说约》，[3] 均被整合进《四书

〔1〕 题张居正等：《四书集注阐微直解》卷 1 首叶，《四库未收书辑刊》第 2 辑第 12 册影印清八旗经正书院刻本，页 183。

〔2〕 冯桂芬：《（同治）苏州府志》卷 87《顾宗孟传》，叶 11—12。传称其“当时与文震孟、姚希孟称‘吴中三孟’”。

〔3〕 顾梦麟《四书说约》二十卷，《四库未收书辑刊》第 5 辑第 3 册影印明崇祯十三年织帘居刻本。张溥《顾麟士四书说约序》开篇即称：“海内善说经者，（转下页）

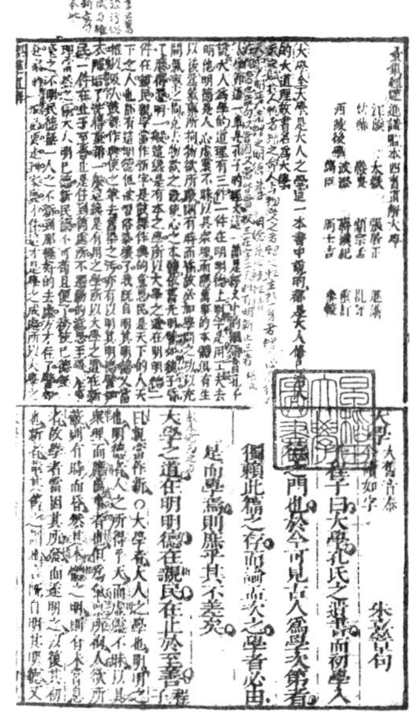

图 23　清康熙二十六年崇善堂藏板《汇镌经筵进讲四书直解》扉页及题名书影[1]

直解》的出版行列，进而形成新的文本组合《四书集注阐微直解》，并在康熙十六年由名臣徐乾学作序、八旗经正书院刊行（见图 23）。或许由于几年后受到康熙皇帝的明确称赞，[2] 包括《四书集注阐微

（接上页）并推杨子常（杨彝）、顾麟士（顾梦麟）两公，一出门走，问经义者牵挽相属，四方之士赫蹄质疑，裁对不休。”张溥：《七录斋合集》卷 21，曾肖点校，济南：齐鲁书社，2015，页 381。并参王昶：《（嘉庆）直隶太仓州志》卷 27《顾梦麟传》，叶 23。顾氏同时还是《诗经》专家，应社之中有所谓“五经应社”，其中《诗经》就由杨彝和顾梦麟负责。见王应奎：《柳南随笔》卷 3，王彬、严英俊点校，北京：中华书局，1997，页 51—52。顾梦麟《诗经说约》二十八卷，《续修四库全书》第 60 册影印明崇祯织帘居刻本；此书传到日本也颇受欢迎，日本有宽文九年翻刻本，台北“中研院”中国文哲研究所筹备处 1996 年据以影印，作为《珍本古籍丛刊》第 4 种。

〔1〕 题张居正等：《汇镌经筵进讲四书直解》卷首、卷 1，页 255、266。

〔2〕 康熙二十三年四月乙丑，“上谕讲官牛钮等曰：‘讲章辞取达意，以确切明晰为尚，如本文敷衍太多，则篇末未免重复，大约诠次本文，原在了彻圣贤意旨，（转下页）

直解》在内的《四书直解》出版物，在清代极为盛行，稍后崇善堂刊刻的《汇镌经筵进讲四书直解》，就仍然选择了顾宗孟的“批评”（见图 23）。

（三）从经筵讲章到科举读本：文本的拆分与组合

《四书直解》的文本拆分与组合情形，在其流传到宫廷外不久之后就产生了。文本拆组情形，在万历三十五年瀛洲馆重订《四书经筵直解》中尚未发生。如图 21 所示，在现存“书林易斋詹亮重梓”天启元年长庚馆重订本中，文本拆组明显出现了。由此推测，很可能在其万历三十九年的初刻本中，就已经发生了文本重组。由于未见该初刻本，此处以天启元年本为据进行讨论。其文本拆组最明显地体现在上下两栏的版式上。与内府刊本《四书直解》相比勘可知，下栏主要是在遵循原文的基础上，稍微增删字句，变动不大；[1] 而上栏则是对相应内容的补充、更改、订正。由此可见，书名中出现的所谓“辩真”，应该主要就是指上栏的这些变动而言。因此，这里着重考察上栏的内容。

在形式上，上栏的《辩真删补邹鲁指南主意》（下文简称《指南主意》）分为“经一章”、“传首章”至“传十章”，沿袭了朱子《章句》的“经—传”划分。这显然是为了配合下栏经筵讲章的顺序，因为讲章严格遵照了朱子本的编排。上栏在每章章题下，首先概述此章主旨，然后分节进行解说，相关文字均顶格。其间偶有版式低

（接上页）而篇末该括数语，又贵阐明理道，务去陈言。朕阅张居正《尚书、四书直解》，篇末俱精实之义，无泛设之词。今后所撰《诗经》讲章，亦须体要备举，期于尽善。'”见《清圣祖仁皇帝实录》卷 115，叶 10。

〔1〕 如卷 1 开篇解释“大学”书名时，此书就较《四书直解》增加了“子程子曰大学孔氏之遗书……则庶乎其不差矣”一段文字；又如对《大学》正文首句“大学之道”节的解释，内府原本共 386 字，而此书为 337 字，删去或漏刻了 49 字。

一格的补语或按语：段前加“补”字（有时省略）者，通常是引用新近某家之说；段前加“按”字者，则往往是对顶格的章、节解说进行补充或修订；另外，文中有时也在所“补”新近某家之说之末，以“〇”作区隔，再加“按”字。

正是上栏的这些补语和按语，对下栏的经筵讲章构成了文本和解释方面的诸多挑战。以上栏《指南主意》开篇标明的“经一章”为例，随后的概说云：

> 此章是曾子述圣经以垂教，通章只是一个明明德。亲民，明德中事也；止至善，满此明德之量也；知止，知此明德也；能得，得此明德也；齐、治、平，明明德于家、国、天下也；格、致、诚、正、修，明明德于己也。精言之为明德，约言之为修身，故曰“壹是皆以修身为本”，而修身下手处，则全属“致知在格物”一句。改原刻。[1]

文末“原刻”二字，是指这个天启元年长庚馆“重订”本《指南主意》所根据的原来刻本。它既可能是万历三十九年的刻本，也可能是在那之后的某个修订本——天启元年本上栏题名中的“三校”、“三著”字样，提示了此点。所谓“改原刻”，意味着天启本《指南主意》开篇对于“经一章”的这段概说，是在原来刻本基础上修改而成的。从特别标明“改”字来看，“重订”本的刊行者似乎在强调其内容与原刻本有所不同，而这无论是从商业出版者的角度，还是从潜在的读者和受众角度来看，都意味着宣示“重订”本是在继承原刻本基础上的修订本、改进本、最新本。如此一来，那些已经购买原刻本者，就有必要再拥有此本；对于尚未购买原刻本者而

〔1〕 明天启元年长庚馆重订《重刻辨真内府原板张阁老经筵四书直解指南》，页 129，上栏。

言，在拥有此本的同时，仍有觅购原刻本的必要。此意在下文声称新本与旧本互补的文字中，体现得更为明显。

"改原刻"而成的这段开篇概说，已经明确呈现出背离朱子《章句》重要观念"三纲领"的倾向。在此书对应的下栏，是严格遵循朱子《章句》解释的经筵讲章文字："这一章，是孔子的经文。这一节，是经文中的纲领。孔子说，大人为学的道理有三件：一件在明明德……一件在亲民[1]……一件在止于至善……这三件在《大学》，如网之有纲、衣之有领，乃学者之要务，而有天下之责者，尤所当究心也。"显而易见，《章句》反复申述的"三纲领"，在上栏的概说中却完全没有着落。上栏虽然既没有提到"纲领"字眼，也没有明确驳斥它，但是却强调"通章只是一个明明德"，亦即认定"经一章"的核心要旨只是"明明德"。据此可知，类似高拱《问辨录》中的看法，上栏的作者根本否定了有所谓"三纲领"的存在：如果说《大学》经文部分有所谓"纲领"的话，也只能是一个而非三个，这个纲领就是"明明德"；朱子的所谓新民、止至善"纲领"也好，格、致、诚、正、修、齐、治、平的所谓"八条目"也好，都只是阐释"明明德"而已。此外，这段概说在文本上就直接用"亲民"而非"新民"，尽管其后文中又反复出现"新民"。

上栏《指南主意》紧接着这段概说之后，是连续两段低一格的补语和按语。位于首段的补语云：

> 补：沈无回曰：《大学》只一明明德。其实在下手处，诸儒

---

〔1〕 如前所述，此书相较于内府刻本《四书直解》有所删改。在这段文字中，就删去或漏刻（应该是后者，因为明确说是"三件"，下文却只列出两件）了 49 字，其中就包括"一件在亲民"句，兹据内府刻本补足。

> 纷纷不同，略举数端：朱子曰“敬”，阳明曰“致良知”，李见罗（李材）曰“修身为本”，许敬庵（许孚远）曰“知止”，管东溟（管志道）曰“格物”。此皆就其资力之所近而言之，就中斟酌，觉管说近实。〇按：今讲学者，每每独标一宗旨，互不相下，肤见沈评自确。〔1〕

拙作的研究已揭示出，在中晚明理学精英群体中，流行一种创立新学说的重要模式：“讲学需有宗旨，宗旨源于《大学》。”〔2〕这段补语正是对该模式[illegible]绝佳描述。不过，这里的讨论重点在于，这段引文补充指明了前[illegible]“改原刻”而成的概说中，诸如“通章只是一个明明德”和[illegible]下手处则全属‘致知在格物’一句”等观念的提出者是沈无[illegible]，而沈氏又有取于管志道之说。沈守正（1572—1623）字无[illegible]，钱塘人，万历三十一年举人，署教谕，“淹达于《四子》，多[illegible]发明，著《四书说丛》、《诗经说通》，行于世”。〔3〕《指南主意[illegible]反复引用了沈氏《四书说丛》卷一《大学大意》中的内容。〔4〕

随后位于第二[illegible]的补语如下：

> 补：王观[illegible]曰：前面说“物有本末”，后面说“修身为本”，二“本”字正[illegible]同。前面虽以“事有终始”配说，而事即物中之事，对物不[illegible]后面虽以“所厚者薄”陪说，而家即观化于身，

---

〔1〕明天启元年长庚[illegible]重订《重刻辨真内府原板张阁老经筵四书直解指南》，页129，上栏。

〔2〕刘勇：《中晚明[illegible]人的讲学活动与学派建构——以李材（1529—1607）为中心的研究》，页27—[illegible]

〔3〕陈宝善：《(光[illegible]黄岩县志》卷11《沈守正传》，叶20—21。

〔4〕沈守正：《四[illegible]说丛》卷1，《四库全书存目丛书》经部第163册影印明万历四十三年刻本，页35[illegible]375；沈守正：《重订四书说丛》卷1，《续修四库全书》第163册影印明刻本，页[illegible]—502。

对身不过。可见前后俱是重本之意。旧以前重序，后重本者，欠融。〇此说亦确，予原刻犹不免有序与本之说，今削之。[1]

这段补语重在交代前引“改原刻”而成的概说中，“精言之为明德，约言之为修身”一语的来源，是出自王纳谏。王氏字圣俞、观涛，江都人，万历三十一年解元，三十五年进士，历官多任，“所注《四书翼注》，学者皆宗之”。[2] 所谓“前重序”，是指《大学》“物有本末”后所讲的格、致、诚、正、修、齐、治、平八条目。朱子认为，八者在认知上是先后递进的顺序；但王氏认为“物有本末”之“本”，与后文“修身为本”之“本”，同样都是指修身而言，是故以“自天子以至于庶人壹是皆以修身为本”一句作总结。正因如此，这个天启元年本抛弃了“原刻”中“前重序”而“后重本”之说，转而采纳王纳谏的见解，前后俱重“本”，“本”即“修身”，而修身就是明德。

《指南主意》在“经一章”的概说及其补语、按语之后，是对此章各节文字的分说。这些分说的体例一如概说，通常包括顶格排版的正文、低一格排版的补语或按语。开头“大学之道”节的分说，便几乎完全背离了朱子《章句》解释。如释“大学”二字含义，上栏认为是：

大学是极大的学术，可以希贤而希圣，可以骤帝而驰王。故曰：大学不必添“人”字。“道”还是道理，勿作方法说。

---

〔1〕 明天启元年长庚馆重订《重刻辨真内府原板张阁老经筵四书直解指南》，页129，上栏—下栏。

〔2〕 五格、黄湘纂修：《（乾隆）江都县志》卷15，清乾隆八年刊光绪七年重刊本，叶28—29。

所谓“不必添‘人’字”，正是针对朱子“大学者，大人之学也”之说而发。同样，“作方法说”也是在批评朱子“古人为学次第”、“古人为学之大方”等说法。[1] 随后，分说对明明德、新民、止至善加以解释，最后又指出：“虽提说三‘在’字，其实只一明明德便了。明明德须新民乃完全，须止至善乃极妙，见下文‘欲明明德于天下’语可见。”在此，作者干脆连朱子所谓的“三纲领”都彻底否定了。

在这段“大学之道”节的分说之后，低一格排版的补语指出了此说的来源：“徐自溟曰：‘大学之道，只明明德便该括得。……新民、止至善乃明明德内事。’”随后又加按语云：“此段说明德字，与新民、止至善处，极为停妥□□迩来诸说，最好参阅录之。”然后提行另起一段文字云：

> 此中原刻，附载苏紫溪说“明明”二字，及李衷一辨“亲民”二段。想来同志者已耳而目之熟矣。今无余地，姑汰之。宁录其新解之的者，以便参互。此后仿此。[2]

苏濬（1542—1599），字君禹，号紫溪，福建晋江人，万历元年（1573）解元，五年进士。在中进士后不久，他便撰成《四书儿说》，“祖蔡〔清〕、陈〔琛〕遗旨而衍明之，浅能使之深，显能使之微。是书出，与蔡清《四书蒙引》、陈琛《四书浅说》并行于世”。大约十年后，时任陕西参议的苏濬，又作《四书解醒》：“要以补考亭之所未尽，而发蔡、陈两先生之所不及，非故相抵牾也。”[3] 根据这个描述，

〔1〕以上分别见朱熹：《四书章句集注》，页 3；赵顺孙：《大学纂疏》，上海：华东师范大学出版社，1992 年点校本，页 13，引据《朱子语类》。

〔2〕明天启元年长庚馆重订《重刻辨真内府原板张阁老经筵四书直解指南》，页 129，下栏。

〔3〕李光缙：《苏紫溪先生传》、《祭紫溪苏老师文》，《景璧集》卷 12、18，曾祥（转下页）

引文中所谓“附载苏紫溪说”，更可能是出自与朱子之说较多“抵牾”的《四书解醒》。李衷一，即《指南主意》题名中的“温陵衷一李光缙（1549—1623）”，别字宗谦，泉州人。他是苏濬的同乡亲密高弟，并且与苏氏同样有解元（万历十三年，1585）身份。可惜李氏此后没能考中进士，最终成为负有时名的八股文选家。[1]

由此书版面可以非常直观地看出，引文所称“今无余地”，并非全为托词。上栏文字数量多、小而密，空间紧缺，致使其内容往往不能与下栏一一对应，从第二叶开始就滞后于下栏。尽管如此，编刻者删去原刻中“想来同志者已耳而目之熟矣”的内容，显然预设“同志”已经拥有此书原刻本了；如果还没有，最好赶快购读。当然，对于“宁录其新解之的者”的这个新版本，无须辞费，“同志”也不容错过；否则，便谈不上原刻和新刻“参互”了。末句明确提醒，这种情形在书中不仅此例，“此后仿此”。

分说的第二节“知止而后有定”节末尾，也有两段补语和两段按语。两段补语分别引述“□云渠曰”和“沈无回曰”。其后的两段按语，分别为“妙妙，知得此解，可以言定静安矣”，以及“‘映处’两语，绝妙绝妙”。这看来已经完全是时文评点的口气了。至于第三节“物有本末”节，其开头便称：“据注，姑作结上两节之意。但亦不可如时说云：物指形体言，明德在己，新民在彼，彼己相对而形体现，故曰物。又或云：明德、新民两物也，而有本末焉。此说物字，俱似未衬贴。且本末是一物之本末也。”随后详加按语，谓“此节作结上

(接上页) 波点校，福州：福建人民出版社，2012，页570—572、874—875；李清馥：《闽中理学渊源考》卷70《按察苏紫溪先生濬学派》，页680—682。按：清华大学图书馆藏明万历八年何伦刻本苏濬《重刻晋江紫溪苏先生四书儿说》八卷，日本静嘉堂文库藏明刻本苏濬撰、王衡补《四书大魁儿说·学庸》二卷。苏濬的《易经儿说》，同样是与蔡清、林希元、陈琛《易》学著作齐名之作。

〔1〕 李光缙《景璧集》卷7所收六十余篇“制义序”，足以说明他在当时举业出版市场上的位置，页287—341。

文，亦姑依时说耳。其实以明德、新民为物，而分本末，以知止、能得为事而分终始，终觉未融”，并引述高拱、牛应元（1583年进士）之说以实之。[1] 这里反复委婉驳斥的“据注”、“时说”，也都是指朱子《章句》而言，因为此节朱子注云：“明德为本，新民为末。知止为始，能得为终。本始所先，末终所后。此结上文两节之意。”[2]

在第四节“古之欲明明德于天下”节的末尾，作者对分歧巨大的格致解释详加按语：

> 格物致知，众论不一，至今为一件不了公案。有主扞格外物者，有云格去心之非物者，有云格其物有本末之物者。看来只朱子格物穷理之学，较为有着实下手工夫，而《格物传》谓“窃取程子之意以补之”。程、朱二先生，岂令人致知，把自家本心良知都丢弃了，如世儒口吻读书之谓？今观《或问》、《大全》所载，程、朱之说固非一条，姑举一二言之。……据此，则先儒格物之说，原未尝狥外而遗内。……今人只把《章句》看不融通，每驳其说，自标一名目，似亦未是。姑言其概，以质高明。[3]

前文的讨论表明，《指南主意》的作者其实正是不折不扣的“每驳其（朱子）说”的“今人”之一。但在这段按语中，他却在朱子最受人诟病的《格致补传》问题上，表现出难得一见的同情和维护立场，同时，对倡自王阳明的“本心良知”，以及阳明批评朱子即物穷理说的“徇外而遗内”，作者表现出批判姿态。不过，这种批判并

〔1〕 明天启元年长庚馆重订《重刻辨真内府原板张阁老经筵四书直解指南》，页129下栏—130下栏。

〔2〕 朱熹：《四书章句集注》，页3。

〔3〕 明天启元年长庚馆重订《重刻辨真内府原板张阁老经筵四书直解指南》，页131上栏—下栏。

非决绝式的，而是以证明朱子学说并未“遗内”的方式来反驳阳明，论证朱、王学说同大于异，从而呈现出折中、调和论调。另外，关于格致解释，作者在“传五章”中同样持维护朱子态度：

> 说者纷纷，多以“此谓知本”二句非衍文，亦非阙文。原刻列之颇详矣。但据《或问》之辨，极为了然，断当作□格物看。传语颇易晓，不复赘。[1]

《指南主意》“原刻”罗列了哪些“说者”的意见虽不能尽知，但其中肯定当以阳明《大学古本》最为有力。然而，作者据以维护朱子《格致补传》的理由，却主要取自朱子的《大学或问》。

要之，从上述诸例明显可见，天启元年本《四书直解》通过采用文本组合的方式，其上栏《指南主意》所述内容，往往背离以朱子《大学章句》为依据的下栏《大学直解》。编刻者固化下栏的正统文本和解释，不对它进行直接改动；但通过上下栏文本组合的方式，在由下栏的“原貌”与上栏的批判共同整合而成的文本中，重点借助上栏提供的多元解读，稀释、疏离、批判下栏内容，使得上下栏之间形成张力，冲击、改变读者对下栏单一论调的看法，最终使得表面上仍然保持原貌的下栏文本和解释，被极大地相对化了。而且，为了增强批判的说服力，上下栏之间的张力不能完全呈现一边倒的倾向，即上栏不能总是与下栏唱反调。有时候，在看起来最应该唱反调之处，上栏反而表现出维护下栏的“同调”倾向，比如上述《格致补传》之例，这样更容易对不同学术立场的读者都产生吸引力。同样重要的是，在不同版本中，上栏内容随时加以修订，

---

〔1〕 明天启元年长庚馆重订《重刻辨真内府原板张阁老经筵四书直解指南》，页 134 上栏—下栏。

删除某些内容，有时甚至是重要关节点，再增加一些新信息；偶尔以新版本否定旧版本，有时又建议新旧版本相互参看。诸如此类的种种举动，既有助于减少炮制“新书”并重刻出版的投入，又可以吸引更多受众，并且就像连续剧那样，牢牢套住他们——因为科举是每三年一次持续进行的，所以这种号称紧跟不断变化着的新形势而实则只是稍事增删的读物，也可随之初刻、再刻、三刻，以至无穷刻。

长庚馆在晚明时期刻印了不少流行的举业读物，而且惯于运用上下栏文本组合的刊刻手法，而杨文奎看来也是该馆的密切合作者之一。该馆所刻书籍，仍有多种保存至今，兹据所知简述如下。第一，题为缪昌期纂要、杨文奎编次《新镌缪当时先生四书九鼎》十三卷，又名《登云四书九鼎》、《四书九鼎》、《四书删补征言》。该书分上下两栏，上栏为明唐士雅辑、潘文焕补《四书删补庐》。[1]第二，题为李廷机校的《四书大注参考》。其扉页题“长庚馆藏板”，《大学》卷首首叶前半叶为“廷机李先生纂书堂”图，后半叶为“主与山人”仿《天发神谶碑》书法撰写的《宣尼立教赞》十二句四行。其正文亦分上下二栏，下栏为朱子《大学章句》全文，题“朱熹集注”；上栏为《四书大注参考》，无题名。上栏之中，又分上下二小栏。上小栏为“参考”，主要是对经、注具体内容的考订，以加框大字提起，如“定静等考”，考论《大学》“知止而后有定，定而后能静”；“治齐等考”，考论《大学》治国、齐家；“考注”，考论朱熹的注文，等等。下小栏则摘录宋、明两朝诸名贤的相关论说，分别以加框大字“我朝”、“宋”提起（见图 24）。[2]晚明这类《四书》出版

〔1〕 哈佛大学哈佛燕京图书馆藏明末长庚馆刊本，参沈津：《美国哈佛大学燕京图书馆中文善本书志》，上海：上海辞书出版社，1999，页 60—61。

〔2〕 题李廷机：《四书大注参考》，日本尊经阁文库藏明刊本。

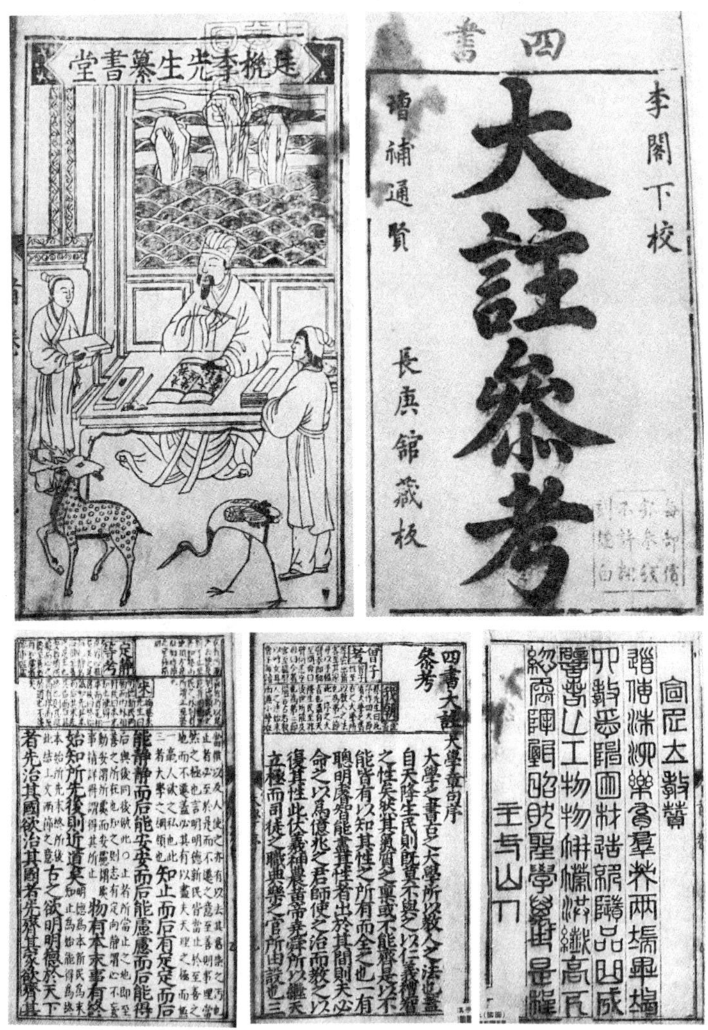

图 24 明刊本题李廷机校《四书大注参考》书影[1]

〔1〕 题李廷机：《四书大注参考》，日本尊经阁文库藏明刊本，卷首及卷 1 首叶。

大學 大舊音泰 今讀如字

子程子曰：大學，孔氏之遺書，而初學入德之門也。於今可見古人為學次第者，獨賴此篇之存，而論孟次之。學者必由是而學焉，則庶乎其不差矣。

大學之道，在明明德，在親民，在止於至善。

程子曰：親，當作新。○大學者，大人之學也。明，明之也。明德者，人之所得乎天，而虛靈不昧，以具衆理而應萬事者也。但為氣稟所拘，人欲所蔽，則有時而昏；然其本體之明，則有未嘗息者。故學者當因其所發而遂明之，以復其初也。新者，革其舊之謂也，言既自明其明德

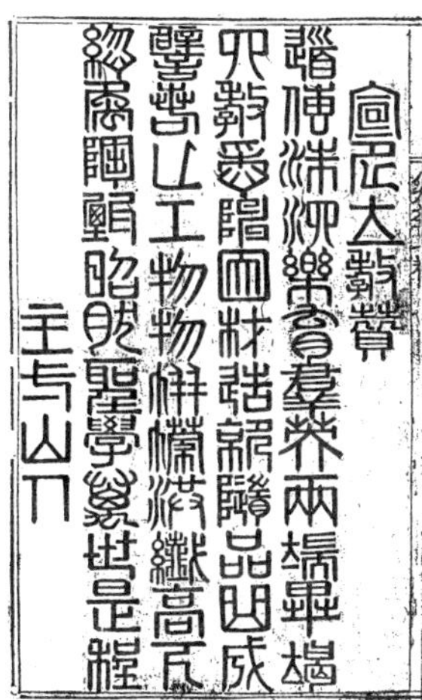

图 25　明种德书堂刻《四书》书影[1]

物，看来应该相当流行。现存建阳书坊熊冲宇的种德书堂所刻《四书》，版式也非常相近：《大学》卷首有完全相同的“主与山人”撰《宣尼立教赞》，以及类似图像一幅，正文为朱熹《四书章句集注》，其版式一如李廷机所校《四书大注参考》的下栏，唯该本未载李书的上栏内容（见图 25）。[2]

第三，长庚馆还刊刻过江西金溪人谢廷赞（1598 年进士）所撰《便蒙删补书经翼》七卷。其扉页题“日可谢先生补注书经翼 长庚馆藏板”，并钤有“长庚馆刊”圆印。该书卷首谢氏“书于维扬书院”的序有云：“余此解，蔡传、百家，左右采获，要约精谛，无一字虚设。苞蓄富而篇什寡，脉髓筋络，圈单复识焉。扼吭指掌，习蔑便者。余家传为揣摩而珍为金针久矣。念已向其利，宜广其传。

〔1〕 吴希贤辑汇：《历代珍稀版本经眼图录》，页 97—99。

〔2〕 吴希贤辑汇：《历代珍稀版本经眼图录》，北京：中国书店，2003，页 97—99。版心上方题“登云四书”，中题“学”、“庸”等书名及各自卷数，下方叶码，底部题“种德书堂”。据萧穆《敬孚类稿》卷 8《记高丽本朱子四书集注》，此书《学》、《庸》、《论》、《孟》四种卷首均各有赞语及图像，在清初曾经高丽翻刻，并流传日本。

适徐戚子请授剞劂，遂漫书数语付之。此解行而蔡传、百家俱为骈赘，宁惟解果化而进贤，为壁藏大辟一坦途哉。”[1]这段商业广告意味十足的序言，不仅充斥着吹嘘此书质量上乘的华丽辞藻，而且自认为在蔡沈《书集传》和其他百家注疏中左右采择后，此书同时超越了作为官方正统的蔡传和其他注疏，致使它们都将成为废物。如此自吹自擂还不够，还加上以“祖传秘方”金针度人的善意，并搭上自己作为举业成功者的进士身份，一起“秀”给可能的受众。第四，声名卓著的晚明学者和状元焦竑，所撰《老子翼》三卷、《庄子翼》八卷，也曾由长庚馆出版。[2]第五，是题为刘基所撰的《新锲诚意伯秘授玄彻通旨滴天髓》二卷。在中晚明时期，人们普遍认为刘伯温能够洞彻天地奥秘、预见吉凶祸福。因此，他成为许多玄书秘书和日常生活指南的挂名作者，而长庚馆没有错过这个流行的出版项目。[3]

这个时期，不仅上下两栏的《四书》组合文本大行其道，甚至还有上中下三栏组合文本的同类书籍，而且同样也是挂名李廷机之作（见图 26）。

在商业出版繁荣的晚明时期，《四书直解》被坊刻出版者施以种种拆分和组合的改装工序，使其文本形制和内容更能迎合科举读本市场的需要。这个过程，可以称之为“举业化”。值得重视的是，在支持刊刻这类“直解”书籍的士大夫官僚的认知中，它们也明确被“举业化”了。崇祯四年（1631），南京工部官员高兆麟在任上重刻

---

〔1〕 哈佛大学哈佛燕京图书馆藏明末长庚馆刊本，参沈津：《美国哈佛大学燕京图书馆中文善本书志》，页 21。

〔2〕 焦竑：《老子翼》三卷，上海图书馆藏明长庚馆刻本；焦竑：《庄子翼》八卷附陈景元《阙误》三卷，严灵峰编：《无求备斋庄子集成续编》第 11—12 册影印明长庚馆刊本。

〔3〕 题刘基：《新锲诚意伯秘授玄彻通旨滴天髓》二卷，台北“国家图书馆”藏明末长庚馆刊本。

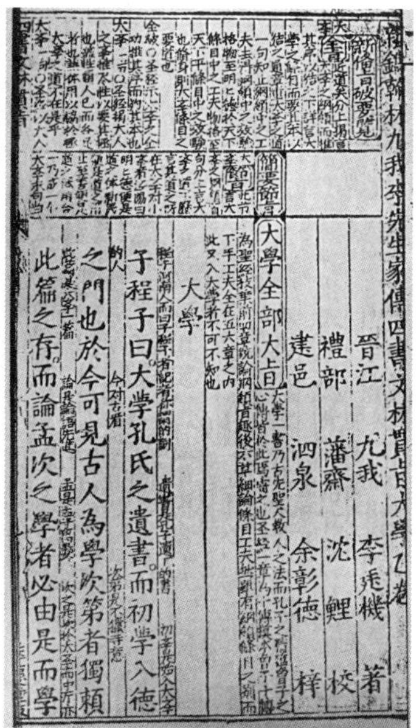

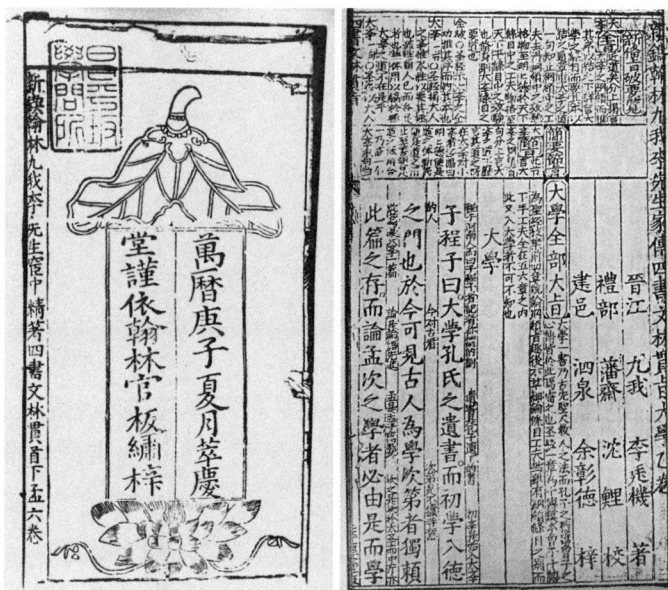

图 26　明万历二十八年刊本题李廷机著《四书文林贯旨》书影及卷末牌记[1]

了题为张居正辑的《通鉴直解》。其所撰自序云：

> 江陵相公《四书直解》，神庙初年进讲后，即梓行海内。后生小子，谁不持诵？人第知为蒙养不可少之书，不知为举业家吃紧之书也。显明直截，义理昭然，于“直解”二字之义，极其切当。上关圣学，下益举子，意甚深远。余读先生进呈之疏，《四书》之外，有《虞书》一本、《通鉴》四本，求一见而不可得。戊辰（崇祯元年，1628）之冬，于都门杂书坊中，见《通鉴直解》二十五卷，系旧板，即当日进呈之原刻也。语句寻常，著释精简，尽洗宋儒习套，读之甚畅，不忍释手。有过我而见

〔1〕 题李廷机：《四书文林贯旨》，日本内阁文库藏明万历二十八年刊本，正文首叶及末叶。

> 之者，无不称快。惜无多本可以分好，嘱余重梓。余唯先生此书删削较正，逐段发明……乃先生《四书》则流传如此久远，而《通鉴》则有目未曾经见者，何欤？岂古今治乱，后生小子所不必闻，而制举家唯当沿习宋儒陈腐之说，以成沉痼不可起之疾，则先生此书未必非解毒之良剂。余是以复梓而与《四书直解》并行，以为我朝一代之书也。崇祯辛未（四年）中秋日，高兆麟题于水署之醉衣堂。〔1〕

文中指出，《四书直解》在进讲后即“梓行海内”，被时人当作“蒙养不可少之书”。所谓“蒙养”，因《四书》乃神宗即位之初就开始进讲，其时神宗年幼，故其讲章汇编成“直解”书籍刊行后，被理所当然地当作蒙书。所谓“不知为举业家吃紧之书”，若非高氏信息不足，便是旨在诱人购买的广告语。因为前举长庚馆刻本表明，此书至迟在万历三十九年就已被“举业化”，而且被一再修订和刊刻。〔2〕综观全序，后者的可能性更高：自序下文便为了凸显“《通鉴〔直解〕》则有目未曾经见者”的稀缺性，特别强调“《四书〔直解〕》则流传如此久远”。事实上，高氏获得《通鉴直解》，也是在“都门杂书坊中”。此外，序中也不忘批评通行的“宋儒陈腐之说”，用以衬托此书“尽洗宋儒习套”，为“解毒之良剂”的优越性。此序的自相矛盾之处还在于，前文强调《四书直解》“为举业家吃紧之书”，后面却又宣传《通鉴直解》是“解〔举业〕毒之良剂”。

---

〔1〕 高兆麟：《重刻通鉴直解序》，载陈生玺整理《张居正讲评资治通鉴》附录，页612。缪咏禾《明代出版史稿》云：《通鉴直解》二十五卷，明张居正撰，明崇祯四年（1631）高兆麟刊，扉页题“南京工部藏板”。南京：江苏人民出版社，2000，页395。

〔2〕 现存天启元年长庚馆重订本，上栏中已反复提到“原刻”。

当然，这些由讲章汇编而成的“直解”文字，本身就与科举经义有相近相通之处。正如朱鸿林教授在研究高拱的讲章时指出，高氏的重要“敷陈”方式之一，是被称为“原故”的做法，即推演经文“为何如此说”、“为何是这样”。当采用这种方式时，讲官高拱可以，也不得不赋予经文以具体内容，但这些内容既非圣人所说，也不必定是圣人本意，而是讲官自己的推理所致。讲官的这种“敷陈”方式，实际上与科举经义的“代圣立言”非常相近，只是在表达上少了八股文的“口气”而已。[1]

经筵讲章与科举经义相通并互相发明的一个实例，是万历二十五年（1597）刊刻的申时行撰《书经讲义会编》。其时申氏63岁，已经致仕六年。在此之前，他长期担任神宗的讲官，在进讲活动中与同僚负责撰进《尚书》讲章。并且，由于申氏在科举中专精《书经》，因此不仅自己撰写，同时还负责“删订”其他讲官撰进的《尚书》讲章。这些讲章，最终被汇编成“内府所刊《书经直解》”。后来申氏女婿从申家获读《书经直解》，便将多年前申时行在准备科举考试时“从书肆中遍求名人达士所为疏解训义及帖括制举之文”，与申氏二子申用懋、申用嘉一起，“共加裒辑……共为一编”，成《书经讲义会编》一书，然后交由“家世受《书》”的徐铨付梓刊行。事实上，那些由申时行“手自采录”的应试枕中秘宝，在他高中进士后，就有“好事者谬有称述，颇流传四方”，至此被整合到《书经直解》中来。值得注意的是，科举经义与经筵讲章分别被拆分，然后再组合成新文本的情形，清楚地体现在《书经讲义会编》的形式上：此书每题之下都有两篇文字，前者是经过删订的《书经直解》文字，后者就是申时行“手

〔1〕 朱鸿林：《高拱经筵内外的经说异同》，载曾一民编：《林天蔚教授纪念文集》，页127—138。

自采录”应试经义。[1] 帝王讲章和经生讲义，既独立又相互倚赖地共处一个文本之中，情形如同本章讨论的那些上下栏《四书直解》文本组合。

五　经筵内外：一元框架与多元实践

本章的讨论表明，在经筵、日讲及东宫讲读这类高度仪式化的、展现朝廷意识形态的场合，所有讲官都严格遵循功令要求。其中最明显的表现，便是在《大学》文本上，讲官们完全遵照正统的朱熹《大学章句》，不敢稍越雷池。因此，在“经筵内”这个场景中，《大学》文本似乎从未发生过任何问题。早已在理学精英、低阶士人、朝廷命官中众声喧哗的《大学》文本竞争运动，在仪式化的进讲活动中却丝毫不见踪迹。其情形有如在一锅早已沸腾翻滚的开水之上，罩着一个看起来四平八稳的锅盖，而那些公开上疏要求修改官方《大学》文本之举，就像是飞溅到盖上的水滴。所以，从锅盖上方亦即“经筵内”这个特定角度进行观察，天下一片祥和，《大学》文本没有任何问题，整个世界完全呈现出一元化的取向。不过，只需稍稍转换视角，揭开锅盖的表象，就会发现那如同满锅沸水的《大学》文本喧哗。

尤其值得注意的，是一部分讲官在“经筵外”的《大学》文本表现。他们的这些表现，与其“经筵内”形成非常强烈的二元对比。简言之，这些讲官在讲读场域之外，对《大学》文本具有多样化的观念主张，并且付诸实践。这些多元实践，包括回头批判自己在经

---

〔1〕 本段的引文，见申时行：《刻书经讲义会编引》，《书经讲义会编》卷首，《四库全书存目丛书》经部第 50 册影印明万历二十五年徐铨刻本，页 388—390。申氏此书出版后，在很短时间内也被反复重刊，当然也被施以各种拆分和组合。详参前引朱鸿林：《申时行的经筵讲章》，《致君与化俗：明代经筵乡约研究文选》，页 69—116。

筵讲读中严格遵循的朱子文本，转而信从古本等其他《大学》文本。从《大学》文本问题的角度，可以明显观察到，在经筵内和经筵外，部分讲官呈现出完全不同的两张面孔。这种差异，可从制度规范与自我主张之间的落差加以审视。如同许多在学士子和举业成功者那样，这些讲官早在求学和应试阶段，就不得不面对科举制度规范与理学精英理念之间的紧张。正如下一章即将讨论的那样，儒学教官、书院山长、理学精英以及举业名家对此提出的应对之策，就已经充满了"两张面孔"的意味。例如，既担任过官学教官，同时还是私人讲学名家的湛若水，其教导士子之语，就十分贴切地传达了这个讯息："诸生读《大学》，须读文公《章句》应试；至于切己用功，更须玩味《古本大学》。"[1] 前者是为了应付科举制度的要求，后者才能满足自我价值需求，其中的"两面"性质，一览无余。

不待皇帝的诏令，也无须讲官们充当两面派，正统文本及其意识形态同样也会被社会转化。由讲章汇编而成的《四书直解》，被晚明社会的商业出版力量花样百出地拆分和组合，同时对官定文本和解释作针锋相对的挑战和批判。而且，这些经过社会力量改装后的《大学》文本，目标相当明确——重新回到制度的渠道，借助科举之途，回馈给那些未来的朝廷官僚和社会文化精英们。

在这整个过程中，精英思想提供原动力，商业市场作为催化剂，雕版印刷贡献技术手段。至于人，那些参与编辑、修饰、润色、校订之人，那些书坊主人、书贩书商、写手刻工……总之，所有参与拆分、组合、炮制这些读本之人，都是《大学》文本较量这锅沸腾翻滚之水的水滴。也许，他们终将撼动头顶上看似四平八稳的盖子。作为沟通渠道的教育和科举，则是双方重点博弈的制度规范。

〔1〕 湛若水：《大科训规》，《湛甘泉先生文集》卷 6，页 554、558；及同书卷 7《答聂文蔚侍御》、《答黄孟善》，页 573—574、577。

第七章 文本渗透：教育和科举的世界

前面两章分别从两个角度，探讨了中晚明《大学》文本竞争对既有制度规范和意识形态的冲击。一是部分士人公开上奏朝廷要求修订官方正统《大学》文本的举动，二是讲官在经筵讲读活动内外对待《大学》文本的差异表现。本章延续上述思路，主要借助当时在出版繁荣背景下产生的坊刻《四书》读物，探讨《大学》文本争议在教育和科举体系中的表现。

一　儒学教官的口授笔耕

不少参与中晚明《大学》文本改订的理学精英之士，都拥有儒学教官或书院山长身份，而《四书》正是官学和书院士子的必读书，因此，《大学》文本争议成为读书人难以回避的话题。本节大体上按照时间顺序，分别述析士人在官学、书院中触及《大学》文本争议的事例。

作为正德、嘉靖年间讲学活动的主要推动者、书院建设的积极实践者，湛若水曾经担任过南京国子监祭酒。在漫长的一生中，他多次在官学和书院等各种场合宣传、鼓吹《大学古本》。如前所述，正德末年湛甘泉在古本基础上撰成《大学测》，同时在自己创建主持的大科书院中强调："诸生读《大学》，须读文公《章句》应试；至于切己用功，更须玩味《古本大学》……《大学古本》好处，全在以修身释格物（至）〔致〕知，使人知所谓格物者，至其理，必身至之，而非闻见想象之粗而已。”[1] 在同样由其主导的新泉书院中，湛氏也以《大学古本》开讲：“古本之善，紧要处全在以修身申格物，且不曰道曰理而曰物者，以见理不离物也，非离物外人伦而求诸窈冥昏默以为道也，可见古人实学处。”[2]

前文也指出，湛甘泉在嘉靖七年向朝廷上奏《圣学格物通》一书，该书序言公开提到“《大学古本》以修身释格致”的观念，更符合明太祖“《大学》一书，其要在修身”之说。同年，曾从学于王阳明的湛氏门人王世隆，在路过南京与湛氏论学时提到：“隆读《传习录》，见阳明先生书解数处甚停当，非臆说者。且如‘在亲民’，程、朱谓当作‘新’，止据所引《诗》、《书》之言为证；而阳明先生直以亲贤乐利、絜矩好恶之说，断之为‘亲’，谓‘新’字只主教一边，‘亲’字则兼教养意，甚觉完备。”对此湛氏表示赞同，并表达了自己的看法：“以‘亲’作‘新’，自伊川发此，朱紫阳遂从之，明道则不然，阳明与予之说皆同。晋叔未见吾《大学古本训测》及《难语》乎？”[3]

嘉靖十四年（1535）秋，湛甘泉奉命到凤阳祭告祖陵，在地方官和两学诸生的延请下，讲学于泗州官学。[4] 这次讲学的主题是《大

---

〔1〕 湛若水：《大科训规》，《湛甘泉先生文集》卷 6，页 554、558；及同书卷 7《答聂文蔚侍御》、《答黄孟善》，页 573—574、577。

〔2〕 湛若水：《新泉问辨续录》，《湛甘泉先生文集》卷 9，页 622—623。在天关精舍中湛氏同样讲论《大学古本》，湛若水《泉翁大全集》卷 13《天关精舍语录》：“□□推求《大学古本训测》之义。先生曰：‘足见究心深潜为信矣。吾初《大学》之说，盖若有神明通之者，吾子不易见此也。中间以意心之系于身为德，及以明觉为明德，更须斟酌。”

〔3〕 湛若水：《金台答问录》，《泉翁大全集》卷 77。此处王氏共有 18 条问答，时间据首条之前“戊子岁，隆奉母夫人丧归，舟过南京上新河，风雪中，蒙师枉吊”可知。

〔4〕 黎业明：《湛若水年谱》，页 213。

学》，先令生员冯世亨讲《大学》首章，接着湛氏开讲。湛氏所讲，完全以古本为据，在讲毕之后，“恐诸生众听，或未尽闻，因为笔之以示诸生”。其所撰讲义，首先就抄录《大学古本》首章从“大学之道”至“此谓知之至也”，即大致相当于朱子《章句》所谓的经文部分，然后将此章分作六节，逐一加以阐释。其中与《大学》文本问题密切相关的内容如下：

> 下说“物有本末，事有终始，知所先后，则近道”者，欲人知上文止至善及下格物，乃为本始先务之急，以承上止至善之说，起下格物之说也。其下两节，自“古之欲明明德于天下”，逆推本直至格物，又自物格顺驯效至天下平。可见推来推去，皆在格物上致力，为圣学一大头脑，见首节止至善之为独到之地也，格物即止至善也。其后“自天子至于庶人”一节末，古本有“此谓知本，此谓知之至也”二句，盖以修身申格物，见格物乃以身至之之义，而非闻见之知以为格物也。伊川先生曰：“格者至也，物者理也，至其理乃格物也”、“致知在所养，养知莫过于寡欲”。涵养、寡欲皆兼行义，非独徒知。《易》所谓“穷理尽性以至于命”，亦此意，正与《古本大学》以修身说格物之意同尔。冯生依传注讲说得亦是，但于应试之外，不可不求深切为己用力工夫。凡圣贤之言，句句皆心中的话，句句皆是切己道理。此一章就是圣人心学工夫。尔诸生读之听之，须是切己思省，精神命脉皆在于此。豁然有悟，非但悟圣人之心，便是自悟尔本心。悟得尔本心，即自得尔天理。[1]

生员冯世亨显然是根据举业标准文本，即朱子《大学章句》进

〔1〕 以上俱见湛若水：《泗州两学讲章》，《甘泉先生文集》内编卷 3，页 528—531。

行讲解的。对此，湛甘泉提醒说，该本只可“应试”，至于“求深切为己用力工夫”的身心性命之学，则应该学习古本。依据古本，首节的“大学之道”即是“止至善”，其用力工夫仍然在于格物，不过格物并非如朱子所说的读书穷理以增进闻见之知，而应该是“以身至之”的修身之学。[1]

嘉靖二年前后，南京国子监祭酒崔铣也为“诸士”讲解《大学》。现存的两篇崔氏讲义，分别讲“汤之盘铭曰：苟日新，日日新，又日新”，以及“所谓诚其意者，毋自欺也。如恶恶臭，如好好色，此之谓自慊。故君子必慎其独也”。前者崔氏开篇便云：“斯义也，《章句》、《或问》备矣。今不剿说，惟探其本，与尔诸士共为服行之实。夫所谓新者，指何物、论何事？何物何事既可新，而又能常新，此盖言人之明德也。”[2] 其文本虽然遵照朱子，但解释显然已有偏离：将朱子“涤其旧染之污而自新”，指实为“人之明德”，且以探本之说自居。此外，崔铣还在其《松窗寤言》中，明确提出对于《大学》文本的见解：

> 《大学》，其作圣之的乎？莫先于本末之知，莫急于诚欺之辩。是故知本之当先，故推平天下者，必原于格物；知末之当后，故充格物者，斯极于平天下。约之皆修身也。《淇澳》、《烈

[1] 此说在嘉靖十八年成书的《杨子折衷》卷5有更为精练的表述：“昔吾五十时，读《庸》、《学》于西樵山。忽一日，疑孔门之学只是一贯，今《大学》何以有三纲领、八条目？疑孔子之学，一传至曾子即失矣。复取《大学古本》白文熟读之，乃知明德、亲民，说此学体用之全，心事合一之理；又云‘在止于至善’，又知前二者总会都于止至善上用功。止于至善，只一体认天理便了。千了百了，明德、亲民皆了，原是一贯之指……格物即止至善之别名，原只是一贯之指。”页183。

[2] 崔铣：《讲义十二首》，《洹词》卷4，影印《文渊阁四库全书》第1267册，页458—467。崔铣曾经两度担任经筵讲官，也留下了相关讲章，但均是关于《尚书》和《论语》的。

文》，格物之序也；仁敬孝慈信，物之目也。《康诰》诸文，征诸古以列其次也。新民而明明德之体全矣。挈《古本》引《淇澳》以下；置之《诚意章》之前，格物致知之义焕然矣。实乎此者，诚也；岐乎此者，欺也。[1]

对官定的朱子《章句》文本而言，崔铣见解的关键在于，以古本为据否定了朱子的“阙文”假设，及其在此预设下撰写的《格致补传》。同时，崔氏基于这个文本而提出的“以修身释格物”，也与朱子的即物穷理说不同。如前所述，崔铣这个文本主张，对后来的高攀龙等人产生了重要影响。崔氏在《大学》文本问题上敢于发表异见的做法，可以跟其政治上不畏强权、直言无忌的品质媲美。嘉靖三年，在群臣哭谏“大礼”被杖罚的情形下，崔铣知难而进，从南京任上上疏陈言急务，指责世宗“进讲之日少，放免者多，接士夫之时什一，对内人者什之九”，并且提出警告：“无轻正统，无拂群情，无恃威可作，无谓已可继。”[2]

同样在正德年间担任过经筵讲官的何瑭，嘉靖改元后也任官南京，并先后与祭酒崔铣、湛若水和司业郭维藩等一起改革教育，“修明古大学之法”。[3] 对于流行的阳明学说，何氏多有或显或隐的批判，[4] 而在《大学》文本解释上，他与湛若水也有分歧：“予则以格物致知为先，甘泉则以存心为主，所见略不同。然非存心则无以为格物致知之本，物格知至则心之体用益备，盖由交养互发者焉。”对

---

〔1〕 崔铣：《松窗寤言》第九章，《洹词》卷 9，页 568。

〔2〕 崔铣：《甲申陈言急务疏》，《洹词》卷 4，页 469—470。

〔3〕 张卤：《何文定公传》，《何瑭集》附录二，王永宽校点，郑州：中州古籍出版社，1999，页 455。

〔4〕 马理：《大明资善大夫南京都察院右都御史柏斋何先生神道碑铭》；张卤：《何文定公传》，俱载《何瑭集》附录二，页 450、455—456。

于《大学》文本，他大体上接受朱子的三纲、八目结构。[1] 不过，在大约撰成于嘉靖三、四年间的《儒学管见》中，他也对朱子《章句》有公开的批评。就儒者之学而言，何氏认为《五经》、《四书》中“莫要于《大学》”，但至少在两个关键问题上，他不能同意朱熹的《大学》解释。

其一，关于已发、未发与用行的关系。朱子认为“心之未发，如鉴空衡平，无正不正之可言；必其既发，则正不正始有可见，故《章句》谓用之所行，或不能不失其正”；何瑭则表示：“心之正不正，虽见于既发之后，实根于未发之前，如鉴之不明，衡之不平，虽未照物悬物，而其体固已不正矣。”因此，未发之时，心已有正有不正，这正是善恶之根源所在。“至于用之所行，或不能不失其正，则《修身章》内亲爱五者之偏，正指此而言，所谓已发而为情者也；若谓《正心传》内‘不得其正’即指已发，则《修身传》内五者之偏，又何指耶？朱子《章句》，盖一时之误也。”

其二，关于“大学之道”的解释。朱子虽然“发明已至”，但在何瑭看来仍然“欠明切”：“大学之道，明德为体，新民为用。体即用之体，用即体之用，如耳目与视听然，非二物也。……诸儒之论，亦多谓先治己、后治人，不免离体用为二。予惧学者不知所用心也，故著《儒学管见》以救之。”[2]

何瑭此书，与其《阴阳管见》、《乐律管见》，合称《柏斋三书》。当时崔铣曾为之作跋，谓其“超卓之见，具此三书，可为前

〔1〕 以上参何瑭：《湛甘泉考绩序》、《少司成郭杏东考绩序》，《何瑭集》卷 2，页 46—51。

〔2〕 何瑭：《儒学管见》，《何瑭集》卷 6，页 158—162。此篇开头亦称《大学》要旨：“具此道于心神性情之间，明德也；行此道于家国天下之际，新民也。明德为体，而实见于新民之用；新民为用，而实本于明德之体。盖内外合一者也，而莫不各有至善之所当止焉。然斯道也，非知之于先，则不能行之于后。”

无古人”。[1]

到了明末，士人在书院中宣讲《大学》改本的一个佳例是葛寅亮。葛氏字冰鉴，号屺瞻，杭州钱塘人，万历二十八年（1600）浙江乡试第一，次年成进士。历南京礼部郎中，出为福建参议，改湖广，晋副使，提督学政。天启末仕至南京尚宝司卿，著有《四书湖南讲》、《金陵梵刹志》。[2] 与本书讨论相关的是前者，据葛氏崇祯五年（1632）所撰《学庸诂序》称：

> 子思子阐明祖学，作《大学》、《中庸》二书。《大学》重明，从格物递通乎家国天下。……解义多家，予遍阅，辄惛惛不辨。更博求之内典，返质之本文，伏读沉思，经时积岁，每若恍然有见。独阳明子单挈致知之要，东溟子（管志道）详析性学之精，卓绝诸解，而不斤斤于训诂，于本文未全衬焉。予与诸生扬榷，业有《湖南讲》，详哉其言之矣；复取《学》、《庸》二书，订其章次及错简，约所言而为“诂”。[3]

此序有三点内容值得注意。其一，从“子思撰《学》、《庸》”说，[4] 可见葛氏在文本上受到源自丰坊的伪石经本和管志道改本的影响。其二，在解释方面，对葛氏产生重要影响的是王阳明和管志道。

---

〔1〕 崔铣：《柏斋三书跋》，《何瑭集》附录一，页 444；并参《四库提要》卷 134《柏斋三书》，页 1759。

〔2〕 传见郑澐修：《(乾隆）杭州府志》卷 81，清乾隆刻本，叶 36—37；翁美枯：《(光绪）续修浦城县志》卷 27，清光绪二十六年刊本，叶 15—16。关于葛氏生平及其《四书湖南讲》，参荒木见悟：《明代思想研究：明代における儒教と佛教の交流》，页 292—328；《阳明学と佛教心学》，东京：研文出版，2008，页187-209。

〔3〕 葛寅亮：《学庸诂序》，页 2—3。

〔4〕 葛寅亮在《大学诂》书题下亦有小字自注云：“贾逵谓《大学》子思所作。”见《四书湖南讲·大学诂》，页 10。

其三，葛氏先与诸生在湖南书院讲论《四书》，撰成《四书湖南讲》，后来再对《学》、《庸》进行文本订正。

关于《四书湖南讲》的成书历程，可从其门人郑尚友在崇祯四年（1631）所撰序言获悉大概。此书是葛寅亮"乞休里居，为聚徒湖南〔书院〕，相与讨论"的内容，先由诸弟子笔记，再经葛氏削正，如此反复斟酌修订将近三十年而成。〔1〕需要指出的是，目前通行的两种本子，即《续修四库全书》本和《四库全书存目丛书》本，均已是经过葛氏改订的版本了，非其原刻本面貌；而之所以改订的关键，是由于葛氏对《大学》文本的看法发生了变化。

首先需要厘清现存两种《四书湖南讲》的版本异同。《续修四库全书》影印的是中国科学院图书馆藏明崇祯刻本。其卷首为郑尚友序和葛氏《学庸诂序》，正文依次是《大学诂》、《中庸诂》，然后才是《四书湖南讲》，且《大学诂》和《中庸诂》的版心题名及叶码，均与《四书湖南讲》不同。《四库全书存目丛书》影印的是湖北省图书馆藏明崇祯刻本，其卷首仅有郑序而无葛序，正文无《大学诂》和《中庸诂》。经比对可知，《续修四库全书》本和《四库全书存目丛书》所收《四书湖南讲》完全相同，但前者多出《学、庸诂》二书的序言和正文。因此，下文以《续修四库全书》本为准进行讨论。

在《四书湖南讲》正文之前有一篇《大学论明篇》，篇题下自注："此论照今本次序，还应以《诂》中所论为当。"〔2〕正文首卷卷题"大学湖南讲"下自注云："《大学》于庚午年另讲过，较原刻迥异。"〔3〕庚午为崇祯三年（1630）。由此可见，这两本《四书湖南讲》中的《大学湖南讲》，均是受到《大学诂》改本影响而作的修订本，

〔1〕郑尚友：《四书湖南讲序》，《四书湖南讲》卷首，《续修四库全书》第163册影印明崇祯刻本，页1。

〔2〕葛寅亮：《大学论明篇》，《四书湖南讲》卷首，页38。

〔3〕葛寅亮：《四书湖南讲·大学湖南讲》，页39。

与崇祯三年之前的“原刻”相比，其内容已经“迥异”了。与此形成鲜明对比的是，全书在《中庸诂》之末、《大学论明篇》之前，也有一篇《中庸论诚篇》，但其篇题下自注云：“此与《湖南讲》内相同。”同样，《中庸湖南讲》卷题下，也没有任何类似《大学湖南讲》的自注说明。[1] 由此可知，这些修订本《四书湖南讲》，与“原刻”之间的差异，主要在于《大学》部分，而《大学》部分之所以“迥异”，关键是受到葛氏《大学诂》中的文本变动的影响。

葛寅亮的《大学》改本详见于其《大学诂》。[2] 他将《大学》全文分为七章，首章经文，第二至六章分别为诚意、正修、修齐、齐治、治平传，第七章为总结。其中，首章末有葛氏自注：

> 首章乃经文，统论大学之道，兼论格物致知。郑康成古本“此谓知本，此谓知之至也”，原在首章之末，乃通章结语。照此，则格物致知之义，已发于首章，业为收结，原未尝亡。谓定、静、安、虑为发格致，更可互证，当从郑本为确。[3]

由此可知，葛氏首章文字全从《大学古本》。他认为这是全书提纲，同时也是格致释文，因此，其第二章“传文释诚意”就是理所当然的了：“格物致知既发于首章内，则《诚意章》自宜紧接首章之后。”[4] 此后的第三至六章，既符合格致诚正、修齐治平“八条目”的顺序，又与古本文字大体吻合，看起来顺理成章。

---

〔1〕 葛寅亮：《四书湖南讲·中庸湖南讲》，页 71。

〔2〕 李纪祥主要依据毛奇龄、翟灏、朱彝尊等人的摘录将葛氏文本列为伪石经影响下的改本加以讨论，但由于未见葛氏原书，误以书题“湖南讲”为“在湖南课士所用之讲义”。见《两宋以来〈大学〉改本之研究》，页 217—221。

〔3〕 葛寅亮：《四书湖南讲·大学诂》，页 10。

〔4〕 同上书，页 11。

不过，葛氏改本的末章，也就是第七章，变化极大：

> 历引《书》、《诗》成语，以作总结。此章内次序，乃郑康成《古本》，但原置在《诚意章》后，似觉无谓。考贾逵古本，大略俱列在全书之末。盖此是广引《诗》、《书》作证，正如《中庸》末章引《诗》一例。今依贾本，移置末后，而章内次序，则仍依郑本焉。[1]

葛氏将原本在古本"所谓诚其意者……故君子必诚其意"之后，从"《诗》云瞻彼淇澳"起，至"大畏民志，此谓知本"这几句引用《诗》、《书》的文字，直到"所谓修身在正其心者"为止，全部移到其改本的最后，作为第七章，也就是全书的总结。不过，在朱子《章句》中，这部分文字同样遭到移动，而且被拆分开来，分别作为解释明明德、新民、止至善、本末的传文，亦即其一经十传中的第一至四传。由此，葛氏一举否定了朱子所谓的经文三纲领之传和传文中本末之传。不仅如此，他还在继承朱子的"经—传"式结构的同时，既否定其"经—传"的具体划分方式，也拒绝承认三纲八目皆需有传的观点。

在《大学诂》正文之后的《大学论明篇》，阐述了葛寅亮"《大学》重在自明诚，《中庸》重在自诚明，二书相为表里"的见解。在这篇文字之末，葛氏附有长篇按语，讨论自己关于《大学》文本改订的种种考虑，因此值得全文引述在这里：

> 按：《大学》与《中庸》皆出自《礼记》。《中庸》郑康成注"子思子所作"，《大学》不注姓氏。据《汉志》，谓《戴记》为

〔1〕 葛寅亮：《四书湖南讲·大学诂》，页16。

孔氏祖孙家语，则明指子思矣。又，贾逵言："子思作《大学》为经，《中庸》为纬。"程明道又云："孔氏之遗书。"朱晦庵又云："右经一章，盖孔子之言，而曾子述之。"不离古者近是，以《汉志》及贾逵为据，则《学》、《庸》实皆子思所作。开首三纲、八目，独括全书，必系夫子之意，而子思阐之；故复以"所谓"发明于后也。

《大学》有郑康成本与贾逵本，俱不分经传。程、朱始分首章为经，后各章为传。阳明子欲从郑本，近日管东溟（管志道）从贾本，复以己意订正，而吴观我（吴应宾）又从郑本，俱各有辩。考郑本与今本，除相同外，内有"此谓知本，此谓知之至也"，在首章末"未之有也"之后，文理极为相属，似不宜更。又"《诗》云瞻彼淇澳"至"没世不忘也"，接以"《康诰》曰克明德"至"止于信"，又接以"子曰听讼"至"此谓知本"，俱在"君子必诚其意"之后。其意义杂出不类，必有错简。程、朱提出，实为有见，但置在首章之后，分释明、新、至善。窃恐三纲、八目，原是一事，既释目而又释纲，且纲与目并释，不但重复，亦似失体。考贾本"《康诰》曰克明德"至"没世不忘也"，列在全书之末。盖此皆是广引《诗》、《书》，如《中庸》末章引"衣锦尚絅"等诗一例，深觉有味，而且有贾本为据，易置非出杜撰。其他处次第，与今本多错杂，又觉文理难顺，似当以郑本为主，止移所错《诗》、《书》一段，参贾本而置于篇末，序次庶为得当。

其分章：则首章自宜提起作主，即称为经文亦宜；格致既含在首章，应以《诚意章》紧接；其诚、正、修、齐、治等章，各有"所谓"引首，明是分之为传；引《书》、《诗》，当总为一章作结。《大学》全书，方称完美。敢以质之大方。[1]

---

〔1〕 葛寅亮：《四书湖南讲·大学诂》，页 17。

根据文中葛氏所述关于《学》、《庸》作者及文本流传和变动的看法，可知其改本主要受到两方面的影响。其一，在全书文字方面，葛氏主要接受了王阳明提倡的《大学古本》，亦即所谓郑康成本。其二，在文本改动上，特别是在最重要的末章文本变动上，他主要受到源于丰坊的伪石经本影响，也就是所谓的贾逵本。事实上，葛氏将郑本和贾本全文附录在《大学诂》的最后部分。[1] 至于程、朱改本对他的影响，主要限于分“经—传”结构这一点。

这篇按语，连同《大学论明篇》一起，也出现在《四书湖南讲·大学湖南讲》开头部分，但两处按语文字略有差异。如引文中“俱在‘君子必诚其意’之后。其意义杂出不类，必有错简”，《大学湖南讲》版本在“之后”与“其意义”之间，另有“《诚意章》既结以‘故君子必诚其意’，已自收煞，不应后而尚有许多议论，且”一句，详细说明了移动该段文字的理据。更为重要的文字差异，是末句“敢以质之大方”，在《大学湖南讲》中被改作：

> 但程、朱既已更定，今《讲》内不敢易置。〇《湖南讲》以课诸士，故从今本；另有《大学诂》，乃予所私撰，则以《古本》相参。[2]

可见问题出在“课诸士”与“私撰”的分野上。为了在国家功令与一己主张之间作区分，既要符合制度规范的要求，又要表达个人的主张，故而有此文本差异。葛寅亮这种看法和做法，与前引湛若水提倡“诸生读《大学》，须读文公《章句》应试；至于切己用功，更须玩味《古本大学》”之说，简直如出一辙。不过，相较而

〔1〕 葛寅亮：《四书湖南讲·大学诂》，页17—20。

〔2〕 葛寅亮：《四书湖南讲·大学湖南讲》，页38—39。

言，葛氏实际上走得更远。

在《大学湖南讲》中，葛寅亮虽然按照朱子《章句》所分经一章、传十章的顺序罗列《大学》原文，却完全不录朱子的《章句》解释。而且在原文之后，他分别以“测”、“演”、“商”三种体例进行阐释：“凡剖析本章大义者曰测，就经文语气顺演者曰演，与其门人问答辩难者曰商，间有引证他书及先儒之论，则细书于后。”[1] 在所有这些阐释文字中，最大的背离对象就是朱子《章句》。因为它们不仅背离其《章句》解释，也背离其文本。由此可知，在葛寅亮的《大学湖南讲》中，读者能够接触到朱子《大学章句》的唯一内容，只是其《大学》原文的分段和顺序。然而，就连这点“旧貌”，也被紧随其后的葛氏解释文字抵消了。该书的读者，首先就包括此书卷首所列“商内姓氏”近四百人。所谓“商内姓氏”，是指在《四书湖南讲》中曾经与葛氏有过问答记录的门人，不包括曾经听讲但没有问答语被收入书中者，名单中明确注明“凡听讲，商内无名者不载”。[2] 其中有近三百三十人是在湖南书院听讲者，其余四十多人则是在匡山书院。此书产生的更广泛影响，将借助本书下文即将讨论的袁黄（1533—1606）来实现。对此，清初负有时誉的制艺名家吕留良（1629—1683）明确指出，袁黄“改注葛寅亮之《湖南讲》”，“造撰新奇之说，离叛传注”。[3]

二　泛滥于流行读物：以《焦氏四书讲录》为例

（一）名人效应：晚明出版业中的“焦竑”

作为晚明著名的博学学者和藏书家、万历十七年的状元，焦竑

〔1〕《四库提要》卷 37《四书湖南讲》条，页 488。

〔2〕葛寅亮：《四书湖南讲》卷首“商内姓氏”，页 5—9。

〔3〕吕留良：《天盖楼四书语录》卷 14“温故而知新章”，《四库禁毁书丛刊》经部第 1 册影印清康熙金陵玉堂刻本，页 150—151。

与出版业关系密切。在目前存世的众多著述中，那些挂名焦竑的流行《四书》读物，究竟与他有何种关系，是否他亲自著撰、选编，还是在诸如“校”、“订”、“阅”这类意义含糊的情形下介入生产，抑或完全由书坊主人“借用”其名号炮制而成？对此，研究者既不易证实，也不易证伪。这是晚明出版业大发展，尤其是商业出版繁荣带来的常见现象。本书的处理策略是，不把研究任务设定为论证这些书籍与焦竑的具体关系，而是将关注重心放在流行读物所反映的社会情状上。本书假设这些坊刻读物的制造者们，既是当时《四书》流行读本的炮制者和推广者，也是这种流行时尚的影响者和接受者。他们掌握时代出版动向，了解当时在流行哪些读物，并且本身就是出版动向和流行读物的一部分，在书籍制造者与流行时尚之间自由转换角色。他们同样深谙“焦竑”这类名人宝号所具有的社会、文化和经济效应，借助当时发达的商业和交通网络，在越来越庞大的读书人群的助推下，打造出晚明商业出版的繁荣盛况。

现存题名焦竑编撰的《四书》读物至少有八种，列举如下：

(1) 题为焦竑撰《焦氏四书讲录》十四卷，明万历二十一年书林郑望云刻本。

(2) 题为张居正撰、焦竑增补、汤宾尹订正《重刻内府原板张阁老经筵四书直解指南》廿七卷，万历三十九年闽建书林易斋詹亮刻本。

(3) 题为张居正辑著、焦竑编次、汤宾尹订正、杨文奎校讹、秣陵敬怡土永晟重写、书林易斋詹亮重梓《重刻辩（证）〔真〕内府原板张阁老经筵四书直解指南》廿七卷，明天启元年长庚馆刻本。对于此书，前文已有论及，其每叶分上下栏，下栏为《四书直解》，上栏为《附辩真删补邹鲁指南主意》(各卷题名不尽一致)。从“书林易斋詹亮重梓”来看，此本应该是第(2)种即万历三十九年闽建书林易斋詹亮刻本的延续。

(4) 题为张居正撰、焦竑增补、汤宾尹订正《重刻张阁老经筵四书直解》廿七卷，明书林叶显吾刻本。

(5) 题为焦竑撰《皇明百家四书理解集》六卷首一卷，明万历间刻本。

(6) 题为焦竑撰《新镌皇明百家四书理解集》十四卷，明万历间刻本。

(7) 题为张居正撰、焦竑增补、顾宗孟订正、李光缙纂、刘日珩订、陈恒吉合纂《四书直解》廿七卷《四书指南纂序合参》廿七卷，崇祯间刻本。

(8) 题为陆可教、叶向高辑、焦竑校《新刻（比）〔北〕雍二大司成先生课大学多士四书诸说品节》十卷，明潭城书林余彰德刻本。[1]

其中，有些比较明显只是书坊主人借用焦竑名义，比如第(3)种。其前三人的完整题名分别为“中极殿大学士泰岳张居正辑著、状元澹园焦竑编次、会元霍林汤宾尹订正”，很可能主要是为了借用大学士、状元、会元的名头而已。

（二）《焦氏四书讲录》的出版周边

本节准备重点讨论的是第(1)种《焦氏四书讲录》。此书目前仅存孤本，藏于大连市图书馆，《续修四库全书》据以影印。此书卷首尾无序跋，卷首有残阙，以“癸巳仲秋吉旦 / 书林郑望云梓”牌记开头（见图27），而全书多数叶版心下方均有“光裕堂”或“光裕堂梓”的字样。癸巳为万历二十一年。这个“书林郑望云”是当时福建的著名书

〔1〕《中国古籍总目·经部》第2册，页866—868；严绍璗：《日藏汉籍善本书录》，第1册，页225—226、240。佐野公治《四书学史の研究》书末附录，列举《四书正新录》“姓氏·书目”中，有“焦竑《焦氏讲略》”一种；列举《〔四书〕删补微言》、《皇明百方家问答》“引用书目”中，有“《[焦绮园] 四书讲录》”一种。后者或即《焦氏四书讲义》，但前者未知是否同一书？见佐野公治：《四书学史の研究》，东京：创文社，1988，页430、434。按：此书中译本删去附录。

图 27 焦竑《焦氏四书讲录》卷首书林郑望云牌记[1]

坊，刊刻了相当多流行读物。万历六年（1578），郑以厚用宗文堂名号刊刻过题为王锡爵的《新刊史学备要纲鉴会编》四十八卷、《新刊史学备要史纲统会》廿三卷。次年，书林郑氏望云楼刊刻了题为归有光辑、吴腾奎补的《新刊全补通鉴标题摘要》廿八卷。在此前后，书林郑以厚又刻了题为翁正春的《编辑名家评林史学指南纲鉴新钞》二十卷。[2]万历二十年，该书坊曾刊刻嘉靖四十年（1561）进士穆文熙（1532—1617）所辑《春秋左传评苑》三十卷、《国语评苑》六卷、《战国策评苑》十卷，同样在版心留下"光裕堂梓"字样，在书末留下牌记（见图 28）。其中提到，"本堂敦请名士精校"以上三书及《增补评注名世文宗》、《合并太史文华博议》，"以为儿辈举业之一助"，因"识者佳悦"

〔1〕 焦竑：《焦氏四书讲录》卷首，页 1。

〔2〕 参涂秀虹：《明代"按鉴"演义与建阳刻书背景》，《中国典籍与文化》2009 年 4 期，页 24—25。

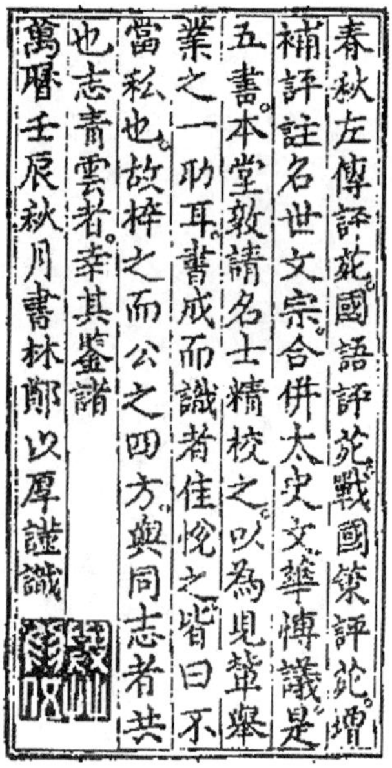

春秋左傳評苑。國語評苑。戰國策評苑。增
補評註名世文宗。合併太史文華博議。是
五書。本堂敦請名士精校之。以為児輩舉
業之一助耳。書成而識者佳悅之。皆曰不
當私也。故梓之而公之四方。與同志者共
也。志青雲者。幸其鑒諸
萬曆壬辰秋月書林鄭以厚謹識

图 28　穆文熙辑《战国策评苑》卷末书林郑以厚牌记[1]

而“公之四方”，以便与有“志青云者”共享。[2] 万历廿三年，书林光裕堂郑以厚刊印了本年的新科会元汤宾尹著《四书衍明集注》，由汤的座主、万历十七年会元和探花、绍兴人陶望龄（1562—1609）作序。[3] 次年，书林郑氏光裕堂又刊刻了曾经的庶吉士、一年前刚入阁的大学士沈一贯所著《庄子通》，书末有“万历丙申（廿四）年仲夏月八闽书林郑氏光裕堂梓”牌记（见图 29）。此外，光裕堂还刊刻过题为王畿撰、李贽（1527−1602）评的《王龙溪先生语录钞》九卷。[4] 书林郑望

〔1〕 穆文熙辑：《战国策评苑》卷末，页 329。

〔2〕 穆文熙：《战国策评苑》卷末，《四库全书存目丛书》子部第 164 册影印明万历二十年郑以厚光裕堂刻本，页 329。

〔3〕 汤书现藏日本尊经阁文库，参金文京：《汤宾尹与晚明商业出版》，页 86。

〔4〕 沈津：《中国珍稀古籍善本书录》，桂林：广西师范大学出版社，2006，页 186，著录明万历苏州阊门刻本《卓吾先生批评龙溪王先生语录钞》八卷条。按：不能肯定此书是否郑氏光裕堂所刊，因同时期似另有吴继武光裕堂，未知与郑氏光裕堂是（转下页）

图 29　沈一贯《庄子通》卷末八闽书林郑氏光裕堂牌记[1]

云的上述刊刻活动，有助于佐证《焦氏四书讲录》的流行读物性质。

《焦氏四书讲录》卷首牌记之后，先有《高皇帝讲义》三篇，然后是“附大学与诸生讲义一章”，所讲为《论语·雍也》“子曰谁能出不由户何莫由斯道也”，最后为“附直侍经筵讲义一章”，所讲为《论语·先进》“□□曰论笃是与，君子者乎？色庄者乎？”[2]

需要特别留意的，是《焦氏四书讲录》正文各卷卷题和题名。

(接上页）否有关？吴继武光裕堂于万历三十四年刻唐陆贽《唐陆宣公集》二十二卷，版心上刻“陆宣公奏议”，下刻“光裕堂梓”，题“明绣谷肖川吴继武校刊”；但扉页题名显示此本的刊行情状较为复杂：“陆宣公奏议 / 唐权德舆先生原本 / 映旭斋藏板 / 致和堂梓行”。参沈津：《美国哈佛大学燕京图书馆中文善本书志》，页 620；杨绳信：《增订中国版刻综录》，页 121。

〔1〕 沈一贯：《庄子通》卷末，《续修四库全书》第 956 册影印明万历廿四年八闽书林郑氏光裕堂刻本，页 544。

〔2〕 焦竑：《焦氏四书讲录》卷首，《续修四库全书》第 162 册影印大连市图书馆藏明万历二十一年书林郑望云刻本，页 1—4。

卷一题作“焦氏四书讲录大学卷之一”，题名为“翰林修撰漪园焦竑著、翰林编修九我李廷机校”。[1] 卷二题作“焦氏订正古者大学卷之二”，无题名。[2] 卷三题作“焦氏四书讲录中庸卷之三”，题名为“翰林修撰漪园焦竑著、同年编修云峤刘曰宁校”。[3] 其余仅卷四、八、十一有题名，其中除了都有相同的焦竑题名外，卷四“论上”题“翰林检讨凤池葛曦校”，卷八上《孟》题“同年检讨泰宇王肯堂校”，卷十一“下孟”题“同年检讨兼宇林尧俞校”。此外，在卷三、卷十四等卷之末，有“礼部司务九江蔡复赏阅”题名。焦竑的题名，无一例外地都是“著”，而题“校”的另外五人，都是翰林院编修或检讨，位在焦竑的修撰之下。其中李廷机、葛曦皆为万历十一年癸未科的名进士。福建晋江人李廷机是隆庆四年（1570）顺天乡试解元，万历十一年会试会元，殿试榜眼。山东德平人葛曦字仲明，号凤池，同样也是解元，年仅22岁就中进士，改庶吉士，迁检讨而卒。在当时的举业行家眼中，他还是嘉靖七年（1528）解元葛守礼之孙，尚宝司卿葛昕之弟，万历三十八年（1610）进士葛如麟之叔伯，[4] 商业价值极高。另外三人刘曰宁（？—1612）、王肯堂（1549—1613）、林尧俞（1558—1626），都是焦竑的万历十七年进士同年，均入翰林院为庶吉士。[5] 其中，刘曰宁曾经增补过唐顺之的《荆川先生右编》；[6] 王肯堂之父王樵（1521—1599）著有《〔四

〔1〕 焦竑：《焦氏四书讲录》卷1，页5。

〔2〕 焦竑：《焦氏四书讲录》卷2，页24—26。

〔3〕 焦竑：《焦氏四书讲录》卷3，页26。

〔4〕 张弘道：《皇明三元考》卷13“万历四年丙子科解元”、“万历十一年癸未科大魁”，《四库全书存目丛书》史部第271册影印明刻本，页187、191。

〔5〕 张弘道：《皇明三元考》卷13“万历十七年己丑科大魁”，页195—196。

〔6〕 万历三十三年，刘曰宁在南京国子监祭酒任上时，从翰林院修撰焦竑家获得唐顺之辑《荆川先生右编》稿本，加以增补后刊行，并请焦竑作《序》，见该书卷首，《四库全书存目丛书》史部第70册影印明南京国子监刻本，页4—5；刘氏亦有《刻右编叙》，页6—7。

书〕绍闻编》，书中有关《大学》的文本和诠释，主要以程、朱为基调；[1]林尧俞字咨伯，号兼宇，莆田县人，中进士后久居翰林，历官南京国子监祭酒、礼部尚书。由这些人事关系看来，万历二十一年出版题为焦竑著而诸人校的《焦氏四书讲录》，是不乏可能性的。当然，目前还不能完全肯定这点；而其他焦竑著述中有关《四书》的讨论，也还显示不出与《焦氏四书讲录》的明确互证关系。无论如何，这个六人构成的翰林公"作者"团队，加上福建书林郑氏在出版业界的金字招牌，已经足以表明此书的性质，以及对潜在购买者的说服力了。

（三）折中与排他：《大学》文本

关于《焦氏四书讲录》的内容，在此重点探讨其中有关《大学》的卷一和卷二。简言之，卷一是解释，卷二则是作者"订正"的《大学》文本。由于卷一的文字常常提示读者应该配合卷二的文本进行阅读，所以这里先从卷二的文本开始进行讨论。

与书中的《中庸》、《论语》和《孟子》部分相比，《焦氏四书讲录》卷二的卷题"焦氏订正古者大学卷之二"颇不寻常：这是全书唯一单独处理文本问题的一卷。"古者"或当为"古本"之讹。卷题后紧接着一段问答，用以申述作者订正文本的理据。在总共两轮的问答中，第一轮为：

> 问：《大学》一书，晦庵以为旧本颇有错简，乃因程子所定，别为之序次，即今所传之《大学》是也。阳明则谓其本无脱误，不必于改正、补缉，乃去分章而复旧本，以为复见圣人

---

〔1〕王樵：《绍闻编》卷1，《续修四库全书》第940册影印明万历廿四年贺知忍刻本，页225—263。其论学立场，见卷首杨时乔、王樵二序，页221—224。

之心，而求之者有其要。二家之说，果孰然乎？

曰：此又当以晦庵子之说为正也。即如阳明子之说，以为“《大学》之要，诚意而已矣。诚意之功，格物而已矣。诚意之极，止至善而已矣。止至善之则，致知而已矣”，而不必于立格致之传。愚尝仰而思之，夜以继日矣。夫旧本《诚意章》下，以引《淇澳》而至“不忘”，又引《康诰》而至“自明”，又引《盘铭》而至“用极”，又引“邦畿”而至“止信”，又引“听讼”而至“畏民志”，合之为诚意之一章。苟仍旧而不分也，则格物、致知固总归于诚意，而不必立传矣。正心、修身，亦独不可总归于诚意乎？而旧本何以又有正心、修身之传也？且既以盛德至善之不能忘，亲贤乐利之没世不忘，峻德之克明，天命之维新，敬止之穆穆，民志之大畏，而总归于诚意，则身修、家齐、国治、天下平，许大事业，只一诚意便了矣，又何必立齐、治、平之传乎？正心至平天下，则皆旧本之自分章，而非晦庵之强为传也，格致安得而独无传乎？但晦庵不合以其传为亡，而又取程子之意补之。旧传错在经文之中，只当提出立一传耳。

这轮问答主要解决两个问题：第一，在《大学》是否有错简问题上，作者赞同朱子，认为的确有错简——只有如此，作者才能如卷题所示地加以“订正”。第二，在如何订正错简问题上，作者却又明确反对朱子——只有如此，才能由作者出手再加以“订正”。简言之，作者认为《大学》只有错简、无阙文，而《格致传》就错乱在经文中，因此只需将其提出来，稍加整理即可，无待朱子补写。

随后的第二轮问答，作者主要阐述何以背离阳明主张的古本：

曰：阳明以旧本之传千载矣，亦何所据而断其此段之必在

> 于彼，彼段之必在于此，与此之如何而阙，彼之如何而误，而遂改正、补缉之？无乃重于背朱，而轻于叛孔也？然则去分章而复旧本，不亦可乎？
>
> 曰：经书自秦火之后，旧本脱误者多矣，岂止《大学》之一书？晦庵子以其书为颇放失，诚然也。"夫学贵得之心，求之于心而非也，虽其言之出于孔子，不敢以为是也；求之于心而是也，虽其言之出于庸常，不敢以为非也"，此阳明子之说也。即欲去分章而复旧本，若愚先之所疑，果求之心而非乎？抑求之心而是乎？求之于心而非也，虽旧本出于孔门之真传，亦不敢以为是也，况杂出于秦汉者乎？求之于心而是也，虽庸夫孺子析旧本而为分章，亦不敢以为非也，况出于晦庵子者乎？盖论一贯之理，则总八条目、三纲领而合为一传，亦可也；论著书之体，则纲领、条目各立一传，而各发一义，彼之未发者或于此而可尽，此之所发者又于彼而互明。著书之体，不得不然也，亦何必去分章而复旧本哉！[1]

此处的论述逻辑值得注意。尽管将《大学》文本有"脱误"归咎于秦朝焚书之说是老生常谈，但作者接着引用阳明"学贵得之心"的名言，用以驳斥阳明坚持恢复古本的举措，陷入自相矛盾的境地。这个驳斥虽然有力，却同样对作者自己的"订正"文本之举构成批判——既然"学贵得之心"而不受圣凡影响，那么同样也不受《大学》文本究竟应该如何的影响，然则作者的"订正"工作，自然亦属多此一举了。

无论如何，作者随后提出了经其"订正"的《大学》文本。其与阳明古本、朱子《章句》的文本异同，表列如下（见表 6）：

---

〔1〕 焦竑：《焦氏四书讲录》卷 2，页 24。

表6 王守仁·朱熹·焦竑三种《大学》文本异同比较表[1]

王阳明古本	朱子《章句》本	题焦竑改本
A．大学之道，在明明德，在亲民，在止于至善。 B．知止而后有定……则近道矣。 C．古之欲明明德于天下者……致知在格物。 D．物格而后知至……国治而后天下平。 E．自天子以至于庶人，壹是皆以修身为本……未之有也。 F．此谓知本，此谓知之至也。	A．大学之道，在明明德，在新民，在止于至善。 B．知止而后有定……则近道矣。 C．古之欲明明德于天下者……致知在格物。 D．物格而后知至……国治而后天下平。 E．自天子以至于庶人，壹是皆以修身为本……未之有也。 右经一章，盖孔子之言，而曾子述之；其传十章，则曾子之意，而门人记之也。旧本颇有错简，今因程子所定，而更考经文，别为序次如左。	A．大学之道，在明明德，在亲民，在止于至善。 C．古之欲明明德于天下者……致知在格物。 D．物格而后知至……国治而后天下平。 E．自天子以至于庶人，壹是皆以修身为本……未之有也。 此圣经一章。旧本错入之句，今出为传于后。
G．所谓诚其意者……故君子必诚其意。 H．《诗》云瞻彼淇澳……此以没世不忘也。 I．《康诰》曰克明德……皆自明也。	1I．《康诰》曰克明德……皆自明也。 右传之首章。释明明德。此通下三章至“止于信”，旧本误在“没世不忘”之下。	1I．《康诰》曰克明德……皆自明也。 此释明明德传。以晦庵子分章为正。
J．汤之盘铭曰苟日新……是故君子无所不用其极。 K．《诗》云邦畿千里……不如鸟乎。	2J．汤之盘铭曰苟日新……是故君子无所不用其极。 右传之二章。释新民。	2J．汤之盘铭曰苟日新……是故君子无所不用其极。 此释新民传，以晦庵子分章为正。[2]

〔1〕 焦竑：《焦氏四书讲录》卷2，页24—26。按：“所谓修身在正其心者”以下，三本俱同，故不列出；表中A—M表示该段文字在古本中的顺序和位置，1—6表示该段文字在朱子《章句》本中的章数，以及在焦氏改本中的顺序与位置。

〔2〕 下文接续云：去旧染而复本体之谓新，新即明也。盘铭曰：“苟日新，日日新，又日新。”明明德之谓也。明明德在于亲民。康诰曰：“作新民。”亲民之谓也。民既亲矣，岂惟新吾之明德，而天命亦于此新矣。《诗》曰：“周虽旧邦，其命维新。”是可见三君子之亲民也，无所不用其极矣。页25。

续表

王阳明古本	朱子《章句》本	题焦竑改本
L.《诗》云穆穆文王……止于信。 M. 子曰听讼……大畏民志。此谓知本。	3K.《诗》云邦畿千里……不如鸟乎。 3L.《诗》云穆穆文王……止于信。 3H.《诗》云瞻彼淇澳……此以没世不忘也。 右传之三章。释止于至善。此章内自引淇澳诗以下，旧本误在诚意章下。	3K.《诗》云邦畿千里……不如鸟乎。 3L.《诗》云穆穆文王……止于信。 3H.《诗》云瞻彼淇澳……此以没世不忘。 此释止至善传。以晦庵子分章为正。[1]
	4M. 子曰听讼……大畏民志。此谓知本。 右传之四章。释本末。此章旧本误在“止于信”下。	〔删除此传〕
	5. 此谓知本。程子曰：“衍文也。”此谓知之至也。此句之上别有阙文，此特其结语耳。 右传之五章，盖释格物、致知之义，而今亡矣。此章旧本通下章，误在经文之下。闲尝窃取程子之意以补之曰：“所谓致知在格物者……此谓物格，此谓知之至也。”	4B. F. 所谓致知在格物者，物有本末，事有终始，知所先后，则近道矣。知止而后有定，定而后能静，静而后能安，安而后能虑，虑而后能得，此谓知之至也。 此释格物致知传。旧本“物有”、“知止”九句，误在经文之中。此九句明有物字、知字，乃格物致知之传，晦庵子以“知止”五句为止至善之由，“物有”四句为结明明德、亲民、知止、能得，殊不知止至善之由即

〔1〕 下文接续云：仁敬孝慈信之止，盛德至善之民不能忘，亲贤乐利之没世不忘，皆止于至善，以亲民者也，而明德无不明矣。页25。

续表

王阳明古本	朱子《章句》本	题焦竑改本
		格致是也，安得更有其由乎？且经文大头脑只主于明明德、亲民，若又以知止、能得与明明德、亲民并对而为结，亦失轻重矣。
	6G. 所谓诚其意者……故君子必诚其意。	4G. 所谓诚其意者……故君子必诚其意。 此释诚意传。以晦庵子分章为正。

在《诚意章》之后，正心修身、齐家、治国、平天下四传，皆“以旧本为正”。[1] 文末，作者总结说：“‘《四书》看得透彻，一生受用不尽；看得《四书》熟，他书可一见而决’，先辈皆如此云。吾看书犹未熟未透彻也，则亦何敢云此！《讲》能尽书之妙乎？譬之于画，此只能画出个圣贤样子，其精神妙处，则在人会看者自得之耳，吾何与哉！”[2] 末句“只能”二字看似谦虚，实则相当自信：只要“会看”，就能从此书中“自得”圣贤的“精神妙处”。

作者的这个《大学》改本，明显是在朱子《大学章句》和阳明《大学古本》之间折中而成。将《大学》分为“经—传”式结构，显然沿袭朱子改本。但与朱子的经一章、传十章不同，作者的改本仅经一章、传九章，去掉了朱子颇受人批评的《本末传》。由于去掉该传，其传文“子曰听讼吾犹人也，必也使无讼乎？无情者不得尽其辞，大畏民志”四句，被作者认定属于衍文：

〔1〕 焦竑：《焦氏四书讲录》卷2，页26。

〔2〕 同上书，页26。

> “听讼”四句，牵来释格致固为不可。晦庵子以释本末，亦不知“物有本末”原非经文也，而何以释之乎？旧本此四句在“止于信”之后，如必欲存此文，则依晦庵子所分《止至善章》，仍以此置“止于信”之后，德而至于畏之大，民而至于讼之无，亦可谓止至善也。然要之亦是牵强。旧本脱误者多矣，何必一一强其存乎？阙此四句，不以传格致，亦不以传本末，不以传至善，则尤妙也。噫！阙文者，今亡矣，焉得不遗夫子之忧耶！[1]

对于朱子最受诟病的补撰《格致传》之举，作者认为实无必要，因为传文就在《大学》原文之中。他认定的《格致传》文字，是“经”文中紧接三纲领之后的“知止而后有定，定而后能静，静而后能安，安而后能虑，虑而后能得”这五句，以及“物有本末，事有终始，知所先后，则近道矣”这四句。其理由是，“此九句明有‘物’字、‘知’字”，而其中的“物”字和“知”字，就分别对应格物之“物”和致知之“知”。将这两段文字的先后顺序互换，再合并起来，就是他的《格致传》。其互换顺序的具体理据是：

> “物有”九句，释格物致知者。盖意之所发必有其事，意所在之事谓之物，物有本末，事有终始。本末字，从经文“修身为本”、“本乱末治”来。在我身心的事物便是本始，在家国天下的事物便是末终。本始末终之间，有善有恶。知所先后者，先于本始处为善而去恶，格其不正以归于正；后于末终处使之为善而去恶，亦格其不正以归于正。如此，则物格、知至而近道矣。“知止而后有定，定而后能静，静而后能安，安而后能虑，虑而后能得”，到了“得”的地位，不是知之至乎？故曰

〔1〕 焦竑：《焦氏四书讲录》卷2，页25。

"此谓知之至也"。[1]

在《格致传》的开头，作者也像朱子那样，仿效后面几章传文开头的表达形式，补写了一句"所谓致知在格物者"而在结尾，作者认为"此谓知本，此谓知之至也"两句：

> 旧本在经文之后。盖"物有"九句既误在经文之中，故此句亦误在经文之后也。"此谓知"三字，是字之重者；"本"字，是字之多者。总只是"此谓知之至也"一句，此真是格物致知之传矣。知者以为何如？[2]

其意将"此谓知本"句中的"此谓知"三字视为重文，"本"字视为衍文，均予以删除，只保留"此谓知之至也"，作为《格致传》的结语。如此，便能与此传首句"所谓致知在格物者"相呼应。

由于作者挪动了朱子本中"经"文的九句文字，即"知止而后有定，定而后能静，静而后能安，安而后能虑，虑而后能得。物有本末，事有终始，知所先后，则近道矣"，作为《格致传》文，因此使得这个改本的"经"文部分，也与朱子《章句》文本明显有异：

> 旧本"知止"九句，在纲领之后、条目之前，文理亦不接应。若以条目接纲领，于理既通，而且以此九句释格物致知，亦不待于补传。近儒亦有以此释格致者，但仍以"知止"在"物有"之前，可乎？既知止，而又才知先后；既能得，而又才近道，倒置甚矣。又有以"物有"移"知止"之前者，但犹以

[1] 焦竑：《焦氏四书讲录》卷 2，页 25—26。

[2] 同上书，页 26。

> "听讼"几句置"知止"之前，可乎？乃为之说云："如尧、舜之智，而不遍物，急先务也。"牵强亦甚矣！天下事尤有急于讼者，可以无讼为致知之先务耶？[1]

在朱子《章句》文本中，这部分"经"文延续了《礼记》中的《大学》原文，在三纲领与八条目之间，有上述九句文字。作者将这九句文字抽出，挪作《格致传》文，使得"古之欲明明德于天下者"紧接在"在止于至善之后"，亦即"八条目"紧接在"三纲领"之后。这个改动，让作者觉得自己的"经"文部分，与朱子本相比，显得逻辑更加紧凑，也更符合"三纲领、八条目"的义理结构。同时，他还批评了另外两种意见：一是同样将这九句挪作《格致传》，但却没有将这九句中的"知止"五句与"物有"四句互换顺序，这在作者看来义理不通，"倒置甚矣"；二是虽然互换了两者顺序的做法，却又将本该删去的"子曰听讼"四句，放在"知止"五句前面之举，他认为这样"牵强亦甚"，因为天下事还有比听讼更为重要而急切的，"无讼"并非"致知之先务"。

总而言之，上述讨论显示，题为焦竑的这个"订正"本，既批判朱子《章句》本，也反对阳明《古本》，同时否定其他改本。言下之意，作者的"订正"本才最为可靠，是"能画出个圣贤样子"，并从中"看"出圣贤"精神妙处"的《大学》文本。文本如此，其解释自然可想而知。《焦氏四书讲录》卷一就是作者的解释。

（四）"时文且依他说"

《焦氏四书讲录》卷一完全按照朱子《章句》的《大学》文本顺序，分章或分节进行解释。然而，作者并不全录《大学》原文，

---

〔1〕 焦竑：《焦氏四书讲录》卷2，页25。

仅以顶格版式来标明章或节次，如“大学之道一节”、“知止而后一节”、“康诰曰章”；也完全不录朱子的《章句》解释，而是在每章或每节之下，首先概说其章、节大意，然后分说其字、词、句，最后通常还加以总结。这些概说、分说、总结，均以作者本人为主体进行陈述，偶尔采用问答形式展开，在版式上皆低一格排列。其中，最常引用的是朱熹和王阳明之说，间或引用他人之说。全书引用朱子之说超过220次，其中《大学》33次；引用阳明超过120余次，其中《大学》19次。在这些引述中，作者或加以赞同，或予以驳斥，但所驳以朱子为最多。作者在《大学》解释上的态度，有如其在《大学》文本上那样，认为己说才是正确的。朱子、阳明或他人的观点，只在佐证或衬托自己时才受到肯定，或者被明确批判时才会出现。下文以其最重要的经文部分为例，进行详细说明。[1]

在经文第一节“大学之道”下，作者这样解释“亲民”：“亲字，程、朱二子训作新字，时文且依他说。若论理，还当依旧作亲字，阳明子之说最妙。”

第二节“知止而后”下有云：“晦庵子以此条为止至善之由，时文且依他说。……‘定’字看来不是‘志有定向’。……晦庵只为看得‘知止’浅了，便下个‘志有定向’，却不知此定字，是明道（程颢）了‘静亦定，动亦定’之定，就如今人说‘事体定了’，禅家‘入定’，亦此定也。”

第三节释“物有本末”云：“晦庵子以明德、新民为‘物有本末’，知止、能得为‘事有终始’，时文且依他说。‘知所先后’，是

〔1〕 作者认为首章经文不仅在《大学》中最为重要，在所有典籍中也最重要：“此经一章，《四书》尽在此，《五经》尽在此，诸子百家亦尽在此。盖格物致知、诚意正心、修身齐家、治国平天下，自天子至于庶人，只有此事而已矣。圣贤之盛德大业，亦只是了却此事而已矣。经书子史之说虽有不同，亦莫非此事之理而已矣。故曰尽在此经一章。”焦竑：《焦氏四书讲录》卷1，页10。

用工处知所先后也，不是全未下工夫，只泛泛然知其序，便能近得道；‘近道’者，德可明而民可新，善可知而止可得矣。阳明子曰：‘本末不当分为两物。盖木之干谓之本，木之梢谓之末，惟其一木也，是以谓之本末。若曰两物，则既为两物矣，又何可以言本末乎？新民之意，既与亲民不同，则明德之功，自与新民为二。若知明德以亲其民，而亲民以明其明德，则明德、亲民，焉可析而为两乎？’愚意更见二卷，以此为释《格物致知传》。”

另外，第五节“物格而后”下的分说有云：

> 旧说作效不通。……
>
> 问："条目中诸无可疑，只有格物一条。阳明子之说，固不可尚者，即如晦庵子说作博求于物，乃能见道，亦似通得一般。"
>
> 曰："见道如见天，或隔一纱，或隔一纸，或隔一壁，或隔一垣，明暗不同，其蔽一也。要见，须是辟了垣壁、撤了纱纸，便自见，何须博求？博求正为未辟未撤耳。……晦庵格物诸说，都是中年未定之见，至其晚年，痛自悔艾，以为自诳诳人，罪不可赎。且曰：'书策埋头无了日，不如抛却去寻春。'则其可造者，亦与阳明同矣。天高海阔，展也大成，岂徒蚕丝牛毛之觅而已乎？阳明良知之说，亦要善理会。自良知未讲以前，学者尚有些得力处；自此讲盛行，于今数十年矣，得力者反多不逮于前，何也？人人只说良知，不说工夫；才拈工夫，便指为外道。此等若是阳明复生，恐亦不免攒眉。……阳明不是以良知为止，只要以良知为主意，致良知为工夫，……未尝废学而说良知矣。今人不理会致良知的工夫，脱空谈个良知，初下手时，便说了手的话。正是但知即百姓之日用以尽圣人之精微，而不知反小人之中庸以严君子之戒惧也。其为良知之祸、阳明

之累者，亦无穷矣。岂止得力处不逮前人而已哉！[1]

以上四例明显可见，由于朱子《章句》是官定学说和举业标准，因此在以自我见解为主导的《大学》经文解释中，作者最为反对朱子《章句》中的见解，文中反复出现的“时文且依他说”，最能体现此点；“若论理”而言，作者之说往往与阳明相近。这个明确批判朱子《大学章句》的“时文且依他说”，有时也写作“且依他说”，而且不仅在有关《大学》的部分是如此，其余《中庸》、《论语》、《孟子》的各卷也是如此。全书至少共出现30例这种情形：《大学》8例，《中庸》4例，《论语》8例，《孟子》10例。就解释而言，全书都呈现出亲近阳明学说而批判朱子说的整体倾向。

对于书中公开驳斥官定朱子《章句》学说的立场，作者看来也预备了相应的保护措施。冠于全书之首的《高皇帝讲义》，开篇就称：

> 伏闻我高皇帝看书虽宗朱氏集注，然（义）〔议〕论英发，不袭故常，每以宋儒为迂，而曰：“经之不明，传注害之。”乃诏孔克表等注释若干，以尽圣贤之旨。又虑诸臣未达注释之凡，亲制讲语以赐，俾取则而为之。[2]

于是作者将高皇帝讲义“谨录三章于此”。录毕又称：

> 高皇帝之讲类此者多。《洪范》曰：“皇极之敷言，是彝是训，于帝其训。”此之谓也。初年天有黑气，凝于奎壁，后来其气始消。高皇帝谕刘三吾等曰：“朕观天象，文运当兴矣。”呜

〔1〕 以上俱见焦竑：《焦氏四书讲录》卷1，页5—9。

〔2〕 焦竑：《焦氏四书讲录》卷首，页1。

> 呼！文运之兴，非皇极之敷言也，而何以克致哉？圣圣绍统，皇极重光，是训是行者，天下二百余年矣。今上皇帝圣学懋于讲筵，彝训敷于皇极。阳明子之从祀，诸俊杰之同登，天下欣欣曰："文运之昌，未有甚于此也，而会其有极，归其有极者，将万万年矣。吾辈（以下原文残阙）"[1]

如此看来，作者不仅将高皇帝朱元璋质疑朱子及宋儒之言置于全书开头，为书中驳斥朱子学说之举保驾护航。同时郑重指出，随着万历十二年阳明获从祀孔庙，其学说自动成为官方认可的"真儒"之说，由此，为书中大量引述阳明学说的做法提供理据。这种既驳斥官定朱子学说，又注重自我保护的策略，在正文中也有体现。如其在《大学》经文第七节"其本乱而末治"下就指出："既提出身为本，又提出家为所厚，此诀最妙。我高皇帝有曰：'治天下者修身为本，正家为先。'真妙契此诀者矣。大哉圣道之统承，神哉圣明之治化，而所以垂亿万年无疆之休者，其皆由此哉！"[2] 事实上，除此之外，书中至少还有 26 处借用"高皇帝"以立说者。

三 介入八股范本：以袁黄编纂的举业书为中心

作为近世中国社会史和宗教史研究中的重要人物，袁黄在这些

〔1〕 焦竑：《焦氏四书讲录》卷首，页 2。所谓"今上皇帝圣学懋于讲筵"，显然早已不是事实。神宗勤于经筵日讲的情形在万历十年张居正卒后便开始日渐消失，随着"国本"之争产生的君臣紧张关系而更少举行；十六年八月神宗最后一次出席经筵，十七年二月最后一次出席日讲，此后经筵日讲仅仅以讲官撰进讲章的形式进行，神宗已完全不再出席。参朱鸿林：《明神宗经筵进讲书考》，《华学》第九、十合辑，页 1367—1378。

〔2〕 焦竑：《焦氏四书讲录》卷 1，页 10。

领域发挥的关键性作用早已为研究者所熟知。[1] 本书着重探讨的，则是作为晚明流行的八股范文作家袁黄，在其编纂的《四书》读本和八股范本中，挑战官定朱子学说的情形。

袁黄初名表，改名黄，字坤仪，号学海、了凡、赵田逸农，浙江嘉善县人。袁氏祖上数代皆“隐于医”，至其父袁仁（1479—1546）虽然同样以医为主业，但已在儒学上有相当造诣了。袁仁生前积极与王阳明、王艮、王畿这些著名儒者相过从，身后还留下了多种有关《诗》、《书》、《春秋左传》等儒学经典的注疏。[2] 袁黄本人也曾从王畿游，王畿后来为其父袁仁撰写的传记中讲到：

> 心斋王（良）〔艮〕见之于萝石（董澐，1457—1533）所，与语，奇之曰：“王佐之才也。”引见阳明先师。初问良知之旨，先师以诗答之……瞿然有（者）〔省〕，然终不拜。……嘉靖戊子（七年，1528），闻先师之变，公不远千里迎丧于途，哭甚哀，与余辈同反会稽。……自是而后，余至嘉禾，未尝不访公；公闻予来，亦未尝不扁舟相过，故余知公最深。大率公之学，洞识性命之精，而未尝废人事之粗；雅彻玄禅之奥，而不敢悖仲尼之轨。……公没后二十年，武塘袁生表（袁黄）从予游，最称颖悟，余爱之，而不知其为公之子也。后询其家世，始知为

---

〔1〕 参酒井忠夫：《中国善书研究（增补版）》，刘岳兵、何英莺译，南京：江苏人民出版社，2010，页 299—335、361—376；包筠雅（Cynthia Brokaw）：《功过格：明清社会的道德秩序》，杜正贞、张林译，杭州：浙江人民出版社，1999，页 63—165；萧世勇：《袁黄（1533—1606）的经世理念及其实践方式》，台湾师范大学历史研究所硕士论文，1994；解扬：《治政与事君：吕坤〈实政录〉及其经世思想研究》，北京：生活·读书·新知三联书店，2011，页 157—162、166—168。

〔2〕 王畿：《袁参坡小传》，《王畿集》附录三，页 815—816；酒井忠夫：《中国善书研究（增补版）》，页 307、309。

故人之子，因作《小传》授之，以志通家之雅。[1]

袁黄 13 岁时其父去世，遂遵母命“弃举业而学医”。后因遇云南孔姓异人，预测其为“仕路中人”，并得到母亲支持，[2]“遂起读书之念”，转而业举。次年袁氏“县考童生当十四名，府考第七十一名，提学考第九名”，皆一一应验孔异人所测。孔异人复为袁氏“卜终身休咎”，袁氏皆“备录而谨识之”。嘉靖二十九年（1550），17 岁的袁黄成为生员，但此后六次乡试皆不中，直到隆庆元年（1567）成为贡生，四年（1570）中举。期间，他曾在栖霞山受云谷禅师点拨，遂笃行功过格，劝人行善积功。嗣后袁黄又六次参加会试，皆下第，直至万历十四年（1586）才考中进士，时已 53 岁。[3] 旋任宝坻知县。万历二十年（1592），他以兵部职方司主事身份参与赞画朝鲜御倭之役，后因故遭劾，削职而归。

在漫长的举业道路上，袁黄认真研习本朝举业名家的范文，并先后师从当代最负盛誉的八股名家唐顺之、薛应旂、瞿景淳等。他笃行功过格、为善积德的最重要诉求之一，就是为了举业成功。其“立命之学”的关键，也是为了登科。“科第全凭阴德”、“谦虚利中”这些主题，在他那些影响广泛的善书，如《立命篇》、《省身录》、《祈嗣真诠》、《阴骘录》中反复出现。[4] 他非常善于抓住世人最基本

---

〔1〕 王畿：《袁参坡小传》，《王畿集》附录三，页 815—816。又，后来袁黄撰有王艮传，见《袁了凡先生两行斋集》卷 11《王汝止传》，台北：台湾“国家图书馆”藏明天启四年嘉兴袁氏家刊本，叶 409。

〔2〕 袁仁夫妇对袁黄兄弟的教育及举业栽培，详见其兄弟笔录的《庭帏杂录》中，此不具述。《四库全书存目丛书》子部第 86 册影印北京图书馆分馆藏旧钞本，页 753—768。

〔3〕 袁黄：《游艺塾文规》卷 1《立命之学》，此据黄强点校：《游艺塾文规正续编》，武汉：武汉大学出版社，2009，页 23—25。袁氏生平，参酒井忠夫：《中国善书研究（增补版）》，页 300—302；章宏伟：《袁了凡生平事迹考述（上）》，载田澍等编：《第十一届明史国际学术讨论会论文集》，天津：天津古籍出版社，2007，页 832—853。

〔4〕 酒井忠夫：《中国善书研究（增补版）》，页 303—304。

和最重要的那些诉求，例如健康、长寿、登科、富贵、求子等等，并且将已有广泛社会基础的因果报应观念，与这些诉求结合，从而产生了相当重要的社会影响。对于举业，袁黄不仅自己全力以赴地投入去做，而且念兹在兹地现身说法，到处推广这套通过行善积德来换取科举成功的功过思想。这套方式的独特意义在于，它不仅为众多苦苦挣扎在举业途中、身心备受煎熬的士子提供了重要的精神动力，还向他们展示了从点点滴滴做起的、日积月累的具体修行方式。这套方式公开承诺，只需要在日常生活中持之以恒地重视道德伦理因素，并且时刻留心培育、扩充并实践自己的善心，生命中最美好的那些冀求最终将会一一实现。除了这套已经被后世熟知的功过格指导，袁黄还以自己在漫漫科举路上积累的丰富专业实战知识，为他人提供举业上切实的技术指导。这集中体现在他编纂的大量科举读本和八股范文上。

由袁黄编纂出版的举业书籍，已知的就有十余种，包括：《荆川疑难题意》、《四书删正》、《书经删正》、《谈文录》、《举业彀率》、《心鹄》、《四书疏意》、《袁先生四书训儿俗说》、《二三场群书备考》、《游艺塾文规》、《游艺塾续文规》、《新刻八代文宗评注》（亦称《评注八代文宗》）、《古今经世文衡》、《史汉定本》、《新镌了凡家传利用举业史记方润》、《袁了凡先生汇选古今文苑举业精华四集》等。对于这些书籍的编纂情况，研究者已进行过提要式的解说，[1] 本书主要围绕其中《四书》，尤其是与《大学》相关的出版物，以及由之反映时人对待官定学说的态度，进行述析。

---

〔1〕 酒井忠夫：《中国善书研究（增补版）》，页 302—309；张献忠：《袁黄与科举考试用书的编纂——兼谈明代科举考试的两个问题》，《西南大学学报（社会科学版）》第 36 卷第 3 期，2010.5，页 195—197。在袁黄《袁了凡先生两行斋集》中，没有收录这些举业书籍的序跋，这个情形与袁氏著述保存状况和文集收录范围有关，见该书卷首袁俨《两行斋初集凡例》，叶 1—2。

早在嘉靖二十九年中秀才前后，袁黄就已开始介入举业用书的纂集和出版。当年他向名学者唐顺之学习了近两个月，随后便将学习过程中所闻唐氏有关《四书》的“深奥”之说，加以笔记、整理，然后立即出版。万历三十年前后，袁黄曾回忆此事：

> 忆予十八岁，见荆川唐先生于嘉兴天宁寺之禅堂，即礼之为师，相随至杭，往返几两月。先生之学，大率以理为宗，每作一文，必要一段千古不可磨灭之意，见其阐发题意，往往皆逼真入微。我朝夕执书问业，《学》、《庸》、《论》、《孟》，大约皆完。除平常易晓者不录，录其深奥者，题曰《荆川疑难题意》。先生又躬阅而手订之，始付剞劂。[1]

该书目前似已不存，但由此已经可以看出，年仅 18 岁的袁黄，在问学近两月之际，就敏感地意识到名人唐顺之的《四书》讲说的价值，并迅速将之整理出版。此举无疑体现了作为举业中人的袁黄，对于科举出版市场的充分了解。[2] 这种敏锐的判断力，还可由此后袁黄不断推出各种举业用书的行动，以及身后子孙门人整理出版其纂著书籍的事情中明显看到。

翻阅袁黄编纂出版的科举读物和种种善书，可以非常清楚地察觉到，他不仅对那些当代八股名家所具有的出版价值有着深刻了解，

---

〔1〕 袁黄：《游艺塾文规》卷 1《文须请教前修》，页 9。

〔2〕 对此，时人李诩（1505—1593）的观察和行为可资参考：“余少时学举子业，并无刊本窗稿。有书贾在利考，朋友家往来，钞得灯窗下课数十篇，每篇誊写二三十纸，到余家塾，拣其几篇，每篇酬钱或二文，或三文。忆荆川（唐顺之）中会元，其稿亦是无锡门人蔡瀛与一姻家同刻。方山（薛应旂）中会魁，其三试卷，余为怂恿其常熟门人钱梦玉以东湖书院活字印行，未闻有坊间板。今满目皆坊刻矣，亦世风华实之一验也。”李诩：《戒庵老人漫笔》卷 8“时艺坊刻”条，魏连科点校，北京：中华书局，1997，页 334。

同样对诸如高官、高僧、术士、讲学家等各式各样“名人”、“异人”，在当代出版业中所具有的象征价值，也都有相当充分的认识。

嘉靖三十四年（1555），袁黄编纂出版了《四书便蒙》、《书经详节》，“大删朱注而略存其可通者”，大受欢迎。到了晚年，袁氏还自称该书“五十年来遍传天下”。由于当时袁黄没有署名，故两书虽“家家传习”，但并未引起非议。然而，在万历三十年前后，袁氏友人将两书改作成《四书删正》、《书经删正》，并署上袁黄大名，付书坊出版，结果给袁黄招来“众口之呶呶”。[1]

在李乐（1568年进士）看来，署名袁黄的《四书删正》，由于击中了时人急于谋求举业成功的心理，因而大为流行：

> 予为童子入乡塾，蒙师训其弟子，往往多读《小学》、《孝经》。追予四十以后，读者鲜矣。至晚岁，又见有袁黄《四书》（原注：黄，进士，嘉善人，官兵部主事），全不用朱夫子注。又见涂抹《四书》，凡圈外注，全涂抹；其正注，《学》、《庸》，十涂一二；《论》、《孟》，十涂四五。嗟乎！若当二祖朝，此等人服上刑奚疑。所以然者，末世人不善教子，急于进取，故妄为简省而不顾，竟不知其有一字不容增损者在也。[2]

所谓“众口呶呶”，当是指时任刑部主事陈幼学（1541—1624）和礼部郎中蔡献臣（1589年进士）而言。陈氏首先采取行动，“驳正其书，抗疏论列”。其所驳包括袁书在内的“坊间《火传》、《意见》、

〔1〕 袁黄：《与邓长洲》，《游艺塾续文规》卷3，页207。时间可由信中自称“五十年”、“近有友人改作《删正》”推知。

〔2〕 李乐：《见闻杂记》卷8，《四库全书存目丛书》子部第242册影印明万历刻本，页323。按：“圈外注”指《四书章句集注》中引用二程等人之注，“正注”指朱子本人之注。

《理解》等书十余种”，“皆明背传注，创为异说，以惑乱人心”。[1]蔡氏随即跟进，于万历三十一年札行各地提学官云：

> 《四书删正》、《书经删正》二部，如“宋朱熹章句、明袁黄删正”，此十字已足以骇矣。及取其书细加翻阅，则将朱注妄行删削，甚至并其注而僭改之。中间异说诐辞，又多有与紫阳抵牾者。我二祖表章《六经》、《四子》，《四书》一遵朱注，《尚书》一主蔡传，颁在学官，列在人寰。诸儒生幼学壮行，迄今无改，而此书公然镂板，而与之并行。其真出于袁黄之手，或迂怪之士杂就之而托于黄，俱不可知。即今坊间业已盛传，若不严加禁绝，势必淆乱王制，决裂圣真，其为人心世道之忧不浅。……即袁黄起家进士，非以诵习传注得之者乎？乃公然敢为室中之戈，任意删改，不惟欲与抗衡，且将凌驾之而据其上，何恣肆也！此书诚行，初学小生喜其新奇而乐其简便，相煽相尚，他日且不知朱注、蔡传为何物矣！相应严行禁绝，为此合就通行各该提学官：将袁黄《四书、书经删正》，同《火传》、《意见》、《理解》等书，原板尽行烧毁；其刊刻鬻卖书贾，一并治罪。仍严谕生童：不得为其所惑，藏留传诵，以干明禁。再照袁黄浙江嘉善人也，其书果否出于本官之笔？其刊刻果否曾经该道查阅？亦应一并查明，呈部以凭酌议施行。[2]

袁黄的举业书编纂和出版事业，并未因禁令而停止。事实上，禁令本身留下了足够回旋的空间，至少没有完全坐实是袁黄所为。

---

〔1〕 张廷玉等：《明史》卷281《陈幼学传》，页7217。

〔2〕 蔡献臣：《烧毁四书、书经删正等书札各提学（癸卯）》，《清白堂稿》卷3，厦门市图书馆校注，厦门：厦门大学出版社，2012，页75。

政府方面有无继续跟进调查，以及最终结果如何，似无明确的答案。但答案非常明确的是，袁黄用更多的出版行动，来回应出自朝官的禁令。而且，在这些出版物中，他继续批判朱熹的《四书》注释，甚至以此来为自己辩护：

> 坊间刻《四书删正》，偶将“斯远鄙倍”“倍”字误刻“俗”字，世人遂谓予擅改经文。夫予虽甚寡昧，岂有改经之理？况注中明云：“倍，凡陋也。”夫既改“倍”为“俗”，则当释“俗”字，不当释“倍”字；既释“倍”字，则本文之不改可知。此甚易辨者。盖辞、气二字并重，宋人谓辞为目、气为纲。同是一句说话，出之以和气则人信从，出之以戾气则人不服。故辞之有气，犹颜之有色，均之至重者。今朱注云：“倍，与背同，谓背理也。”若以倍为背理，则于辞通，于气不通，故更训为“凡陋”，庶辞、气二字皆通耳。是予所更者乃注文，非经文也。夫媢疾之人，中有忮心，惟幸人之有过，而不知理甚明显，何得于明白处自起疑猜？可笑也已！[1]

这段辩解虽是直接针对以“擅改经文”为口实攻击袁黄的“世人”而发，但同时也利用辞、气之说，为自己批评朱熹以“背理”解释《论语·泰伯》“出辞气，斯远鄙倍矣”之“倍”字的行为作辩护。袁氏在此据以批评朱子的辞、气之说，以及释“倍”为“凡陋”的见解，当是承袭自乃师瞿景淳。[2]

---

〔1〕 黄强：《校订前言》，页13—14；袁黄：《游艺塾续文规》卷3，日本内阁文库藏本之点校本，页453。

〔2〕 袁黄《游艺塾续文规》卷1“昆湖瞿先生论文”云：“予呈文字三篇。……第二首‘出辞气，斯远鄙倍矣’，先生曰：‘辞、气二字并重，前辈有“气是纲，辞是目”之说。同是一句说话，出之以和平之气，则人易从；出之以乖戾之气，则人不服。（转下页）

正如明代禁书令通常产生的实际效果那样，“禁之愈严而四方学者趋之愈众”。[1] 存世袁黄著述中就还有另外一种《四书删正》，扉页大字题“了凡袁先生四 / 书删正兼疏意”，页眉题“袁衙藏板”，左侧为出版识语：

> 国家举业宗朱传，卑卑墨守，超轶而上，势实艰之。故稍为删正，以便儿曹习读。不意四方君子传慕而争录之，因付诸梓。《中庸》及《上论》《疏意》久刊行，余尚未梓，今悉附之简端，一目而书意了然矣。

此书首卷正文版心上题“四书删正”，下题“大学”，内容分为上下栏。下栏为朱子《大学章句》之“删正”，上栏为相应的说明文字。卷端题“明了凡袁黄删正 / 男袁俨校阅”（见图 30）。扉页识语中提及的“疏意”，当指袁黄在万历十八年之前已经刊行的《四书疏意》。[2]

对于本书讨论的主题而言，《四书删正》卷首的四条凡例尤堪重视。其中，首条开门见山地表示，该书主要针对的就是朱子注解中的“与经相违者”。作者虽然认为朱子论注诸书有其苦功，但也存在许多错误：

（接上页）故辞之有气，犹颜之有色，都要重看。汉唐以来，诸儒旧注都谓：鄙，凡陋也；倍，乖戾也。今朱子连正文改之曰：‘倍与背同，谓背理也。’若言背理，则于词通，于气不通矣。汝作全非，幸速改之。”页 181—182。

〔1〕杨士范：《刻了凡杂著序》，载《了凡杂著》卷首，《北京图书馆古籍珍本丛刊》第 80 册影印明万历三十三年建阳余氏刻本，页 513。中晚明时期书籍越禁越流行，袁黄同时代的李贽即是上佳例子，清初查继佐就将李贽和袁黄列为同类人，见《罪惟录》列传卷 18《李贽袁黄传》，《续修四库全书》第 323 册据《四部丛刊三编》影印稿本，页 279。

〔2〕朱彝尊《经义考》卷 155 著录“袁氏黄《中庸疏意》二卷，存”，页 2849；并参张献忠：《袁黄与科举考试用书的编纂——兼谈明代科举考试的两个问题》，页 196。

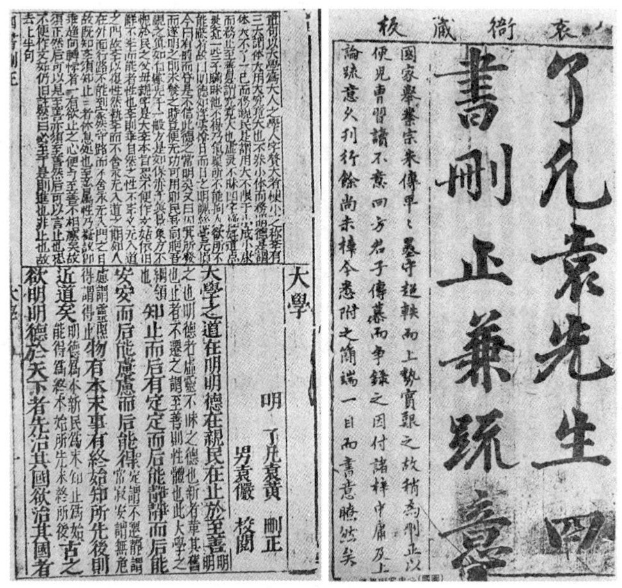

袁衙藏板

了凡袁先生四書刪正兼疏意

國家舉業宗朱傳早已墨守趨轍而上勢實艱之故稍爲刪正以便見聞習讀不意四方君子傳慕而爭錄之因付諸梓中庸及上論疏意久刊行餘尚未梓今悉附之簡端一目而書意瞭然矣

大學

明 了凡袁黄 刪正

男袁儼 校閲

大學之道在明明德在親民在止於至善 明明德者虛靈不昧之德也新者革其舊也止者不遷之謂至善則性體也此大學之綱領也

知止而后有定定而后能靜靜而后能安安而后能慮慮而后能得 定謂不遷靜謂常寂安謂無危慮謂靈照得謂得止

物有本末事有終始知所先後則近道矣 明德爲本新民爲末知止爲始能得爲終本始所先末終所後

古之欲明明德於天下者先治其國欲治其國者

图 30　袁黄《四书删正》书影[1]

> 宋时理学初倡，讲究未悉，其所论著，容有与经意不合者。《蒙引》、《存疑》等书，即有所指陈，而意犹未畅。是编以尊经为主，以从时为要。凡传与经相违者，则明著其失于简端，而正注仍依朱说。盖著其失者，所以阐孔、孟之真传；而依其说者，所以便明时之举业也。[2]

其中《蒙引》和《存疑》，分别指蔡清《四书蒙引》与林希元《四书存疑》。所谓“明著其失于简端”、“著其失”，是就此书上栏而

---

〔1〕 袁黄：《四书删正》卷首、卷 1，日本内阁文库藏明刊本。

〔2〕 袁黄：《四书删正凡例》，《四书删正》卷首，叶 1a。

言：上栏俱用小字，指出相应的下栏内容即朱熹“传”的错误。所谓“正注仍依朱说”、“依其说”，是就此书下栏而言：下栏主要是删节朱子《四书章句》而成。尽管作者宣称“仍依朱说”、“依其说”，但从删节的具体情形来看，其实并不完全“依”朱子之说。这点从凡例第二条更能看得明白：

> 王元美（王世贞）尝论作文之法，不可蹈一毫宋儒训诂气。如《大学》首节，注云：“使之亦有以去其旧染之污也。”如此句法，何等软弱！又云：“必至于是而不迁之意。”何等固执！又云：“盖必其有以尽夫天理之极，而无一毫人欲之私也。”何等滞腻！这样文法，若落在八识田中，毋论今生难作好文，即来生隔世，犹要流出恶文字来！盖元晦（朱熹）当时只欲发明经旨，原不修饰文词；而士子孩而习之，头巾气味，学究家风，早已入其骨髓矣。然注又不可不读，故删其繁冗，正其卑陋，但用宋儒之意，而稍变其文，亦万不得已之苦心也！[1]

文中所举三个例证，正是朱子《大学章句》开篇注释“三纲领”的文字。这些朱注文字，不仅分别受到“软弱”、“固执”、“滞腻”的批评，而其文法甚至被斥为糟糕到这种地步：学了之后，到来生隔世也只能作出恶文字来。因此，作者不得不动手“删其繁冗，正其卑陋”。

袁黄对朱子的注释，看来意见相当大。上述这两条凡例对朱注的集中批评，几乎原封不动地再次出现在其《游艺塾文规》“文有十忌”的第三忌中，该书大约于万历三十年编辑出版。[2]

---

〔1〕 袁黄：《四书删正凡例》，《四书删正》卷首，叶 1a—b。

〔2〕 袁黄《游艺塾文规》卷 1“文有十忌”云：“三忌训诂气。作文切不可指字（转下页）

至于《四书删正凡例》的第三条，旨在提供改动朱子注释的理据。洪武年间开科取士，《四书》采用朱注，此举被袁黄仅仅解读为沿袭元朝旧制。永乐年间敕修《大全》之举，则被其解读为“以一人（朱熹）之见不足以尽《六经》之旨”，故明成祖下诏征集群儒，辑《四书、五经大全》颁天下学官。士子传习的结果，“当时乡会程墨及先达时义，多博采众说，而不执定一家”。这个论说，应当是受其师薛应旂的影响。在《游艺塾文规》中，有一则袁氏“手录”的“方山薛先生论文”，其中有云：

> 辛亥（嘉靖三十年，1551）七月，先生自南考功转浙江提学。甫下车，即颁训戒，谆谆教士子看《大全》，谓：祖宗以朱熹一人之说不足以尽《六经》之旨，下诏征集群儒，修辑《四书、五经大全》，颁行学官，令士子传习。当时乡会程墨，皆博采儒先之说，不拘拘于朱注。其摛词用意，真足以发古先圣贤之精蕴。近来士风转陋，文运益卑，驾言于尊朱，而并朱注亦不复理会，束书不观，猖狂自恣。由向来柄文衡者，不遵朝廷训典，阅文惟取浮华，而置理学于度外，故相习成风，而登词坛者多由草窃，良可深憾！兹本道出题，必本《大全》，诸儒之说有足以发明孔、孟之真传，而订正朱子之所未尽者，诸生能阐发其旨，即文不甚工，亟置高等，不然弗录也。〔1〕

（接上页）释义，须要玲珑变化，不但意义不可蹈他一毫，兼词气亦不可袭他一字。即如〔朱熹的〕《大学〔章句〕序》云：‘则既莫不与之以仁义礼智之性矣。’如此句法，何等累坠！首节注云：‘使之亦有以去其旧染之污也。’如此句法，何等软弱！又云：‘必至于是而不迁之意。’如此句法，何等执着！又云：‘必求有以尽夫天理之极，而无一毫人欲之私也。’如此句法，何等懒慢！王凤洲（王世贞）尝言：‘恶文字有一毫入在八识田中，无论今生难作好文，即来生隔世，亦还要流出恶文字来。”页 15。

〔1〕 袁黄：《游艺塾文规》卷 1“方山薛先生论文”，页 182。

薛应旂此说对袁黄影响颇深，后者不仅将之用在《四书删正》凡例中，也曾用以“杜门教子”。[1] 这条凡例接着举例进行佐证：“董中峰（董玘）批选成化以前程文，其不依朱注者十常八九。”然后再以近时浙江试题“子使漆雕仕”一节为例，“如依朱子，谓开之才‘未可以治人’，则夫子之使误矣，此决不可从者也！”[2] 因此，袁氏认为应当从《程文讲》所说，“据吾所造，或亦可以治人，然反之心体上，未到昭晰处，则未敢轻出”云云，“此本《大全》陈氏说也”。随后又举广西乡试“子入太庙”节、嘉靖二十六年（1547）会试“中也者”二节、万历十九年（1591）南京乡试“颜渊问仁”一节，以这几次考试的名公答卷为例：“以上诸公，遍考先儒训诂之详，冥会孔、孟立言之旨，上遵圣祖造士作人之典，下尽学者博文穷理之功，乃举业之正宗，百世不可易者。是编备载其说，以待学者之决择。如徒以尊朱为名，而尽废众说，为妄庸两便之地，则亦何难之有！第恐束书不观，因陋就简，举业从此日卑，士风从此日薄，关系于国运人心不浅耳。”[3]

《凡例》第四条开篇有云：“国初取士用《经疑》，至今朝鲜皆遵用之，后命刘三吾诸公改定今制。圣祖之意，原谓士子能发挥题意透彻，则通达事体，可以治民，故当时经义卓然可观。”然后历举隆

〔1〕 袁黄《游艺塾续文规》卷 3 云：“我朝令甲，《四书》从朱注，仍元旧也。后成祖下诏，谓朱熹一人之说，不足以尽《六经》之旨，征诸儒集《四书、五经大全》，颁布学宫，使士子诵习，法至善也。今天下咸局于朱说，不复有看《大全》者矣。吾儿须先将经文潜心玩绎，次将朱注字字而体贴之，《大全》诸儒之说，亦须一一参考，务求至当。盖博则众长兼采，约则一字不留。此在豪杰之自得耳，未易为众人道也。”页 209。

〔2〕 《论语·公冶长》：“子使漆雕仕。对曰：‘吾斯之未能信。’子说。”朱熹注有云：“开自言未能如此，未可以治人，故夫子说其笃志。”见《四书章句集注·论语集注》卷 3，页 76。

〔3〕 袁黄：《四书删正凡例》，《四书删正》卷首，叶 1b—2b。

庆二年戊辰（1568）以下诸科程文为例，[1]通过对比分析朱注与明代诸名公的程墨，作者明确赞同后者："程文具在，千古绝唱！"最后指出，"是编专主理意，间与朱注不合，而有碍于举业者，一字不敢擅更。其程文已刊、墨卷已出，而先辈诸名公有文通行，灼然可从者，间为删正一二，以便初学。非敢悖朱也，用以彰我朝文运之隆，而不拘拘于宋儒之一说也。"不过，作者紧接着就引述唐顺之的名言："学者当借传以明经，不可驱经以从传；当尊经而略传，不可信传而疑经。"并评论此说"卓哉"！[2]

在前述《四书删正凡例》第二条中，以批评《大学》首句朱注"三纲领"文字为例，袁黄表明自己不得不对全书的朱熹注解加以"删其繁冗，正其卑陋"。兹即以《大学》首句为例，观察其具体的"删"、"正"情形，表列如下（见表7）：

表7 袁黄《四书删正》删正《大学》"三纲领"朱注简表[3]

首句原文	朱熹《章句》	《四书删正》	《删正》上栏
大学之道，	程子曰："亲，当作新。"○大学者，大人之学也。		《章句》以大学为大人之学，人字赘。大者，□小之称。学有三大，谓体大、用大、究竟大也。不养小体而务明德，是谓体大。不了一己而务亲民，是谓用大。不限于小成小康而务止至善，是谓究竟大也。

〔1〕对于隆庆二年试题"由诲女知之乎"节，袁氏曾反复加以讨论，见袁黄：《游艺塾文规》卷1"国家令甲"、卷2"承题"、卷3"起讲"，页11、43、52—53；《游艺塾续文规》卷4"了凡袁先生论文"、卷11"承题"，页218、300。

〔2〕袁黄：《四书删正凡例》，《四书删正》卷首，叶2b—5a。此条所论，并参袁黄：《游艺塾文规》卷1"国家令甲"条，页10。

〔3〕袁黄：《四书删正》卷1《大学》，叶1a。

续表

首句原文	朱熹《章句》	《四书删正》	《删正》上栏
在明明德，	明，明之也。 明德者，人之所得乎天，而虚灵不昧，以具众理而应万事者也。但为气禀所拘，人欲所蔽，则有时而昏；然其本体之明，则有未尝息者。故学者当因其所发而遂明之，以复其初也。	明，明之也。 明德者， 虚灵不昧之德也。	“虚灵不昧”四字极好。这点灵觉，一些子瞒昧他不得，乃气禀所不能拘，人欲所不能蔽者，故曰明德。如浮云掩日，而日之明魄丝毫无损。 今曰“有时而昏”，是不信此德之常明矣。 又曰“因其所发而遂明之”，则未发之时，岂便无功可用耶？
在亲民，	新者，革其旧之谓也。言既自明其明德，又当推以及人，使之亦有以去其旧染之污也。	新者，革其旧也。	“民吾同胞”，吾视之真如自家儿子一般，方是“如保赤子”真景象，方不愧于“民之父母”。“亲”字是《大学》本旨，恐不便，作文姑依旧解。
在止于至善。	止者，必至于是而不迁之意。 至善，则事理当然之极也。言明明德、新民，皆当止于至善之地而不迁。盖必其有以尽夫天理之极，而无一毫人欲之私也。	止者，不迁之谓。 至善，则性体也。	不学而能者性也。学则乖自然之性，不学又无入道之门，故学以复性。然执学而不舍，永无入道之期，如人在外面行路，不能到家。然守路而不舍，永无入门之日。故既知学，须知止。止者，休息处也。至善属性，乃拟议即乖、趋向转悖者，一有欲止之心，便与至善不相应矣。故须（正）〔止〕然后可以见至善，亦须至善然后可以言止也。恐不便，作文姑仍旧注。然曰“必至于是”，则进也，非止也。故去上半句。
	此三者，大学之纲领也。	此大学之纲领也。	

从中可见，除了沿袭朱子的“纲领”提法外，在“三纲领”的每一条，乃至开篇的“大学”解题上，袁黄都与朱注分歧严重。[1]下栏的《四书删正》，是袁氏“删”和“正”之后的结果，而上栏则提供具体的“删正”理据以及相关的发挥。在解题部分，袁氏批评朱注以“大人之学”解释“大学”，“人”字纯属多余。这个看法，如前所述，是不少明儒的共识。“学有三大”说，则是作者对“三纲领”的发挥。在“明明德”部分，作者只接受了朱注以“虚灵不昧”释明德的说法，但质疑朱注不该又有“有时而昏”、“因其所发而遂明之”之说。在“新民”部分，作者完全拒绝改“亲”为“新”。在“止至善”部分，作者以性体解释至善，而性是“不学而能者”，故“止”字不应像朱注那样解为“必至于是”，因此删除之。尤其值得注意的是，在上栏的论说中，袁黄反复使用“恐不便，作文姑依旧解”、“恐不便，作文姑仍旧注”这类措辞。其中显示出来的态度，与本书前文所论焦竑之说如出一辙，也与朝廷讲官们在经筵内外的表现差异若合符契。

如同当时流行的举业读物常常所做的那样，《四书删正》不仅批驳朱注，偶尔也向王阳明的学说发难，同时援引诸子百家的各种“离经叛道”新奇之说。[2]在《大学》经文格物致知部分，作者将朱注“致，推极也。知，犹识也。推极吾之知识，欲其所知无不尽也。格，至也。物，犹事也。穷至事物之理，欲其极处无不到也”一段文字，大加删节为：“致，极也。格，至也。物，犹事也。”然

---

〔1〕艾尔曼将包括袁黄《四书删正》在内的晚明许多《四书》版本和时文选本，视为王阳明思想影响下“争夺经传正统的斗争”，见艾尔曼：《经典释传与明清经义》，《经学·科举·文化史：艾尔曼自选集》，北京：中华书局，2010，页194—227，尤其是页220—224。

〔2〕关于袁黄编纂的举业书与阳明学之关系，参张献忠：《阳明心学、佛学对明中后期科举考试的影响——以袁黄所纂举业用书为中心的考察》，《四川大学学报（哲学社会科学版）》2012年1期，页55—61。

后在上栏指出：

> 格物致知绰有精义，今皆不敢从。但以知为识，则认意见为真明，为害不浅，故去之。致字，即《孙子》“善战者致人而不致于人”之“致”。看得致字明白，不必言良而知自无不良矣。今不敢依孙解，而仍依朱解。去“推”存“极”，以推字太费力也。[1]

作者既攻击朱子解知为“识”、解致为“推极”，又指责王阳明加“良”字而成“致良知”，然后援引《孙子》之说以申“致”义。在反复批判朱注和论证己说之后，作者最后却又下一转语，称“不敢”坚持己说，仍从朱注。这种辗转反侧、欲拒还迎的论调，表达出作者对朱注官定权威的批判与否定态度，而且极尽讽刺之能事。作者对朱注最干净利落的否定，体现在朱熹所写的《格致补传》上：在经文“此谓知本，此谓知之至也”下，作者仅保留了朱子“右传之五章，释格物、致知，而今亡矣”一句，[2] 朱子补写的传文全部遭到删除，而上栏对此也没有任何解释。

从万历二十九年至三十二年间，[3] 袁黄接连编辑出版了《游艺塾文规》和《游艺塾续文规》两书，剖析过去 25 年间八科乡试、九科会试中值得评订的墨卷，同时收录了嘉靖、隆庆、万历三朝 36 位时文名家的论文精要。

《游艺塾文规》扉页大书“新刻袁了凡先 / 生游艺塾文规”，页眉题“举业定衡”，左侧为书坊识语：

---

〔1〕 袁黄：《四书删正》卷 1《大学》，叶 1b 上栏。

〔2〕 袁黄：《四书删正》卷 1《大学》，叶 3b。

〔3〕 时间的考订，参黄强：《校订前言——〈游艺塾文规〉正续编述略》，载《游艺塾文规正续编》卷首，页 1—4。

> 了凡先生旧有《谈文录》、《举业彀率》及《心鹄》等书，刊布海内，久为艺林所传诵。近杜门教子，复将新科墨卷，自破而承，而小讲、大讲，分类评订。如何而元，如何而魁，如何中式，一□了然。凡前所评过者，一字不载。买者须认叶仰山原板。

从“凡前所评过者，一字不载”这句广告语判断，在叶仰山此版之前，袁氏应当已有过类似的出版物，而结合全书卷末的牌记“万历壬寅（三十年）孟冬月双峰堂余文台梓”来看（见图31），此版可能是“叶仰山原板”的余氏双峰堂复刊本。由此可以略窥此书在短短两三年内，被反复出版、广泛流传的情形。同样的情形，也出现在《游艺塾续文规》上：目前仅有的三种存世本子，就并非同一版本。[1]

这种在科举考试之后迅速推出墨卷评论的举动，袁黄曾经反复为之。这些墨卷评论，在一科或数科结束后就立即推出，然后经过逐渐累积，陆续编定成册，情形有如连续剧。期间还偶尔掺以名家和自己的论文心得，最后整合成书。例如，识语提及的《心鹄》，在《文规》中也被反复谈到：

> 丁丑（万历五年）以前程墨，《心鹄》中已备论之。今自辛丑（廿九年）溯至庚辰（八年），录其佳者，与汝一阅。恨简帙散失，遗漏颇多，然记此亦足以窥墨义之藩篱矣。[2]
>
> 丁丑以前，具载《心鹄》诸书者，俱不论，论近科乡卷。

〔1〕参黄强：《校订前言——〈游艺塾文规〉正续编述略》，载《游艺塾文规正续编》卷首，页3。

〔2〕袁黄：《游艺塾文规》卷2“破题·智譬则巧也一节”，页34。

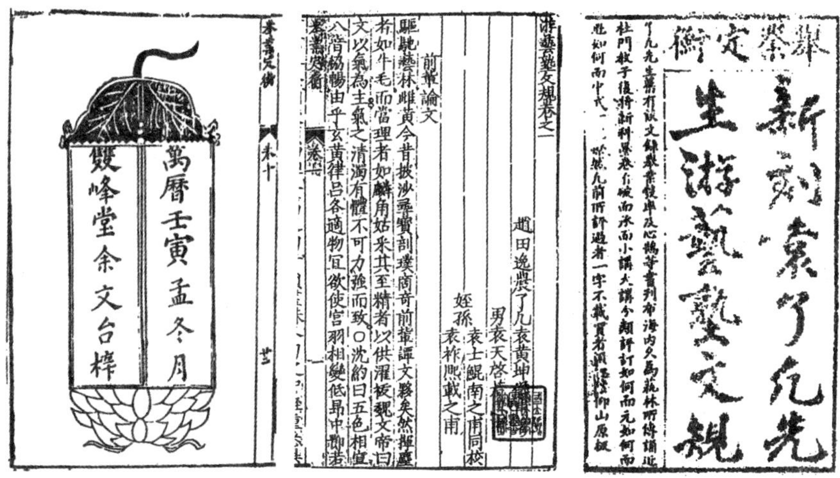
聚奎定衡
新刻袁了凡先生游藝塾文規
了凡先生業有談文錄、舉業彀率及心鵠等書，刊布海內，久爲藝林所傳誦。近杜門教子，復將新科墨卷分破而承、而小講、大講，分類評訂如何而元，如何而魁，如何而中式，一一燦然。凡前所評選者一字不載，買者須認[illegible]仰山原板

游藝塾文規卷之一
趙田逸農了凡袁黄坤儀
男袁天啓
姪孫袁士鯤南之甫　同校
袁祚熙載之甫
前輩論文
馳騁藝林，雖黄今昔，披沙尋寶，剖璞商奇，前輩譚文夥矣。然撮要者如牛毛，而當理者如麟角，姑采其至精者以供濯披。魏文帝曰：文以氣爲主，氣之清濁有體，不可力強而致。○沈約曰：五色相宣，八音協暢，由乎玄黄律吕，各適物宜，欲使宫羽相變，低昂中節若

萬曆壬寅孟冬月
雙峰堂余文台梓

图 31　袁黄《游艺塾文规》书影及卷末牌记[1]

汝辈今以乡卷为急，故备论之。[2]

由此可见，《心鹄》与《文规》、《续文规》，共同构成了前后相续的袁黄墨卷评订系列。[3] 以训子口吻"汝"、"汝辈"出之，颇能透露出拳拳"杜门教子"之意。"教子"情境有可能是真实的，但当它在这类公开出版的坊刻读物中展示时，毫无疑问就具有了商业噱头的性质。如果"教子"实有其事，则袁氏一家看来不仅善于家教，同时也擅长利用商业出版之道来推销家教；若"教子"为虚构，同样有助于

〔1〕 袁黄：《游艺塾文规》卷首、卷 1、卷末，《续修四库全书》第 1718 册影印清华大学图书馆藏明万历三十年刻本，页 1、3、153。

〔2〕 袁黄：《游艺塾文规》卷 8"正讲五"，页 116。

〔3〕《文规》扉页识语中同样提到的《谈文录》、《举业彀率》诸书，也是袁氏此前出版的几种举业读物。《谈文录》的内容可能与《续文规》中"了凡袁先生论文"有所重复；《续文规》曾明确指出《举业彀率》著于万历五年："备论炼格之法，传之四方，颇于时艺有益，至近日则又成文章一障矣。"袁黄：《游艺塾续文规》卷 4，页 217。

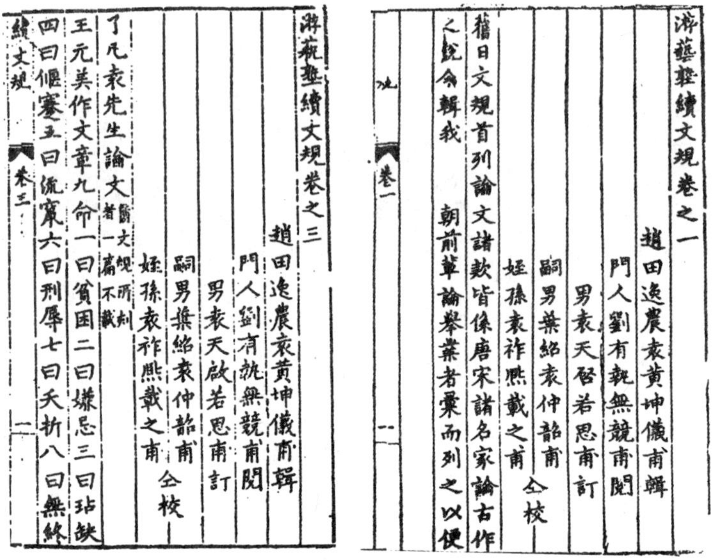
游藝塾續文規卷之一
趙田逸農袁黃坤儀甫輯
門人劉有執無競甫閲
男袁天啓若思甫訂
嗣男葉紹袁仲韶甫
姪孫袁祚熈載之甫　仝校
舊日文規首列論文諸欵皆係唐宋諸名家論古作
之語今輯我　朝前輩論舉業者彙而列之以便
文規　卷一　一

游藝塾續文規卷之三
趙田逸農袁黃坤儀甫輯
門人劉有執無競甫閲
男袁天啓若思甫訂
嗣男葉紹袁仲韶甫
姪孫袁祚熈載之甫　仝校
了凡袁先生論文 舊文規所刻者一篇不載
王元美作文章九命一曰貧困二曰嫌忌三曰玷缺
四曰偃蹇五曰流竄六曰刑辱七曰夭折八曰無終
續文規　卷三　一

图 32　袁黄《游艺塾续文规》书影[1]

说明，在当时的商业眼光中，名人家教具有值得期待的经济价值。著名的袁氏家教范本《庭帏杂录》，有助于想象前一种情形；而下文即将述及的《了凡袁先生四书训儿俗说》，很可能属于后一种情形。

不仅墨卷评论如此，袁氏自撰和选编的作文技法书籍，同样也有陆续累积和拼凑出版的情形。由武之望等人编刻于万历二十八年的《举业卮子》，在第四卷收录了袁黄《读书作文法十七条》等多篇文字，这些文字大都出现在《游艺塾续文规》第三至五卷的“了凡先生论文”中。[2]尽管后者明确宣称“旧《文规》所刻者一篇不载”（书影见图 32），但仅仅是《文规》中不载而已，却不妨在袁氏的其

[1] 袁黄：《游艺塾续文规》，《续修四库全书》第 1718 册影印北京图书馆藏明刻本，页 159、191。

[2] 酒井忠夫：《中国善书研究（增补版）》，页 305。

他书中反复刊载。

在《游艺塾文规》正续编中，批判朱子学说之处所在多有。充满讽刺的是，就在“国家令甲”这个条目下，袁氏借师友之口，公开宣称朱子《四书》注解“有可用及断不可用者，切须诠择”。他甚至认为，与本朝的八股大师们相比，朱注的立说过于平庸：“国初《大全》新颁，士皆遵用，故董中峰（董玘）所批成、弘间程墨，其立说皆远胜朱传。即唐〔顺之〕、薛〔应旂〕、瞿〔景淳〕三师之文，皆洞见本源，发挥透彻。此举业正宗也。”至于李春芳隆庆二年戊辰主试，出“由诲女知之乎”一节，“所作程文，全不依《注》，可称千古绝唱！”[1]如前所述，在“文有十忌”第三忌中，袁黄曾借王世贞之口，对朱注极尽嘲讽之能事。[2]在《续文规》中，袁氏也借王衡（1564—1607）之笔，用充满生活气息的措辞批评：“紫阳先生传注非必尽是，理欲知行，动辄分为两截。正如好座堂房，零星夹断，然未有抛家弃产，悦珠宫梵宇之丽而据以为己有者。我皇祖解经测天，初未尝纯用宋儒，而卒以取士。盖以为人有异学，则国有异政，与其逋放，无宁支离，故去彼取此。”[3]

在唯见于日本内阁文库藏本，而不载于别本《游艺塾续文规》“了凡袁先生论文”的一段冗长文字中，袁氏再次谈到其《四书删正》遭禁止的问题，自称“予著《删正》，孙东瀛（太监孙隆）欲进之朝，予力辞之，而议者纷纷，几不能自立”。看来，袁氏对此事耿耿于怀，故在此特别列举“《论语》前数条，与四方豪杰共订之”，一一对朱注详加批驳。兹举其中《论语》开篇第一条为例：

---

〔1〕 袁黄：《游艺塾文规》卷 1，页 10—11。

〔2〕 同上书，页 15。

〔3〕 袁黄：《游艺塾续文规》卷 6《缑山王先生论文》，页 243。

> 《论语》"学而时习之"，此是《论语》第一义。夫不学而能者，性也，学而非性矣，所谓反之者也。盖学则乖自然之体，不学又无入道之门，故夫子教人因学以复不学之性。学则须习，习则须时。所谓时习者，其紧要在复性，以不思不虑为工夫，以不识不知为究竟。习之久久，渐近自然，而性真呈露，故悦。今乃不复自己之本性，而欲效他人之所为，是何等学问？况本注三段：第一段言"明善复初"，第二段言"时复思绎"，皆重致知上；第三段言"学者将以行之"，曰"将"，则学时犹未行耳。此是朱子自家学问，原非孔门学术，反不如时文兼知行之为优矣。[1]

此段开头关于性体不学而能的论说，已见于前举袁黄《四书删正·大学》上栏用以批驳朱子《章句》的论述中。这当是承袭自乃师瞿景淳而来，在袁黄"手录"的"昆湖瞿先生论文"中有非常详细的授受记录。[2] 看来袁氏对此说推崇有加，因而在批驳朱子《大学章句》和《论语集注》两书的开篇注释时，都据以立论。

紧接"学而时习之"后，袁黄历举朱注多例，一一加以驳斥，谓朱子"背古注而升字作句，其谬甚矣"。最后，他甚至发出这样的惊世骇俗之论：

---

〔1〕 袁黄：《游艺塾续文规》卷3"了凡袁先生论文"，页456。此段仅见于日本内阁文库藏本。

〔2〕 袁黄《游艺塾续文规》卷1"昆湖瞿先生论文"云："予呈文字三篇，第一首是'学而时习之'全章，先生阅过，语予曰：'〔朱〕注言人性皆善，此句最有理。盖不学而能者，性也，学则非性矣。吾由学以复其不学之体，故须时习。时习者，时时涵泳此性灵也。悦则性灵渐显矣。朋来而乐，以此性灵而畅之同类也；不知不愠，以此性灵而试之逆境也。到得君子，则由学以造于不学，完全是天性用事矣，故曰成德。汝此作亦尽通畅，但未能一线到底，只是书意未明，理路未熟。"页181。

> 元晦（朱熹）十九岁登进士，五甲立朝，四十九年而归，归未几即没。故其所著述，皆在车马驰骤中匆忙辏集，何得遍考群书？固宜其无一不谬也。[1]

指责朱子著述皆是在车马旅途中匆忙拼凑而成，因而其说“无一不谬”，这实在是石破天惊的骇人之论！或许是由于此前袁黄因驳朱注而遭禁，故借此发为愤激之言。不过，袁黄不仅一如既往地炮轰朱注，还断然抨击那些迷恋朱注的时人：“今举世贸贸，承讹习舛。已既不能明，又禁他人使不得明，甘心为世儒护短，而忍使孔、孟之旨不白于天下，可惜也！”[2]

在出版《游艺塾文规》后，袁黄还选编《袁了凡先生汇选古今文苑举业精华四集》。该书扉页亦有书坊识语：“袁了凡先生迩来课儿，已选《举业定衡》，海内珍之。兹复选《举业精华》，以为后场之助。此最便科甲快捷方式，故并梓之。”书名中所谓“四集”，未知是否指第四集而言？若是，则很可能之前还有第一、二、三集。至于识语中的《举业定衡》，正是《游艺塾文规》。所谓“后场”，是指明代科举考试中除头场八股文之外，测试论、判、诏、诰、表和经史时务策的第二、三场考试。为此，袁黄还专门编纂出版过《增订二三场群书备考》。[3]

在袁黄去世后的万历三十五年（1607），福建建阳书坊三台馆余氏出版了由袁氏门人余应学提供的《新刻了凡袁先生四书训儿俗说》

---

〔1〕 袁黄：《游艺塾续文规》卷 3“了凡袁先生论文”，页 457—458。此段仅见于日本内阁文库藏本。

〔2〕 袁黄：《游艺塾续文规》卷 3“了凡袁先生论文”，页 457。此段仅见于日本内阁文库藏本。

〔3〕 袁黄：《袁了凡先生汇选古今文苑举业精华四集》，日本尊经阁文库藏明刻本；转引自酒井忠夫：《中国善书研究（增补版）》，页 305—306。

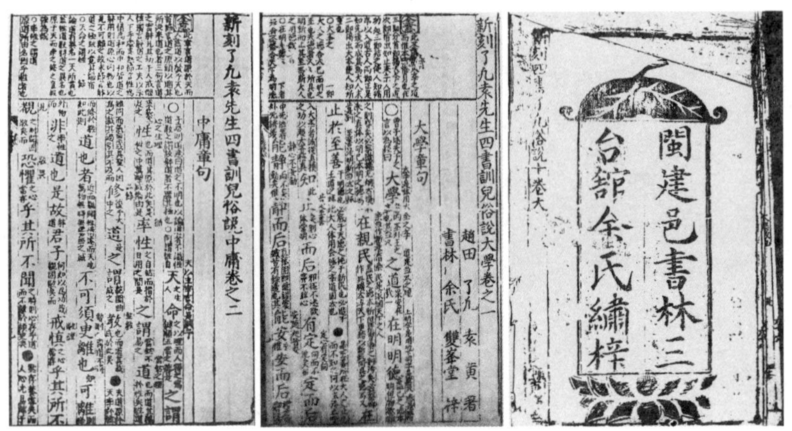

图 33 袁黄《四书训儿俗说》书影及卷末牌记[1]

十卷（见图 33）。余氏撰于该年仲夏的序言称，他在读到袁黄的“《五经》、《四书》诸说”后，与其弟应熏“治装负笈千里，贽见”袁氏，拜师问学。“居无何，以学使者临部，归应大比”。临别时，袁黄应邀出示《训儿俗说》，以便接引余氏未能前来从学的诸弟。余氏认为，该书“得孔、孟心精于千百载至善，开来学于无穷”，应当“家传户诵”，因此“梓以公之，亦令天下知真儒之格言，非一家之私训已也”。[2] 照此所述，余应学刊刻老师袁黄《训儿俗说》的举动，简直就是五十多年前 18 岁的袁黄在跟随唐顺之学习两月后，旋即将后者有关《四书》的“深奥”之说纂集成《荆川疑难题意》而付梓之举的翻版。

《训儿俗说》首卷《大学》题“赵田 了凡 袁黄 著 / 书林 余氏 双峰堂 梓”，卷二《中庸》则没有题名，全书卷末有牌记“书林

〔1〕 袁黄：《四书训儿俗说》，日本内阁文库藏明万历三十五年序刊本，卷 1、卷 2 首叶，及全书卷末牌记。

〔2〕 余应学：《叙袁先生四书训儿俗说》，载袁黄：《四书训儿俗说》，日本内阁文库藏明万历三十五年序刊本，卷首。

图 34 《新刻天下四民便览三台万用正宗》扉页图像及卷末牌记[1]

三台馆余氏绣梓”。余氏双峰堂、三台馆是明代非常著名的福建书坊。在万历年间非常活跃的三台山人余象斗，更是中国雕版印刷史、版画史和小说史研究者耳熟能详之人。他不仅编辑、刊刻了大量流行的通俗读物，至今尚存的仍有数十种之多，而且喜欢将自己的画像放在所编刻之书中（见图 34、图 35）。[2]

---

〔1〕 余象斗编：《新刻天下四民便览三台万用正宗》卷首扉页、卷 1 首叶、卷 43 末叶，中国社会科学院历史研究所文化室编：《明代通俗日用类书集刊》第 6 册影印明万历二十七年余氏双峰堂刻本，重庆：西南师范大学出版社；北京：东方出版社，2011，页 211、213、631。扉页小字题：“坊间诸书杂刻，然多沿袭旧套，采其一，去其十，弃其精，得其粗，四方士子惑之。本堂近锓是书，名为《万用正宗》者，分门定类，俱载全备，展卷阅之，诸用了然，更不待他求矣。卖者请认三台为记。”其中，“三台山人余仰止影图”反复见于余象斗编刻书籍中，如美国国会图书馆藏万历二十六年余氏编刻《三台馆仰止子考古详订遵韵海篇正宗》卷首，以及《新刊理气详辨纂要三台便览通书正宗》卷 11、《仰止子详考古今名家润色诗韵正宗》等书，王重民对此现象有评论云：“图绘仰止高坐三台馆中，文婢捧砚，婉童烹茶，凭几论文。榜云：‘一轮红日展依际，万里青云指顾间。’固一世之雄也。四百年来，余氏短书遍天下，家传而户诵，诚一草莽英雄。今观此图，仰止固以王者自居矣。”《中国善本书提要》，页 61。

〔2〕 关于建阳余氏的简史，以及余象斗生平和编刻书籍情形，参肖东发：《建阳（转下页）

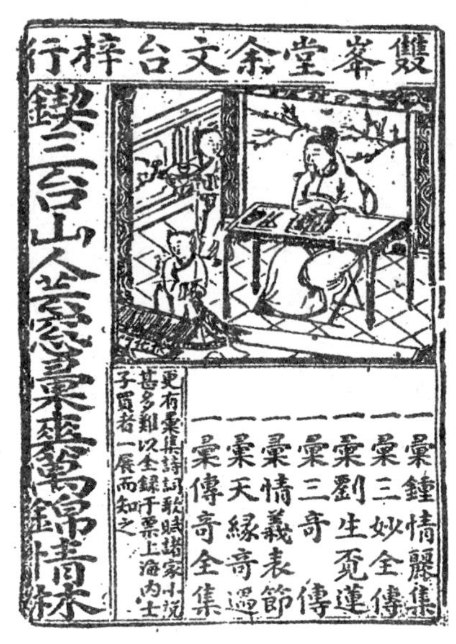

图 35 《新刻芸窗汇爽万锦情林》扉页图像及卷末牌记[1]

在版式方面，《训儿俗说》也分为上下两栏。下栏为《大学章句》，但仅录朱子《大学》经、传原文，完全不收朱子的《章句》注释文字。代替朱注的，是双行小字夹注和小字旁批。部分章节之末，有加方框的大字“参考”，或引述名家之说以资参证，或援据历史成例以作发挥。上栏主要为两类文字：一类是所谓“全意”，以加方框

（接上页）余氏刻书考略》（上、中、下），分别载《文献》1984 年 3 期，页 230—248；1984 年 4 期，页 195—221；1985 年 1 期，页 236—252；肖东发：《明代小说家、刻书家余象斗》，载《明清小说论丛》第 4 辑，春风文艺出版社，1986；郭孟良：《晚明商业出版》，北京：中国书籍出版社，2011，页 42—50；程国赋：《明代书坊与小说研究》，北京：中华书局，2008，页 361—364、431—433；另参张秀民著，韩琦增订：《(插图珍藏增订版）中国印刷史》上册，杭州：浙江古籍出版社，2007，页 371—373；杨绳信：《增订中国版刻综录》，页 115、179—180、285—287；沈津：《美国哈佛大学燕京图书馆中文善本书志》，页 909、911、923。

〔1〕 余象斗纂：《新刻芸窗汇爽万锦情林》卷首扉叶、卷 6 末叶，《明代通俗日用类书集刊》第 12 册影印明万历间余氏双峰堂刊本，页 417、582。

的大字标识，乃是针对一章的概说文字；占绝对多数的另一类文字，乃是针对某一或某几节、句文字的解说。

就《训儿俗说》中《大学》部分的解释来看，该书呈现出与袁黄其他诸书明显不同的特点。整体而言，下栏的双行小字夹注和小字旁批，内容几乎都完全遵循朱子的《章句》解释。换言之，这些夹注和旁批，很像是朱注的简明版。例如“三纲领”中的“明明德”，袁黄在《四书删正》中极力批判朱子的“为气禀所拘，人欲所蔽，则有时而昏”注释，是完全不通之说；而此书却在“明明德”旁批云：“上明字是用功，下明字是虚灵，德是德性。”夹注云：“盖己之德本明，但物欲蔽之则昏矣。必察识扩充，炯□复本来之真体，以明己本明之德焉。”又如“亲民”，《四书删正》坚持应据《大学古本》作“亲民”；而此书完全遵循朱子改“亲”为“新”，旁批云：“亲当作新，是去旧染；民是家国天下之人。”夹注云：“盖民之德本新，但积习染之，则污矣，必鼓舞作兴，旷并与天下更始，以新民同具之德焉。”[1]显而易见，这些旁批和夹注，均是演绎朱注而来，没有任何批判朱注之处。上栏的“全意”和节、句解释，也并无批驳朱子之说。同样，对于朱子最受诟病的传文第五章即《格致补传》部分，此书也照单全收，并随文加以疏释，而且在下栏的双行小字注和上栏的“全意”中，均明确指出是“朱子补格致之传”、“朱子补传格致”，[2]没有任何驳斥之论。就此而言，即使此书确系袁黄“训儿”之“俗说”，似乎也不应呈现此种面貌。因为如前所述，他在教育儿辈修习举业文字时，从未主张完全遵循朱注《四书》，反而明确提倡充分吸收《四书大全》及诸儒之说。

---

〔1〕 袁黄：《新刻了凡袁先生四书训儿俗说·大学》卷1，叶1a。

〔2〕 同上书，叶4b—5a。

因此，从义理立场看来，由“书林余氏双峰堂梓”、“书林三台馆余氏绣梓”，题为“赵田了凡袁黄著”的《新刻了凡袁先生四书训儿俗说》，其成书的缘由和作者的真实性，是否尽如余应学序言所述，非常值得存疑。可以与此相互印证的，是双峰堂余氏于万历三十八年刊刻了题为“赵田袁了凡先生编纂，潭阳余象斗刊行”的《鼎锲赵田了凡袁先生编纂古本历史大方鉴补》。其卷首有伪托的袁黄序，以及号称袁氏门人韩敬序：“书历三年后成，而老师（袁了凡）亦以是年绝笔，痛哉！闽建邑余君文台，慷慨豪侠，行义好施，夙与袁有通盟谊。其二三伯仲郎俱以文学名，而长君君及屡试辄冠，翩翩闽中祭酒，束装千里，来购是书，适师大归矣！”卷末有“万历庚戌仲冬月双峰堂余氏梓行”牌记。只可惜，这些煞有介事的文字，不过是凭空捏造的文字游戏而已。实则此书仅仅是万历二十八年刊刻的《新刻九我李太史编纂古本历史大方纲鉴》的易名翻版。然而，后者的真实性也大成问题。因为该书题为“吏部左侍郎李廷机编纂，内阁大学士申时行校正，闽建邑书林余象斗刊行”，卷末有“万历庚子孟冬双峰堂余文台梓行”牌记。从常识判断，大学士申时行是不可能去“校正”吏部侍郎李廷机“编纂”的大作的。[1] 可能的情形或许是：袁黄生前的确与建阳书林余氏有所谓“通盟谊”，至少有出版业务上的往来；在袁氏卒后，余氏继续打着“袁了凡”这张出版界的金字招牌，如此而已。

四 商业出版改变社会

晚明是中国雕版印刷史上的黄金时期，以坊刻为主的商业出版

---

〔1〕 肖东发：《书贾作伪与贼喊捉贼》，《光明日报》2000 年 3 月 2 日，第 18347 期 Z08 版；参酒井忠夫：《中国善书研究（增补版）》，页 306。

大繁荣，几乎臻于登峰造极的地步。对于这个突出的社会现象，许多身处其间的读书人本身就是积极的参与者，一部分人成为当之无愧的坊刻弄潮儿，写下了不少细碎的观察，更为后世保留了讲述这一现象的丰富的晚明书刻实物。不过，对这个时期商业出版繁荣盛况最脍炙人口的感性描述，无疑出自清初的几种不朽文学名著。孔尚任（1648—1718）在其名作《桃花扇》第二十九出中，曾经请出晚明南京三山街书商蔡益所，登台鼓吹：

> 堂名二酉，万卷牙签求售。何物充栋汗车牛，混了书香铜臭。贾儒商秀，怕遇着秦皇大搜。在下金陵三山街书客蔡益所的便是。天下书籍之富，无过俺金陵；这金陵书铺之多，无过俺三山街；这三山街书客之大，无过俺蔡益所。你看十三经、廿一史、九流三教、诸子百家、腐烂时文、新奇小说，上下充箱盈架，高低列肆连楼。不但兴南贩北，积古堆今，而且严批妙选，精刻善印。俺蔡益所既射了贸易诗书之利，又收了流传文字之功。凭他进士举人，见俺作揖拱手，好不体面。今乃乙酉（南明弘光元年，顺治二年，1645）乡试之年，大布恩纶，开科取士。准了礼部尚书钱谦益（1582—1664）的条陈，要亟正文体，以光新治。俺小店乃坊间首领，只得聘请几家名手，另选新篇。今日正在里边删改批评，待俺早些贴起封面来：风气随名手，文章中试官。[1]

〔1〕 孔尚任：《桃花扇》第二十九出《逮社》，王季思、苏寰中、杨德平合注，北京：人民文学出版社，2012，页 190。关于晚明南京三山街的商业出版，详参 Lucille Chia, "Of Three Mountains Street: The Commercial Publishers of Ming Nanjing," in *Printing and Book Culture in Late Imperial China*, ed. by Cynthia J. Brokaw and Kai-wing Chow, pp. 107–151。

稍后，蒋士铨（1725—1785）在其名作《临川梦》第二出中，让晚明商业出版中誉满天下的大名士陈继儒（1558—1639）粉墨登场，请他就如何通过炮制流行读物来赚取真金白银和名士头衔，亲切地自报家门、现身说法：

【净披巾素氅苍髯扮隐士上】
妆点山林大架子，附庸风雅小名家。
终南捷径无心走，处士虚声尽力夸。
獭祭诗书充著作，蝇营钟鼎润烟霞。
翩然一只云间鹤，飞去飞来宰相衙。

老夫陈继儒，字仲醇，别号眉公，江南华亭人也。少年颇工八股文字，做秀才时，与董思白（董其昌，1555—1636）、王辰玉（王衡，1561—1609）两人齐名学校。年未三十，焚弃儒冠，自称高隐。你道这是什么意思？并非薄卿相而厚渔樵，正欲藉渔樵而哄卿相。骗得他冠裳动色，怎知俺名利双收！又得董思白极力推尊，更托王太仓（王锡爵，1534—1610）多方延誉。以此费些银钱饭食，将江浙许多穷老名士养在家中，寻章摘句，别类分门，凑成各样新书，刻板出卖。吓得那一班鼠目寸光的时文朋友，拜倒辕门，盲目瞎赞，把我的名头传播四方。而此中黄金、白镪，不取自来！你道这样高人隐士做得过做不过？我又想道：单是士大夫敬重，弄钱毕竟有限。因而把饮食、衣服、器皿各件东西，设法改造新样，骗那市井小人，遂致财源滚滚。所以古有东坡之肉，今有眉公之糕；古有李斯狗枷，今有眉公马桶。

【笑介】竟弄得海外闻名，朝端推重，由他地方官、钦差官，荐举争来；自比康斋翁（吴与弼）、白沙翁（陈献章），征诏不动。而且记私仇，常时倾陷正人；借清议，暗里把持朝局。

【大笑介】自古至今一个穷工极巧的买卖，竟被我陈眉公做化了！即使天下后世有人看破行藏，又当不得我的书画实在精妙，他们也不忍一笔抹倒。何况我的香火子孙布满艺林，这一个隐逸之名，真个安如泰山、稳如盘石也。[1]

在此前后，吴敬梓（1701—1754）《儒林外史》也不甘示弱，借了蘧公孙的慧眼，打量坊间出版的最新动向：

〔蘧〕公孙觉得没趣。那日打从街上走过，见一个新书店里贴着一张整红纸的报帖，上写道："本坊敦请处州马纯上先生精选三科乡会墨程，凡有同门录及朱卷赐顾者，幸认嘉兴府大街文海楼书坊不误。"[2]

很快，马纯上先生精选的程墨就已在"几个簇新的书店"里"发卖"了。[3]这位马先生，既是书商蔡益所聘请的"名手"，也是陈继儒养在家中的"穷老名士"。

这些脍炙人口的文学作品塑造的人物形象和历史场景，反映了晚明商业出版繁荣的某些实况。在种类繁多的各类出版物中，如潮水般涌现的戏曲小说、日用类书、劝善金科、风水宝典、旅游指南、居家必用等等，迅速成为坊刻的大宗。在书籍的形态上，诸多特色纷纷呈现出：名家编选、巨公校订、山人评阅；手书上板、精工雕

---

〔1〕 蒋士铨：《临川梦》第二出，页161—162。蒋书中对陈氏的辛辣讽刺的本事，见钱谦益《列朝诗集》丁集"陈徵士继儒"条，《四库禁毁书丛刊》集部第96册影印顺治九年毛氏汲古阁刻本，页628-629；黄宗羲《思旧录》"陈继儒"条，《黄宗羲全集》第1册，杭州：浙江古籍出版社，2012，页343-344；朱彝尊《静志居诗话》卷20"陈继儒"条，北京：人民文学出版社，1998，页601。

〔2〕 吴敬梓：《儒林外史（汇校汇评本）》第十三回，李汉秋记校，上海：上海古籍出版社，1999，页171。

〔3〕 吴敬梓：《儒林外史（汇校汇评本）》第十四回，页189。

刻、绣像图绘、诸色套印；参与编纂、校阅、梓行的题名连篇累牍，书名越来越长，花样越翻越新，商业用语越来越多，更不用说各种改头换面、偷梁换柱、移花接木、拆分组合之作，大量充斥书籍市场。总之，旨在诱使购买者掏口袋的技巧层出不穷。

在繁荣的商业出版助推下，中晚明理学精英的思想主张，包括在《大学》文本问题上的种种分歧和竞争，迅速向既有制度和社会文化的各个领域渗透。不仅圣贤经传、科举读本、八股范文深受坊刻出版的青睐，就连皇家秘籍、家教宝典、父子人伦，也摇身变成出版业中克敌制胜的武器。前者如经筵、日讲、东宫讲章，这些与举业时文并无直接关系之作（它们最初预设的受众，是天底下最不需要参加科举之人），也被改头换面、拆分组合，化身举业读物，在出版市场上成为抢手货。家教宝典和父子伦理化作商业出版噱头的常用手法，体现在坊刻出版物往往明示或暗示：本书原本是教子的传家之宝、枕中秘籍，由于不忍私享其利，故而付梓刊刻，公诸众人，金针度人云云。无论如何，这些出现在扉页题识、序跋、牌记中的说辞，最终目标总是提醒潜在的受众掏腰包。多数时候，教子、训儿的主角常常是举业成功人士，如袁黄之例；也有主角就是书坊主人之例，如前文论及的穆文熙辑《战国策评苑》卷末书林郑以厚牌记。当然，即便是这种情况，坊主也没有忘记补上“敦请名士精校”之语。

正是在种种眩人耳目的商业手法助推下，冲击、稀释、修订、批判、反对作为官方正统文本的朱熹《大学章句》的纷纭众说，得以广泛出现在集中体现朝廷意识形态的经筵内外，出现在众多官学教官、书院山长的口说笔耕中，出现在最流行的科举读物和最畅销的八股范本内。在这个意义上，可以认为晚明政治和社会意识形态的纠葛和崩溃，不止体现在波澜诡谲的“国本”、“党争”这类宏大议题上，也清晰地体现在焦状元口授的讲义、袁了凡编选的时文、三台山人炮制的读本，以及三山街书铺发卖的万卷牙签上。

第八章 | 结　语

本书着重探讨了中晚明理学家的《大学》改本竞争及其对制度和社会的影响问题。上编主要从理学精英纷纷进行思想创新和学说竞争的角度，探讨中晚明《大学》改本的众声喧哗情形。下编则从思想与制度、思想与社会互动的角度入手，观察这些肇端于理学精英的新思想、新观念的《大学》改本，如何借助这个时期繁荣发达的商业出版，冲击既有制度规范和社会文化，发挥影响。最后，本章就书中涉及的一些突出现象，进行归纳和讨论。

一　经典的变动不居

明代初期确立的政治伦理和社会秩序的道德蓝图，矗立在朱熹《大学章句》提出的"修己治人"理念基石之上；同时确立起来的教育和科举制度，其意识形态基础也主要焊接在《大学章句》提出的"纲领"、"条目"这些钢筋之上。作为这套理念的直接预设对象，读书人被安置在这张意义网络上的关键位置，成为维系整套系统运作的中坚力量。

变动的经济和社会，要求变动的制度规范和思想观念。到 15 世纪末的明代中期，当经济和社会逐渐超出预期发展，当画地为牢的里甲体系渐渐松动，当日常生活方式在悄无声息地转变，相应的制度规范也在不知不觉地作出调适时，作为社会精英的读书人，也开始尝试走出既有的意义网络，寻求新的价值体系，编织新的人生意义。在这个时候，原先奠定并维系价值系统基础的经典文本，首当其冲地成为重新审查的对象，并在社会转型过程中成为反复被估价之物。因此，变动不居的经典文本，是由于有了变动不居的社会秩序、变动不居的生活方式和变动不居的价值观念，归根到底，是由于有了变动不居的人。

新的思想观念与新的经典文本互为因果、相互促进。新的价值追求对既有价值系统的挑战，首先来自于对其经典基础的重新审视。这种审视，又将带出新思想的合法性基础。对此，王阳明的著名新观念与《大学》文本的关系，值得被再次重温：

> 夫学贵得之心。求之于心而非也，虽其言之出于孔子，不敢以为是也，而况其未及孔子者乎！求之于心而是也，虽其言之出于庸常，不敢以为非也，而况其出于孔子乎！[1]

这个代表了中晚明思想新动向的惊人之论，正是王阳明在与罗钦顺围绕《大学》文本的辩论中明确提出来的。阳明是否真正相信“《大学古本》乃孔门相传旧本”并不重要，重要的是他以古本来彻底否定了作为官方正统的朱熹《大学章句》文本，并且基于古本确立起他“学贵得之心”的“致良知”宗旨。

王阳明并非这种思想新动向的独行侠。在他之前，作为明中叶《大学》文本改订的先行者，杨守陈已经重新设定了类似的价值诉求：“求其义之至善，而全其心之所安。”面对“叛儒先而紊圣经”的指责，他毫不迟疑地宣称：“纵未得乎义之至善，亦足全吾心之所

---

〔1〕 王守仁：《答罗整庵少宰书》，《王阳明全集（新编本）》卷2《传习录中》，页82。

安！”同时期致力于《大学》文本订正的周木，也明确声称程、朱改本并非定本，并同样公开强调：在追求“明道”的最高原则下，没有人可以自称完备以拒来者！

这些先行者奠定的思想基调，以及王阳明在此基调上获得的巨大成功，为中晚明理学精英提供了重要的方法论启示：透过改订《大学》文本，创立属于自己的理学新说，进而争取在士人群体中脱颖而出。由此，长达百余年轰轰烈烈的《大学》文本改订竞争运动开始上演。在这个过程中，理学精英们展示了各种折中调和、奇思妙想的制胜法门，制造了花样繁多的《大学》改本，并且为既有制度规范和社会文化的更新，作出了种种或隐或显的不懈努力。

二　新文本冲击旧制度

中晚明时期林林总总的《大学》“改”本，是相对于官方正统的朱熹《大学章句》文本而言的。从明朝初年开始，朱子本就已被确立为朝廷最重要的制度规范之一。因此，王阳明提倡恢复的《大学古本》，相较于制度化的朱子本来说，也是一种“改”本；本书中讨论过的各种折中调和的、奇思妙想的《大学》文本，也莫不当作如是观。

代表既有制度规范的朱熹《大学章句》文本，由于有教育体系和科举考试的保障，成为从皇帝经筵到乡村士子在内的所有读书人都必须阅读学习的基础文本，同时也是他们共享的基本价值理念的载体。因此，中晚明时期诞生的各种《大学》改本，除了可以作为理学家进行学说创新的经典基础，以及相互间展开学术竞争的依托之外，还被它们的作者寄寓了更大的期待：取代朱熹《大学章句》的正统地位，将自己的《大学》文本和思想观念，变成新的制度规范和社会文化的基础。

中晚明《大学》新文本冲击旧制度的响亮号角，是由本书第五章讨论的个案来吹响的。在这些案例中，勇于行动的实干家们先后上疏朝廷，公开要求修订乃至废除朱熹《大学章句》，重新确立官方标准文本。更加引人瞩目的是，这些行动者们建议的官方新标准，往往就是自己的《大学》改本。在此意义上，他们不仅是王阳明“学贵得之心”的观念的忠实继承者，而且也是这个新理念的切实行动者。

尽管废除朱熹《大学章句》、重新确立标准文本的努力，在朝廷层面并没有实现，有时甚至遭到明令禁止与公开惩戒。不过，《大学》新文本对既有制度造成的冲击仍然显而易见。最惹眼的风向标，就是那些地位尊崇的经筵、日讲或东宫讲官们。作为朝廷意识形态的仪式化展示者之一，他们在进讲活动中无一例外地严格遵循正统的朱子文本；但在此之外，部分讲官却另有自己的文本追求，甚至转而直接批判《大学章句》文本。曾经的东宫讲官、后来深得明穆宗信赖的高拱，无疑是这方面的上佳案例。另外一些讲官，比如湛若水，在进讲活动中遵循朱子文本，但在官学、书院、讲会等其他各种场合中，无不以提倡古本为能事。

观察《大学》新文本对旧制度的冲击，不宜仅仅停留在朝廷意识形态的层面。扩大视野就会看到，在从地方官学到国子监的教育体系中，在朝廷规定的标准读本中，在科举考试的答卷范例中，《大学》改本的冲击，事实上已经无所不在地寄身于“制度”之中了。尽管本书没有加以专门讨论，但实际上各种各样变化着的“制度”本身，就已经准备了修订制度的充足因素。例如，张世则、袁黄先后以明成祖敕修并颁布天下的《四书大全》收录诸儒而非仅朱熹之说这个制度，来否定日后那种在他们看来过度“执溺”于朱子《大学章句》的制度，从而为各自动摇朱子文本、尝试建立新制度寻求理据。又如，当王阳明最终在万历十二年从祀孔庙，成为朝廷认可的“真儒”时，就意味着其学说制度性地自动成为朝廷公开认可的正统学说，他提倡的《大学古本》，自然也成为被认可的文本，是天下士子进学和考试的标准。对此，事后公开反对阳明从祀的唐伯元，在奏疏中向朝廷提出的请求，清楚显示他敏感地嗅到了因阳明从祀而自动生成的“新标准”，对作为旧制度的朱熹学说和文本构成的冲击：

> 伏乞皇上敕下礼部：颁行祀典之日，布告天下学官，明示朝廷所以祀守仁之意，原自不妨于朱熹；其天下士子敢有因而轻毁朱熹，指为异端者，以违制论。凡有学守仁者，须学其功业、气节、文章之美，而不得学其言语轻易之失；又要知朝廷崇贤报功之典，非有悖于正学明道之心。学朱熹者，亦当各遵所闻，而不必复慕守仁为高致。庶几士之学道，各得其天资学力之所近，犹人之适国，不妨于千蹊万径之殊途。则大贤小贤，其旨并章，报功兴学，其事两得，所以成就圣明之举动，非小小也。[1]

本书着重探讨的是《大学》“改本”，因此书中的讨论不可避免地会倾向于那些站在“新”文本立场的理学精英，而相对忽略那些处于维护“旧”制度，也就是维护朱子“旧”文本和学说立场之士。维护朱子文本并非唐伯元的优先目标，否则他就不用上奏《古石经大学》了。作为观察那些持保守、守旧立场者的佳例之一，书中讨论的蔡献臣的考量值得留意。他质疑的是：“即袁黄起家进士，非以诵习（朱子）传注得之者乎？乃公然敢为室中之戈，任意删改，不惟欲与抗衡，且将凌驾之而据其上，何恣肆也！”由此，他也有理由担忧：“今坊间业已盛传，若不严加禁绝，势必淆乱王制，决裂圣真，其为人心世道之忧不浅。”

---

〔1〕 唐伯元：《从祀疏》，《醉经楼集》“奏疏附刻”，页183。

三　新文本与社会结合

在从各个层面冲击既有制度规范的同时，为数众多的中晚明《大学》新文本及其新思想，也与社会紧密地结合起来。

经筵、日讲、东宫讲章，一如既往地严格遵循标准化的朱子文本和解释，由讲章汇编而成的《四书直解》书籍，同样恪守着官方正统。不过，一旦当这些“直解”书流出宫廷高墙、流向社会海洋时，它们很快就被社会改造。在讲官和教官的孜孜笔耕中，在穷老名士的寻章摘句中，在刻工书贾的勤勉劳动中，这些宫廷宝典遭到拆分和重组，《大学》新文本和新解释陆续渗透其中。

更重要的是，在对待《大学》文本的态度上，士大夫精英摸索出越来越明晰的二元观念。正德年间，湛若水在大科书院中开始明确要求“诸生读《大学》，须读文公《章句》应试；至于切已用功，更须玩味《古本大学》”。到了嘉靖间，湛氏又在泗州官学的公开演讲中，强调朱子本只可“应试”，古本方能“求深切为己用力工夫”。万历年间，在题为焦竑所著的《焦氏四书讲义》中，明确针对朱子《章句》的“时文且依他说”、“且依他说”，随处可见。不久之后，袁黄在《四书删正》的凡例中，提出了更为详细的指责，以及更加明确的解决方案：“凡传与经相违者，则明著其失于简端，而正注仍依朱说。盖著其失者，所以阐孔、孟之真传；而依其说者，所以便明时之举业也。盖元晦（朱熹）当时只欲发明经旨，原不修饰文词；而士子孩而习之，头巾气味，学究家风，早已入其骨髓矣。然注又不可不读，故删其繁冗，正其卑陋，但用宋儒之意，而稍变其文，亦万不得已之苦心也！”其书中正文上栏，也反复使用“恐不便，作文姑依旧解”、“恐不便，作文姑仍旧注”这样的措辞。差不多同时，葛寅亮也采取了类似的策略：“《〔大学〕湖南讲》以课诸士，故从今本；另有《大学诂》，乃予所私撰，则以《古本》相参。”这些实例，清楚地反映出中晚明士人为了因应制度规范和自我主张之间的巨大落差，围绕《大学》改本问题探索出的二元观念：在应付举业方面，姑且遵循作为官方正统的朱子文本；在提升个人道德修养的切己用功方面，则需要抛弃朱子文本，按照新的《大学》文本行事。

四　雕版印刷作推手

既有研究一再表明，对于从明中叶嘉靖年间开始的晚明出版业大转折，完全可以用“革命”一词来形容。这种革命主要是指出版经济的繁荣，其次才是技术的飞跃。[1]

那些追求观念创新的理学精英们，那些希望在《大学》文本竞争中技高一筹之士，长袖善舞地参与和运用了这场出版革命。本书讨论的许多士人，诸如湛若水、林希元、管志道、焦竑、袁黄等等，无不是中晚明雕版印刷世界中忙忙碌碌的身影，甚至于其中一些人

---

〔1〕 关于明代出版史的近期研究，本书着重参考牟复礼、朱鸿林合著：《书法与古籍》第四、五章，毕斐译，杭州：中国美术学院出版社，2010，页143—210；大木康：《明末江南的出版文化》，周保雄译，上海：上海古籍出版社，2014，特别是第二、四两章，页30—66、85—98；井上进：《中国出版文化史》，李俄宪译，武汉：华中师范大学出版社，2015，页143—235；井上进：《明清学术变迁史：出版と传统学术の临界点》，东京：平凡社，2011，页12—190；Lucille Chia, *Printing for Profit : The Commercial Publishers of Jianyang, Fujian (11th-17th Centuries)*, Cambridge, MA : Published by Harvard University Asia Center for Harvard-Yenching Institute, 2002, pp.147–253 ; Kai-wing Chow（周启荣）, *Publishing, Culture, and Power in Early Modern China*, Stanford: Stanford University Press, 2004, pp. 57–240；周绍明（Joseph P. McDermott）：《书籍的社会史：中华帝国晚期的书籍与士人文化》，何朝晖译，北京：北京大学出版社，2009，页39—131；沈俊平：《举业津梁：明中叶以后坊刻制举用书的生产与流通》，台北：台湾学生书局，2009；梅尔清：《印刷的世界：书籍、出版文化和中华帝国晚期的社会》，《史林》2008年4期，页1—19；井上进《出版文化学术》对明代的情况进行了比较全面的综述，载森正夫、野口铁郎、滨岛敦俊、岸本美绪、佐竹靖彦编：《明清时代史的基本问题》，周绍泉、栾成显译，北京：商务印书馆，2013，页475—495。

的名头，已经成为那个时期坊刻系统最具商业价值的“品牌”了。即使是那些对于将自己的文字变成印刷物持审慎保留态度的理学精英，其生前身后的令名，也跟出版大繁荣有着密不可分的关系。以王阳明为例，尽管他反复向入室弟子们表示，刊刻其语录和文字著述并非急务，但他并非不谙此道：正德十三年七月，他接连刊行了《大学古本》、《朱子晚年定论》、《传习录》等系列作品，作为公开轰击朱子学说的排炮。在王阳明身后，其学说的流行、学派的维系和扩张，无不与其著述的广泛刊行有关。[1] 而且，与其本人有关的重大政治和学术变故，常常也会影响到他的著述的再次刊行。[2] 这是从士大夫精英受惠于出版繁荣的角度所见到的情形。

转换视角，从精英士人对当时出版业的批判中，同样可以感受到出版繁荣带来的别样氛围。比如，对于身边那些数量庞大、种类繁多，并且看来识见卑下、不堪污视的流行出版物，祝允明（1460—1526）就不胜其激愤，因而撰为《烧书论》，赞成秦始皇焚书。[3] 稍后的文学名家唐顺之，在致信齐名人物王慎中（1509—1559）时，也抱怨当时“达官贵人与中科第人，稍有名目在世间者，其死后则必有一

〔1〕 前引张艺曦：《明中晚期古本〈大学〉与〈传习录〉的流传及影响》。与此构成对比的是明前期书籍出版与学术思想的关系，参朱鸿林：《丘濬〈朱子学的〉与宋元明初朱子学的相关问题》、《〈朱子学的〉的流传与评价》，《朱鸿林明史研究系列·儒者思想与出处》，页177—226；井上进：《明清学术变迁史：出版と传统学术の临界点》第二章《明代前半期の出版と学术》，页56—89；马渊昌也：《明代前期における士大夫の思想——书物流通との关系についてのノート》，载伊原弘、小岛毅编：《知识人の诸相：中国宋代を基点として》，东京：勉诚出版，2001，页203—217。

〔2〕 如隆庆末年讨论阳明从祀孔庙议案前后，就促成后世最为流行的《王文成公全书》的结集刊行，详参朱鸿林：《〈王文成公全书〉刊行与王阳明从祀争议的意义》，《朱鸿林明史研究系列·孔庙从祀与乡约》，页125—150。迄今对王阳明著述刊行史最全面的研究，见永富青地：《王守仁著作の文献学的研究》，东京：汲古书院，2007。

〔3〕 载黄宗羲编：《明文海》卷88，北京：中华书局，1987年影印本，页28—29；相关讨论，参科大卫、刘志伟：《宗族与地方社会的国家认同——明清华南地区宗族发展的意识形态基础》，《历史研究》2000年第3期，页7。

部诗文刻集，如生而饭食，死而棺椁之不可缺”，尽管大多数诗文集“不久泯灭”，但不幸的是，“在者尚满屋也”。[1]

如同在许多领域里那样，明代政府从来没能在发展迅速的出版领域，建立起有效运作的监管和控制机制。[2]对此，从两个特殊的视角可以进行有效的观察：一是明代朝廷颁布禁书令的讽刺性效果，二是明清两朝禁书效果的对比。

简言之，明代朝廷颁布的禁书令当然不会完全无效，比如本书探讨过的林希元《大学经传定本》和张世则《大学初义》的失传，很可能就跟作者上奏之后遭到朝廷明令“封杀”有关。不过，明代朝廷颁布的禁书令，常常产生越禁越流行的讽刺现象。除了本书已经讨论过的袁黄《四书》读物外，明代中期的一个佳例是东莞人陈建（1497—1567）撰写的《皇明通纪》。[3]今人更加耳熟能详的经典案例，毫无疑问是晚明的李贽。从晚明到当代，在“李卓吾”这块招牌上已经被挂载了太多诉求。对同时代的正统卫道士而言，他是毫无悬念的围剿对象，最终他也因此丧命。此后，无论是对于清初的反思之儒，还是对于乾嘉时代的考据学家而言，“李卓吾”都是危险的存在。但从清末以来，李卓吾成了中国思想史上早产的、冲向“近代”的进步先锋，他的死，甚至被视为“近代思维的挫

〔1〕 唐顺之：《答王遵岩》，《唐顺之集·荆川先生文集》卷6，页276—277。相关讨论参余英时：《士商互动与儒学转向——明清社会史与思想史之表现》，《现代儒学论》，上海：上海人民出版社，1998，页58—127，尤其见页73—80。

〔2〕 井上进：《明清学术变迁史：出版と传统学术の临界点》第四章《明末の出版统制》，页110—145。

〔3〕 钱茂伟：《前言：陈建及其通纪》，载《皇明通纪》点校本卷首，北京：中华书局，2008，页10—28。傅吾康（Wolfgang Franke）初编，刘奋明（Liew-Herres Foon Ming）续编：《增订明代史籍汇考》（*Annotated Sources of Ming History: Including Southern Ming and Works on Neighbouring Lands, 1368-1661*），Kuala Lumpur: University of Malaya Press, 2011, pp. 98-106；谢国桢：《晚明史籍考》，上海：华东师范大学出版社，2011，页37—42。

折”。[1] 种种解读，各有胜擅。但无论如何，对于观察晚明时代的出版世界而言，有两点是非常确定的：第一，李卓吾本人就是那场空前繁荣的商业出版的弄潮儿，无论是阅读、写作还是出版，他生前介入整个出版行业的深度和广度，都是极其罕见的。在这个意义上完全可以说，没有晚明的出版大繁荣，就没有广为人知的“李卓吾”。第二，对于李卓吾之死，卫道士看到了胜利的曙光，批判者或许仍感意犹未尽，近代以来的表彰者无限惋惜——中国思想错失了奔向近代的绝佳机会。但从出版的角度来看，受晚明商业出版哺育成长起来的李卓吾，最终用他的鲜血反哺了商业出版市场：禁书和自杀，使得“李卓吾”成为明末出版业中最具商业价值的金字招牌，各种悬挂“李卓吾”宝号的改头换面和炮制伪造之作，充斥于明末的图书市场。“李卓吾牌”甚而至于超越了时空，在 20 世纪再次与出版业结缘，尽管这次复活主要不是由于商业的力量。

从明清两朝禁书效果的对比，同样可见明朝政府在出版领域的微弱影响力。在明朝政府的统治下，尽管也有隔三岔五的禁书情形，但几乎都没有产生重要的社会性影响；[2] 如果有，结果往往也与政府希冀的方向背道而驰。与此相比，清代的禁毁书籍政策，不仅造成声势浩大的即时性、灾难性政治效果，而且像涟漪般产生无远弗届的、然而又难以察觉的社会文化效应。这种效应就像毛细血管那样遍布每个社会角落，甚至从外在有形的世界，逐渐渗透进读书人的内心世界，从心理层面催生出严厉的自我审查机制。[3]

---

〔1〕 岛田虔次：《中国近代思维的挫折》，甘万萍译，南京：江苏人民出版社，2005；小岛毅：《宋明思想史研究之新视点》，《古今论衡》（创刊号），1998.10，页 44—52。

〔2〕 明太祖朱元璋下令删改《孟子节文》就是明显的例子，详参容肇祖：《明太祖的〈孟子节文〉》，《容肇祖集》，济南：齐鲁书社，1989，页 170—183；张佳佳：《〈孟子节文〉事件本末考辨》，《中国文化研究》2006 年 3 期，页 84—93。

〔3〕 王汎森：《权力的毛细管作用——清代文献中“自我压抑”的现象》，载《权力的毛细管作用：清代的思想、学术与心态（修订版）》，北京：北京大学出版社，2015，页 345—442。

正是在雕版印刷这个政府政令难以奏效的领域，由中晚明理学精英创造出来的《大学》新文本，找到了充分发挥的空间。在出版尤其是商业出版的推动下，新的《大学》文本和观念，通过文字的力量，借助出版的网络，一点一滴地、实实在在地入侵既有的制度规范，渗透正统的《大学》文本。在主要由读书人和书坊主共同组成的商业出版行当中，正统性的《大学》文本反复被肢解、拆分、重组，而各式各样《大学》改本也在这个过程中加入进来。就这样，制度化和正统性的朱熹《大学章句》，被稀释在数量庞大、名目繁杂的书籍世界之中，与中晚明众多《大学》改本共处。

五 玄思冥想作证据

中晚明理学精英纷纷投身于《大学》文本改订，制造出数量繁多的《大学》改本，并以改本为据，冲击既有制度规范和社会文化。本节着重检讨那些致力于《大学》改本的理学精英，在进行文本改订工作最关键的环节，即提供改动文本的理据问题上，集中反映出来的突出现象。

正如本书中已经详细讨论过的，中晚明理学精英提出各自《大学》改本的理据花样繁多：王阳明提倡《大学古本》的公开理由，是尊重儒家经典《礼记》中的《大学》原貌；[1] 此外，当时有着深山所藏首次雕版印刷本、海外引进本、伪造石经本、先秦古文字本

〔1〕 按：阳明的这个主张可能受益于对某些历史的截取，也受惠于明代的社会现实。前者主要是指，至迟从唐朝初年敕修《五经正义》起，《礼记》地位得到大幅提升并逐渐确立，正式成为儒家“五经”之一，而且完全排斥了《仪礼》和《周礼》。此后情形虽有反复，但“三礼”地位的这个整体变动趋势非常明显。然而，《礼记》在汉代仅仅只是“礼经”之“记”，地位远远不能与作为“经”的《仪礼》和《周礼》相比。后者是指明代科举考试中，《五经》实行专经制度，其中的《礼经》就是《礼记》，而非《仪礼》或《周礼》；《五经大全》中也只有《礼记大全》。

等几种看似有据实则充满奇思妙想的文本；其余绝大部分改本，尽管实际上是在阳明古本和朱熹文本之间的调和与折中，但也各有其改订的理由。值得注意的是，在所有这些改本理据中反复出现的一种，竟然是作者的个人感悟、瞬间体验、内心体悟之类，在此姑且统称之为“玄思冥想”。

正德末年，当《大学》改本“战争”发动之初，湛若水在向门人推荐自撰《古本大学测》时，表示“自程子没后，此书不明数百年矣”，而自己能够有此伟大发现，关键在于“忽一日疑”、“赖天之灵，一旦豁然有冥会”，冥冥之中“若有神明通之者”。而且在他看来，这种体验不是人人都能有的，即使是门下学生，他也明确告诉对方：“吾子不易见此也。”

嘉靖年间，魏校开创了从古文字到古文本这种《大学》改本新思路，其中最为关键的问题，是如何恢复先秦古文字。然而，那些日后令乾嘉四库馆臣深感“奇形诡状”“至不可识”的文字，魏校却坚信是能得圣人心法的真正古文。至于所谓的圣人心法，实际上是作者的“吾意”和“我心”：“后忽见古文，乃与吾意暗合。又有旧时思量未到，忽见古文，豁然开我心。”因此，这些文字的来源和根据，自然只能是作者魏校“触处自然发出来”、“非吾强说，吾但识得，与他发挥，或因而附己意耳”。也因此之故，他要反复强调，读者必须与他这个作者保持步调一致：“须会之以神，毋泥其形，乃得天然之真。”

万历初，万恭坚信自己从深山中发掘出来的首次雕版印刷本《大学》，能够从根本上解决自程、朱以来困扰无数学者的文本难题。然而，对于最为关键的证据认定问题，亦即如何判定该本就是后唐明宗长兴二年“始出镂板之技”时刻颁天下的本子，万恭完全不加说明。他似乎觉得那是不言而喻的，并且自信满满地以此本为据，试图彻底摧毁权威的程、朱文本。他甚至觉得，程、朱在天之灵，也必将首肯他的做法。

当万恭忙于发挥深山古刻本《大学》的价值时，山林学者来知德（1525—1604）经过多年反复琢磨后，终于在万历十三年“恍然有悟”于《大学》文本问题了：

> 秦、汉、唐已来，圣人之道浑如长夜。至宋，河南程氏取而表章之，朱子乃为之注，可谓有功于圣门矣。但以明德为“虚灵不昧”，以格物为“穷至事物之理”，不免失之支离。至我明阳明王氏，崛起浙中，以此书原未错简，朱、程格物，不免求之于外，可谓有功于朱、程矣。但仍以明德为“虚灵不昧”，而教人先于悟良知，则又不免失之茫昧。支离、茫昧，虽分内外，然于作圣功夫、入手之差者，则均也。德以未仕，山林中潜心反复二十余年，一旦恍然有悟，惧天下之学者日流而为禅也，乃书于《大学古本》之后。极知愚劣，不足为程、朱、王三公之直友，但学者能以身心体认之，则于国家一道德以同风俗之教化，未必无小补云。〔1〕

差不多同时“恍然有悟”的，还有多年来同样受困于《大学》文本问题的许孚远：“谪居山庐，旋罹先君子大故。兀坐沉思，恍然觉悟知此心不可着于一物，澄然无物，性体始露。乃知圣门‘格物’之训，真为深切而著明。”稍后，起复任官福建的他，“得温陵苏子（苏濬）所遗格物之解，若合符契。然后益信人心之所同然，爰取笥中旧著《大学述》一编，复加删改，就正有道，以期共为折中阐明

〔1〕 来知德：《大学古本序》，载《大学古本》卷首，北京：中国国家图书馆藏清刻本，叶1—3。序末署“万历乙酉（十三年）十月望日”。此序亦节录于朱彝尊：《经义考》卷160，页2927—2928。

圣学于天下后世。其知我罪我，所不敢辞避也。”[1] 稍后，葛寅亮在佛教经典的帮助下，也达到了“恍然”境界：“(《大学》) 解义多家，予遍阅，辄惛惛不辨。更博求之内典，返质之本文，伏读沉思，经时积岁，每若恍然有见。”这种状态给了他充分自信，他自认为在此状态下改订成的《大学》文本“方称完美”，因此放心大胆地“敢以质之大方”。

同样从万历初开始沉潜于各种《大学》文本，反复斟酌三十余年的管志道，于万历三十三四年间因受伤而行动不便，“困衡且两年，思之思之，真若有鬼神通之者，不啻炙孔氏祖孙于一堂而亲受其提命也”；“弥年恐惧修省，心忽忽动，而冥征适有触焉，乃敢检出就正有道”。在古本、朱子本、石经本之间辗转、摇摆了多年后，他终于认定后者最为可靠，但同时又觉得石经本《格致章》也有错简、阙文，因此也需要加以改订。然而，他判定石经本《格致章》有错简、阙文并进而加以改订的理据，竟然仅仅只是所谓的“以意逆志”、“不过以意逆子思之志”之论！[2]

面对中晚明这些以玄思冥想作证据的普遍现象，必须力求避免现代偏见作祟，努力尝试超越乾嘉时代和现代史学对于“客观”的崇拜。[3] 毋庸置疑的是，对中晚明士人来说，玄思冥想作为一种知识、思想论证方式，拥有重要的论据力量。它不一定客观，但从当

---

〔1〕 许孚远：《大学述自序》，载朱彝尊：《经义考》卷 160，页 2926。序末署“万历癸巳（廿一年）夏五月”。关于许氏与《大学》文本的讨论，详见刘勇：《中晚明士人的讲学活动与学派建构——以李材（1529—1607）为中心的研究》，页 181—194。

〔2〕 拙作《中晚明士人的讲学活动与学派建构——以李材（1529—1607）为中心的研究》已经讨论过的李材、刘元卿、涂宗濬、高攀龙等人在《大学》文本问题上形诸梦寐的情形，以及刘宗周“善学者得其意可也”的说辞，均可连类视之，兹不赘述。

〔3〕 岛田虔次反复强调“讨论明学必须要以明学的原理来加以衡量”，不能“以清学的标准来衡量”，见岛田虔次：《阳明学中人的概念与自我意识的展开及其意义》，《中国思想史研究》，邓红译，上海：上海古籍出版社，2009，页 70。

时大量第一流理学精英纷纷采取这种论证方式来看，无疑是受到时人的认可的。推究起来，这种现象应与宋明理学强调为学“体认”，特别是内心体认的主张有关。理学甚至为此发展出非常具体的功夫论述，比如通过“静坐”达到悟道体验。[1] 在中晚明时期，对同样显得十分神秘的个人悟道体验，理学精英往往津津乐道，而且相应的讲述个人悟道体验的叙事也比比皆是。[2]

处在这些作为证据的玄思冥想背后的，当然是“思”和“想”的主体，也就是那个如此思考、如此认为、如此主张之人。在此意义上，这正是王阳明倡举“学贵得之心”的翻版，同样也是杨守陈“全吾心之所安”、王恕“以心考经”主张的见诸实践。所谓的“心”，当然是作为具体个人的我之心。极端张扬的个体自主性，在此受到强烈肯定。玄思冥想背后，是高度张扬自我的个体，是强调个人主体性的整体趋势，是强调体验、开悟的学问方式，是强调自我、自得的时代学风。[3]

事实上，这种玄思冥想的证据力量，在《大学》改本问题缔造者朱熹那里，早已被运用得淋漓尽致。朱子在《大学章句》改本中最为冒险的举动，莫过于补撰《格致传》了。诸如错简、阙文这类理据，仅仅只能说明解释格物致知的“传之五章”“而今亡矣”，至于“亡”的究竟是什么文字，却只能乞灵于朱子的玄思冥想了。朱子《大学章句》中所谓“窃取程子之意以补之”云云，《四书或问》、《朱子语类》中的种种说辞，都不能成为充足的“证据”，如果玄思冥想不被视为

〔1〕 杨儒宾：《理学家的静坐治病、试炼与禅病》，载吕妙芬主编：《第四届国际汉学会议论文集·近世中国的儒学与书籍：家庭、宗教、物质的网络》，台北：“中央研究院”，2013，页 9—46。

〔2〕 陈来：《心学传统中的神秘主义问题》，《有无之境：王阳明哲学的精神》，页 359—384。

〔3〕 关于阳明学推动自我意识的发展，详参岛田虔次：《阳明学中人的概念与自我意识的展开及其意义》，《中国思想史研究》，页 69—113。

证据的话。然而，朱子的这个做法，在宋末、元代及明初并未被唤醒；它的苏醒，有赖于变化了的社会情状和时代需求的召唤。

六　无所不在的“转型”

一种深具整体历史感的社会变迁和转型，既体现在社会经济、政治制度、思想观念的宏大变动中，也体现在基层社会的里甲体系、编户齐民的赋役负担中；既体现在日常生活的细枝末节中，也体现在老百姓的口袋中，体现在是去抬轿子还是缴银子的应役方式变化中。当然，它既隐藏在精英头脑的思想观念和玄思冥想中，也体现在经典文本和解释的任何细微变动中，体现在《大学》的一个字、一个词、一个句子，一节、一章，乃至通篇结构的大大小小变动中，同样体现在读书人对这些大小变动的争吵不休之中。除此之外，转型当然还体现在受其教化、身为朝廷命官者，竟然公开上疏要求修改既有制度化《大学》文本的大胆举动中，也体现在讲官们在经筵内外对待《大学》文本的“两张面孔”中，同样体现在各级教官们在讲坛上的口沫横飞、深夜灯下的笔耕不辍之中，还体现在书坊主人的拼拼凑凑、穷老名士和山人食客的寻章摘句之中，以及不计其数的士子对于科举功名的渴望之中。甚至于，那些不知名的隐形人——写手、刻工们，也不自觉地在这场社会转型中孜孜不倦、勤劳奉献。

要言之，变动不居的经典文本，是因为有变动不居的经济社会、变动不居的日常生活、变动不居的思想观念、变动不居的各色人等。借助于直接观察那个时代留下的文本，哪怕是篇幅最小的经典的最细微的变化，如果能够增进认识人与人之间、人与制度之间、人与社会之间、人与观念之间的复杂互动，从而有助于增进认识与思考我们自己的时代和生活，增进历史与现实之间的对话，我们的目的，便庶几达到了。

参考书目

一　传统文献

《古今图书集成·理学汇编·经籍典》，成都：巴蜀书社，1986

《明世宗实录》，台北："中研院"历史语言研究所，1984 年缩印再版

《明武宗实录》，台北："中研院"历史语言研究所，1984 年缩印再版

《明神宗实录》，台北："中研院"历史语言研究所，1984 年缩印再版

《辑校万历起居注》，南炳文、吴彦玲，天津：天津古籍出版社，2010

于慎行：《谷城山馆文集》，《四库全书存目丛书》集部第 147 册影印明万历于纬刻本

于慎行：《谷城山馆诗集》，影印《文渊阁四库全书》第 1291 册

万恭：《洞阳子再续集》，台北：汉学研究中心影印日本尊经阁文库藏明万历刊本

万斯同：《明史》，上海：上海古籍出版社，2008 年影印北京图书馆藏清抄本

王廷相：《王廷相集》，王孝鱼点校，北京：中华书局，1989

王守仁：《王阳明全集（新编本）》，吴光、钱明、董平、姚延福编校，杭州：浙江古籍出版社，2010

王守仁：《阳明先生则言》，《续修四库全书》第 937 册影印明嘉靖十六年薛侃刻本

王阳明：《大学古本问》，《续修四库全书》第159册影印明万历刻《百陵学山》本

王圻：《续文献通考》，《续修四库全书》第765册影印明万历三十年松江府刻本

王时槐：《王时槐集》，钱明、程海霞编校，上海：上海古籍出版社，2015

王应电：《同文备考》，《四库全书存目丛书》经部第189册影印明嘉靖间刻本

王应电：《周礼翼传》，影印《文渊阁四库全书》第96册

王昶：《（嘉庆）直隶太仓州志》，“中国方志库”收录清嘉庆刻本

王昶：《金石萃编》，《续修四库全书》第886册影印清嘉庆十年刻同治钱宝传等补修本

王恕：《石渠意见》，《四库全书存目丛书》经部第147册影印明正德刻本

王道：《顺渠先生文录》，东京：育德财团，1932年影印明嘉靖刻本

王弼注、孔颖达疏：《周易正义》，北京：北京大学出版社，1999

王锡爵：《王文肃公文集》，《四库禁毁书丛刊》集部第7册影印明万历王时敏刻本

王畿：《王畿集》，吴震编校整理，南京：凤凰出版社，2007

王樵：《绍闻编》，《续修四库全书》第940册影印明万历廿四年贺知忍刻本

王应奎：《柳南随笔》，王彬、严英俊点校，北京：中华书局，1997

王鏊：《震泽先生别集》，楼志伟、韩锡铎点校，北京：中华书局，2014

五格、黄湘纂修：《（乾隆）江都县志》，清乾隆八年刊光绪七年重刊本

毛奇龄：《四书改错》，胡春丽点校，上海：华东师范大学出版社，2015

方孝孺：《逊志斋集》，徐光大校点，宁波：宁波出版社，2000

方献夫：《西樵遗稿》，《四库全书存目丛书》集部第59册影印清康熙三十五年方林鹤刻本

孔尚任：《桃花扇》，王季思、苏寰中、杨德平合注，北京：人民文学出版社，2012

邓元锡：《皇明书》，《续修四库全书》第 316 册影印明万历三十四年刻本
归有光：《震川先生集》，上海：上海古籍出版社，2007
叶向高：《苍霞续草》，《四库禁毁书丛刊》集部第 125 册影印明万历刻本
申时行：《书经讲义会编》，《四库全书存目丛书》经部第 50 册影印明万历二十五年徐铨刻本
冯桂芬：《(同治) 苏州府志》，清光绪九年刊本
过庭训：《本朝分省人物考》，《续修四库全书》第 534 册影印明天启刻本
吕留良：《天盖楼四书语录》，《四库禁毁书丛刊》经部第 1 册影印清康熙金陵玉堂刻本
朱大韶：《皇明名臣墓铭》，《明代传记丛刊》第 22 册影印明刊本
朱光熙修，庞景忠纂：《(崇祯) 南海县志》，《广东历代方志集成》本，广州：岭南美术出版社，2009
朱国祯：《朱国祯诗文集》，何立民点校，杭州：浙江古籍出版社，2015
朱熹：《朱子全书》，朱杰人等编，上海：上海古籍出版社；合肥：安徽教育出版社，2002
朱熹著，魏校批点：《四书章句集注》，《中华再造善本・金元编・经部》影印元代刻本
朱彝尊：《经义考新校》，林庆彰、杨晋龙、冯晓庭主编，上海：上海古籍出版社，2010
朱彝尊：《静志居诗话》，北京：人民文学出版社，1998
刘元卿：《大学新编》，《四库全书存目丛书》经部第 157 册影印咸丰二年南溪刘氏家塾重刊本
刘若愚：《明宫史》，影印《文渊阁四库全书》第 651 册
刘若愚：《酌中志》，北京：北京古籍出版社，2001
刘宗周：《刘宗周全集》，戴琏璋、吴光主编，台北："中央研究院"中国文哲研究所筹备处，1997
刘斯原辑：《大学古今本通考》，《四库全书存目丛书补编》第 92 册影印明万

历刻本

祁承爜：《澹生堂藏书目》，《丛书集成续编》第 3 册影印《绍兴先哲遗书》本，台北：新文丰出版公司，1989；《续修四库全书》第 919 册影印宋氏漫堂抄本

许孚远：《敬和堂集》，《四库全书存目丛书》集部第 136 册影印明万历二十二年序刊本

孙奇逢：《理学宗传》，《续修四库全书》第 514 册影印清康熙六年张沐程启朱刻本

孙承泽：《学典》，《四库全书存目丛书》史部第 271 册影印清钞本

纪昀：《纪晓岚文集》，孙致中等校点，石家庄：河北教育出版社，1991

纪昀等纂：《钦定四库全书总目》，四库全书研究所整理，北京：中华书局，1997

李乐：《见闻杂记》，《四库全书存目丛书》子部第 242 册影印明万历刻本

李光缙：《景璧集》，曾祥波点校，福州：福建人民出版社，2012

李廷机：《四书大注参考》，日本尊经阁文库藏明刊本

李廷机：《四书文林贯旨》，日本内阁文库藏明万历二十八年刊本

李材：《见罗李先生观我堂稿》，《剑邑文库》第 13 册影印明万历刻本

李材：《正学堂稿》，台北“国家图书馆”藏明万历二十九年爰成堂刻本

李诩：《戒庵老人漫笔》，魏连科点校，北京：中华书局，1997

李清馥：《闽中理学渊源考》，影印《文渊阁四库全书》第 460 册

杨守陈：《杨文懿公文集》，《四库未收书辑刊》第 5 辑第 17 册影印明弘治刻本

杨时乔：《四书古今四体文全书集注》，上海图书馆藏明刻本

杨时乔：《周易古今文全书》，《四库全书存目丛书》经部第 8 册影印明万历刻本

杨时乔：《新刻杨端洁公文集》，《四库全书存目丛书》集部第 139 册影印明天启杨闻中刻本

杨起元：《太史杨复所先生证学编》，《续修四库全书》第1129册影印明万历四十五年畲永宁刻本

吾衍：《学古编》，载明周履靖辑《夷门广牍》，上海：商务印书馆，1940年影印明万历二十五年刻本

来知德：《大学古本》，北京：中国国家图书馆藏清刻本

吴亮辑：《万历疏钞》，《续修四库全书》第468册影印明万历三十七年递刻本

吴敬梓：《儒林外史（汇校汇评本）》，李汉秋辑校，上海：上海古籍出版社，1999

吴瑞登：《两朝宪章录》，《四库全书存目丛书》史部第16册影印明万历刻本

何乔新：《椒邱文集》，影印《文渊阁四库全书》第1249册

何维柏：《天山草堂存稿》，《四库全书存目丛书》集部第103册影印清沙滘何氏钞本

何瑭：《何瑭集》，王永宽校点，郑州：中州古籍出版社，1999

余士、吴钺绘：《徐显卿宦迹图册》，杨新主编：《故宫博物院藏文物珍品大系·明清肖像画》，上海科学技术出版社，2008

余象斗编：《新刻天下四民便览三台万用正宗》，中国社会科学院历史研究所文化室编：《明代通俗日用类书集刊》第6册影印明万历二十七年余氏双峰堂刻本，重庆：西南师范大学出版社；北京：东方出版社，2011

余象斗纂：《新刻芸窗汇爽万锦情林》，《明代通俗日用类书集刊》第12册影印明万历间余氏双峰堂刊本

邹元标：《邹公存真集》，《四库禁毁书丛刊补编》第76册影印清乾隆十二年特恩堂刻本

汪必东：《南隽集文类》，台北：汉学研究中心影印日本内阁文库藏明嘉靖三十年序刊本

沈一贯：《庄子通》，《续修四库全书》第956册影印明万历廿四年八闽书林郑氏光裕堂刻本

沈守正：《四书说丛》，《四库全书存目丛书》经部第163册影印明万历

四十三年刻本
沈守正：《重订四书说丛》，《续修四库全书》第 163 册影印明刻本
沈佳：《明儒言行录》，影印《文渊阁四库全书》第 458 册
沈德符：《万历野获编》，北京：中华书局，1997
张世则：《张淮斋遗集》，青岛博物馆藏明万历中刻本
张世则：《貂珰史鉴》，《四库全书存目丛书》史部第 98 册影印明万历刻本
张弘道：《皇明三元考》，《四库全书存目丛书》史部第 271 册影印明刻本
张邦奇：《纡玉楼集》，《续修四库全书》第 1336 册影印明刻本
张邦奇：《张文定公养心亭集》，《续修四库全书》第 1337 册影印明刻本
张邦奇：《张文定公觐光楼集》，《续修四库全书》第 1336 册影印明刻本
张邦奇：《张文定公靡悔轩集》，《续修四库全书》第 1336 册影印明刻本
张邦奇：《环碧堂集》，《续修四库全书》第 1337 册影印明刻本
张廷玉等：《明史》，北京：中华书局，1974
张居正：《张太岳先生文集》，《续修四库全书》第 1346 册影印明万历四十年唐国达刻本
张居正：《张居正讲评资治通鉴》，陈生玺整理，上海：上海古籍出版社，2011
张居正等：《书经直解》，《故宫珍本丛刊》第 7 册影印北京故宫博物院藏明万历内府刻本
张居正等：《四书直解》，台北故宫博物院藏明万历内府刻本
张居正等：《四书经筵直解》，北京：中国国家图书馆藏日本江户时代翻刻明万历三十五年瀛洲馆重订本
张居正等：《四书集注阐微直解》，《四库未收书辑刊》第 2 辑第 12 册影印清八旗经正书院刻本
张居正等：《四书集注阐微直解》，北京：中国国家图书馆藏清末宣统元年学部图书局印行
张居正等：《汇镌经筵进讲四书直解》，《域外汉籍珍本文库》第 4 辑经部第

7 册影印日本早稻田大学图书馆藏清康熙二十六年崇善堂刊本

张居正等：《重刻辨真内府原板张阁老经筵四书直解指南》，《域外汉籍珍本文库》第 2 辑经部第 13 册影印日本龙谷大学大宫图书馆藏明天启元年长庚馆重订刻本

张溥：《七录斋合集》，曾肖点校，济南：齐鲁书社，2015

陈宝善：《（光绪）黄岩县志》，"中国方志库"收录清光绪刻本

陈琛：《陈紫峰先生四书浅说》，《域外汉籍珍本文库》第 4 辑经部第 6 册影印日本东京都立中央图书馆藏清乾隆五十四年刻本

陈琛：《重刊补订四书浅说》，《四库未收书辑刊》第 1 辑第 7 册影印明万历三十七年李三才刻本

林希元：《同安林次崖先生文集》，《四库全书存目丛书》集部第 75 册影印清乾隆十八年陈胪声诒燕堂刻本

林希元：《重刊次崖林先生四书存疑》，《域外汉籍珍本文库》第 4 辑经部第 6 册影印日本国立公文书馆藏明刊本

林钺、祝銮纂修：《重修太平府志》，明嘉靖刻明末续补本

欧阳德：《欧阳南野先生文集》，《四库全书存目丛书》集部第 80 册影印明嘉靖三十七年梁汝魁刻本

季本：《四书私存》，朱湘钰点校、钟彩钧校订，台北："中研院"中国文哲研究所，2013

周永春编：《丝纶录》，《四库禁毁书丛刊》史部第 74 册影印明刻残本

周悦让等修：《（光绪）增修登州府志》，"中国方志库"收录清光绪刻本

郑玄注，孔颖达疏：《礼记正义》，北京：北京大学出版社，1999

郑晓：《古言》，《四库全书存目丛书》子部第 86 册影印明嘉靖四十四年项笃寿刻本

郑沄修：《（乾隆）杭州府志》，"中国方志库"收录清乾隆刻本

项乔：《项乔集》，方长山、魏得良点校，上海：上海社会科学院出版社，2006

赵贞吉：《进讲录》，台北：台湾“国家图书馆”藏明文曲山堂刻本

赵抃：《赵清献公文集》，《原国立北平图书馆甲库善本丛书》第 659 册影印明嘉靖四十一年衢州西安县刻本

赵顺孙：《大学纂疏》，上海：华东师范大学出版社，1992

胡广等纂：《四书大全》，《孔子文化大全·经典类》第 1 册影印明初内府刻本，济南：山东友谊书社，1989

胡直：《胡直集》，张昭炜编校，上海：上海古籍出版社，2015

胡松：《胡庄肃公文集》，《四库全书存目丛书》集部第 91 册影印明万历十三年刻本

胡侍：《墅谈》，《四库全书存目丛书》子部第 102 册影印明嘉靖刻本

查志隆：《岱史》，《四库禁毁书丛刊》史部第 11 册影印首都图书馆藏明万历刻本；《续修四库全书》第 722 册影印北京大学图书馆藏明万历间张缙彦删补、傅应星重刻本

查继佐：《罪惟录》，《续修四库全书》第 323 册据《四部丛刊三编》影印稿本

宫懋让修：《(乾隆）诸城县志》，清乾隆二十九年刊本

袁衷等录，钱晓订：《庭帏杂录》，《四库全书存目丛书》子部第 86 册影印北京图书馆分馆藏旧钞本

袁黄：《了凡杂著》，《北京图书馆古籍珍本丛刊》第 80 册影印明万历三十三年建阳余氏刻本

袁黄：《四书训儿俗说》，日本内阁文库藏明万历三十五年序刊本

袁黄：《袁了凡先生两行斋集》，台湾“国家图书馆”藏明天启四年嘉兴袁氏家刊本

袁黄：《游艺塾文规》，《续修四库全书》第 1718 册影印清华大学图书馆藏明万历三十年刻本

袁黄：《游艺塾文规正续编》，黄强点校，武汉：武汉大学出版社，2009

袁黄：《游艺塾续文规》，《续修四库全书》第 1718 册影印北京图书馆藏明

刻本
聂豹：《聂豹集》，吴可为编校，南京：凤凰出版社，2007
顾应祥：《静虚斋惜阴录》，《四库全书存目丛书》子部第 84 册影印明刻本
顾炎武著，黄汝成集释：《日知录集释》，栾保群、吕宗力校点，上海：上海古籍出版社，2009
顾宪成：《顾端文公大学通考》、《大学重定》、《大学质言》，《无锡文库》第四辑影印清抄本，南京：凤凰出版社，2011
顾梦麟：《四书说约》，《四库未收书辑刊》第 5 辑第 3 册影印明崇祯十三年织帘居刻本
顾梦麟：《诗经说约》，《续修四库全书》第 60 册影印明崇祯织帘居刻本；《珍本古籍丛刊》第 4 种影印日本有宽文九年翻刻本，台北"中研院"中国文哲研究所筹备处，1996
钱士升：《赐余堂集》，《四库禁毁书丛刊》集部第 10 册影印清乾隆四年钱佳刻本
钱谦益：《列朝诗集》，《四库禁毁书丛刊》集部第 96 册影印顺治九年毛氏汲古阁刻本
钱谦益：《钱牧斋全集》，钱仲联标校，上海：上海古籍出版社，2003
钱德洪、罗洪先：《王阳明年谱》，《北京图书馆藏珍本年谱丛刊》第 42 册影印明嘉靖四十三年刻本
钱德洪：《徐爱、钱德洪、董澐集》，钱明整理，南京：凤凰出版社，2007
倪师孟等纂修：《(乾隆) 吴江县志》，《中国地方志集成》本，南京：江苏古籍出版社，1991
倪涛：《六艺之一录》，影印《文渊阁四库全书》第 835 册
徐官：《古今印史》，《四库全书存目丛书》子部第 75 册影印明嘉靖隆庆间刻本
殷士儋：《金舆山房稿》，《四库全书存目丛书》集部第 115 册影印明万历十七年姚江邵陛刊本

翁美祜：《(光绪）续修浦城县志》，清光绪二十六年刊本

高世宁编：《高忠宪公年谱》，《无锡文库》第四辑影印清顺治康熙间刻本

高廷珍等纂修：《东林书院志》，北京：中华书局，2004

高拱：《高拱全集》，岳金西、岳天雷编校，郑州：中州古籍出版社，2006

高拱：《高拱论著四种》，流水点校，北京：中华书局，1993

高攀龙：《高子文集》，《无锡文库》第四辑影印清乾隆七年华希闵剑光阁刻《高子全书》本

高攀龙：《高子未刻稿》，香港大学图书馆藏影印国立北平图书馆藏钞本

高攀龙：《高子遗书》，“中国基本古籍库”收录明崇祯间刻本

郭正域：《合并黄离草》，《四库禁毁书丛刊》集部第 14 册影印明万历刻本

郭棐：《粤大记》，黄国声、邓贵忠点校，广州：中山大学出版社，1998

唐伯元：《醉经楼集》，朱鸿林点校，北京：中华书局，2014

唐顺之：《唐顺之集》，马美信、黄毅点校，杭州：浙江古籍出版社，2014

唐顺之辑：《荆川先生右编》，《四库全书存目丛书》史部第 70 册影印明南京国子监刻本

唐音辑：《庄渠先生门下质疑录》，《续修四库全书》第 938 册影印清潘道根抄本

谈迁：《国榷》，张宗祥校点，北京：中华书局，1988

黄佐：《广东通志》，《广东历代方志集成》本，广州：岭南美术出版社，2009

黄佐：《翰林记》，傅璇琮、施纯德编：《翰学三书》，沈阳：辽宁教育出版社，2003

黄宗羲：《明儒学案（修订本）》，沈芝盈点校，北京：中华书局，2008

黄宗羲：《黄宗羲全集》，杭州：浙江古籍出版社，2012

黄宗羲编：《明文海》，北京：中华书局，1987 年影印本

黄绾：《石龙集》，明嘉靖间刊本

黄虞稷：《千顷堂书目》，瞿凤起、潘景郑整理，上海：上海古籍出版社，

2001

萧穆：《敬孚类稿》，项纯文点校，合肥：黄山书社，1992

崔铣：《洹词》，影印《文渊阁四库全书》第1267册

彭华：《彭文思公文集》，《四库全书存目丛书》集部第36册影印清康熙五年彭志桢刻本

葛寅亮：《四书湖南讲》，《续修四库全书》第163册影印中国科学院图书馆藏明崇祯刻本；《四库全书存目丛书》经部第162册影印湖北省图书馆藏明崇祯刻本

蒋士铨：《临川梦》，《续修四库全书》第1776册影印清乾隆蒋氏刻红雪楼九种曲本

程颢、程颐：《二程集》，王孝鱼点校，北京：中华书局，1981

焦竑：《焦氏四书讲录》，《续修四库全书》第162册影印明万历二十一年书林郑望云刻本

焦竑辑：《国朝献征录》，《续修四库全书》第525—531册影印明万历四十四年徐象橒曼山馆刻本

湛若水：《甘泉先生文录类选》，《故宫珍本丛刊》第527册影印明嘉靖八年吕怀等刻本

湛若水：《甘泉先生文集》，董平校点，《儒藏》精华编第253册，北京：北京大学出版社，2009

湛若水：《杨子折衷》，《四库全书存目丛书》子部第7册影印明嘉靖刻本

湛若水：《泉翁大全集》，钟彩钧主持点校本之电子文档，台湾“中研院”历史语言研究所网站：http://hanji.sinica.edu.tw/

湛若水：《湛甘泉先生文集》，《四库全书存目丛书》集部第56—57册影印康熙二十年黄楷刻本

蔡清：《蔡文庄公集》，《四库全书存目丛书》集部第42-43册影印清乾隆七年逊敏斋刻本

蔡献臣：《清白堂稿》，厦门市图书馆校注，厦门：厦门大学出版社，2012

管志道：《从先维俗议》，《四库全书存目丛书》子部第88册影印明万历三十年徐文学刻本

管志道：《问辨牍》、《续问辨牍》，《四库全书存目丛书》子部第87—88册影印明万历刻本

管志道：《重订古本大学章句合释文、古本大学辨义、石经大学测义、中庸测义、重订中庸章句注释、重订论语注释、孟子订测》，上海图书馆藏万历三十四年序刊本

管志道：《惕若斋续集》，台北：汉学研究中心影印日本内阁文库藏明万历二十四年序刊本

廖纪：《大学管窥》，《四库全书存目丛书》经部第156册影印明刻《学庸管窥》本

穆文熙：《战国策评苑》，《四库全书存目丛书》子部第164册影印明万历二十年郑以厚光裕堂刻本

穆孔晖：《大学千虑》，《四库全书存目丛书》经部第156册影印明嘉靖刻本

魏校：《大学指归》，《四库全书存目丛书》经部第156册影印明太原王道行刻《庄渠先生遗书》本

魏校：《六书精蕴》，《续修四库全书》第202册影印明嘉靖十九年魏希明刻本

魏校：《庄渠先生遗书》，中国国家图书馆藏明嘉靖刻本

魏校：《庄渠遗书》，《四库明人文集丛刊》本，上海：上海古籍出版社，1993

二　研究论著

“日本所藏中文古籍数据库”，网址：http://kanji.zinbun.kyoto-u.ac.jp/kanseki

台北故宫博物院编印：《故宫博物院善本旧籍总目》，台北：故宫博物院，1983

“中央图书馆”编印：《“中央图书馆”善本序跋集录·集部》，台北：“中央

图书馆”，1994

“中央图书馆”编：《“中央图书馆”善本序跋集录·经部》，台北：“中央图书馆”，1992

“国家图书馆”特藏组编：《“国家图书馆”善本书志初稿·经部》，台北：“国家图书馆”，1996

“国家图书馆”特藏组编：《“国家图书馆”善本书志初稿·集部》，台北：“国家图书馆”，1999

大木康：《明末江南的出版文化》，周保雄译，上海：上海古籍出版社，2014

大庭修：《江户时代中国典籍流播日本之研究》，戚印平、王勇、王宝平译，杭州：杭州大学出版社，1998

小岛毅：《中国近世における礼の言说》，东京：东京大学出版会，1996

王汎森：《权力的毛细管作用：清代的思想、学术与心态（修订版）》，北京：北京大学出版社，2015

王汎森：《晚明清初思想十论》，上海：复旦大学出版社，2004

王重民：《中国善本书提要》，上海：上海古籍出版社，1983

王重民辑：《国会图书馆藏中国善本书录》，Washington D.C.： Library of Congress，1957

王勇、大庭修主编：《中日文化交流史大系·典籍卷》，杭州：浙江人民出版社，1996

井上进：《中国出版文化史》，李俄宪译，武汉：华中师范大学出版社，2015

井上进：《明清学术变迁史：出版と传统学术の临界点》，东京：平凡社，2011

中华再造善本工程编纂出版委员会编著：《中华再造善本总目提要·金元编》，北京：国家图书馆出版社，2013

中国古籍总目编纂委员会编：《中国古籍总目》，中华书局、上海古籍出版社，2010

中国古籍善本书目编辑委员会编：《中国古籍善本书目》，上海：上海古籍出

版社，1998

冈田武彦：《王阳明与明末儒学》，吴光等译，上海：上海古籍出版社，2000

方志远：《明代国家权力结构及运行机制》，北京：科学出版社，2008

艾尔曼（Benjamin A. Elman）：《经学·科举·文化史：艾尔曼自选集》，北京：中华书局，2010

古清美：《明代理学论文集》，台北：大安出版社，1990

包筠雅（Cynthia Brokaw）：《功过格：明清社会的道德秩序》，杜正贞、张林译，杭州：浙江人民出版社，1999

宁忌浮：《汉语韵书史·明代卷》，上海：上海人民出版社，2009

永富青地：《王守仁著作の文献学的研究》，东京：汲古书院，2007

台北"国家图书馆""古籍特藏文献资源·中文古籍联合目录"，网址：http：//rbook2.ncl.edu.tw/Search/Index/2

吕妙芬：《阳明学士人社群——历史、思想与实践》，台北："中央研究院"近代史研究所，2010

朱鸿林：《朱鸿林明史研究系列·孔庙从祀与乡约》，北京：生活·读书·新知三联书店，2015

朱鸿林：《朱鸿林明史研究系列·儒者思想与出处》，北京：生活·读书·新知三联书店，2015

朱鸿林：《明人著作与生平发微》，桂林：广西师范大学出版社，2005

朱鸿林：《致君与化俗：明代经筵乡约研究文选》，香港：三联书店，2013

乔清举：《湛若水哲学思想研究》，台北：文津出版社，1993

任建敏：《从"理学名山"到"文翰樵山"——16世纪西樵山历史变迁研究》，桂林：广西师范大学出版社，2012

刘志伟：《在国家与社会之间：明清广东地区里甲赋役制度与乡村社会》，北京：中国人民大学出版社，2010

刘勇：《中晚明士人的讲学活动与学派建构——以李材（1529—1607）为中心的研究》，北京：商务印书馆，2015

牟复礼（Frederick W. Mote）、朱鸿林合著：《书法与古籍》，毕斐译，杭州：中国美术学院出版社，2010

志贺一朗：《王阳明と湛甘泉》，东京：新塔社，1976

严绍璗：《日藏汉籍善本书录》，北京：中华书局，2007

严绍璗：《汉籍在日本的流布研究》，南京：江苏古籍出版社，1992

杜泽逊：《四库存目标注》，上海：上海古籍出版社，2007

李纪祥：《两宋以来〈大学〉改本之研究》，台北：台湾学生书局，1988

李国庆：《明代刊工姓名全录》，上海：上海古籍出版社，2014

杨绳信：《增订中国版刻综录》，西安：陕西人民出版社，2014

束景南：《朱熹年谱长编》，上海：华东师范大学出版社，2001

束景南：《阳明佚文辑考编年》，上海：上海古籍出版社，2012

吴希贤辑：《历代珍稀版本经眼图录》，北京：中国书店，2003

佐野公治：《四书学史の研究》，东京：创文社，1988

佐野公治：《四书学史的研究》，张文朝、庄兵译，台北：万卷楼图书股份有限公司，2014

余英时：《现代儒学论》，上海：上海人民出版社，1998

岛田虔次：《中国近代思维的挫折》，甘万萍译，南京：江苏人民出版社，2005

岛田虔次：《中国思想史研究》，邓红译，上海：上海古籍出版社，2009

间野潜龙：《明代文化史研究》，京都：同朋舍，1979

沈乃文：《书谷隅考》，上海：上海古籍出版社，2011

沈俊平：《举业津梁：明中叶以后坊刻制举用书的生产与流通》，台北：台湾学生书局，2009

沈津：《中国珍稀古籍善本书录》，桂林：广西师范大学出版社，2006

沈津：《美国哈佛大学燕京图书馆中文善本书志》，上海：上海辞书出版社，1999

张秀民著，韩琦增订：《（插图珍藏增订版）中国印刷史》，杭州：浙江古籍

出版社，2007
张国淦：《历代石经考·汉石经考》，载贾贵荣辑：《历代石经研究资料辑刊》第四册，北京：北京图书馆出版社，2005
陈来：《中国近世思想史研究》，北京：商务印书馆，2003
陈来：《有无之境：王阳明哲学的精神》，北京：北京大学出版社，2006
陈荣捷：《王阳明传习录详注集评》，台北：台湾学生书局，1983
陈荣捷：《朱学论集》，上海：华东师范大学出版社，2007
林月惠：《良知学的转折：聂双江与罗念庵思想之研究》，台北：台湾大学出版中心，2005
林庆彰：《丰坊与姚士粦》，上海：华东师范大学出版社，2015
牧田谛亮编：《策彦入明记の研究》，京都：法藏馆，1955
周予同：《周予同经学史论》，朱维铮编校，上海：上海人民出版社，2010
周绍明（Joseph P. McDermott）：《书籍的社会史：中华帝国晚期的书籍与士人文化》，何朝晖译，北京：北京大学出版社，2009
城地孝：《长城と北京の朝政：明代内阁政治の展开と变容》，京都：京都大学学术出版会，2012
荒木见悟：《阳明学と佛教心学》，东京：研文出版，2008
荒木见悟：《明末宗教思想研究：管东溟の生涯とその思想》，东京：创文社，1979
荒木见悟：《明代思想研究：明代における儒教と佛教の交流》，东京：创文社，1978
侯外庐等编：《宋明理学史》，北京：人民出版社，2005
贾德讷（Daniel K. Gardner）：《朱熹与大学：新儒学对儒家经典之反思》，杨惠君译，台北：万卷楼图书股份有限公司，2015
钱穆：《中国学术思想史论丛》（七），合肥：安徽教育出版社，2005
翁连溪编校：《中国古籍善本总目》，北京：线装书局，2005
高令印、陈其芳：《福建朱子学》，福州：福建人民出版社，1986

郭孟良：《晚明商业出版》，北京：中国书籍出版社，2011

酒井忠夫：《中国善书研究（增补版）》，刘岳兵、何英莺译，南京：江苏人民出版社，2010

容肇祖：《容肇祖集》，济南：齐鲁书社，1989

黄仁生：《日本现藏稀见元明文集考证与提要》，长沙：岳麓书社，2004

黄进兴：《优入圣域：权力、信仰与正当性》，台北：允晨文化出版，1994

章宏伟：《十六—十九世纪中国出版研究》，上海：上海人民出版社，2011

梁方仲：《梁方仲文集》，刘志伟编，广州：中山大学出版社，2004

程国赋：《明代书坊与小说研究》，北京：中华书局，2008

谢国桢：《晚明史籍考》，上海：华东师范大学出版社，2011

詹海云：《陈乾初〈大学辨〉研究：兼论其在明末清初学术史上的意义》，台北：明文书局，1986

解扬：《治政与事君：吕坤〈实政录〉及其经世思想研究》，北京：生活·读书·新知三联书店，2011

谭棣华等编：《广东碑刻集》，广州：广东高等教育出版社，2001

缪咏禾：《明代出版史稿》，南京：江苏人民出版社，2000

黎业明：《湛若水年谱》，上海：上海古籍出版社，2009

Chia, Lucille, *Printing for Profit : The Commercial Publishers of Jianyang, Fujian (11th-17th Centuries)*, Cambridge, MA : Published by Harvard University Asia Center for Harvard-Yenching Institute, 2002.

Chow, Kai-wing（周启荣）, *Publishing, Culture, and Power in Early Modern China*, Stanford: Stanford University Press, 2004.

Franke, Wolfgang（傅吾康初编）, *Annotated Sources of Ming History : Including Southern Ming and Works on Neighbouring Lands, 1368-1661*（《增订明代史籍汇考》）, revised and enlarged by Liew-Herres Foon Ming（刘奋明续编）, Kuala Lumpur : University of Malaya Press, 2011.

三 论 文

小岛毅：《宋明思想史研究之新视点》，《古今论衡》（创刊号），1998.10，页44—52

小岛毅：《明代知识分子论：以林希元为例》，刘岳兵译，载王中江主编：《新哲学》第2辑，郑州：大象出版社，2004，页262—272

山井涌：《经书和糟粕》，辛冠洁等编译：《日本学者论中国哲学史》，北京：中华书局，1986，页405—426

马渊昌也：《明代前期における士大夫の思想——书物流通との关系についてのノート》，载伊原弘、小岛毅编：《知识人の诸相：中国宋代を基点として》，东京：勉诚出版，2001，页203—217

王一樵：《从“吾闽有学”到“吾学在闽”：十五至十八世纪福建朱子学思想系谱的形成及实践》，台北：台湾师范大学历史学系硕士论文，2006.6

井上进：《出版文化学术》，载森正夫、野口铁郎、滨岛敦俊、岸本美绪、佐竹靖彦编：《明清时代史的基本问题》，周绍泉、栾成显译，北京：商务印书馆，2013，页475—495

水野实：《台湾“中央图书馆”藏希覯本〈大学〉注释书による〈古本大学〉の解释について》，载联合报文化基金会国学文献馆编：《第一届中国域外汉籍国际学术会议论文集》，台北：联经出版事业公司，1987，页545—562

水野实：《明代〈古本大学〉表彰的基础——正当化的方法与后学的状况》，陈捷译，载《中国哲学史》2010年第4期，页87—98

水野实：《唐伯元の〈古石经大学〉について（一）》，《防卫大学校纪要（人文科学分册）》第68号，1994，页87—116

水野实：《魏庄渠の〈大学指归〉について》，《东洋の思想と宗教》第4辑，1987，页79—99

邓国亮：《田州事非我本心——王守仁的广西之役》，《清华学报》40卷2期，

2010.6，页 265—293

邓国亮：《资料不足对〈明儒学案〉编撰的限制——以〈粤闽王门学案〉为例》，《燕京学报》新 21 期，2006.11，页 85—106

平冈武夫：《丰坊と古书世学（上、下）》，《东方学报》15.3，1947.6；15.4，1947.6

永富青地：《天津图书馆所藏〈邹东廓先生文选〉について》，载马渊昌也编：《东アジアの阳明学：接触·流通·变容》，东京：东方书店，2011

朱冶：《十四、十五世纪朱子学的流传与演变——以〈四书五经性理大全〉的成书与思想反应为中心》，香港中文大学历史学系博士学位论文，2012.8

朱鸿：《〈徐显卿宦迹图〉研究》，《故宫博物院院刊》2011 年第 2 期，页 47—80

朱鸿林：《明太祖的经史讲论情形》，《中国文化研究所学报》第 45 期，2005，页 141—172

朱鸿林：《明神宗经筵进讲书考》，载《华学》第九、十合辑，上海：上海古籍出版社，2008.8，页 1367—1378

朱鸿林：《高拱与明穆宗的经筵讲读初探》，《中国史研究》2009 年第 1 期，页 131—147

朱鸿林：《高拱经筵内外的经说异同》，载曾一民编：《林天蔚教授纪念文集》，台北：文史哲出版社，2010，页 127—138

朱鸿林：《晚明思想史上的唐伯元》，载田浩（Hoyt Tillman）编：《文化与历史的追索：余英时教授八秩寿庆论文集》，台北：联经出版事业有限公司，2010，页 163—183

朱湘钰：《依违之间——浙中王门季本〈大学〉改本内涵及其意义》，《文与哲》第 18 期，2011.6

朱湘钰：《晚明季本〈四书私存〉之特色及其意义》，《清华学报》新 42 卷 3 期，2012.9

刘志伟、陈春声：《梁方仲先生的中国社会经济史研究》，《中山大学学报(社会科学版)》2008 年 6 期，页 65—81

刘勇：《中晚明时期的讲学宗旨、〈大学〉文本与理学学说建构》，《“中央研究院”历史语言研究所集刊》80：3，2009.9，页 403-450

刘勇：《中晚明理学学说的互动与地域性理学传统的系谱化进程——以“闽学”为中心》，（台北）《新史学》21 卷 2 期，2010.6，页 1—60

刘勇：《明万历年间士人的讲学活动与学派建构——以李材与何乔远的互动为例》，载南炳文、商传主编：《张居正国际学术研讨会论文集》，武汉：湖北人民出版社，2013，页 491—500

杨儒宾：《理学家的静坐治病、试炼与禅病》，载吕妙芬主编：《第四届国际汉学会议论文集·近世中国的儒学与书籍：家庭、宗教、物质的网络》，台北：“中央研究院”，2013，页 9—46

肖东发：《书贾作伪与贼喊捉贼》，《光明日报》2000 年 3 月 2 日，第 18347 期 Z08 版

肖东发：《明代小说家、刻书家余象斗》，载《明清小说论丛》第 4 辑，春风文艺出版社，1986

肖东发：《建阳余氏刻书考略》（上、中、下），分别载《文献》1984 年 3 期，页 230—248；1984 年 4 期，页 195—221；1985 年 1 期，页 236—252

吴兆丰：《“有教无类”：中晚明士大夫对宦官态度的转变及其行动的意义》，香港中文大学历史学系博士学位论文，2012.6

佐野公治：《明代前期的思想动向》，载曹峰主编：《日本学者论中国哲学史》，上海：华东师范大学出版社，2010

张艺曦：《明中晚期古本〈大学〉与〈传习录〉的流传及影响》，《汉学研究》第 24 卷 1 期，2006.6，页 235—268

张佳佳：《〈孟子节文〉事件本末考辨》，《中国文化研究》2006 年 3 期，页 84—93

张献忠：《阳明心学、佛学对明中后期科举考试的影响——以袁黄所纂举业

用书为中心的考察》，《四川大学学报（哲学社会科学版）》2012 年 1 期，页 55—61

张献忠：《袁黄与科举考试用书的编纂——兼谈明代科举考试的两个问题》，《西南大学学报（社会科学版）》第 36 卷第 3 期，2010.5，页 195—197

林展：《明万历年间刘元卿的出处考量与〈大学新编〉的编撰》，广州中山大学历史学系本科毕业论文，2013.6

金文京：《汤宾尹与晚明商业出版》，载胡晓真主编：《世变与维新：晚明与晚清的文学艺术》，台北："中研院"中国文哲研究所筹备处，2001，页 79—100

荒木见悟：《唐伯元の心学否定论》，《阳明学の开展と佛教》，东京：研文出版，1984，页 93-111

科大卫（David Faure）、刘志伟：《宗族与地方社会的国家认同——明清华南地区宗族发展的意识形态基础》，《历史研究》2000 年第 3 期，页 3-14

夏长朴：《变与不变——王守仁与湛若水的交往与论学》，《国际阳明学研究》第 3 卷，上海：上海古籍出版社，2013，页 16—24

钱茂伟：《前言：陈建及其通纪》，载《皇明通纪》点校本卷首，北京：中华书局，2008，页 10—28

徐洪兴：《唐宋间的孟子升格运动》，《中国社会科学》1993 年第 5 期，页 101—116

涂秀虹：《明代"按鉴"演义与建阳刻书背景》，《中国典籍与文化》2009 年 4 期，页 24—25

萧世勇：《袁黄（1533—1606）的经世理念及其实践方式》，台北师范大学历史研究所硕士论文，1994

梅尔清：《印刷的世界：书籍、出版文化和中华帝国晚期的社会》，《史林》2008 年 4 期，页 1—19

章宏伟：《袁了凡生平事迹考述（上）》，载田澍等编：《第十一届明史国际学术讨论会论文集》，天津：天津古籍出版社，2007，页 832—853

潘小滴：《明神宗经筵日讲讲章的撰写与结集成书：以〈四书直解〉为中心》，广州：中山大学历史学系硕士学位论文，2015.6

鹤成久章：《明代余姚的〈礼记〉学与王守仁——关于阳明学成立的一个背景》，载吴震、吾妻重二编：《思想与文献：日本学者宋明儒学研究》，上海：华东师范大学出版社，2010，页356—367

Rusk, Bruce, "Not Written in Stone : Ming Readers of the *Great Learning* and the Impact of Forgery", *Harvard Journal of Asiatic Studies* 66 : 1 (June, 2006), pp. 189–231.

Chu, Hung-lam (朱鸿林), "The Jiajing Emperor' s Interactions with his Lecturers", in David Robinson, ed., *Culture, Courtiers, and Competition* : *The Ming Court (1368–1644)*, Cambridge, Mass : Harvard University Asia Center, 2008, pp. 186–230.

Chu, Hung-lam (朱鸿林), "Intellectual Trends in the Fifteenth Century", *Ming Studies* 27, 1989, pp. 1–33.

Weisfogel, Jaret Wayne, Confucians, "*the Shih Class, and the Ming Imperium*: *Uses of Canonical and Dynastic Authority in Kuan Chih-tao' s (1536–1608) Proposals for Following the Men of Former Times to Safeguard Customs (Ts'ung-hsien wei-su i)*", Ph. D. Dissertation, Columbia University, 2002.

Chia, Lucille, "Of Three Mountains Street : The Commercial Publishers of Ming Nanjing", in *Printing and Book Culture in Late Imperial China*. ed. by Cynthia J. Brokaw and Kai-wing Chow, pp. 107–151.

后　记

本书是2015年北京商务印书馆出版的拙作《中晚明士人的讲学活动与学派建构——以李材（1529—1607）为中心的研究》的姊妹篇。后者是在我的博士学位论文基础上修订而成，该学位论文于2008年7月提交香港中文大学历史学系并通过答辩。

本书的研究构想，肇端于2007年底。当时我的博士论文撰写近半，由于主题和论旨均要求论述不能泛滥无归，我已经意识到无法将明代《大学》改本问题展开讨论，必须另作独立的专题研究。2008年博士毕业后，我回到母校广州中山大学历史学系担任"师资博士后"。此后两年间，我虽然比较顺利地完成了从学习者到独立研究者、从课桌到讲台的角色过渡，但首先要满足相当于讲师身份的教学工作量，在此之外才能安心从事博士后研究报告的写作，因此预期中的《大学》改本研究没能完成。2010年底，在我提交的"师资博士后期满考核报告"《中晚明理学的学说建构与内在竞争——以〈大学〉改本为中心》中，除了修订、改写自博士论文的一章之外，仅有相当于两章篇幅的初步新研究。在经过反复修改和增补后，这两章内容构成了本书上编的主体。

在2010年底期满考核报告会上，师资博士后合作指导教授刘志伟老师特别提醒我，可以密切留意明代《大学》改本与科举考试制度的关系。这项提示与我的想法不谋而合，加强了我接下来探讨作为思想史议题的《大学》改本，与既有制度规范之间的互动这一研究方向的信心。随后的几年中，在继续关注作为理学精英思想论争的《大学》文本问题的同时，我着重构思如何考察思想与制度间的互动。

在此过程中，中晚明时期接连发生的公开上奏朝廷、要求重新确定《大学》标准文本之举，首先引起了我的注意。这是《大学》改本冲击既有制度的最明确的信号。朱鸿林老师有关明代经筵讲读制度的多项深入个案研究，也提示我留意那些经筵、日讲和东宫讲官们，在进讲活动内外对待《大学》文本的不同态度。不少曾经担任书院山长、官学教官的理学精英之士，本身就是《大学》改本最热烈的拥护者和实践者，因而他们在各种场合鼓吹改本之举，对既有制度规范构成的冲击，则是我早在撰写博士论文期间讨论讲学活动问题时，就已经明确触及的。明代中后期的出版大发展，尤其是商业出版繁荣，是我多年来深感兴趣的研究领域，对焦竑、袁黄这些晚明出版业中的“品牌”殊不陌生，因此顺理成章地把他们经由坊刻渠道将《大学》改本渗透进教育和科举体系的做法纳入本书的讨论。对于以上这些议题，近几年来我在教学之余陆续搜集资料，撰成初稿，其中部分议题曾经在学术研讨会上报告过初步想法，获得师友和同行的不少教益，此次经修订后，构成本书的下编。

《四书》是明代教育体系、科举考试和精英文化中最核心的内容，尤其是《大学》，提供了最为重要的价值系统。因此，《大学》文本改动事情牵一发而动全身，触及的面相相当广阔，涉及的议题非常丰富，留存的文献数量庞大。对此，我为本书所作讨论的定位，只能是属于阶段性的研究成果。事实上，预期探讨的议题，比如《大学》改本介入《四书大全》的情形、《大学》文本问题在明代科举答卷中的反映情形，虽然已有初步的观察，但深感兹事体大，文献搜集阅读条件尚不成熟，需留待日后继续跟进。在本书的研究过程中，我时刻提醒自己，尽可能根据文献资料自身提示的线索进行探讨，优先考虑具体的、深入的个案研究。尽管也尝试着勾勒带有整体性的观察框架和历史脉络，但力求避免架空立论、削足适履。

以上是本书由设想到成书的大致历程。在这个过程中，如果没有众多师友的热心帮助，本书将永远只能停留在空想的阶段。作为我的博士学位论文指导教授，朱鸿林老师最早听说这项发端于博士论文的研究构想。此后，本书中每一项具体议题的提出以及相应的研究进展，朱老师都是最早的听众，先后赐予了许多宝贵的指点。解扬学长耐心忍受了我无数次唠叨关于这项研究的零碎想法，并惠予了不少可行的建议。2010 年夏天，当我趁着暑假赶写博士后研究报告时，章毅学长应邀惠寄从上海图书馆复印的杨时乔珍本文献。吴兆丰博士将辛苦搜集到的孤本张世则《张准斋遗集》同我分享，使得本书第五章第四节的深入探讨成为可能。陈冠华博士代劳搜集了多种收藏在台北的明代《四书》文献。本书第二章曾受惠于林胜彩博士的攻错之益。我指导的研究生洪国强、黄友灏、孙天觉、林展诸君，也都曾代为查阅和复制相关文献资料。在初稿完成后，复承黄友灏通读全稿、搜求错漏。我曾经在此求学七年，然后又在此工作了七年的中山大学历史学系，素以学风优良著称，系里的师长和同事给予了我难以缕述的帮助。凡此我皆心存感激!

这项研究得以在此时作阶段性的呈现，既得益于“广东省优秀青年教师培养计划”项目的资助，也受益于生活·读书·新知三联书店的厚爱。这些重要的助力，使我得以下定决心，集中精力将这项断断续续进行了将近十年的研究写出来，同时也使我得以暂时了结这个课题，放松心情地去从事其他我久已感兴趣的议题。

能够一边从事自己热爱的读书、研究和教学工作，一边陪侍在父母身边，每天享受母亲烹制的可口美食，姐姐、弟弟和他们的家人隔三岔五前来聚会，内子文静将我们的小家庭打理得井井有条：我问自己，除了更加努力之外，还有什么好要求的?